난생처음

인공지능 입문

2판

지은이 **서지영** jyseo079@naver.com

20년 가까이 IT 업계에서 종사하고 있다. 정보관리기술사와 컴퓨터시스템응용기술사로, 현재 마이크로소프트에서 AI Specialist로 근무하고 있다. 대학원에서 빅데이터 및 인공지능에 대한 전문적인 연구를 진행하고 있다. 저서로는 『모두의 인공지능 기초수학』(길벗, 2020), 『딥러닝 텐서플로 교과서』(길벗, 2021), 『딥러닝 파이토치 교과서』(길벗, 2022), 『쉽게 시작하는 쿠버네티스』(길벗, 2023), 『챗GPT 거부할 수 없는 미래』(길벗, 2023), 『모두의 네트워크 기초』(길벗, 2024), 『랭체인으로 LLM 기반의 AI 서비스 개발하기』(길벗, 2024) 등이 있다.

난생처음 인공지능 입문 2판

초판발행 2024년 10월 7일
3쇄발행 2025년 07월 30일

지은이 서지영 / **펴낸이** 전태호
펴낸곳 한빛아카데미(주) / **주소** 서울시 서대문구 연희로2길 62 한빛아카데미(주) 2층
전화 02-336-7112 / **팩스** 02-336-7199
등록 2013년 1월 14일 제2017-000063호 / **ISBN** 979-11-5664-044-8 93000

총괄 박현진 / **책임편집** 김성무 / **기획·편집** 김성무 / **교정** 윤미현 / **진행** 김성무
디자인 이아란 / **전산편집** 이소연 / **삽화** 임의영 / **제작** 박성우, 김정우
영업 김태진, 김성삼, 이정훈, 임현기, 이성훈, 김주성 / **마케팅** 김호철, 심지연

이 책에 대한 의견이나 오탈자 및 잘못된 내용은 출판사 홈페이지나 아래 이메일로 알려주십시오.
파본은 구매처에서 교환하실 수 있습니다. 책값은 뒤표지에 표시되어 있습니다.

홈페이지 www.hanbit.co.kr / 이메일 question@hanbit.co.kr

난생처음

인공지능 입문

2판

서지영 지음

한빛아카데미
Hanbit Academy, Inc.

누구나 인공지능을 알아야 하는 시대입니다!

왜 지금 우리는 인공지능을 배워야 할까요?

불과 몇 년 전까지만 해도 인공지능이라는 단어는 우리 인간에게 모호한 기술이었습니다. 실체를 확인할 수 없었기에 공상의 세계에나 존재하는 그런 기술로 간주되었습니다. 그러다 알파고의 등장으로 우리 인간은 인공지능의 가능성을 엿볼 수 있었습니다. 그러면 현재는 어떤가요? 가전제품에 인공지능 기능이 없다면 마치 시대에 뒤처진 제품같이 느껴질 정도입니다. 이제는 가전제품 스스로 판단하여 세탁을 하거나 실내 공기를 정화시켜 줍니다. 더 이상 인공지능은 다른 세계에 존재하는 모호한 기술이 아닙니다. 바로 우리 실생활에서 생활의 편리함을 제공하는 기술이 되었습니다. 물론 우리는 인공지능이 제공하는 편리함만 누릴 수도 있습니다. 하지만 인공지능의 혜택이나 위협을 더 잘 이해하고 있다면 이것과 미래를 함께 살아가야 하는 우리의 자세도 많이 바뀌지 않을까요? 이러한 측면에서 지금 우리는 인공지능에 대한 깊은 성찰이 필요합니다.

이 책은 어떤 내용을 담고 있나요?

이 책은 여러분이 다양한 측면에서 인공지능을 이해할 수 있도록 구성되었습니다.

- **1부 인공지능의 이해**에서는 인공지능의 다양한 정의와 역사에 대해 살펴봅니다. 그리고 인공지능이라는 기술이 어떻게 인간의 윤리와 관련성이 있는지 알아봅니다. 사실 하나의 기술이 윤리를 침해하는 경우는 거의 없습니다. 인공지능이라는 학문을 배우면서 왜 유독 윤리를 함께 고민해야 하는지 이해할 수 있을 것입니다. 또한 인공지능의 추론 결과에 대한 신뢰성 문제에 대해서도 설명합니다. 챗GPT의 등장으로 할루시네이션을 비롯하여 인공지능에 대한 신뢰성 문제가 제기되고 있는데, 이것이 우리의 삶에 어떤 영향을 미치는지에 대해 알아봅니다. 마지막으로 인공지능 기술이 보안이라는 분야에 접목되었을 때 어떤 장점들이 있는지에 대해서도 살펴봅니다.

- **2부 인공지능과 기술**에서는 인공지능과 관련된 기술에 대해 알아봅니다. 인공지능은 다양한 기술의 복합체입니다. 데이터를 수집하고 서비스를 제공하기 위한 사물인터넷(센서)과 데이터를 저장하고 분석하는 클라우드 컴퓨팅, 그리고 인공지능의 원료와도 같은 빅데이터 등의 다양한 기술들이 연결되어 있습니다. 각각의 기술들을 자세히 살펴보면 인공지능이 어떻게 구현되는지 이해할 수 있을 것입니다. 또한 인공지능과 머신러닝, 딥러닝의 관계를 살펴보고 머신러닝과 딥러닝에서 사용하는 알고리즘들을 구체적으로 배워봅니다. 마지막으로 챗GPT로 대표되는 생성형 AI에 대한 일반적인 개념 및 유형에 대해서도 함께 알아봅니다.
- **3부 인공지능 서비스와 미래**에서는 현재 상용화되었거나 가까운 미래에 마주하게 될 서비스들에 대해 알아봅니다. 인공지능은 자율주행, 로봇 배송, 심리치료 등의 다양한 분야에서 인간에게 이로운 혜택을 제공합니다. 하지만 인공지능이 인간에게 좋은 영향만 끼칠 수는 없습니다. 인공지능이 무분별하게 인간의 삶에 미칠 악영향에 대비하여 국가들은 어떤 정책과 가이드라인을 제시하고 있는지, 기업과 개인은 인공지능으로 변화될 미래의 삶에 대해 어떤 준비가 필요한지 알아봅니다. 우리는 이를 통해 인공지능에 대처하는 자세를 배울 수 있습니다.

이 책은 인공지능 전반을 아우르도록 구성되었습니다. 하지만 인공지능 기술은 하루가 다르게 발전하고 있습니다. 그래서 이번 개정은 변환된 기술에 초점을 맞췄습니다. 특히 챗GPT를 포함한 생성형 AI에 대한 개념을 학습하고 다양한 방법으로 인공지능을 실습할 수 있도록 개정하였습니다.

이 책이 세상에 출간되기까지 격려와 더불어 아낌없는 지원을 해주신 한빛아카데미(주) 관계자들께 깊은 감사의 마음을 전합니다. 특히, 저를 믿고 원하는 방향으로 집필에만 전념할 수 있도록 도와주신 김성무 팀장님께 감사의 마음을 전합니다. 한 권의 책이 세상 밖으로 나오기까지 수많은 사람들의 시간과 노력이 필요합니다. 그만큼 귀하게 만들어진 책이니 이 책을 선택하신 분들께서도 많은 내용을 얻어 가실 수 있으리라 확신합니다. 마지막으로 항상 저를 믿고 응원해 주시는 부모님께 이 책을 바칩니다.

저자 서지영

이 책의 구성

『난생처음 인공지능 입문 2판』 8단계 길잡이

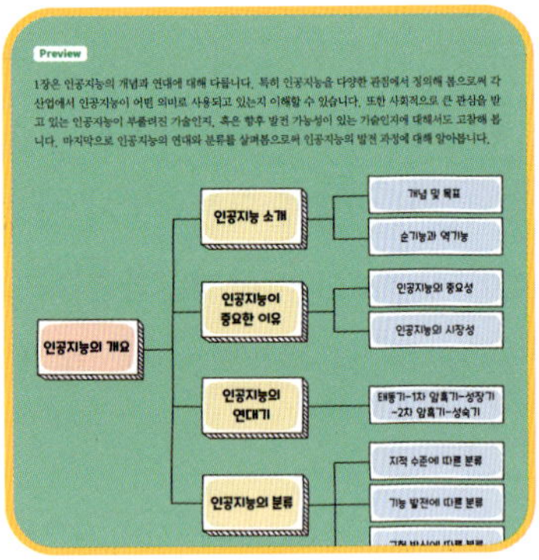
Preview

인공지능의 개요

인공지능 소개

인공지능이 중요한 이유

인공지능의 연대기

인공지능의 분류

1 PREVIEW

해당 장에서 배울 내용을 간략하게 정리하며, 로드맵을 통해 주제 및 주요 개념을 큰 맥락에서 볼 수 있도록 도와줍니다.

2 이론

인공지능과 관련된 이론을 다양한 삽화, 이미지, 표를 활용하여 설명합니다.

Section 01 인공지능의 위협 요소

1 가상 공간에서의 인공지능의 위협

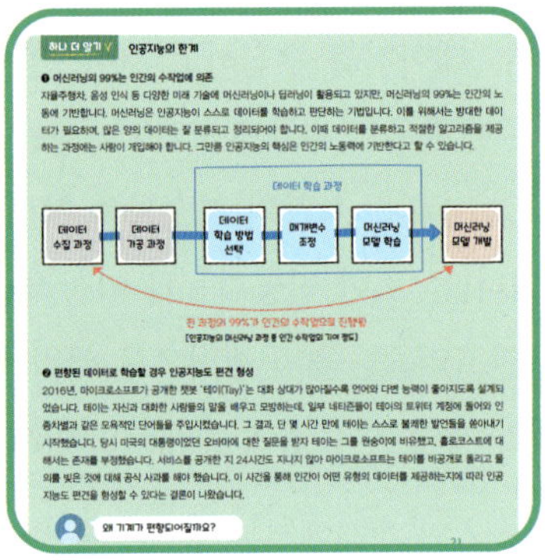
하나 더 알기 인공지능의 한계

3 하나 더 알기

본문과 관련된 도움말이나 참고로 알아두면 좋은 내용을 담고 있습니다.

4 말풍선

지나치기 쉬운 내용이나 꼭 기억해 두어야 할 핵심 내용을 짚어줍니다.

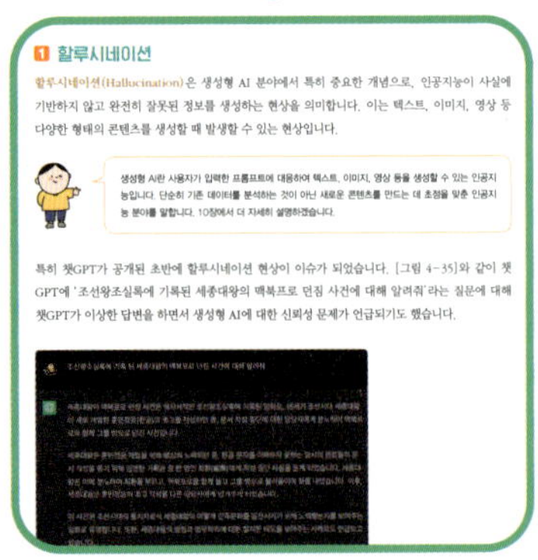
1 할루시네이션

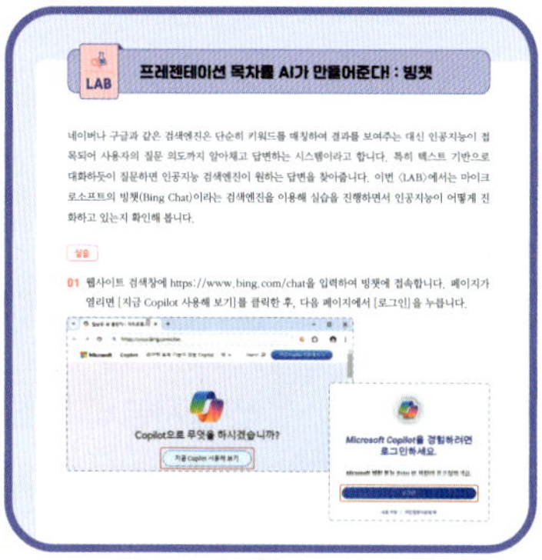

LAB 프레젠테이션 목차를 AI가 만들어준다! : 빙챗

네이버나 구글과 같은 검색엔진은 단순히 키워드를 매칭하여 결과를 보여주는 대신 인공지능이 접목되어 사용자의 질문 의도까지 알아채고 답변하는 시스템이라고 합니다. 특히 텍스트 기반으로 대화하듯이 질문하면 인공지능 검색엔진이 원하는 답변을 찾아줍니다. 이번 〈LAB〉에서는 마이크로소프트의 빙챗(Bing Chat)이라는 검색엔진을 이용해 실습을 진행하면서 인공지능이 어떻게 진화하고 있는지 확인해 봅니다.

실습

01 웹사이트 검색창에 https://www.bing.com/chat을 입력하여 빙챗에 접속합니다. 페이지가 열리면 [지금 Copilot 사용해 보기]를 클릭한 후, 다음 페이지에서 [로그인]을 누릅니다.

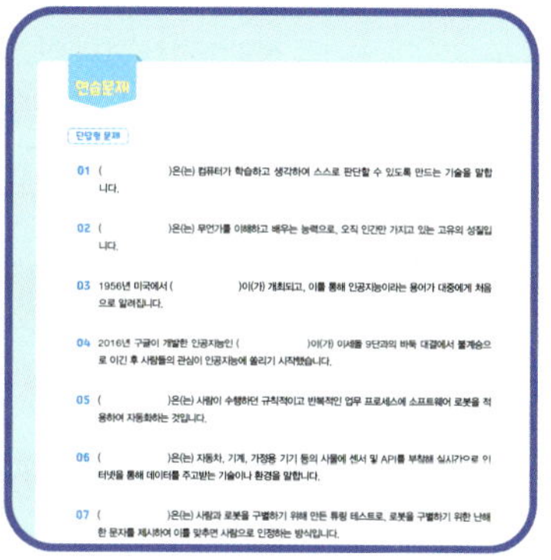

연습문제

단답형 문제

01 ( )은(는) 컴퓨터가 학습하고 생각하여 스스로 판단할 수 있도록 만드는 기술을 말합니다.

02 ( )은(는) 무언가를 이해하고 배우는 능력으로, 오직 인간만 가지고 있는 고유의 성질입니다.

03 1956년 미국에서 ( )이(가) 개최되고, 이를 통해 인공지능이라는 용어가 대중에게 처음으로 알려집니다.

04 2016년 구글이 개발한 인공지능인 ( )이(가) 이세돌 9단과의 바둑 대결에서 불계승으로 이긴 후 사람들의 관심이 인공지능에 쏠리기 시작했습니다.

05 ( )은(는) 사람이 수행하던 규칙적이고 반복적인 업무 프로세스에 소프트웨어 로봇을 적용하여 자동화하는 것입니다.

06 ( )은(는) 자동차, 기계, 가정용 기기 등의 사물에 센서 및 API를 부착해 실시간으로 인터넷을 통해 데이터를 주고받는 기술이나 환경을 말합니다.

07 ( )은(는) 사람과 로봇을 구별하기 위해 만든 튜링 테스트로, 로봇을 구별하기 위한 난해한 문자를 제시하여 이를 맞추면 사람으로 인정하는 방식입니다.

요약

해당 장의 핵심 내용을 요약 정리하여 배운 내용을 복습합니다.

토론과제

인공지능 관련 이슈를 이론과 연계하여 토론해 봅니다.

5 6 7 8

LAB

일상생활에서 활용할 수 있는 인공지능 툴 사용법을 실습을 통해 학습합니다.

연습문제

핵심 내용을 잘 이해했는지 확인하는 문제를 풀어 봅니다.

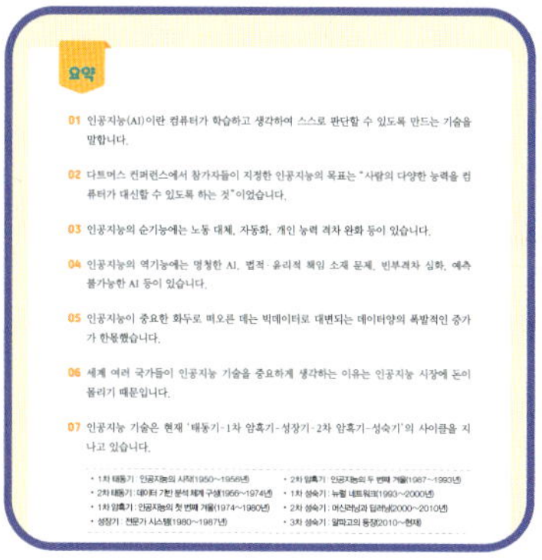

요약

01 인공지능(AI)이란 컴퓨터가 학습하고 생각하여 스스로 판단할 수 있도록 만드는 기술을 말합니다.

02 다트머스 컨퍼런스에서 참가자들이 지정한 인공지능의 목표는 "사람의 다양한 능력을 컴퓨터가 대신할 수 있도록 하는 것"이었습니다.

03 인공지능의 순기능에는 노동 대체, 자동화, 개인 능력 격차 완화 등이 있습니다.

04 인공지능의 역기능에는 멍청한 AI, 법적·윤리적 책임 소재 문제, 빈부격차 심화, 예측 불가능한 AI 등이 있습니다.

05 인공지능이 중요한 화두로 떠오른 데는 빅데이터로 대변되는 데이터양의 폭발적인 증가가 한몫했습니다.

06 세계 여러 국가들이 인공지능 기술을 중요하게 생각하는 이유는 인공지능 시장에 돈이 몰리기 때문입니다.

07 인공지능 기술은 현재 '태동기-1차 암흑기-성장기-2차 암흑기-성숙기'의 사이클을 지나고 있습니다.

- 1차 태동기 : 인공지능의 시작(1950~1956년)
- 2차 태동기 : 데이터 기반 분석 체계 구성(1956~1974년)
- 1차 암흑기 : 인공지능의 첫 번째 겨울(1974~1980년)
- 성장기 : 전문가 시스템(1980~1987년)
- 2차 암흑기 : 인공지능의 두 번째 겨울(1987~1993년)
- 1차 성숙기 : 뉴럴 네트워크(1993~2000년)
- 2차 성숙기 : 머신러닝과 딥러닝(2000~2010년)
- 3차 성숙기 : 알파고의 등장(2010~현재)

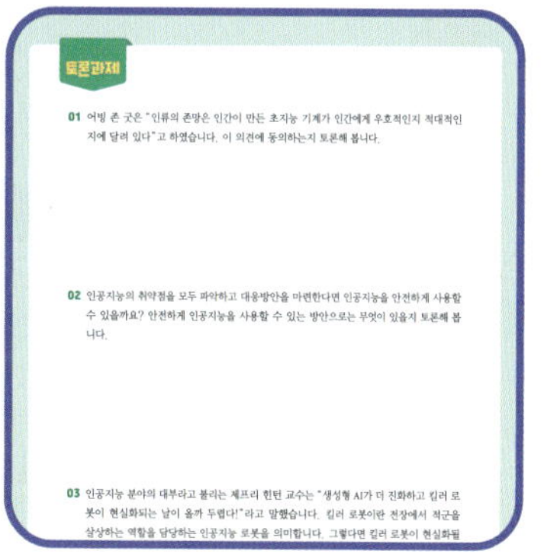

토론과제

01 어빙 존 굿은 "인류의 존망은 인간이 만든 초지능 기계가 인간에게 우호적인지 적대적인지에 달려 있다"고 하였습니다. 이 의견에 동의하는지 토론해 봅니다.

02 인공지능의 취약점을 모두 파악하고 대응방안을 마련한다면 인공지능을 안전하게 사용할 수 있을까요? 안전하게 인공지능을 사용할 수 있는 방안으로는 무엇이 있을지 토론해 봅니다.

03 인공지능 분야의 대부라고 불리는 제프리 힌턴 교수는 "생성형 AI가 더 진화하고 킬러 로봇이 현실화되는 날이 올까 두렵다!"라고 말했습니다. 킬러 로봇이란 전장에서 적군을 살상하는 역할을 담당하는 인공지능 로봇을 의미합니다. 그렇다면 킬러 로봇이 현실화될

학습 로드맵

1-5장

인공지능의 개념과 역사, 발전 과정을 설명하면서 현재 이슈가 되고 있는 윤리, 신뢰성, 보안 문제에 대해 다룹니다.

Go!

01 인공지능의 이해

- 인공지능의 개요
- 인공지능의 발전
- 머신러닝
- 인공신경망과 딥러닝
- 생성형 AI

11-14장

인공지능 플랫폼과 서비스를 살펴보는 동시에 인공지능의 위협 요소와 동향, 그리고 다가올 미래에는 인공지능에 대해 어떻게 대처해야 하는지 살펴봅니다.

03 인공지능 서비스와 미래

- 인공지능 플랫폼과 서비스
- 인공지능의 위협

- **강의 보조 자료** 한빛아카데미 홈페이지에서 '교수회원'으로 가입하신 분은 인증 후 교수용 강의 보조 자료를 제공 받을 수 있습니다. 한빛아카데미 홈페이지 상단의 〈교수전용공간〉 메뉴를 클릭하세요.
http://www.hanbit.co.kr/academy
- **연습문제 해답 안내** 이 책은 대학 강의용 교재로 개발되었으므로 연습문제 해답을 제공하지 않습니다.

인공지능과 윤리 ▶ 인공지능의 신뢰성 ▶ 인공지능과 보안

6-10장

인공지능을 구현하기 위한 기술 요소들과 함께 빅데이터, 머신러닝, 인공신경망, 딥러닝, 생성형 AI와 같이 최근에 많이 거론되고 있는 기술에 대해 알아봅니다.

02

인공지능과 기술 ◀ 인공지능을 실현하기 위한 기술 ◀ 빅데이터

인공지능의 동향 ▶ 인공지능에 대처하는 자세 ▶ **Goal!**

목차

PART 01 인공지능의 이해

CHAPTER 01 인공지능의 개요

CHAPTER 02 인공지능의 발전

CHAPTER 03 인공지능과 윤리

CHAPTER 04 인공지능의 신뢰성

CHAPTER 07 빅데이터

CHAPTER 08 머신러닝

CHAPTER 09 인공신경망과 딥러닝

CHAPTER 12 인공지능의 위협

CHAPTER 13 인공지능의 동향

· PART · 01

인공지능의 이해

CONTENTS

CHAPTER 01

인공지능의 개요

학습목표

- 인공지능을 이해하고 개념을 설명할 수 있습니다.
- 인공지능이 다시 부각되기 시작한 배경과 중요성에 대해 설명할 수 있습니다.
- 인공지능의 연대별 특징을 설명할 수 있습니다.
- 인공지능을 지적 수준, 기능 발전, 구현 방식에 따라 분류할 수 있습니다.

Preview

1장은 인공지능의 개념과 연대에 대해 다룹니다. 특히 인공지능을 다양한 관점에서 정의해 봄으로써 각 산업에서 인공지능이 어떤 의미로 사용되고 있는지 이해할 수 있습니다. 또한 사회적으로 큰 관심을 받고 있는 인공지능이 부풀려진 기술인지, 혹은 향후 발전 가능성이 있는 기술인지에 대해서도 고찰해 봅니다. 마지막으로 인공지능의 연대와 분류를 살펴봄으로써 인공지능의 발전 과정에 대해 알아봅니다.

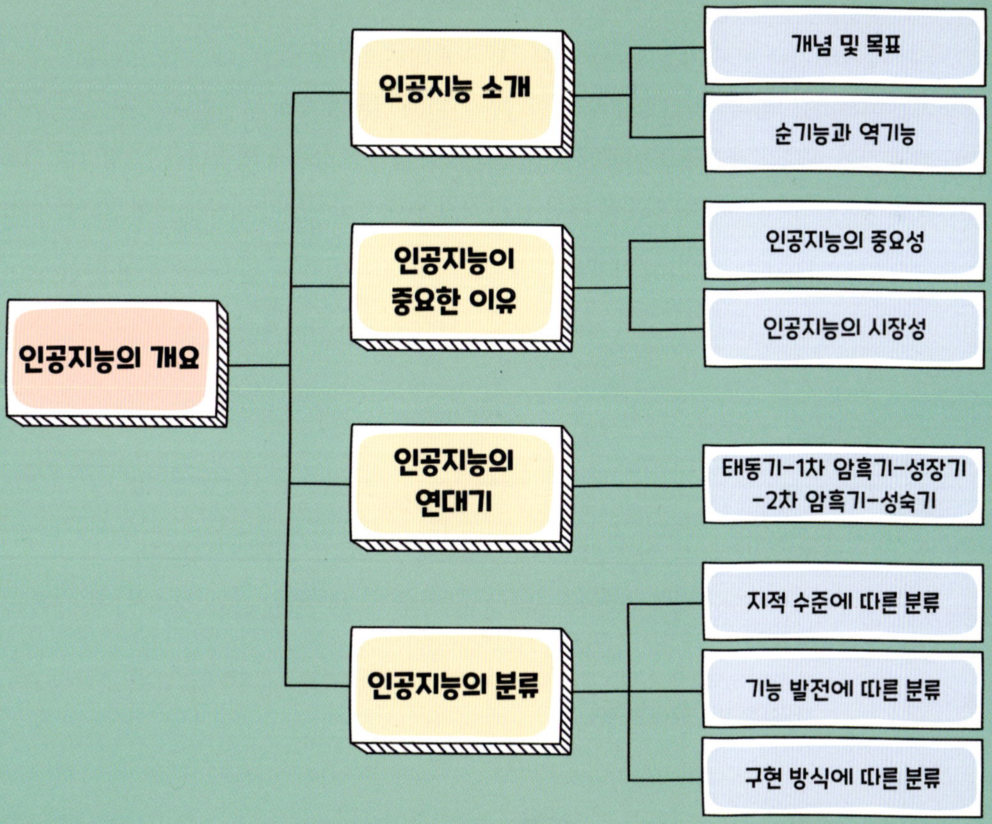

Section

01 인공지능 소개

1 인공지능의 개념

인공지능을 배우기 전에 먼저 지능(知能)이라는 용어에 대해 알아보겠습니다. 지능(Intelligence)은 무언가를 이해하고 배우는 능력으로 오직 인간만 가지고 있는 고유의 성질입니다. 즉, 본능적으로 행동하는 것이 아니라 생각하고 이해한 다음 행동으로 옮기는 능력을 말합니다. 그렇다면 기계도 인간처럼 생각할 수 있을까요? 이것에 대한 답을 찾기 위해 인공지능의 개념에 대해 알아봅시다.

인공지능의 개념은 [표 1-1]과 같이 다양한 관점으로 정리할 수 있지만, 일반적으로 **인공지능(AI, Artificial Intelligence)**이란 컴퓨터가 학습하고 생각하여 스스로 판단할 수 있도록 만드는 기술을 뜻합니다.

표 1-1 관점별 인공지능의 개념

관점	개념 설명
사전적 개념	철학적인 개념으로, 지성을 갖춘 존재 또는 시스템에 의해 만들어진 인공적인 지능을 의미
전통적 개념	컴퓨터가 인간의 지능적인 행동을 모방할 수 있도록 하는 소프트웨어로, 인간이 가진 지적 능력의 일부 또는 전체를 구현한 것
기술적 개념	인간의 지능으로 할 수 있는 사고, 학습, 자기계발 등을 컴퓨터가 할 수 있도록 하는 방법을 연구하는 컴퓨터공학 및 정보기술의 한 분야

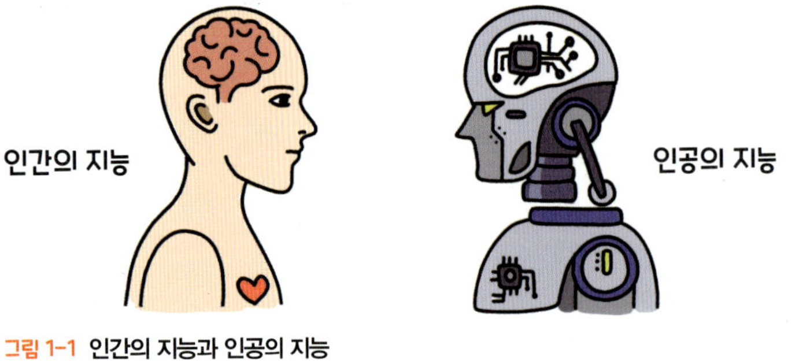

그림 1-1 인간의 지능과 인공의 지능

하나 더 알기 **프로그래밍과 인공지능**

A는 일반적인 프로그래밍을, B는 인공지능을 의미합니다. 프로그래밍은 발생할 수 있는 모든 케이스에 대해 사람이 프로그램으로 구현하고 행동하게 만드는 반면, 인공지능은 컴퓨터 스스로 데이터를 학습하여 판단하고 행동합니다.

A. 발생할 수 있는 모든 케이스에 대해 사람이 프로그램으로 구현하고 행동

[프로그래밍]

B. 컴퓨터가 데이터를 스스로 학습하여 판단하고 행동

[인공지능]

2 인공지능의 목표

인공지능이라는 용어가 대중에게 처음으로 알려진 시기는 1956년입니다. 그 해에 미국의 다트머스 대학교에서는 오늘날 인공지능의 거두로 꼽히는 존 매카시(John McCarthy), 클로드 섀넌(Claude Shannon), 마빈 민스키(Marvin Minsky), 나다니엘 로체스터(Nathaniel Rochester)를 비롯하여 총 10명의 과학자들이 참여한 '다트머스 컨퍼런스(Dartmouth Conference)'가 개최됩니다. 이 컨퍼런스의 전제는 '학습의 모든 측면, 혹은 지능의 모든 특성이 원칙적으로 정확히 기술되어서 이를 모사하는 기계를 만들 수 있다는 가정에 토대를 두고 연구를 진행할 것'이었습니다. 즉, 이들이 선포한 목표는 '사람의 다양한 능력을 컴퓨터가 대신할 수 있도록 하는 것'이었습니다.

인공지능이라는 단어는 미국의 전산학자이며 인지과학자인 존 매카시가 처음 제시했습니다. 존 매카시는 다트머스 컨퍼런스 개최를 준비하면서 경비 마련을 위해 록펠러 재단에 후원금 요청서를 보냈는데, 이 요청서에 '인공지능'이라는 용어를 처음 사용한 것입니다. 그는 인공지능에 대한 연구 업적을 인정받아 1971년 튜링상을 수상했습니다.

그림 1-2 **다트머스 컨퍼런스 참석자들**

이후 인공지능 기술은 지속적인 침체기와 성장기를 거쳐 현재는 생활가전, 의료, 교육, 국방, 제조, 재무분석, 서비스 등 다양한 분야에서 활용되고 있습니다. 인공지능의 발달은 궁극적으로 로봇의 기능을 향상시키고 실생활에 로봇이 도입될 수 있도록 하는 데 있습니다. 예를 들어, 동영상 분석 기술은 미래 인공지능 로봇의 눈이 제 역할을 할 수 있도록 발전시키는 과정에서 나타난 결과라고 볼 수 있습니다.

그림 1-3 **동영상 분석 기술과 미래 인공지능 로봇의 눈**

3 인공지능의 순기능

인공지능 기술이 다양한 산업 분야에 접목되면서 지금까지 상상할 수 없었던 새로운 결과물이 선보여지고 있습니다. 질병 진단 및 예측, 통·번역 서비스, 가상 개인비서 등과 같이 인간의 삶에 편리함을 제공하는 인공지능의 순기능에 대해 알아보겠습니다.

(a) 질병 진단 및 예측　(b) 통·번역 서비스　(c) 가상 개인비서

그림 1-4 **인공지능 기술을 기반으로 한 새로운 서비스들**

인공지능의 순기능에는 노동 대체, 자동화, 개인 능력 격차 완화 등이 있습니다.

노동 대체

인간의 정신적 · 육체적 노동을 최소화하거나 대체함으로써 업무 효율성을 크게 높일 수 있습니다. 예를 들어 '키바(Kiva)'라는 로봇은 아마존(Amazon)의 물류창고에서 상품들을 분류하고 옮김으로써 인간의 노동을 대체하고 있습니다.

그림 1-5 **아마존 물류창고의 로봇 키바**

또한 커피를 자동으로 내려주는 로봇 바리스타가 카페의 노동력을 대체할 수 있습니다.

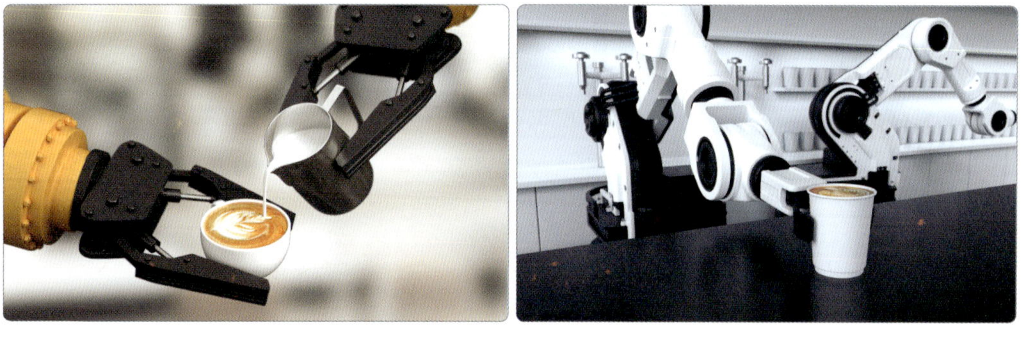

그림 1-6 **로봇 바리스타**

자동화

하루 종일 컴퓨터 앞에 앉아 복사 및 붙여넣기(Copy&Paste) 작업을 하고 있다고 가정해 봅시다. 일의 경중을 떠나 단순하고 반복적인 작업은 시간 소모적이고 생산적이지도 않습니다. 그래서 각광받고 있는 기술이 바로 단순 작업의 자동화가 가능한 RPA(Robotic Process Automation)입니다. RPA의 대표적인 서비스는 [그림 1-7]의 '보험금 청구 심사 시스템'입니다. 보험심사 업무가 인공지능으로 자동화되면서 사람은 단순하고 반복적인 업무에서 해방되었고, 심사 업무는 빠르고 효율적으로 변화되었습니다.

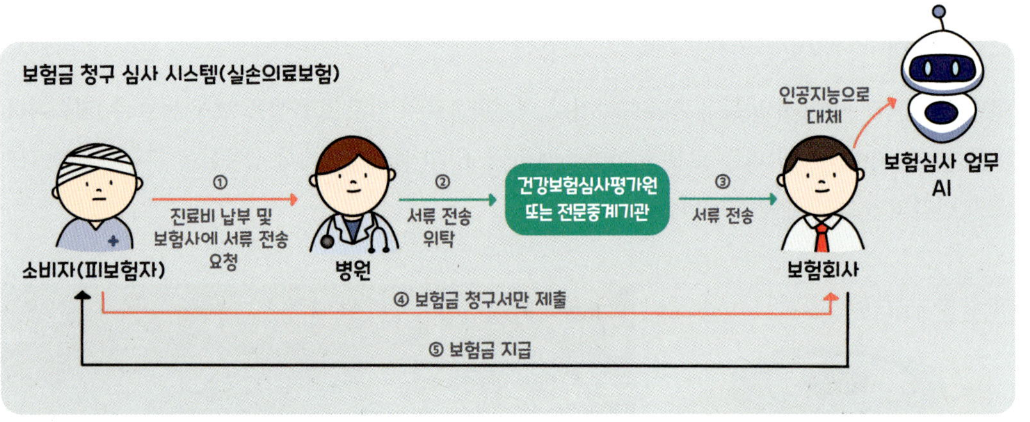

그림 1-7 RPA 도입으로 인한 사무 자동화

하나 더 알기 RPA

RPA(Robotic Process Automation)는 사람이 수행하던 규칙적이고 반복적인 업무 프로세스에 소프트웨어 로봇을 적용하여 자동화하는 것으로, 저렴한 비용으로 빠르고 정확하게 업무를 수행하는 디지털 노동을 의미합니다. 현재는 RPA에 인공지능 기술이 접목되면서 다양한 산업 분야에서 활용도가 높아지고 있습니다. 사람 70명이 투입되어 15,628시간 동안 진행되던 업무가 인공지능이 접목된 RPA 한 대로 대체될 수 있습니다.

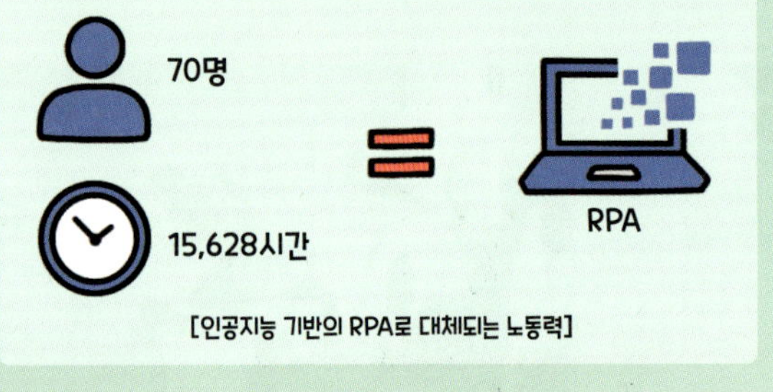

또한 [그림 1-8]과 같이 협동로봇을 이용하면 제조 공정의 대부분을 자동화할 수 있습니다. 이를 통해 사람은 위험한 작업환경에서 해방될 수 있으며, 기업은 높은 생산성을 기대할 수 있습니다.

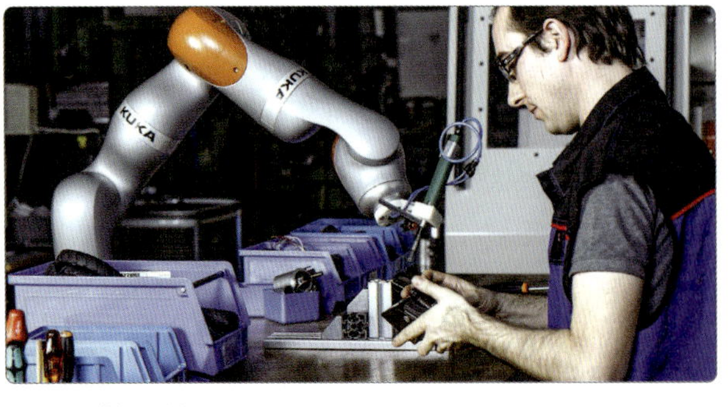

그림 1-8 협동로봇

개인 능력 격차 완화

충분한 양의 데이터와 알고리즘을 이용하는 인공지능은 개인 간의 기술 격차를 좁힐 수 있도록 돕습니다. 다년간의 경험과 깊이 있는 지식을 보유한 전문가만이 할 수 있었던 업무를 비전문가도 쉽게 수행할 수 있도록 도와주는 형태로, '로보어드바이저(Robo-Advisor)'가 대표적인 사례입니다. 인공지능, 빅데이터 기술이 접목된 '로보어드바이저'를 이용하면 투자전문가가 아니더라도 고객에게 최적화된 투자자문 서비스를 제공할 수 있습니다.

그림 1-9 **로보어드바이저**

4 인공지능의 역기능

장점이 화려한 만큼 인공지능의 역기능에도 주목해야 합니다. 인공지능의 역기능에는 멍청한 AI, 법적·윤리적 책임 소재 문제, 빈부격차 심화, 예측 불가능한 AI 등이 있습니다.

멍청한 AI(Dumb AI)

인공지능은 데이터 학습을 통해 사고 능력이 형성됩니다. 그래서 인공지능이 제대로 학습하지 않은 정보에 대해 잘못된 판단을 할 수 있습니다. 오픈AI에서 개발한 챗GPT는 학습하지 않았던 내용에 대해 사용자가 질의할 경우 단어로 그 뜻을 유추하여 답변합니다. 그래서 [그림 1-10]과 같이 '환단고기'에 대해 사실이 아닌 내용으로 답변하는 현상이 발생하기도 합니다. 이와 같은 사례들로 인하여 인공지능의 신뢰성에 대한 고민이 필요하다는 공감대가 형성되고 있습니다.

나
환단고기가 무엇인가요?

ChatGPT
환단고기는 한국의 전통적인 음식 중 하나로, 돼지고기의 목살 부위를 가늘게 채썰어 얇게 썬 다음 특별한 양념에 재워 구워먹는 요리입니다. 환단고기는 주로 숯불에 구워내어 고기의 풍미를 극대화시키고, 고소한 향과 함께 단맛이 일품입니다. 주로 고기와 함께 식탁에 나오는 쌈재료와 함께 먹거나, 고기 위에 고추장이나 마늘 등을 곁들여서 맛을 더할 수 있습니다.

그림 1-10 **챗GPT의 잘못된 답변 결과**

법적·윤리적 책임 소재 문제

인공지능 기술이 접목된 자동차를 운행하던 중 사고가 발생하면 누구에게 책임이 있을까요? 인공지능은 현행법상 법적 권리나 의무의 주체인 사람(법인)이 아니므로 법적 책임을 물을 수 없습니다. 그 책임을 자연인(법인)에게 묻는다고 가정했을 때 누구에게 물을 수 있는지에 대한 판단도 쉽지 않은 것이 현실입니다. 자율주행차가 사고를 냈을 때의 배상책임과 처벌 문제, 인공지능에 의한 질병검진과 로봇수술 허용 여부 등 앞으로 해결해야 할 중요한 이슈들이 많습니다.

그림 1-11 테슬라와 우버 자율주행차의 사고

빈부격차 심화

인공지능이 인간의 일자리를 대체함으로써 인간의 생계가 위협받을 수 있습니다. 물론 인공지능 활성화로 새로운 직업이 창출되기도 하지만, 새로운 기술을 습득하고 활용하는 데에는 많은 시간이 필요합니다. 시간적, 기술 습득상의 제약으로 인해 배움에서 소외된 사람들은 경제적 어려움을 겪을 것입니다.

예측 불가능한 AI

학습되지 않았거나 추론을 할 수 없는 상황이 발생할 경우, 인공지능은 평소와 달리 엉뚱한 결과를 내놓을 수 있습니다. 예를 들어, [그림 1-12]와 같이 바둑기사 이세돌 9단이 '알파고(AlphaGo)'와의 대국에서 상대(알파고)가 유리한 곳에 수를 두자 알파고가 실수를 연발하기 시작한 것입니다. 알파고는 '신의 한 수'로 불리는 78수가 악수인지 묘수인지 인지하지 못해 새로운 변수에 대응하지 못하는 기술적인 한계를 보였습니다.

그림 1-12 구글 딥마인드 챌린지 매치에서 이세돌 9단이 둔 78수

Section 02

인공지능의 중요성과 시장성

1 인공지능의 중요성

최근 들어 인공지능이 중요한 화두로 떠오른 데에는 빅데이터로 대변되는 데이터양의 폭발적인 증가가 한몫했습니다. 또한 기존에 보유하고 있던 데이터는 물론, 사물인터넷으로 수집된 데이터까지 분석하여 비즈니스에 활용하고자 하는 요구가 많아진 것도 인공지능의 중요성이 커진 이유 중 하나입니다.

사물인터넷(IoT, Internet of Things)이란 자동차, 기계, 가정용 기기 등의 사물에 센서 및 API를 부착해 실시간으로 인터넷을 통해 데이터를 주고받는 기술이나 환경을 말합니다.

최근 사물인터넷으로 서로 연결되는 장비가 증가하면서 많은 양의 데이터에 쉽게 접근할 수 있게 되었고, 데이터를 관리하고 데이터가 의미하는 것이 무엇인지 이해하고자 하는 욕구가 증가했습니다. 이로 인하여 인공지능의 학습에 활용되는 데이터가 어느 때보다 중요해지고 있습니다. 데이터만으로 경쟁 우위를 점할 수 있는 시대가 도래하면서 인공지능의 중요성은 더욱 커지고 있습니다.

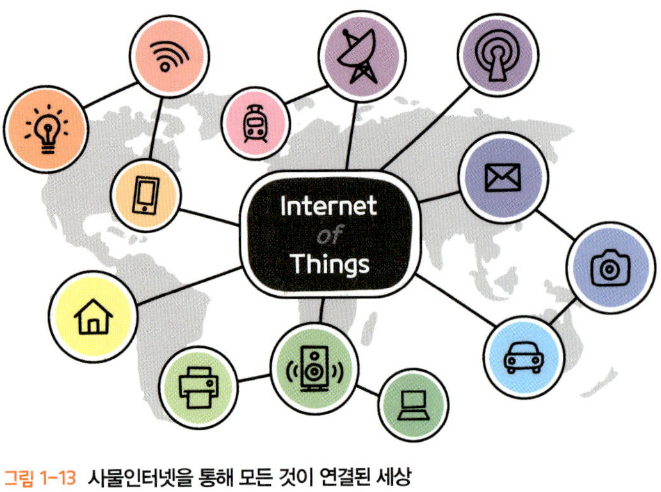

그림 1-13 사물인터넷을 통해 모든 것이 연결된 세상

또한 최근에는 인공지능의 범용성이 높아졌습니다. 범용성이란 하나의 기술을 여러 용도로 다양한 산업에 사용할 수 있음을 의미합니다. 기존에는 IT 산업에만 인공지능 기술이 적용되었다면, 최근에는 제조, 금융, 의료 등 전 산업에 적용되고 있는 추세입니다.

그림 1-14 **주요 인공지능 응용 분야**

2 인공지능의 시장성

인공지능 분야의 3대 강국으로는 미국, 중국, 일본을 꼽을 수 있습니다. 미국과 중국은 인공지능 주도권 유지를 국가 최상위 과제로 선언했고, 일본은 미래 혁신 정책 'AI 전략 2019'에서 최상위 인재부터 초등학생에 이르기까지 단계별로 인공지능 능력을 기를 수 있는 맞춤형 실무교육 도입을 핵심으로 다루었으며, 'AI 전략 2023'에서는 일본 경제의 발전을 이어 나가기 위해 생성형 AI 이용에 관한 검토를 진행했습니다. 이제 인공지능을 모르면 '21세기 문맹'이 되는 날이 멀지 않은 것처럼 느껴집니다. [그림 1-15]는 국가별 인공지능의 특허 현황과 인력 현황입니다.

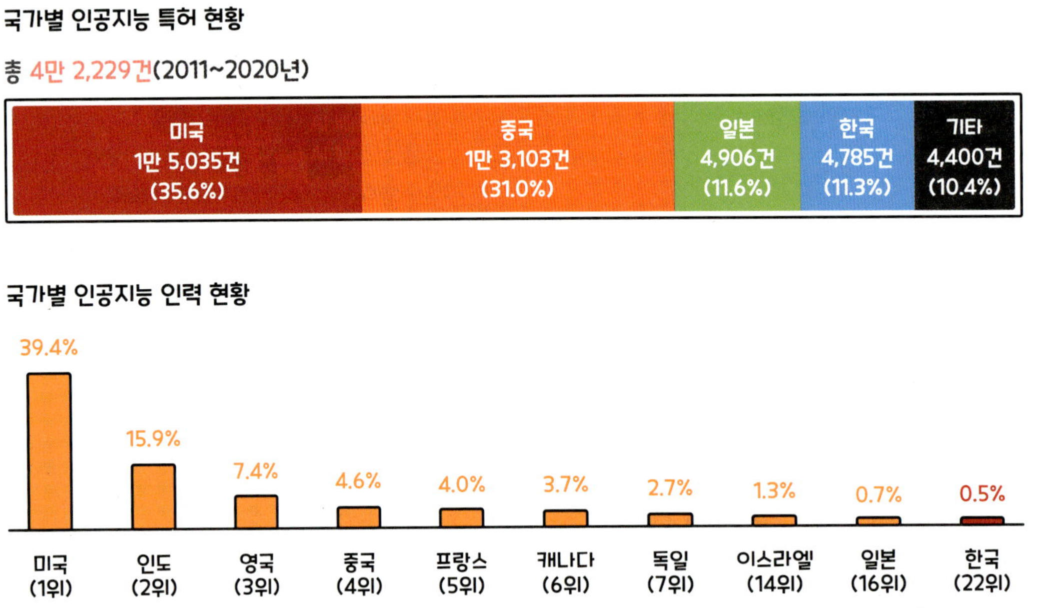

그림 1-15 국가별 인공지능 특허 및 인력 현황

이처럼 여러 국가들이 인공지능 기술을 중요하게 생각하는 이유는 인공지능 시장에 돈이 몰리기 때문입니다. 인공지능 시장 규모는 2025년에 62조 원 이상이 될 것으로 전망되고 있습니다. 즉 인공지능 경쟁력을 갖춘 기업이 시장을 독점하고 미래의 패권을 좌우할 것으로 예측할 수 있습니다.

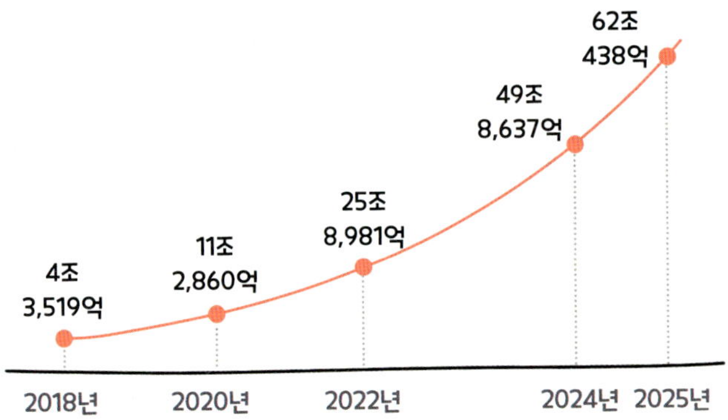

그림 1-16 세계 인공지능 시장 규모 추이

Section

03 인공지능의 연대기

2016년 구글이 개발한 인공지능 알파고(AlphaGo)가 이세돌 9단과의 바둑 대결에서 불계승(不計勝)으로 이긴 후, 사람들의 관심이 인공지능으로 쏠리기 시작했습니다. 하지만 인공지능은 전혀 새로운 기술이 아닙니다. 이미 1950년에 튜링 테스트를 통해 지능을 갖춘 기계 발전의 가능성이 떠올랐기 때문입니다. [그림 1-17]은 인공지능의 시작부터 최근까지의 연대를 시간 흐름순으로 정리한 것입니다.

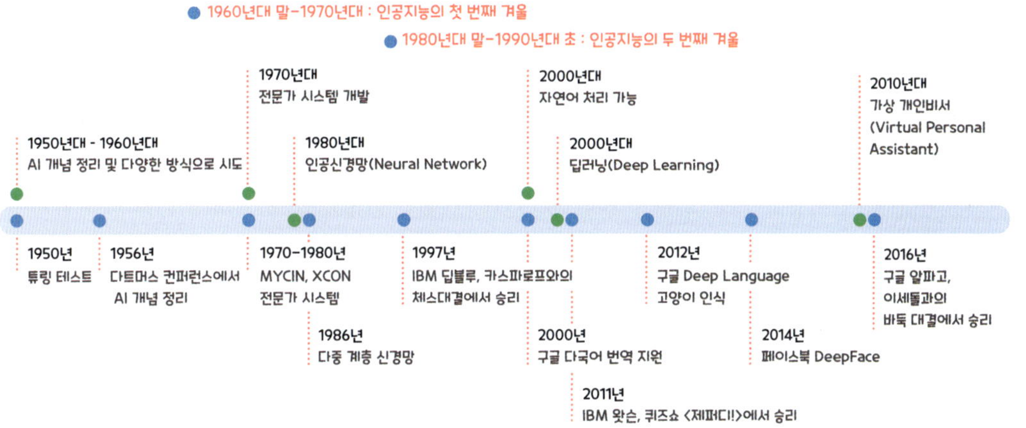

그림 1-17 **인공지능 연대**

대부분의 기술은 '태동기-성장기-성숙기-쇠퇴기'의 라이프사이클을 거칩니다. 인공지능 기술은 [표 1-2]와 같이 '태동기-1차 암흑기-성장기-2차 암흑기-성숙기'의 사이클을 지나고 있습니다.

표 1-2 **인공지능 기술의 라이프사이클**

구분	주요 연혁	설명
태동기	인공지능의 시작 (1950~1956년)	앨런 튜링은 「계산 기계와 지능」이라는 논문에서 기계가 생각할 수 있는지 테스트하는 방법과 지능적 기계의 개발 가능성 및 학습하는 기계 등에 대해 정의함
	데이터 기반 분석 체계 구성 (1956~1974년)	10명의 과학자가 참여한 다트머스 컨퍼런스에서 '인공지능' 용어가 처음으로 사용됨

구분	주요 연혁	설명
1차 암흑기	첫 번째 겨울 (1974~1980년)	인공지능 시스템이 애초의 기대에 절대로 만족시키지 못할 것이라는 인식이 투자 삭감으로 이어지면서 인공지능의 첫 번째 겨울이 시작됨
성장기	전문가 시스템(1980~1987년)	전문가들의 지식을 데이터베이스로 구성한 규칙 기반 시스템이 탄생함
2차 암흑기	두 번째 겨울 (1987~1993년)	전문가의 지식 중 어떤 것을 추출해야 하는지에 대한 정의가 부정확하여 전문가 시스템의 개발 및 유지보수의 비효율성으로 인해 인공지능의 두 번째 겨울이 시작됨
성숙기	인공신경망 (1993~2000년)	기존의 인공신경망과는 달리 입력층과 출력층 사이에 은닉층이 추가되면서 복잡한 연산이 가능해짐
	머신러닝과 딥러닝 (2000~2010년)	컴퓨터 스스로 데이터를 학습해서 문제를 해결할 수 있게 되었고, 학습한 데이터를 다른 문제에 재활용할 수 있게 됨. 또한 대량의 데이터 처리에 필요한 빅데이터의 확산과 하드웨어(GPU) 성능도 향상됨
	알파고의 등장(2010년~현재)	인공지능 기술의 발전 가능성에 대한 기대감이 상승하면서 관심이 높아졌고, 챗GPT의 등장으로 생성형 AI에 대한 관심이 증가함

1 1차 태동기 : 인공지능의 시작(1950~1956년)

인공지능은 현대 컴퓨터 과학의 아버지로 불리는 앨런 튜링(Alan Turing)이 컴퓨터의 지능 테스트를 진행하면서 시작되었습니다. **튜링 테스트(Turing Test)**는 기계가 사람처럼 지능적으로 동작할 수 있는지 판단하는 테스트입니다. [그림 1-18]과 같이 사람 평가자가 청각 및 시각적 접촉 없이 기계와 사람을 인터뷰하는데, 인터뷰 대상인 기계와 사람은 모두 자기가 사람이라고 주장합니다. 평가자가 기계와 사람을 구분하지 못하면 이 기계는 튜링 테스트를 통과한 것이므로 기계의 지능이 사람과 같은 것이라고 간주합니다.

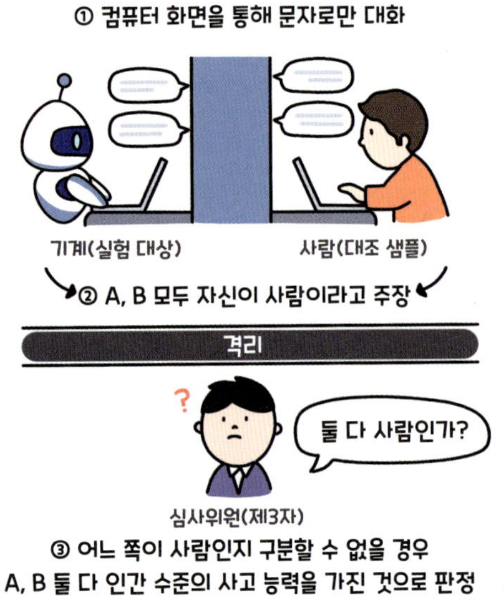

그림 1-18 튜링 테스트 과정

튜링 테스트로는 캡차(CAPTCHA)가 많이 사용되고 있습니다. 2000년 미국 카네기 멜런 대학교의 연구원들이 사람과 로봇을 구별하기 위해 만든 튜링 테스트로, 로봇은 구별하기 난해한 문자를 제시하여 이를 맞추면 사람으로 인정하는 방식입니다. 웹사이트에서 흔히 사용되고 있는 캡차 기법은 [그림 1-19]와 같습니다.

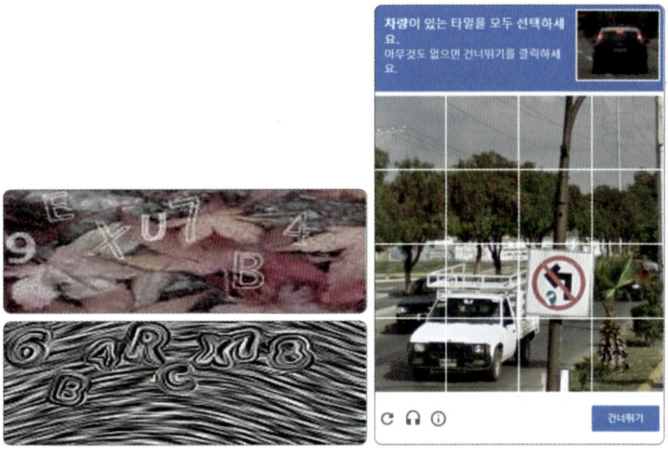

그림 1-19 **캡차 튜링 테스트의 예**

하나 더 알기 **앨런 튜링**

앨런 튜링(Alan Turing)은 알고리즘과 수학 원리를 이용한 튜링 머신으로 컴퓨터 과학 발전에 큰 공헌을 하였으며, 튜링 테스트를 고안해 낸 것으로 유명합니다. 튜링 테스트란 기계가 인간과 얼마나 유사하게 대화할 수 있는지를 기준으로 기계가 지능을 가지고 있는지 판별하는 테스트입니다.

2 2차 태동기 : 데이터 기반 분석 체계 구성(1956~1974년)

인공지능을 컴퓨터 과학의 세부 영역으로 이끈 학자들은 '다트머스 컨퍼런스'에 참석했던 10명의 학자들이었습니다. 앞에서 설명했듯이 1956년에 다트머스 대학교에서 열린 워크숍에서 이들은 인공지능(AI)이라는 이름과 연구개발 목표, 추진 방향 등을 제안하고 토론하였습니다.

'인공지능'이라는 단어는 '지능을 가진 기계'의 이름을 고민하던 중 존 매카시가 '인공지능'이라는 이름을 제안하면서 사용되기 시작했습니다. 지금과 같은 수준의 인공지능을 다루는 것이 아니라 경우의 수를 계산하는 수준이었지만 이들에 의해 지금의 인공지능이 완성되었다고 할 수 있습니다.

그림 1-20 다트머스 컨퍼런스에 참석한 10명의 과학자들

3 1차 암흑기 : 인공지능의 첫 번째 겨울(1974~1980년)

다트머스 대학교에 모인 과학자들에 의해 '인공지능이란 무엇인가?', '어떤 일을 하는 인공지능을 만들 것인가?'라는 논의는 계속되었습니다. 그리고 회의가 끝나자 허버트 사이먼은 '앞으로 20년 안에 기계는 사람이 할 수 있는 일은 무엇이든 할 수 있게 될 것'이라고 선언하였습니다. [그림 1-21]은 다트머스 컨퍼런스에 참석한 과학자들의 인공지능에 대한 낙관적인 인터뷰 내용입니다.

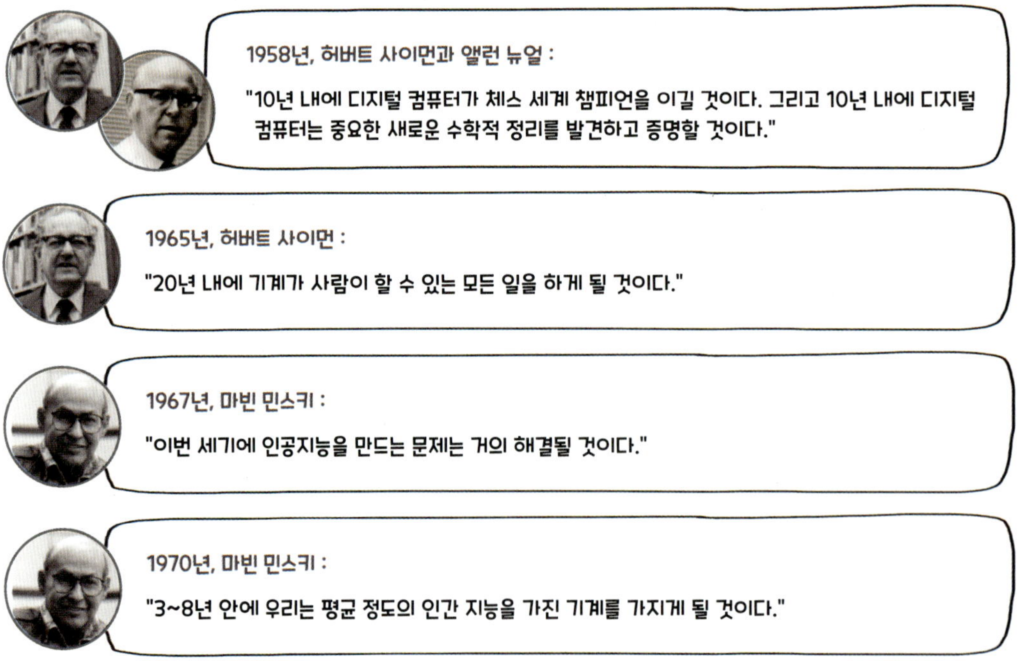

그림 1-21 다트머스 컨퍼런스에 참석한 과학자들의 인터뷰

다트머스 컨퍼런스 이후 매사추세츠 공과대학교(MIT)와 카네기 멜런 대학교에 '인공지능 연구소'가 세워졌고, 많은 과학자들이 인공지능 개발을 위한 연구에 뛰어들었습니다. 하지만 기대와는 달리 연구 성과가 낮아 인공지능에 대한 투자가 적어지면서 재정적 위기를 맞이합니다. 1960년대 후반쯤에는 인공지능에 관한 낙관적 예상과 성취감이 절정에 이르렀지만, 이러한 낙관적 전망이 터무니없는 것이라는 사실이 밝혀지면서 현실의 벽에 부딪혔습니다. 낙관의 거품이 걷히자 인공지능은 비판의 대상이 되었고 인공지능 역사의 첫 번째 겨울(First AI Winter)이 시작됩니다.

그림 1-22 인공지능의 첫 번째 겨울

4 성장기 : 전문가 시스템(1980~1987년)

첫 번째 겨울을 지나 1980년대에 들어서자 '제2차 인공지능 붐'이 일어나는데, 그 계기가 전문가 시스템의 등장입니다. 전문가 시스템(Expert System)은 인간이 특정 분야에 대하여 가지고 있는 전문적인 지식을 정리하고 표현하여 컴퓨터에 기억시킴으로써 일반인도 전문지식을 이용할 수 있도록 하는 시스템입니다. 다시 말해, 전문가가 지닌 전문지식, 경험, 노하우 등을 컴퓨터에 축적하여 일반인도 전문가와 동일한, 또는 그 이상의 문제해결 능력을 가질 수 있도록 하는 시스템이라고 할 수 있습니다. 전문가 시스템은 주로 의료나 법률 분야에서 유용하게 사용되었습니다. [그림 1-23]은 전문가 시스템의 사용 과정을 보여주고 있습니다.

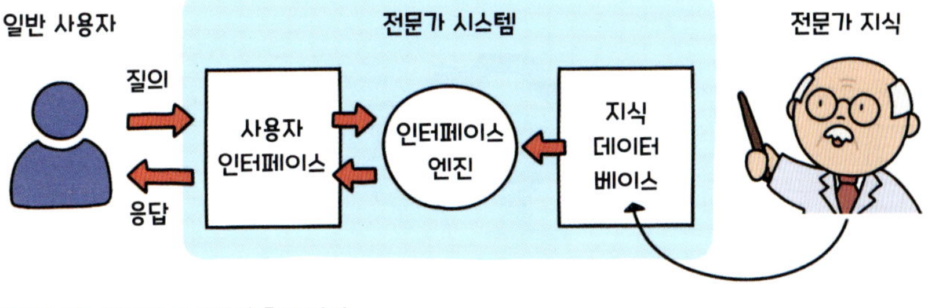

그림 1-23 전문가 시스템의 추론 과정

5 2차 암흑기 : 인공지능의 두 번째 겨울(1987~1993년)

전문가 시스템의 효용성에도 불구하고 이것에 대한 활용성은 시간이 지날수록 떨어졌습니다. 전문가 시스템을 유지하기 위해 부담해야 하는 금액이 비싸기도 하고, 무엇보다 전문가의 지식을 추출하는 데 병목현상이 발생하면서 시스템을 유지하는 것이 어려워졌기 때문입니다. 뿐만 아니라 데이터베이스에 축적되지 않은 질문들에 대해서는 예측할 수 없는 행동을 하는 전문가 시스템에 대해 사람들은 의구심을 갖기 시작했습니다. 이로 인해 인공지능의 두 번째 겨울(Second AI Winter)이 시작되었습니다.

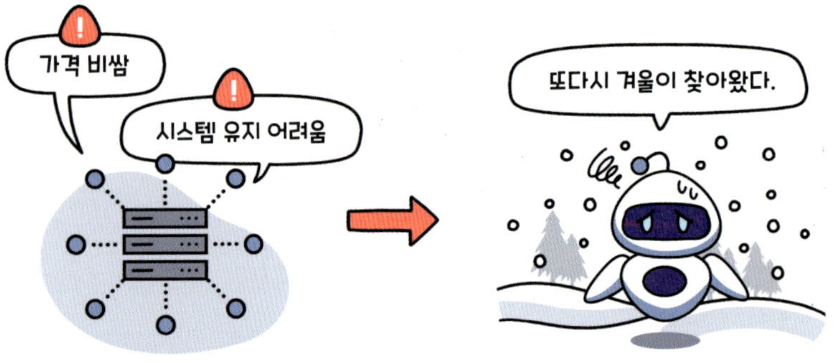

그림 1-24 인공지능의 두 번째 겨울

6 1차 성숙기 : 인공신경망(1993~2000년)

검색엔진이 출현하면서 이전과 비교할 수 없는 방대한 양의 데이터 수집이 가능해지자, 1990년대 인공지능 연구는 인터넷과 함께 다시 한번 중흥기를 맞이합니다. 이전의 인공지능은 사람이 규칙을 만들어 시스템을 구현했다면, 성숙기 단계의 인공지능은 공식을 스스로 만들었습니다. 이는 대용량의 데이터와 머신러닝(Machine Learning) 또는 딥러닝(Deep Learning)이라 불리는 인공지능 기술의 발전으로 가능했습니다.

그림 1-25 머신러닝, 딥러닝을 통한 인공지능 체제 전환

또한 인간의 뇌 신경망을 모방한 인공신경망(Neural Network) 연구는 인공지능 발전에 큰 영향을 미쳤습니다. [그림 1-26]과 같이 신경세포들의 연결로 이루어진 인간의 뇌는 시냅스를 통해 전기 자극을 전달합니다. 이것을 그대로 모사한 인공신경망은 뉴런이 일정한 자극을 받으면 다음 뉴런으로 신호가 전달되는 방식으로 동작합니다.

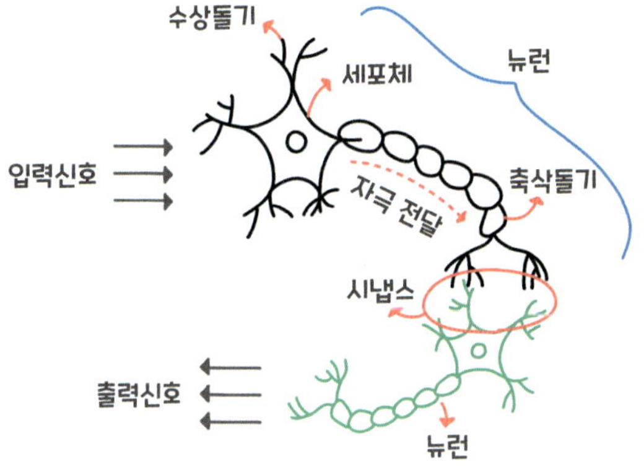

그림 1-26 인간의 신경세포

일반적으로 사용되는 인공신경망 알고리즘은 [그림 1-27]과 같이 입력층(Input Layer), 은닉층(Hidden Layer), 출력층(Output Layer), 이렇게 3개의 층으로 구분됩니다. 입력층은 인간의 뇌에서 수상돌기에 해당하며, 출력층은 축삭돌기(축삭말단)에 해당합니다. 또한, 각각의 층 사이의 연결 강도는 시냅스에 해당하므로 일정한 자극이 있을 때만 다음 층(인간의 뉴런)으로 전달됩니다. 특히 2개 이상의 은닉층을 구성함으로써 복잡한 문제들을 쉽게 해결할 수 있게 되면서 인공지능은 성숙기를 맞이하게 됩니다.

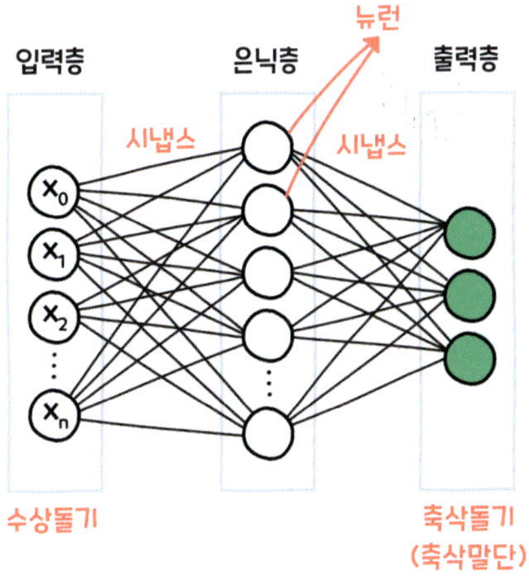

그림 1-27 인간의 신경세포를 모방한 인공신경망

7 2차 성숙기 : 머신러닝과 딥러닝(2000~2010년)

인공지능에 대한 관심이 커지면서 자주 언급되는 용어는 머신러닝과 딥러닝입니다.

머신러닝(Machine Learning)은 기본적으로 알고리즘을 이용해 데이터를 분석하고, 분석을 통해 학습하며, 학습한 내용을 기반으로 판단이나 예측을 합니다. 따라서 데이터를 분석한 결과에 대한 판단 기준은 사람이 소프트웨어에 직접 코딩해 넣는 것이 아니라, 대량의 데이터와 알고리즘을 통해 컴퓨터가 스스로 학습하여 얻어냅니다.

딥러닝(Deep Learning)은 인공신경망에서 발전한 형태의 인공지능으로, 인간 뇌의 뉴런과 유사한 입력층, 은닉층, 출력층을 활용해 데이터를 학습합니다. 그러나 인공신경망 특성상 많은 양의 연산을 수행해야 하므로 딥러닝의 상용화가 난관에 부딪힌 적이 있습니다. 다행히 토론토 대학교의 제프리 힌턴(Geoffrey Hinton) 교수연구팀을 비롯하여 일부 기관에서 연구를 지속했고, 마침내 슈퍼컴퓨터를 기반으로 딥러닝 개념을 증명하는 알고리즘을 병렬화하는 데 성공합니다. 또한 병렬연산에 최적화된 GPU가 등장하면서 신경망의 연산 속도가 획기적으로 가속화되어 현재의 딥러닝이 완성되었습니다.

[그림 1-28]은 머신러닝과 딥러닝의 학습 차이를 보여주고 있습니다.

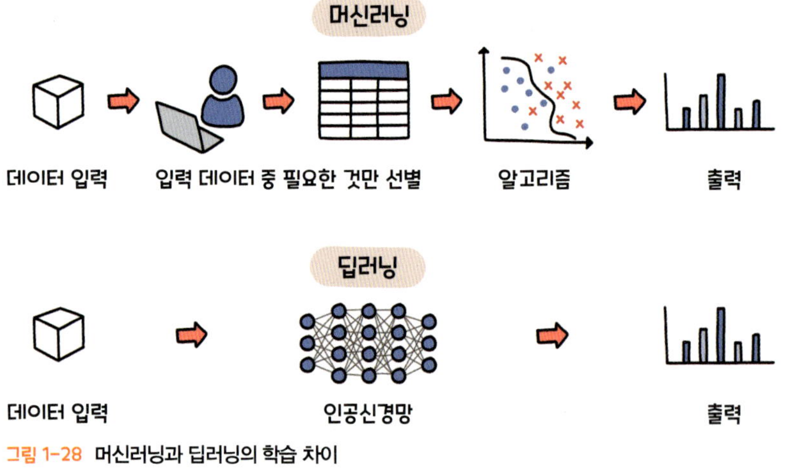

그림 1-28 머신러닝과 딥러닝의 학습 차이

8 3차 성숙기 : 알파고의 등장(2010년~현재)

영화《신의 한 수 : 귀수 편》에는 다양한 스타일로 자신만의 바둑을 두는 고수들이 등장합니다. 이 영화 속의 고수들처럼 현실 속 '고수'로는 인공지능 프로그램 알파고(AlphaGo)를 떠올려 볼 수 있습니다. 알파고는 영화적 상상을 뛰어넘는 지능을 실제로 보여주었기 때문입니다.

그림 1-29 영화 《신의 한 수 : 귀수 편》

이세돌 9단과 승부를 겨뤘던 알파고 리(AlphaGo Lee)는 나날이 성장하여 알파고 제로(AlphaGo Zero)로 완성되었습니다. 놀랍게도 알파고 제로는 학습을 하는 데 인간의 기본 데이터가 필요하지 않다고 합니다. 알파고 제로는 알파고 리의 실력을 압도하는 기력(棋歷)을 불과 72시간 만에 얻었으며, 알파고 리와의 경기에서 백전백승하였습니다.

알파고의 등장이 사람들에게 인공지능의 가능성을 보여주는 계기가 되었다면 챗GPT는 인공지능의 실체를 보여준 사례라고 할 수 있습니다. 인간이 학습할 수 있는 한계를 뛰어넘어 그 이상의 지능을 가진 챗GPT에 대한 의심은 무의미해 보일 정도입니다. 물론 챗GPT 역시 거품에 지나지 않다는 의견도 많습니다. 하지만 인공지능의 발전 속도를 고려했을 때 우리는 현재 인공지능의 중심에 있다는 것에 주목해야 할 때입니다.

그림 1-30 알파고의 충격적인 등장과 인공지능에 대한 관심 © Financial Times

Section

04 인공지능의 분류

인공지능은 [표 1-3]과 같이 지적 수준, 기능 발전, 구현 방식에 따라 분류할 수 있습니다. 지적 수준은 인공지능의 사고체계, 인간과 같이 판단하고 의사결정하는 수준에 따른 분류이고, 기능 발전은 입력에 따른 출력 수준에 따라 분류한 것입니다. 또한 구현 방식은 인간의 지적 기능을 구현하는 방법에 따라 분류한 것입니다.

표 1-3 인공지능의 분류

분류	기준	상세 분류
지적 수준	인간과 같은 사고의 가능 여부	• 약인공지능 • 강인공지능 • 초인공지능
기능 발전(레벨)	입력에 따른 출력이 변하는 에이전트 관점	• 레벨 1 : 단순 제어 프로그램 • 레벨 2 : 고전적 인공지능 • 레벨 3 : 머신러닝 • 레벨 4 : 딥러닝
구현 방식	지적 기능 구현 방식	• 지식 기반 방법론(인지, 추론, 학습, 행동) • 데이터 기반 방법론(머신러닝, 데이터마이닝)

1 지적 수준에 따른 분류

지적 수준에 의한 인공지능은 [표 1-4]와 같이 약인공지능, 강인공지능, 초인공지능으로 분류할 수 있습니다.

표 1-4 지적 수준에 따른 인공지능 분류

분류	설명	사례
약인공지능	특정 문제해결에 전문화된 인공지능	스팸메일 필터링, 검색 서비스, 구글번역, 유튜브 영상 추천
강인공지능	모든 영역에서 인간과 같은 수준인 인공지능	영화 《터미네이터》에 등장하는 스카이넷, 비서로봇, 협동로봇(공장로봇)
초인공지능	인류 전체의 지능을 초월하는 인공지능	'인류가 앞으로 1,000년 동안 쓸 수 있는 신(新) 에너지원 만들기'와 같은 고차원의 명령 수행 가능

약인공지능

우리가 일상생활에서 경험하고 있는 인공지능은 대부분 머신러닝이나 딥러닝을 활용한 약인공지능에 속합니다. 약인공지능(Weak AI, Artificial Narrow Intelligence)은 한 분야의 특정한 일을 인간의 지시에 따라 수행하는 인공지능입니다. 어떠한 목적에 최적화된 알고리즘으로 적당한 규칙에 의해 구현됩니다. 예를 들어, 구글의 알파고는 바둑에, 테슬라의 자율주행차는 자율주행에만 최적화되어 있습니다. 즉, 약인공지능은 특정 목적에 최적화되었기 때문에 목적을 벗어나면 제대로 된 행동을 할 수 없습니다. 현재의 인공지능은 이와 같이 약인공지능 수준에 머물러 있습니다.

그림 1-31 약인공지능의 예 : 테슬라의 자율주행차

강인공지능

강인공지능(Strong AI, Artificial General Intelligence)은 약인공지능의 제한된 기능을 뛰어넘어 모든 산업 분야에서 범용적으로 사용되는 인공지능입니다. 이 단계에서 컴퓨터는 인간처럼 학습하고 사고합니다. 즉, 지각력이 있고 스스로를 인식할 수 있는 존재입니다. 영화 《아이, 로봇(I, Robot)》이나 《터미네이터(Terminator)》에 등장하는 로봇이 여기에 속합니다.

(a) 《아이, 로봇》

(b) 《터미네이터》

그림 1-32 영화 속에서 등장하는 강인공지능

초인공지능

초인공지능(Artificial Super Intelligence)은 인간보다 몇백 배 이상 뛰어난 지능을 가진 존재입니다. 즉, 연산 능력뿐만 아니라 과학 및 예술 분야에서 뛰어난 창의성을 발휘하며, 일반적인 지식과 사회적인 능력도 인간을 뛰어넘는 지능을 갖습니다.

그림 1-33 **초인공지능**

하나 더 알기 **특이점**

강인공지능이나 초인공지능의 시대가 언제쯤 도래할 것인지에 대해서는 전문가들조차 상반된 견해를 갖습니다. 미국의 미래학자인 레이 커즈와일(Ray Kurzweil)은 2005년에 출간한 『특이점이 온다(The Singularity is Near)』에서 '강인공지능은 2029년, 초인공지능은 2045년에 등장할 것'으로 예측했습니다. 특이점(Singularity)이란 인공지능의 발전이 가속화되어 모든 인류의 지성을 합친 것보다 더 뛰어난 초인공지능이 출현하는 시점을 말합니다. 다음 그래프와 같이 특이점 이후에는 지금과는 상상도 할 수 없는 급진적인 기술 발전이 있을 것으로 예측되고 있습니다.

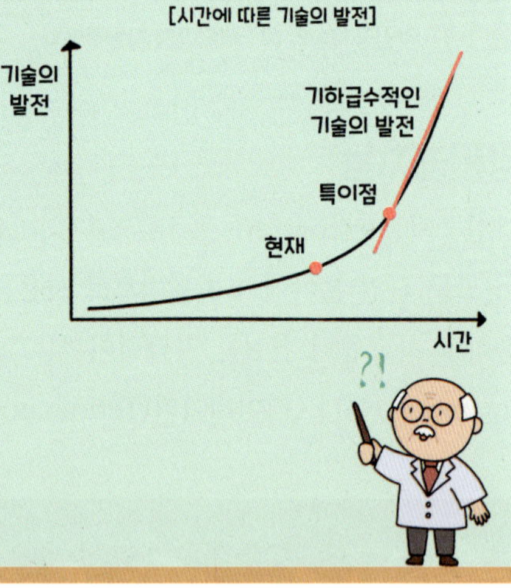

2 기능 발전에 따른 분류

인공지능의 레벨(기능 발전)은 입력에 따라 출력을 하는 수준, 즉 지능의 수준에 따라 단순 제어 프로그램, 고전적 인공지능, 머신러닝이 도입된 인공지능, 딥러닝이 도입된 인공지능의 4단계로 구분할 수 있습니다.

표 1-5 기능 발전에 따른 인공지능 분류

© 마쓰오 유타카, 『인공지능과 딥러닝』

레벨	분류	설명	응용 제품
1	단순 제어 프로그램	• 단순한 제어 프로그램 • 엄밀한 의미로 인공지능은 아님	세탁기, 전자면도기 등
2	고전적 인공지능	• 입력과 출력의 조합 수가 극단적으로 많은 경우 • 추론 및 탐색을 하거나 기존의 지식베이스를 기반으로 판단	고전적 퍼즐
3	머신러닝이 도입된 인공지능	• 빅데이터를 바탕으로 자동 판단 • 전형적으로 머신러닝 알고리즘 이용	지도학습, 비지도학습, 강화학습
4	딥러닝이 도입된 인공지능	• 입력 데이터 자체를 학습해 스스로 판단하고 예측	구글의 고양이 인식

기능 발전에 따른 분류는 시간적으로 인공지능의 발전 단계와 맥을 같이 합니다. 그러나 낮은 레벨이라고 해서 연구가 종료된 것이 아니라 여전히 해결해야 할 과제들이 남아 있는 상태입니다.

단순 제어 프로그램

단순 제어 프로그램은 On/Off, Yes/No와 같이 필요한 변수가 두 가지뿐인 가장 기초적인 단계의 인공지능입니다. 세탁기, 청소기 등이 단순 제어 프로그램의 대표적인 예입니다.

그림 1-34 단순 제어 프로그램의 예 : 세탁기와 청소기

고전적 인공지능

고전적 인공지능은 단순 제어 프로그램과 크게 다르지 않은 알고리즘입니다. 경우의 수에 따라 행동하기 때문에 '학습'이 아닌 '정해진 규칙'에 따라 행동합니다. 단순 제어 프로그램과의 차이는 패턴이 다양해졌다는 것뿐입니다. 즉, 고전적 인공지능은 다양한 패턴에 의해 동작하는 것으로 로봇 청소기와 바둑 게임 프로그램 등이 대표적인 예입니다.

그림 1-35 고전적 인공지능의 예 : 로봇 청소기와 바둑 게임 프로그램

머신러닝이 도입된 인공지능

머신러닝이 도입된 인공지능은 적절한 판단을 위해 보유한 지식을 기반으로 추론 및 탐색을 합니다. 경우의 수(변수)를 매번 추가하는 것은 한계가 있으므로 기존 알고리즘에 확률과 통계 개념을 추가하여 예상치 못한 상황에 대해서도 대처할 수 있도록 보완하였습니다. 스마트폰의 얼굴인식이나 유튜브의 맞춤 동영상 추천 시스템 등이 머신러닝이 도입된 인공지능의 대표적인 예입니다.

(a) 스마트폰의 얼굴인식

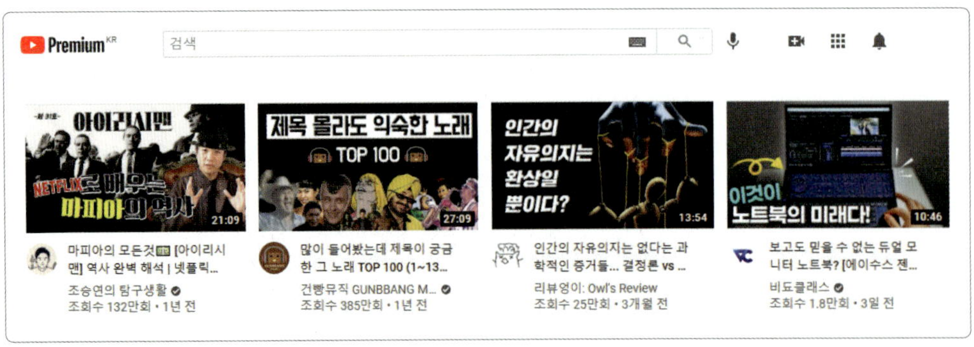

(b) 유튜브의 맞춤 동영상 추천 시스템

그림 1-36 머신러닝이 도입된 인공지능의 예

딥러닝이 도입된 인공지능

딥러닝이 도입된 인공지능은 머신러닝보다 더 발전하여 데이터 자체를 스스로 학습하는 수준의 인공지능을 의미합니다. 머신러닝과 딥러닝의 큰 차이는 인간의 개입 여부입니다. [그림 1-37]과 같이 머신러닝을 이용한 학습 과정에는 인간이 개입하지만, 딥러닝을 이용한 학습 과정에서는 기계가 스스로 해답을 찾아 분류나 예측을 수행합니다.

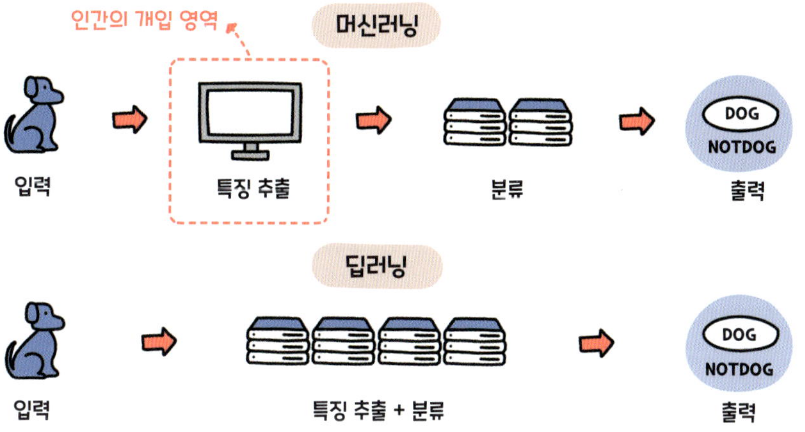

그림 1-37 머신러닝과 딥러닝의 차이

하나 더 알기 **특징 추출**

딥러닝에서 컴퓨터가 스스로 학습하려면, 즉 컴퓨터가 입력받은 데이터를 분석하여 일정한 패턴이나 규칙을 찾아내려면 사람이 인지하는 데이터를 컴퓨터가 인지할 수 있는 데이터로 변환해야 합니다. 이때 데이터별로 어떤 특징을 가지고 있는지를 찾아내고, 그것을 토대로 데이터를 벡터로 변환하는 작업을 특징 추출(Feature Extraction)이라고 합니다.

자율주행차와 지능형 CCTV 등은 딥러닝이 도입된 인공지능의 대표적인 예입니다.

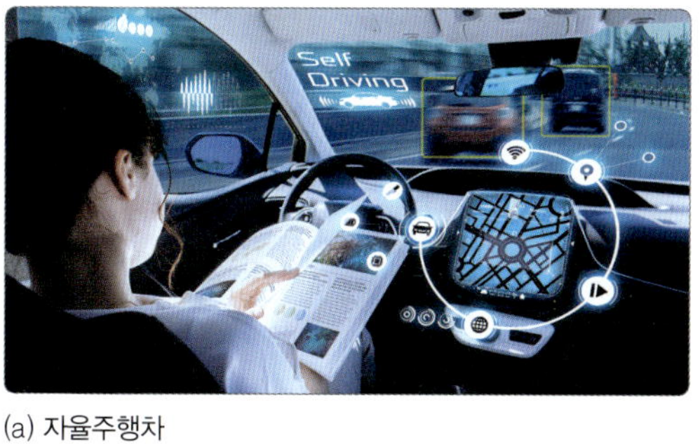

(a) 자율주행차

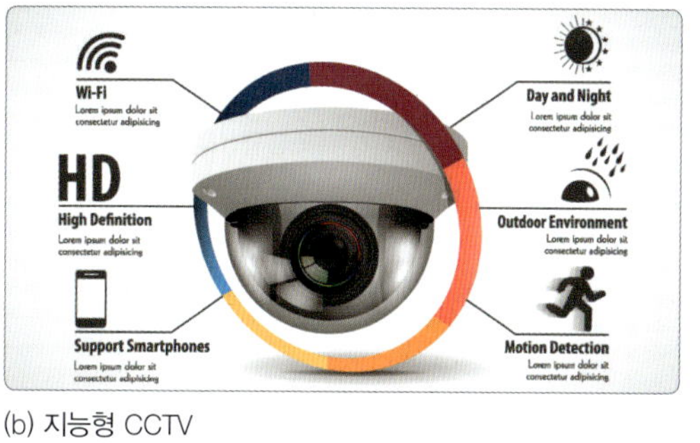

(b) 지능형 CCTV

그림 1-38 딥러닝이 도입된 인공지능의 예

3 구현 방식에 따른 분류

인공지능의 발전은 인지, 학습, 추론, 행동과 같은 인간의 지능과 관련된 전반적인 영역에 걸쳐 혁신적인 진화를 만들어내고 있습니다. 시각, 청각과 같은 감각기관에 해당하는 인지에서부터 인공지능이 스스로 학습하거나 새로운 상황을 추론하고 행동하는 단계에 이르기까지 다양한 분야의 연구가 동시다발적으로 빠르게 진행되고 있습니다. 인공지능을 구현하는 방식에 따른 분류로는 [표 1-6]과 같이 지식 기반 방법론과 데이터 기반 방법론이 있습니다.

표 1-6 구현 방식에 따른 인공지능 분류

분류	설명	핵심 기능 영역
지식 기반 방법론	저장된 지식을 기반으로 의사결정 수행	• 인지 • 학습 • 추론 • 행동
데이터 기반 방법론	데이터로부터 추출된 지식으로 의사결정 수행	• 머신러닝 • 데이터마이닝

지식 기반 방법론

인공지능이란 용어가 만들어진 이후에 인지, 학습, 추론, 행동과 같은 인간의 지적 기능을 모방하기 위해 지적 기능들을 기호로 표현하고 이를 논리적인 규칙에 근거하여 처리함으로써 문제를 해결하고자 하는 방법이 시도되었습니다. 지금도 전문가 시스템이나 논리·탐색과 같은 문제해결 과정에서 널리 사용되고 있습니다. [그림 1-39]는 이러한 지식 기반 방법론의 발전 과정을 나타낸 것입니다.

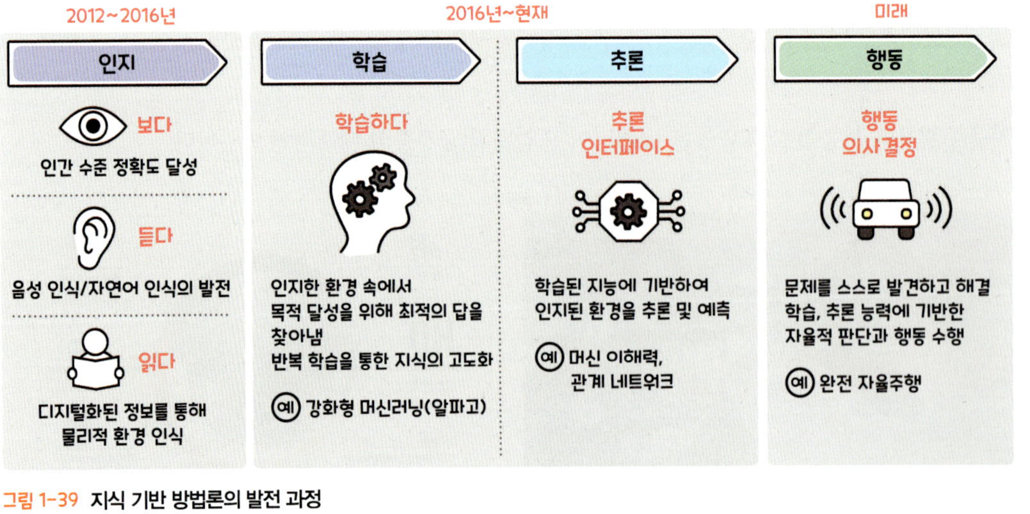

그림 1-39 지식 기반 방법론의 발전 과정

그렇다면 사람의 인지, 학습, 추론, 행동을 어떻게 컴퓨터가 이해할 수 있는지에 대해 살펴보겠습니다.

■ 인지

인지(Recognition) 영역은 컴퓨터가 특정 대상을 보고 듣고 읽을 수 있게 하려는 것으로 자연어(Natural Language) 처리, 문장 이해(통번역), 글씨/음성 인식, 이미지/동영상 인식 기술 등이 여기에 속합니다. [그림 1-40]은 드론에 장착한 카메라를 통해 얻은 실시간 영상에서 사람의 형상을 머리부터 발끝까지 14개 지점으로 나누고, 다시 이 점들을 팔, 다리, 몸통을 나타내는 선으로 연결하여 인식하는 장면입니다. 인공지능은 이 연결된 선의 각도를 측정하고 각도의 변화를 감지해 사람의 행동에서 '폭력성'을 예측할 수 있습니다.

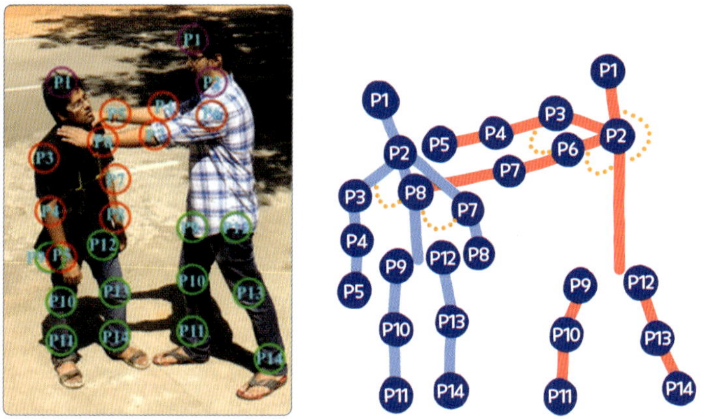

그림 1-40 **드론 카메라를 통한 사람의 형상 인식**

■ 학습, 추론

학습(Learning)과 추론(Mechanism)은 데이터를 이용하여 규칙(Rule)을 만들고 결론을 도출하는 영역입니다. 즉, 방대한 양의 데이터를 학습하고 그 데이터의 의미를 추론하는 것으로, 머신러닝과 딥러닝이 여기에 속합니다.

(a) 학습 영역　　　　(b) 추론 영역

그림 1-41 **학습 영역과 추론 영역**

■ 행동

행동(Behavior)은 기계가 인간과 같이 사고하고 행동하는 영역입니다. 즉, 매 순간 결정(Decision)을 내리고 행동할 수 있도록 전략(Policy)과 보상(Reward) 같은 개념을 사용합니다. 구글 딥마인드는 [그림 1-42]의 '소코반(Sokoban)' 게임을 이용하여 인간처럼 미래를 예측하며 장기적 관점에서 계획하고 행동하는 인공지능을 발명하는 데 성공하였습니다.

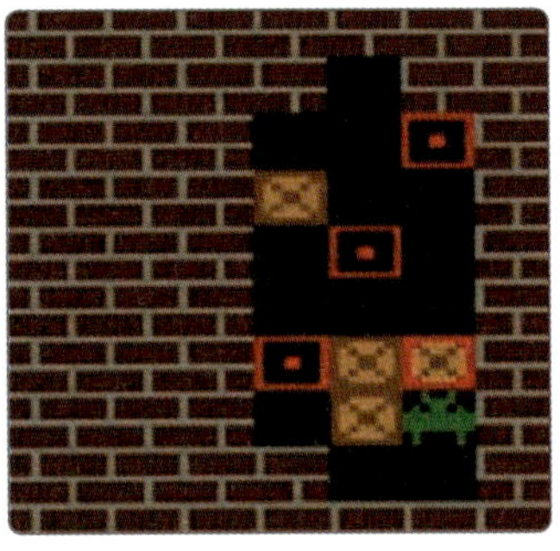
(a) 현재 상황

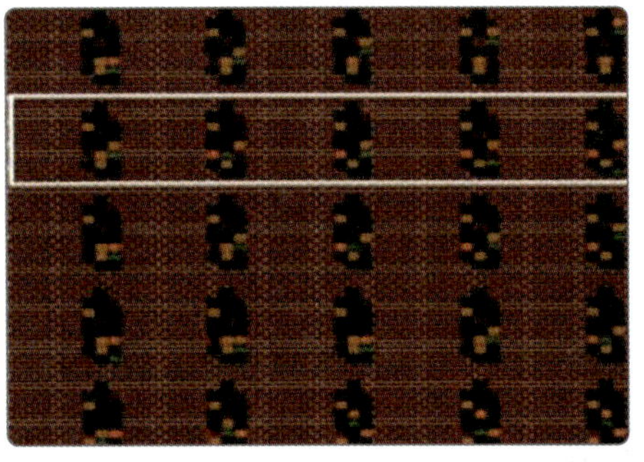
(b) 현재 상황에서 행동 수행 시 발생할 미래 상황들

그림 1-42 인공지능의 행동 영역 증명 : 소코반 게임

데이터 기반 방법론

데이터 기반 방법론은 머신러닝이나 데이터마이닝이라는 이름으로 각광받고 있는데, 제공된 데이터로부터 연역적으로 지식을 추출하여 문제를 해결하는 방법론입니다. 머신러닝과 데이터마이닝은 [그림 1-43]과 같이 데이터과학 분야에 속하며 빅데이터를 기반으로 데이터를 분석한다는 공통점을 갖습니다. 차이점이라면, 데이터마이닝은 보유하고 있는 데이터에서 현상 및 특성을 발견하는 것이 목적이지만, 머신러닝은 기존 데이터를 이용하여 학습을 시킨 후 새로운 인사이트(Insight)를 도출하는 데 목적이 있습니다.

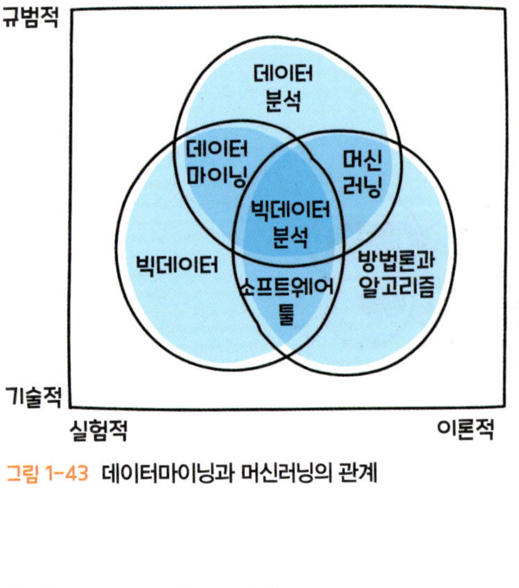

그림 1-43 데이터마이닝과 머신러닝의 관계

하나 더 알기 인공지능의 한계

❶ 머신러닝의 99%는 인간의 수작업에 의존

자율주행차, 음성 인식 등 다양한 미래 기술에 머신러닝이나 딥러닝이 활용되고 있지만, 머신러닝의 99%는 인간의 노동에 기반합니다. 머신러닝은 인공지능이 스스로 데이터를 학습하고 판단하는 기법입니다. 이를 위해서는 방대한 데이터가 필요하며, 많은 양의 데이터는 잘 분류되고 정리되어야 합니다. 이때 데이터를 분류하고 적절한 알고리즘을 제공하는 과정에는 사람이 개입해야 합니다. 그만큼 인공지능의 핵심은 인간의 노동력에 기반한다고 할 수 있습니다.

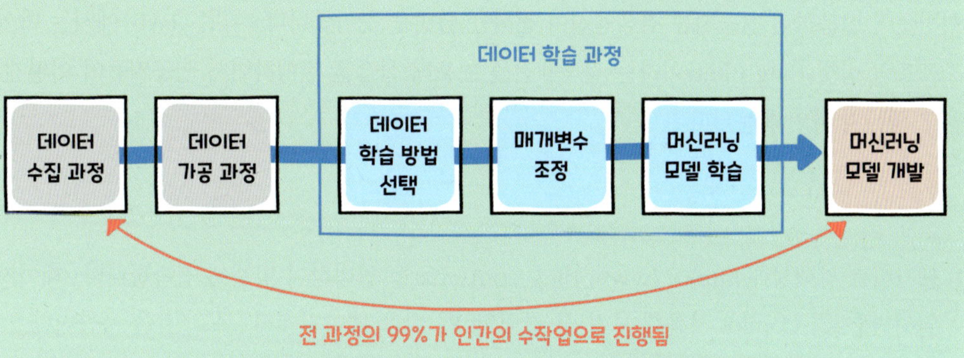

❷ 편향된 데이터로 학습할 경우 인공지능도 편견 형성

2016년, 마이크로소프트가 공개한 챗봇 '테이(Tay)'는 대화 상대가 많아질수록 언어와 다변 능력이 좋아지도록 설계되었습니다. 테이는 자신과 대화한 사람들의 말을 배우고 모방하는데, 일부 네티즌들이 테이의 트위터 계정에 들어와 인종차별과 같은 모욕적인 단어들을 주입시켰습니다. 그 결과, 단 몇 시간 만에 테이는 스스로 불쾌한 발언들을 쏟아내기 시작했습니다. 당시 미국의 대통령이었던 오바마에 대한 질문을 받자 테이는 그를 원숭이에 비유했고, 홀로코스트에 대해서는 존재를 부정했습니다. 서비스를 공개한 지 24시간도 지나지 않아 마이크로소프트는 테이를 비공개로 돌리고 물의를 빚은 것에 대해 공식 사과를 해야 했습니다. 이 사건을 통해 인간이 어떤 유형의 데이터를 제공하는지에 따라 인공지능도 편견을 형성할 수 있다는 결론이 나왔습니다.

왜 기계가 편향되어질까요?

기술을 프로그래밍하는 데 있어 적절한 주의가 없으면 프로그래머의 편견도 결과에 영향을 미칠 가능성이 있습니다. 즉, 데이터 세트를 공격하는 악의적인 해커 때문에 기계가 변형될 수 있는 것입니다.

LAB 프레젠테이션 목차를 AI가 만들어준다! : 빙챗

네이버나 구글과 같은 검색엔진은 단순히 키워드를 매칭하여 결과를 보여주는 대신 인공지능이 접목되어 사용자의 질문 의도까지 알아채고 답변하는 시스템이라고 합니다. 특히 텍스트 기반으로 대화하듯이 질문하면 인공지능 검색엔진이 원하는 답변을 찾아줍니다. 이번 〈LAB〉에서는 마이크로소프트의 빙챗(Bing Chat)이라는 검색엔진을 이용해 실습을 진행하면서 인공지능이 어떻게 진화하고 있는지 확인해 봅니다.

실습

01 웹사이트 검색창에 https://www.bing.com/chat을 입력하여 빙챗에 접속합니다. 페이지가 열리면 [지금 Copilot 사용해 보기]를 클릭한 후, 다음 페이지에서 [로그인]을 누릅니다.

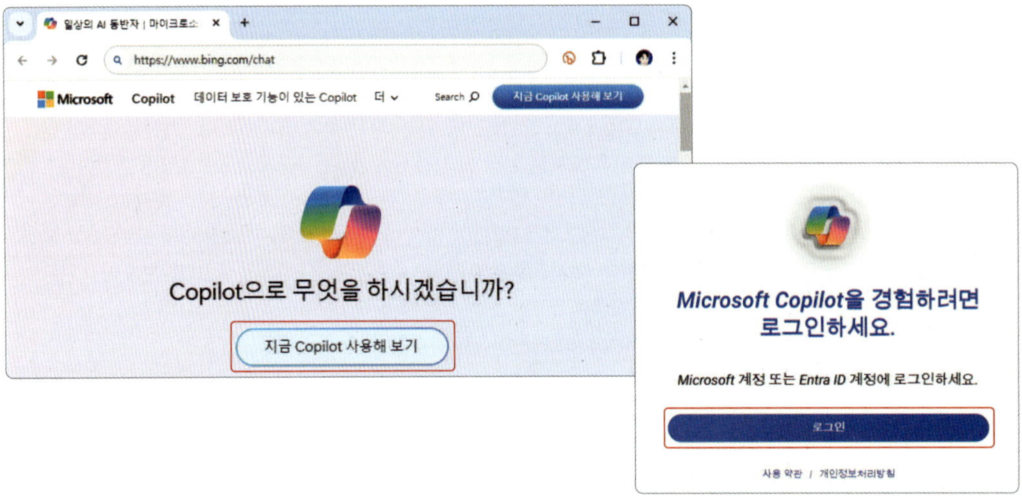

02 로그인하기 위해 마이크로소프트 계정과 암호를 차례대로 입력합니다. 만약 마이크로소프트 계정이 없는 경우 [계정을 만드세요!]를 클릭하여 새로운 계정을 만듭니다.

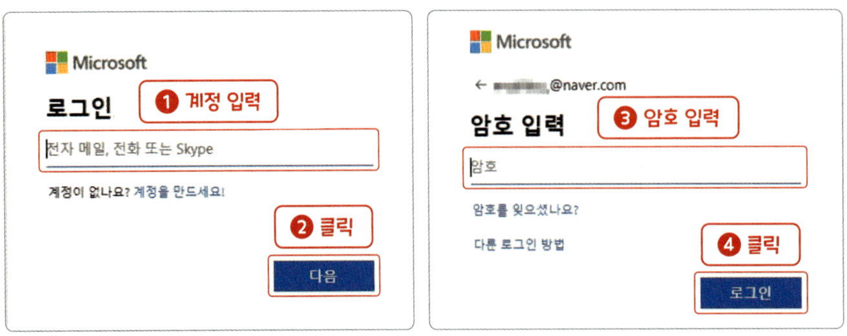

03 '무엇이든 물어보세요'라고 표시되어 있는 박스에 원하는 질문을 입력할 것입니다. 이번 실습에서는 '인공지능 입문으로 프레젠테이션을 작성할 때, 목차를 작성해 줘.'라고 입력하고 Enter 를 누릅니다.

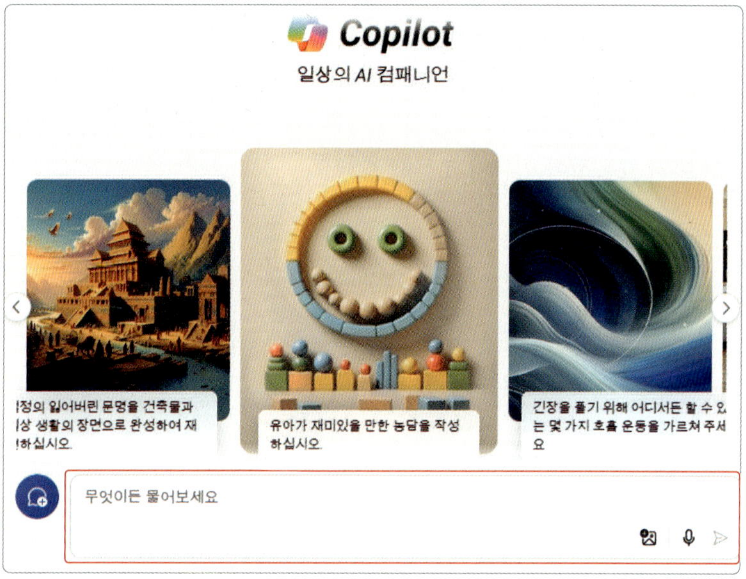

04 빙챗이 다음과 같이 답변합니다.

나

인공지능 입문으로 프레젠테이션을 작성할 때, 목차를 작성해줘.

Copilot

✓ 답변 생성 중...

물론입니다! 인공지능을 활용하여 프레젠테이션을 작성하는 데 도움이 되는 몇 가지 방법을 소개해드리겠습니다.

1. **Copilot Pro를 활용한 프레젠테이션 작성**:
   - Microsoft Edge에서 Copilot 아이콘을 클릭하면 Copilot 창이 표시됩니다. Copilot은 인공지능으로, 프롬프트 입력창에 질문이나 프롬프트를 입력하면 원하는 내용을 찾아줍니다 1.
   - 파워포인트에서 Copilot Pro를 활용하여 프레젠테이션을 만들고 편집할 수 있습니다.
2. **Gamma(감마)를 활용한 PPT 초안 작성**:
   - Gamma는 인공지능 프로그램으로, PPT 초안 작성, 목차 작성, 자동 디자인, 사진 자동 배치 등을 간단하게 해결할 수 있습니다 2.
3. **딥러닝과 최신 연구 트렌드 학습**:
   - NAVER에서 제공하는 AI/딥러닝 입문자 학습 가이드를 참고해보세요 3.

이 방법들을 활용하여 프레젠테이션을 작성하시면 좋을 것 같습니다! 추가적인 질문이 있으시면 언제든지 문의해주세요. 😊

자세한 정보 1 blog.naver.com 2 playland.kr 3 edwith.org 4 blog.naver.com +2 더 보기

응용

01 해야 할 작업 및 궁금한 점들이 있다면 텍스트 형식으로 빙챗에 질문해 보세요.

02 '구글 검색엔진과 비교했을 때 빙챗의 특장점'에 대한 목차를 빙챗을 통해 작성해 보세요.

03 토론 빙챗을 이용하지 않고 사람이 직접 〈LAB〉 실습을 진행할 경우 어느 정도의 시간이 걸릴까요? 빙챗을 이용했을 때 어떤 효율성이 있는지 토론해 보세요.

요약

01 인공지능(AI)이란 컴퓨터가 학습하고 생각하여 스스로 판단할 수 있도록 만드는 기술을 말합니다.

02 다트머스 컨퍼런스에서 참가자들이 지정한 인공지능의 목표는 '사람의 다양한 능력을 컴퓨터가 대신할 수 있도록 하는 것'이었습니다.

03 인공지능의 순기능에는 노동 대체, 자동화, 개인 능력 격차 완화 등이 있습니다.

04 인공지능의 역기능에는 멍청한 AI, 법적·윤리적 책임 소재 문제, 빈부격차 심화, 예측 불가능한 AI 등이 있습니다.

05 인공지능이 중요한 화두로 떠오른 데는 빅데이터로 대변되는 데이터양의 폭발적인 증가가 한몫했습니다.

06 세계 여러 국가들이 인공지능 기술을 중요하게 생각하는 이유는 인공지능 시장에 돈이 몰리기 때문입니다.

07 인공지능 기술은 현재 '태동기-1차 암흑기-성장기-2차 암흑기-성숙기'의 사이클을 지나고 있습니다.

- 1차 태동기 : 인공지능의 시작(1950~1956년)
- 2차 태동기 : 데이터 기반 분석 체계 구성(1956~1974년)
- 1차 암흑기 : 인공지능의 첫 번째 겨울(1974~1980년)
- 성장기 : 전문가 시스템(1980~1987년)
- 2차 암흑기 : 인공지능의 두 번째 겨울(1987~1993년)
- 1차 성숙기 : 인공신경망(1993~2000년)
- 2차 성숙기 : 머신러닝과 딥러닝(2000~2010년)
- 3차 성숙기 : 알파고의 등장(2010년~현재)

08 인공지능은 지적 수준, 기능 발전, 구현 방식에 따라 분류할 수 있습니다.

- 지적 수준에 따른 분류 : 약인공지능, 강인공지능, 초인공지능
- 기능 발전에 따른 분류 : 단순 제어 프로그램, 고전적 인공지능, 머신러닝이 도입된 인공지능, 딥러닝이 도입된 인공지능
- 구현 방식에 따른 분류 : 지식 기반 방법론, 데이터 기반 방법론

연습문제

단답형 문제

01 (　　　　　　　　)은(는) 컴퓨터가 학습하고 생각하여 스스로 판단할 수 있도록 만드는 기술을 말합니다.

02 (　　　　　　　　)은(는) 무언가를 이해하고 배우는 능력으로, 오직 인간만 가지고 있는 고유의 성질입니다.

03 1956년 미국에서 (　　　　　　　　)이(가) 개최되고, 이를 통해 인공지능이라는 용어가 대중에게 처음으로 알려집니다.

04 2016년 구글이 개발한 인공지능인 (　　　　　　　　)이(가) 이세돌 9단과의 바둑 대결에서 불계승으로 이긴 후 사람들의 관심이 인공지능에 쏠리기 시작했습니다.

05 (　　　　　　　　)은(는) 사람이 수행하던 규칙적이고 반복적인 업무 프로세스에 소프트웨어 로봇을 적용하여 자동화하는 것입니다.

06 (　　　　　　　　)은(는) 자동차, 기계, 가정용 기기 등의 사물에 센서 및 API를 부착해 실시간으로 인터넷을 통해 데이터를 주고받는 기술이나 환경을 말합니다.

07 (　　　　　　　　)은(는) 사람과 로봇을 구별하기 위해 만든 튜링 테스트로, 로봇을 구별하기 위한 난해한 문자를 제시하여 이를 맞추면 사람으로 인정하는 방식입니다.

08 (　　　　　　　　)은(는) 알고리즘과 수학 원리를 이용한 튜링 머신으로 컴퓨터 과학 발전에 큰 공헌을 하였습니다.

09 (　　　　　　　　)은(는) 유한한 시간 내에 특정 문제를 해결하기 위한 일련의 순서에 따른 계산 및 풀이 절차의 집합으로, 일반적으로 입력층, 은닉층, 출력층으로 구분됩니다.

10 인공신경망 알고리즘은 (　　　　　　　　), 은닉층, 출력층으로 구분됩니다.

11 (   )은(는) 인간보다 몇백 배 이상 뛰어난 지능을 가진 존재로, 연산 능력뿐만 아니라 과학 및 예술 분야에서 뛰어난 창의성을 발휘합니다.

12 (   )은(는) On/Off, Yes/No와 같이 필요한 변수가 두 가지뿐인 가장 기초적인 단계의 인공지능입니다.

13 (   )은(는) 머신러닝이나 데이터마이닝이라는 이름으로 각광받고 있는데, 제공된 데이터로부터 연역적으로 지식을 추출하여 문제를 해결하는 방법론입니다.

14 데이터별로 어떤 특징을 가지고 있는지를 찾아내고, 그것을 토대로 데이터를 벡터로 변환하는 작업을 (   )(이)라고 합니다.

객관식 문제

15 다음 중 인공지능에 대한 설명으로 알맞은 것을 고르시오.

① 기계가 사람처럼 지능적으로 동작할 수 있는지 판단하는 테스트

② 무엇인가를 이해하고 배우는 능력으로, 오직 인간에게만 있는 고유의 성질

③ 키보드로 입력한 값을 모니터로 출력하는 기술

④ 데이터양이 조금씩 증가하는 기술

⑤ 컴퓨터가 학습하고 생각하여 스스로 판단할 수 있도록 만드는 기술

16 인공지능이라는 용어가 처음으로 대중에게 알려진 컨퍼런스가 개최된 장소로 알맞은 것을 고르시오.

① 하버드 대학교 ② 다트머스 대학교 ③ 예일 대학교

④ 스탠퍼드 대학교 ⑤ 프린스턴 대학교

17 다음 중 인간의 삶에 편리함을 제공하는 인공지능 서비스가 <u>아닌</u> 것은?

① 질병 진단 및 예측 ② 번역 서비스 ③ 빈부격차 심화

④ 통역 서비스 ⑤ 가상 개인비서

18 다음 중 인공지능의 역기능이 <u>아닌</u> 것은?

① 예측 불가능한 AI ② 멍청한 AI ③ 질병 진단 및 예측
④ 법적 책임 소재 문제 ⑤ 빈부격차 심화

19 다음 중 인공지능의 중요성이 높아진 이유에 대한 설명이 <u>아닌</u> 것은?

① 빅데이터로 대변되는 데이터양의 폭발적인 증가
② 데이터를 분석하여 비즈니스에 활용하고자 하는 요구 증가
③ 사물인터넷으로 인해 많은 양의 데이터에 쉽게 접근할 수 있게 됨
④ 낮아진 인공지능의 범용성
⑤ 데이터로 경쟁 우위를 점할 수도 있는 시대 도래

20 사물에 센서 및 API를 부착해 실시간으로 인터넷을 통해 데이터를 주고받는 기술이나 환경을 무엇이라고 하는가?

① 웹사이트 ② CPU ③ 빅데이터
④ 사물인터넷 ⑤ RPA

21 다음 중 인공지능 인력이 가장 적은 국가는?

① 미국 ② 중국 ③ 대한민국
④ 인도 ⑤ 이스라엘

22 기계가 사람처럼 지능적으로 동작할 수 있는지 판단하는 테스트는 무엇인가?

① 애드혹 테스트 ② 스크립트 테스트 ③ 시스템 테스트
④ 탐색적 테스트 ⑤ 튜링 테스트

23 인공지능의 첫 번째 겨울이 지나 1980년대에 들어서자 '제2차 인공지능 붐'이 일어나는 계기가 된 것은?

① 전문가 시스템 등장 ② 냉전 시작 ③ 스마트폰 발명
④ 글로벌 기업의 재정 지원 ⑤ 인공지능 낙관론

24 다음 중 다트머스 컨퍼런스에 참석하지 않은 과학자를 고르시오.

① 앨런 뉴얼 ② 앨런 튜링 ③ 존 매카시
④ 허버트 사이먼 ⑤ 마빈 민스키

25 다음 설명을 읽고 무엇에 대한 설명인지 고르시오.

> 이것은(는) 인간이 특정 분야에 대하여 가지고 있는 전문적인 지식을 정리하고 표현하여 컴퓨터에 기억시킴으로써 일반인도 전문지식을 이용할 수 있도록 하는 시스템입니다.

① 인공신경망 ② 정보시스템 ③ 튜링 테스트
④ 컴퓨터 하드웨어 ⑤ 전문가 시스템

26 기본적으로 알고리즘을 이용해 데이터를 분석하고, 분석을 통해 학습하며, 학습한 내용을 기반으로 판단이나 예측을 하는 것은?

① 알파고 ② 머신러닝 ③ 사물인터넷
④ 하드웨어 ⑤ 소프트웨어

27 다음 설명을 읽고 무엇에 대한 설명인지 고르시오.

> 이것은(는) 어떠한 목적에 최적화된 알고리즘으로, 적당한 규칙에 의해 구현됩니다. 현재의 인공지능 대부분이 이 수준에 머물러 있습니다.

① 약인공지능 ② 중인공지능 ③ 고전적 인공지능
④ 초인공지능 ⑤ 강인공지능

28 다음 중 강인공지능의 예로 알맞은 것을 고르시오.

① 구글 번역 ② 터미네이터 로봇 ③ 검색 서비스
④ 유튜브 영상 추천 ⑤ 스팸메일 필터링

29 인공지능의 발전이 가속화되어 모든 인류의 지성을 합친 것보다 더 뛰어난 초인공지능이 출현하는 시점을 말하는 것을 고르시오.

① 한계점 ② 가맹점 ③ 임계점
④ 차이점 ⑤ 특이점

30 다음 중 지식 기반 방법론의 핵심 영역이 아닌 것은?

① 행동 ② 추출 ③ 인지
④ 추론 ⑤ 학습

31 딥러닝이 도입된 인공지능의 예로 알맞은 것을 고르시오.

① 지능형 CCTV ② 세탁기 ③ 전자면도기
④ 로봇 청소기 ⑤ 바둑 게임

토론과제

01 인류 역사를 통틀어 굉장한 발명이기도 하지만 인류의 종말을 불러올 수도 있다는 인공지능은 인류에게 약인지 독인지 토론해 봅니다.

02 인공지능은 과거 두 번의 겨울을 보내고 부흥기에 접어들었습니다. 그렇다면 이 부흥기는 지속될 수 있을까요? 아니면 또다시 세 번째 겨울을 맞이하게 될까요? 그리고 만약 세 번째 겨울이 온다면 그 원인은 무엇일지에 대해 토론해 봅니다.

03 먼저 다음 유튜브 영상을 시청하세요.

> https://www.youtube.com/watch?v=bAr75K-5Uqw
> – 대화로 움직이는 로봇?…오픈 AI, 또 일냈다 | 지금 이 장면

챗GPT를 개발한 오픈AI와 로봇 스타트업 피규어는 휴머노이드 로봇 피규어 01을 발표했습니다. 이 영상을 본 사람들은 두 가지 반응을 보였습니다. 인공지능의 미래가 기대된다는 반응과 앞으로 다가올 미래가 두렵다는 반응입니다. 이 영상을 본 여러분은 어떤 생각을 했고, 피규어 01이 우리의 미래를 어떻게 바꿀 수 있을지 토론해 봅니다.

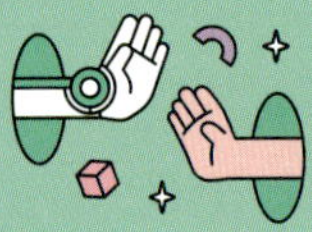

CHAPTER 02

인공지능의 발전

학습목표

- 규칙 기반 모델을 정의하고 장점과 한계를 파악할 수 있습니다.
- 지식 기반 모델을 적용한 전문가 시스템에 대해 설명할 수 있습니다.
- 추천 시스템을 이해하고 유형을 설명할 수 있습니다.

Preview

2장에서는 인공지능의 발전 과정에 대해 배웁니다. 인공지능은 어떤 발전 과정을 거쳐 현재의 모습이 되었을까요? 인공지능의 발전은 규칙 기반 모델을 기반으로 시작되었습니다. 'IF-THEN'과 같은 형식으로 간단한 규칙을 만들었으며, 이후 이 규칙은 전문가의 지식을 기반으로 생성됩니다. 하지만 전문가 시스템에 반영된 편향적 지식으로 인한 실수가 잦아지면서 전문가 시스템은 쇠퇴기를 맞이했습니다. 그 뒤 현재의 추천 시스템이 등장하여 아마존, 넷플릭스, 페이스북 등에서 사용되고 있습니다. 규칙 기반 모델부터 추천 시스템에 이르기까지의 전반적인 내용에 대해 알아봅시다.

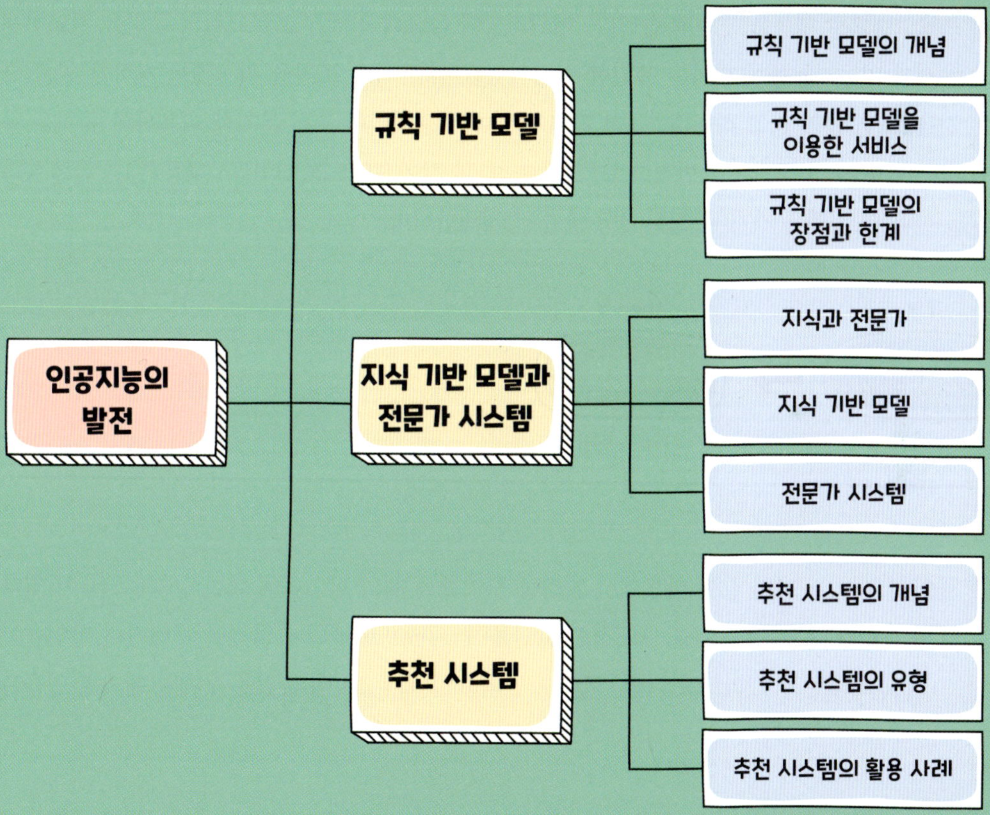

Section 01

규칙 기반 모델

1 규칙 기반 모델의 개념

규칙 기반 모델(Rule Based Model)이란 사람이 하는 판단을 기계에게 맡기는 모델로, 사람이 일일이 프로그램으로 행동을 구현해 줍니다. 머신러닝이 나오기 전에는 프로그램의 규칙을 정교하게 만드는 것이 인공지능을 구현하는 유일한 방법이었습니다. 특정 조건을 비교해서 처리할 일을 나누는 것을 '조건 분기'라고 하는데, 규칙 기반 모델에서는 이러한 조건 분기를 이용하여 규칙을 구현합니다. 이때 조건 분기는 일반적으로 [그림 2-1]과 같이 'If 조건(X) then 행동(Y) : 만일 X라면 Y를 한다'의 형태를 가지며, 모든 경우의 수를 정의합니다.

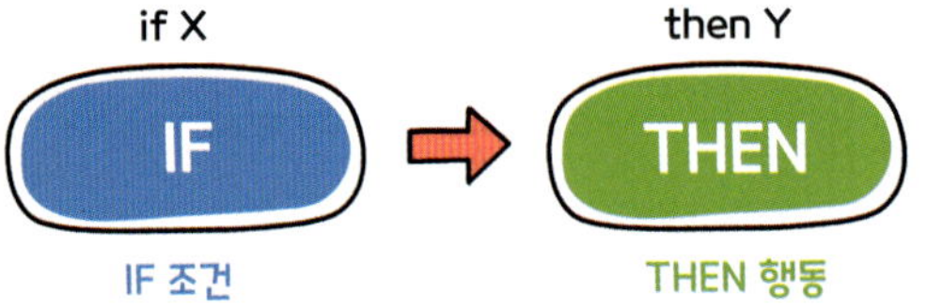

그림 2-1 규칙에 대한 정의

예를 들어, [그림 2-2]와 같이 마트에서 물건을 구매했을 때의 할인율에 대한 규칙(조건)이 있다고 가정해 봅시다. 주말에 물건을 구매하면 할인율이 0.03이고 평일에 물건을 구매하면 할인율이 오전은 0.05, 오후는 0.12라고 한다면, 고객 A가 목요일 오후 2시에 물건을 구매할 때의 할인율은 0.12라는 것을 알 수 있습니다.

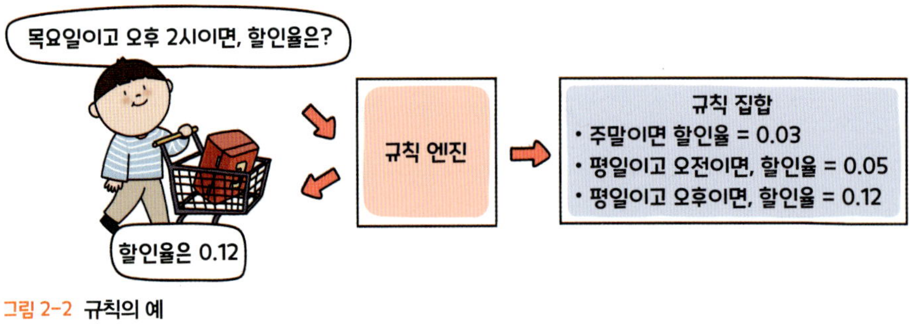

그림 2-2 규칙의 예

[그림 2-2]에서 확인할 수 있듯이 규칙 기반 모델을 구현하기 위해서는 규칙 엔진과 규칙 집합이라는 두 가지 중요한 요소가 필요합니다.

표 2-1 규칙 기반 모델의 구성 요소

구성 요소	설명
규칙 엔진	규칙에 대한 조건을 평가하고 행동으로 실행하는 것을 담당
규칙 집합	상황에 대한 경우의 수 모음

규칙 엔진은 '어떻게 해야 하는가(How to do it)'가 아닌 '무엇을 해야 하는가(What to do)'에 집중할 수 있게 해줍니다. 따라서 복잡한 문제의 해법을 좀 더 쉽게 표현할 수 있도록 만들 수 있습니다. 규칙은 지식에 대한 부분 집합의 합과 같습니다. 따라서 규칙 집합은 모든 상황에 대한 경우의 수이며, 'IF-THEN'으로 표현됩니다.

2 규칙 기반 모델을 이용한 서비스

규칙 기반 모델을 이용한 대표적인 서비스로 챗봇이 있습니다. 챗봇(Chatbot)이란 문자 또는 음성으로 대화하는 기능이 있는 인공지능입니다. 규칙 기반, 인공지능 기반, 혼합형 등의 방법으로 구현할 수 있습니다.

규칙 기반 챗봇

규칙 기반 챗봇은 사용자 질의 키워드에 대해 규칙 집합(또는 데이터베이스)에 미리 정의된 키워드와 매칭되는 것이 있는지 찾아 답변하는 방식입니다. 따라서 매우 긴 질의에 대한 답변이나 유익한 응답은 기대하기 어렵습니다.

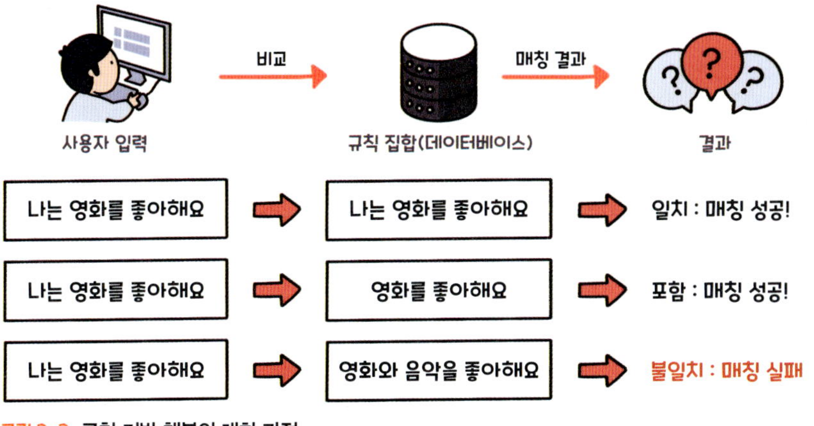

그림 2-3 규칙 기반 챗봇의 대화 과정

예를 들어, 챗봇에서 상담원 연결에 대한 부분을 구현하기 위한 규칙은 [그림 2-4]와 같은 프로세스(또는 로직)로 구현할 수 있습니다. 사용자가 입력한 단어나 문장이 '통화'이거나 '전화걸기' 혹은 '전화하기'일 경우 상담원과 연결하고 그 외의 단어일 경우는 대화를 종료합니다. 이때 '전화'에 대한 다양한 형태의 규칙을 지정하는 이유는 '통화'와 '전화하기'를 다르게 인식할 수 있기 때문입니다. 인공지능으로 구현된 챗봇이라면 스스로 학습을 통해 '통화'와 '전화하기'를 동일한 것으로 인식하겠지만, 규칙 기반에서는 지정된 규칙만 인식하기 때문에 모든 경우의 수를 규칙으로 만들어 주어야 합니다.

물론 일반화하여 '전화'라는 단어를 입력으로 받았을 때 '전화하기', '전화걸기', '통화' 등의 의미로 해석하도록 만들 수 있지만 이러한 과정도 일종의 규칙이기 때문에 개별적 단어들을 각각의 규칙으로 생성합니다.

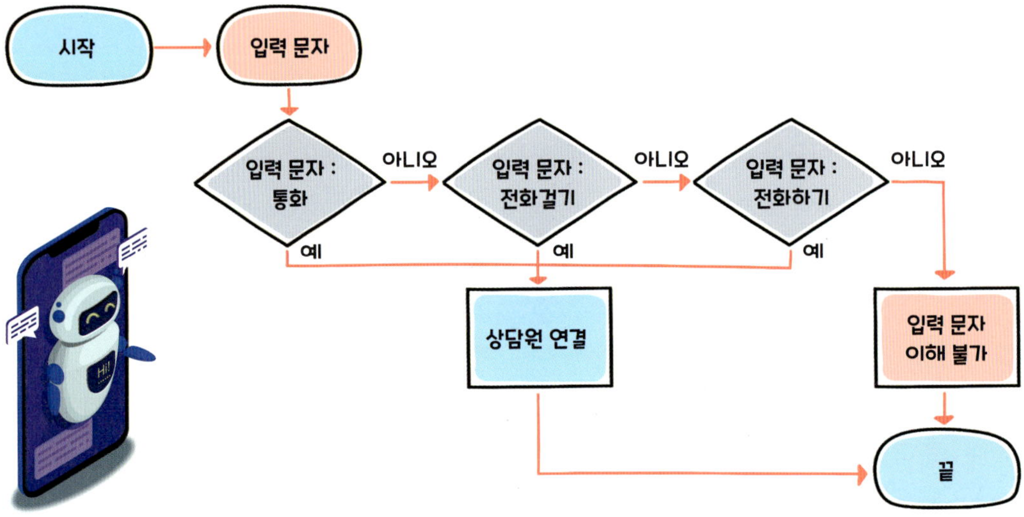

그림 2-4 **챗봇의 상담원 연결 구현 과정**

인공지능 기반 챗봇

인공지능 기반 챗봇은 인공지능 기술인 머신러닝이나 자연어 처리 등을 사용합니다. 또한 사용자와의 상호작용을 통해 질의를 스스로 학습하면서 더욱 지능적으로 변합니다. 즉, 규칙 기반 챗봇과는 다르게 정해진 규칙이 없으며, 사용자의 질의를 스스로 학습하여 답변하는 것이 특징입니다.

TIP

머신러닝은 기계학습이라고도 부르며, 인간의 학습과 유사한 방법으로 컴퓨터를 학습시켜 컴퓨터 스스로 새로운 규칙을 생성하는 알고리즘과 기술을 개발하는 분야를 말합니다. 자연어 처리는 일상생활에서 사용하는 인간의 언어인 자연어의 의미를 컴퓨터가 분석하고 처리하는 것을 의미합니다.

혼합형 챗봇

혼합형 챗봇은 가장 일반적인 유형의 챗봇으로, 기본적으로 규칙 기반과 인공지능 기반 챗봇이 혼합된 형태입니다. 사용자의 간단한 질의에 대해서는 규칙을 이용하지만, 대화가 더 깊어지고 질의 내용이 어려워지면 인공지능이 학습한 내용을 기반으로 답변을 합니다.

3 규칙 기반 모델의 장점

규칙 기반 모델의 장점은 자연스러운 지식 표현, 통일된 구조, 지식과 과정의 분리, 사용자와의 상호작용 등이 있습니다. 하지만 무엇보다 가장 큰 장점은 'IF-THEN'으로 표현되는 규칙의 통일성으로 자연스러운 지식 표현이 가능하다는 점입니다.

자연스러운 지식 표현

규칙 기반 모델은 'A라는 상황에 B라는 행동을 한다'와 같은 식으로 설명됩니다. 이러한 표현은 'IF-THEN'과 같은 규칙으로 자연스럽게 표현할 수 있습니다.

통일된 구조

생성된 규칙은 통일된 'IF-THEN' 구조를 갖습니다. 각각의 규칙은 독립적인 지식의 조각이 됩니다. 또한 생성된 규칙의 문법 'IF-THEN'이 체계적이기 때문에 별다른 설명이 필요하지 않습니다.

지식과 과정의 분리

규칙 기반 모델은 규칙과 사실(질의를 포함한 특정 정보나 일반적 사실들을 저장해 둔 데이터베이스)로 분리되므로 각각을 떼어 다른 응용 시스템에 재활용할 수 있습니다. 즉, 손쉽게 확장이 가능합니다.

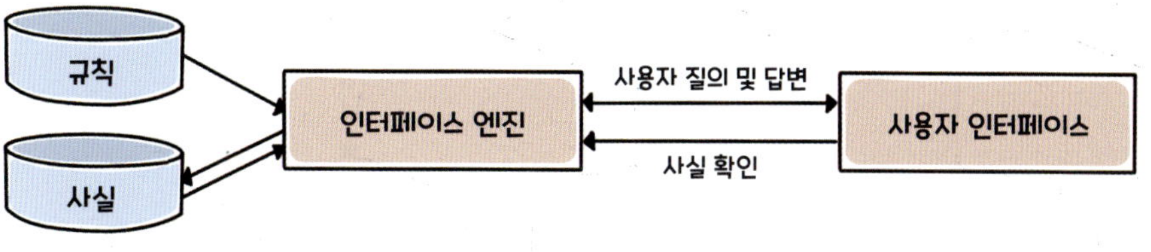

그림 2-5 규칙 기반 모델의 확장성

사용자와의 상호작용

규칙에 의한 방법이기는 하지만, 규칙 기반 모델 역시 사용자와 상호작용이 가능합니다. 사용자의 입력(질의)에 대한 규칙을 검색하여 적절한 답변을 반환하는 식입니다.

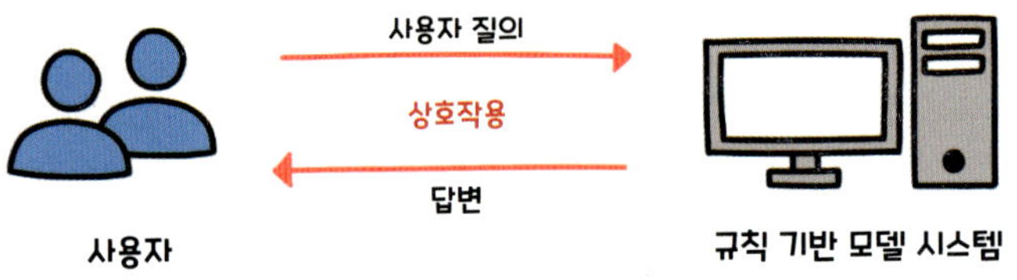

그림 2-6 사용자와의 상호작용

4 규칙 기반 모델의 한계

규칙이 자주 변경되면 매번 규칙을 수정해야 합니다. 이러한 번거로움으로 규칙 기반 모델은 한계에 부딪히게 됩니다. 규칙 기반 모델의 한계로 지적되는 규칙 간의 불분명한 관계, 빈번한 규칙 수정, 불가능한 학습 등에 대해 살펴보겠습니다.

규칙 간의 불분명한 관계

개별적인 규칙은 상대적으로 간단하고 이해하기 쉽지만, 많은 규칙들로 이루어진 집합 안에서는 규칙의 논리적인 상호관계가 확실하지 않을 수 있습니다. 즉, 규칙 기반 모델에서는 개별적인 규칙이 전체 전략에 어떻게 기여하는지 관찰하기 어렵습니다.

빈번한 규칙 수정

개별적인 규칙 수정이 빈번하게 발생하면 이를 일일이 수정해야 하는 번거로움이 발생합니다. 수백, 수천 개의 규칙들이 모여 있는 규칙 집합 안에서 수정하고자 하는 규칙만 찾아내기도 어려울 뿐만 아니라, 매번 수동으로 수정하고 유지해야 하는 데 많은 비용이 필요합니다.

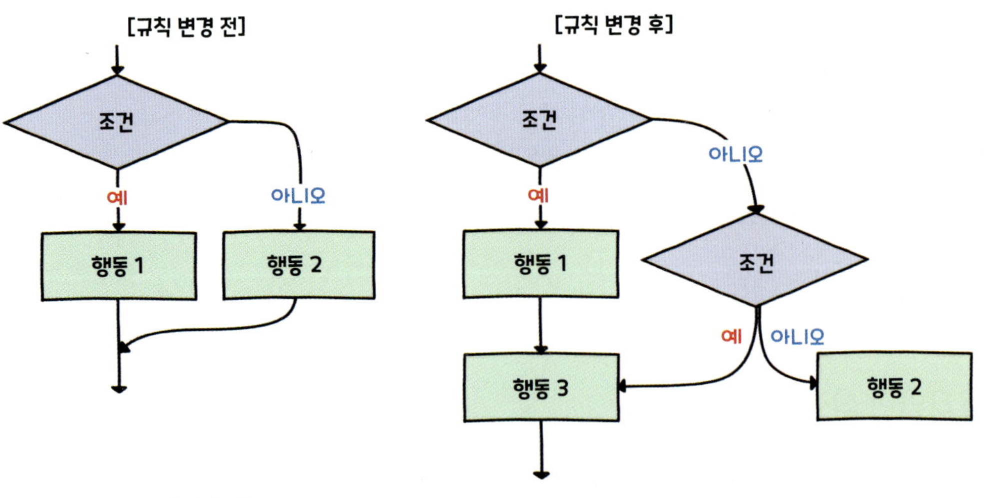

그림 2-7 규칙 변경의 번거로움

불가능한 학습

일반적으로 규칙 기반 모델은 경험을 통해 배우는 능력이 없어서 이미 만들어진 규칙과 사용자 질의에 따라 정답을 출력합니다. 따라서 사용자 질의 내용이 규칙을 벗어나면 스스로 수정할 능력이 없으므로 오류가 발생합니다. 반면, 머신러닝은 정답과 사용자 질의에 의해 규칙이 만들어지므로 컴퓨터 스스로 규칙을 수정하거나 새로운 규칙을 생성하는 것이 가능합니다.

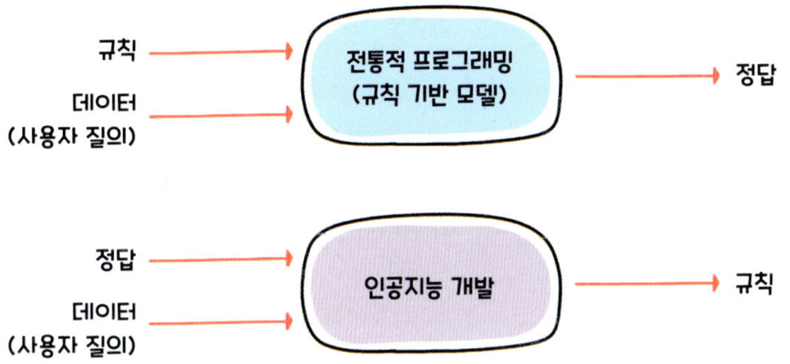

그림 2-8 전통적 프로그래밍과 머신러닝 학습의 차이

이러한 한계들은 규칙 기반 모델이 지식 기반 모델로 전환되는 계기가 됩니다.

하나 더 알기 **전통적 프로그래밍과 인공지능 프로그래밍의 차이**

전통적 프로그래밍과 인공지능은 모두 문제를 해결하는 것을 목표로 합니다. 하지만 전통적 프로그래밍은 인간의 창의력을 이용하여 솔루션을 만든 뒤 컴퓨터가 실행할 수 있는 프로그램을 생성하는 반면, 인공지능은 스스로 규칙을 찾습니다. 입력 데이터(예 자동차의 비디오 및 기타 센서 데이터)와 원하는 목표값(예 핸들 각도)을 수집한 후, 컴퓨터에 각 입력값(센서 데이터)에 대한 출력(자동차를 운전하는 프로그램)을 계산하는 규칙을 찾는 식입니다.

[그림 2-8]에서 볼 수 있듯이 전통적인 프로그래밍은 주어진 데이터와 정해진 규칙(로직=알고리즘=분석모델)을 이용해 프로그래밍한 뒤 컴퓨터를 통해 실행시켜 정해진 답(결괏값)을 도출하는 과정입니다. 즉, 이미 원하는 결괏값을 정해두고 그 값을 도출하기 위해 제공된 데이터와 처리 규칙을 프로그래밍하고 컴퓨터를 통해 실행시키는 것입니다. 원하는 결괏값이 나오지 않으면 프로그램 에러나 버그로 간주합니다. 예를 들어, '1+1=2'에서 '1'과 '1'은 데이터이고 '+'는 로직이며 '2'는 결괏값입니다. 결괏값이 '3'이면 일반적인 경우 '+' 로직에 문제가 있는 에러로 간주합니다.

그럼 이제 구체적으로 전통적 프로그래밍과 인공지능 프로그래밍을 비교해 보겠습니다. 전통적 프로그래밍과 인공지능 프로그래밍 접근법의 큰 차이는 프로그래밍 과정에 있습니다. 전통적 프로그래밍의 목표는 데이터와 규칙을 이용해 이미 정해진 결괏값을 도출하는 것이지만, 인공지능 프로그래밍의 목표는 일관되게 정해진 결괏값을 만들기 위한 규칙을 만드는 것입니다. [표 2-2]를 통해 전통적 프로그래밍과 인공지능 프로그래밍의 차이를 좀 더 자세히 확인해 봅시다.

표 2-2 전통적 프로그래밍과 인공지능 프로그래밍의 차이

구분	전통적 프로그래밍	인공지능 프로그래밍
목표	• 정해진 결과 도출	• 모델(규칙, 알고리즘) 생성
컴퓨팅 환경	• 전통적 CPU 기반의 컴퓨팅	• 슈퍼컴퓨팅(GPU를 이용한 병렬연산 처리)
목적	• 정확성	• 데이터에서 통계 패턴 채굴
행동성	• 인간이 구현한 알고리즘 그대로 행동	• 기계 스스로 학습하여 최적의 알고리즘 구현 및 행동
성능 지수	• 개발자의 능력	• 개발자 이상의 능력
불확실성 여부	• 결과가 명확함	• 모델 추정의 불확실성 • 예측의 불확실성
개발자 역할	• 소프트웨어(최종 생성물)를 위해 최적의 알고리즘 구현	• 입력을 출력에 매핑하는 수학 모델 작성 후 모델 학습
툴	• 프로그래밍 개발 툴 • 프로젝트 관리 툴	• 데이터 분석 툴 • 데이터 시각화 툴
데이터	• 기업 내부 자체 생산 데이터	• 웹, IoT 기기 등 수집 가능한 모든 데이터
응용	• 업무 편의성/비즈니스 이윤 창출을 위해 목적을 갖고 개발	• 전 산업 분야 적용 가능 • 인간이 풀 수 없는 난제 해결
접근 방법론	• 개발 방법론(폭포수, 애자일 등)	• 머신러닝, 딥러닝, 자연어 처리, 컴퓨터 비전 등
접근 프로세스	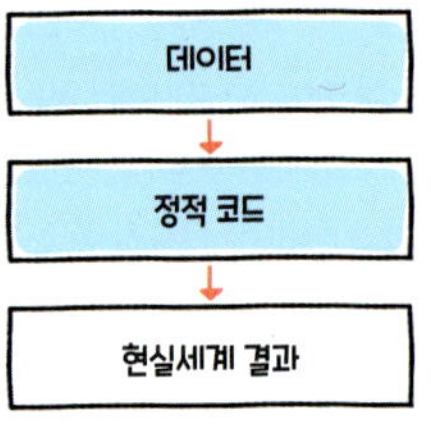 • 데이터가 입력되면 정해진 규칙에 의해 결괏값 출력	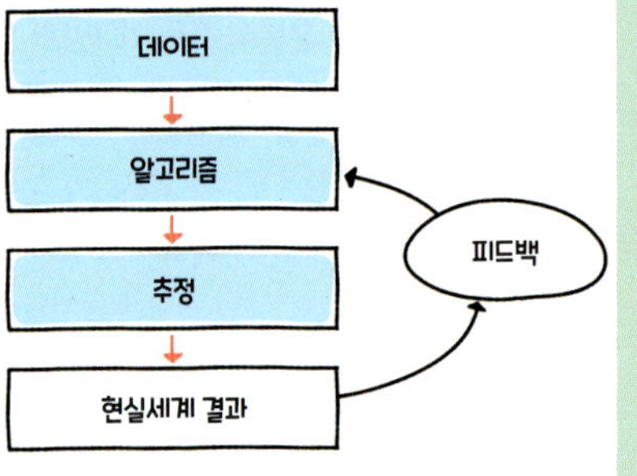 • 데이터와 예상 출력값을 통해 모델(알고리즘)을 구현한 후 결괏값 출력 • 모델(알고리즘)은 지속적 학습을 통해 개선됨

Section 02

지식 기반 모델과 전문가 시스템

1 지식과 전문가

지식(Knowledge)이란 어떤 주제나 분야에 대해 이론적, 또는 실제적으로 이해하는 것을 말하며, 현재 알려진 일반적인 사실의 모음을 뜻하기도 합니다.

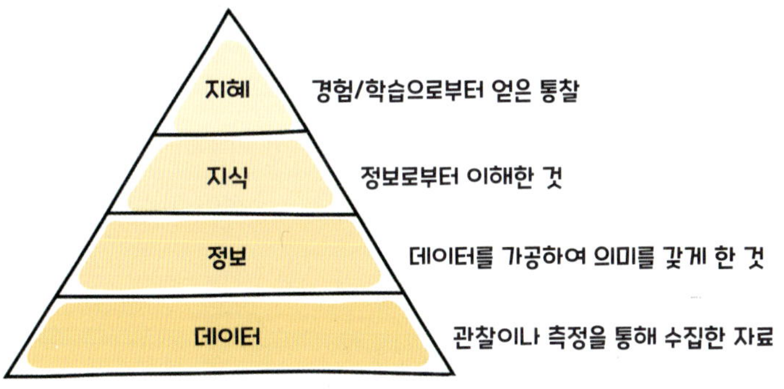

그림 2-9 지식의 개념

전문가(Expert)란 지식을 소유한 사람을 의미합니다. 특정 분야에 해박한 지식과 풍부한 경험을 쌓았지만 분야의 범위는 상당히 제한적입니다. 예를 들어, 흉부외과 전문의는 폐, 식도, 심장과 관련한 전문지식을 보유하고 있지만, 뇌와 관련해서는 제한된 지식만 가지고 있습니다.

그렇다면 전문가의 지식을 어떻게 표현해야 일반인들도 사용할 수 있을까요? 앞에서 학습했던 규칙(IF-THEN) 형식으로 지식을 표현한다면 전문가의 지식을 쉽게 표현할 수 있지 않을까요? 이번에는 전문가의 지식을 규칙으로 구성하여 시스템화하는 전문가 시스템에 대해 알아보겠습니다. 일단 그 전에 지식 기반 모델에 대한 개념부터 살펴봅시다.

2 지식 기반 모델의 개념

특정 분야의 전문지식과 문제해결에 필요한 사실, 규칙 등이 저장된 데이터베이스를 활용하는 것이 지식 기반 모델(Knowledge Based Model)입니다. 변경이 있을 때마다 프로그램을 수정해야 하는 불편함을 줄이고자 지식을 기반으로 조건을 설정하는 데이터 영역이 분리되어 있습니다. 즉, 데이터 영역과 실제 데이터를 처리하고 출력하는 인터페이스 엔진으로 나뉘며 여기서 데이터 영역을 '지식베이스'라고 합니다.

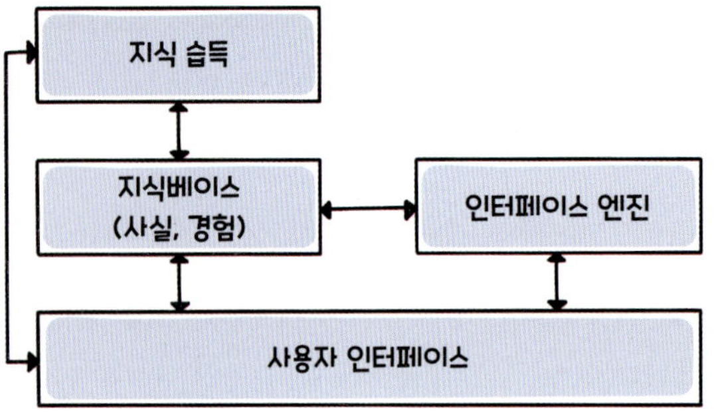

그림 2-10 지식 기반 모델

지식 기반 모델은 규칙 기반 모델과 어떤 차이가 있을까요? 규칙 기반 모델은 수백, 수천 개의 규칙이 하나의 집합으로 구성되어 있는 반면, 지식 기반 모델의 규칙은 유사한 기능이 모듈별로 분할되어 있습니다. 즉, 해당 규칙이 포함된 모듈만 찾으면 규칙 기반 모델보다 수정이 편리합니다.

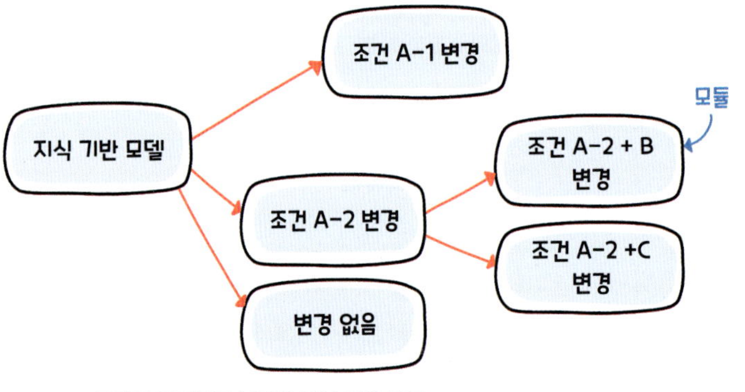

그림 2-11 조건이 모듈별로 분리된 지식 기반 모델

3 전문가 시스템

전문가 시스템(Expert System)은 인간이 특정 분야에 대하여 가지고 있는 전문적인 지식을 정리하고 표현하여 컴퓨터에 기억시킴으로써 일반인도 전문지식을 이용할 수 있도록 하는 시스템입니다. 따라서 특정 문제 영역에서 그 영역의 인간 전문가가 의사결정을 내리는 것과 유사하게 동작합니다. 전문가 시스템은 다음 4가지 조건을 만족해야 합니다.

- 문제 영역의 전문지식을 이용하여 추론할 것
- 전문가로부터 획득된 지식일 것
- 전문적으로 고도의 현실적 문제를 대상으로 할 것
- 능력이 전문가와 동등할 것

전문가 시스템은 사용자 인터페이스, 추론 엔진, 설명 모듈, 지식획득 모듈, 지식베이스로 구성되어 있습니다. [표 2-3]에서 구성 요소에 대한 설명을, [그림 2-12]에서 구조를 확인할 수 있습니다.

표 2-3 **전문가 시스템의 구성 요소**

구성 요소		설명
사용자 인터페이스		사용자로부터 새로운 사실을 획득하여 결론을 제시하는 등 사용자와의 대화 창구
추론 엔진		사실과 규칙을 사용하여 새로운 사실과 결론을 추론
설명 모듈		추론 엔진이 어떻게 결론에 도달하였는지 설명
지식획득 모듈		전문가와 인터뷰를 통해 지식을 획득
지식베이스	규칙	전문가로부터 얻어진 'IF-THEN' 규칙들
	사실	전문가나 사용자로부터 얻어지거나 규칙으로부터 추론된 사실들

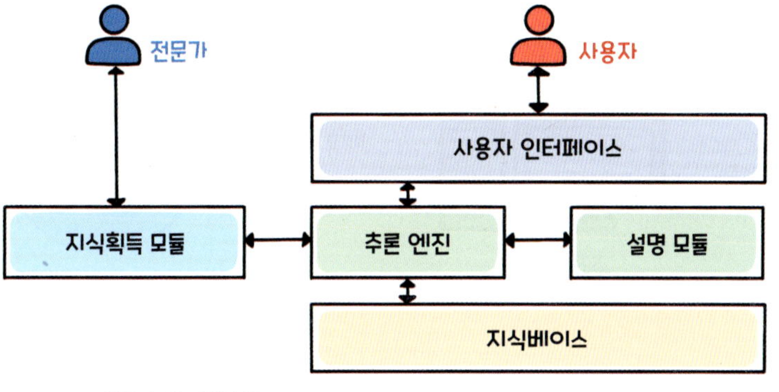

그림 2-12 **전문가 시스템의 구조**

전문가 시스템은 전문가의 경험과 지식을 데이터화한 후 기계에 적용해야 하는데, 이 과정에서 지식 추출에 대한 '병목 현상'이 발생할 수 있습니다. 이를 운 좋게 데이터화한다고 하더라도 변화하는 비즈니스 환경에 맞추어 데이터와 규칙도 계속 바꿔주어야 합니다. 이 과정에서 많은 비용과 노력이 발생합니다. 그러다 보니 전문가 시스템은 약간의 알고리즘과 상당수의 규칙 기반 시스템 형태로 만들어지게 되었고, 시스템에 반영된 편향적 지식 때문에 실수를 일으키는 경우가 많아졌습니다. 실수의 결과로 비용 부담이 커지자 전문가 시스템은 이용률이 떨어졌고 이후 추천 시스템으로 대체되었습니다.

Section 03 추천 시스템

1 추천 시스템의 개념

추천 시스템(Recommender System)은 콘텐츠의 내용에 기반하거나 사람들의 성향에 대한 정보를 취득한 후 개인화된 맞춤 콘텐츠를 추천하는 시스템입니다. 추천 시스템은 유튜브와 같은 비디오 추천은 물론 온라인 쇼핑몰이나 뉴스 추천, 금융상품 추천 등 다양한 분야에서 사용되고 있습니다.

[그림 2-13]과 같이 추천 시스템은 서비스 제공자와 사용자에게 모두 이득이 되는 시스템입니다. 사용자는 상품을 찾기 위한 시간을 절감할 수 있고, 새로운 상품에 대한 접근 용이성을 얻을 수 있습니다. 서비스 제공자는 사용자에게 최적의 상품을 추천함으로써 수익을 창출할 수 있습니다.

그림 2-13 추천 시스템의 구조

2 추천 시스템의 유형

앞서 추천 시스템은 개인별 맞춤 서비스를 제공하는 시스템이라고 정의했습니다. 그렇다면 개인에게 최적화된 서비스는 어떻게 찾을 수 있을까요?

대표적으로 협업 기반 추천과 콘텐츠 기반 추천 방법이 있습니다. [그림 2-14]와 같이 협업 기반 추천은 유사한 성향의 사용자 정보를 기반으로 추천하는 유형이며, 콘텐츠 기반 추천은 개인의 누적된 데이터를 기반으로 추천하는 유형입니다.

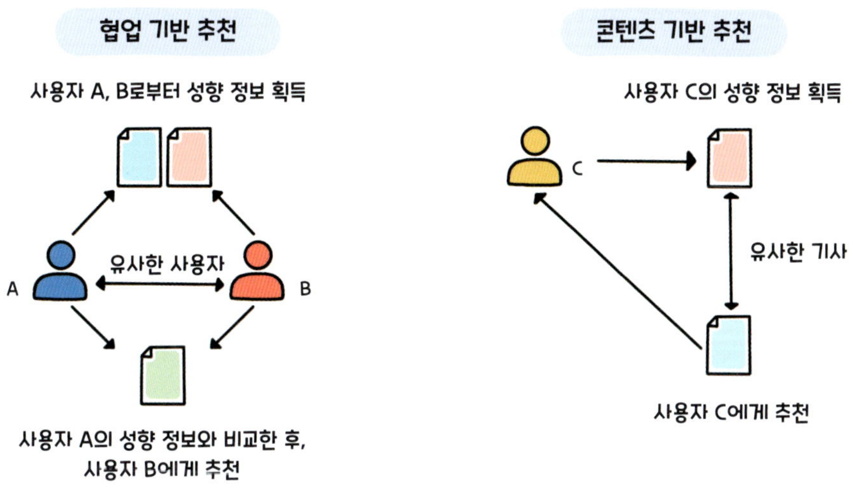

그림 2-14 추천 시스템의 유형

협업 기반 추천(필터링)

협업 기반 추천은 유사한 사용자들의 성향 정보를 획득한 후 이를 기반으로 추천하는 방법입니다. 누구나 한 번쯤은 자신과 성향이 비슷한 친구가 추천해 준 영화나 책을 보고 공감대를 형성한 경험이 있을 것입니다. 이를 시스템에 적용하여, A라는 사람이 공포영화를 좋아한다고 할 때 A와 성향이 비슷한 B라는 사람 역시 공포영화를 좋아할 것이라는 생각을 활용한 방법이 협업 기반 추천입니다. 즉, 협업 기반 추천 시스템은 '유유상종(類類相從)'이라는 사자성어를 활용한 것으로 생각하면 됩니다. 이 아이디어는 단순하지만 현실세계에서 매우 잘 동작하는 것 중의 하나로, 추천 시스템에서 많이 활용하고 있는 기술입니다. [그림 2-15]는 협업 기반 추천 시스템의 원리인 유유상종의 대표적인 사례를 보여주고 있습니다.

그림 2-15 협업 기반 추천 시스템의 원리

협업 기반 추천은 나와 비슷한 성향을 지닌 사용자를 기반으로 그 사람이 구매한 상품을 추천하는 사용자 기반 추천과 내가 이전에 구매했던 아이템(콘텐츠)을 기반으로 그와 유사한 다른 상품을 추천하는 방식인 아이템 기반 추천, 그리고 이 둘을 보완한 모델 기반 추천으로 분류할 수 있습니다.

■ 사용자 기반 추천

사용자 기반 추천(User-based Filtering)은 나와 비슷한 성향을 지닌 사용자의 데이터를 기반으로 그 사람이 구매한 상품을 추천하는 방식입니다. 사용자 A는 온라인 마트에서 사과, 딸기, 피자를, 사용자 B는 사과와 딸기를 구매했다고 가정해 보겠습니다. 알고리즘은 구매 목록이 겹치는 이 둘을 유사하다고 인식하고, 사용자 B에게 피자를 추천합니다. 그렇다면 [그림 2-16]과 같이 강우와 영미가 유사한 성향을 가진 사용자라고 가정해 봅시다. 만약 강우가 파르페, 초콜릿, 아이스크림, 도넛을 구매했고, 영미가 초콜릿과 아이스크림을 구매했다면 영미에게 추가로 추천할 수 있는 상품은 파르페와 도넛이 됩니다.

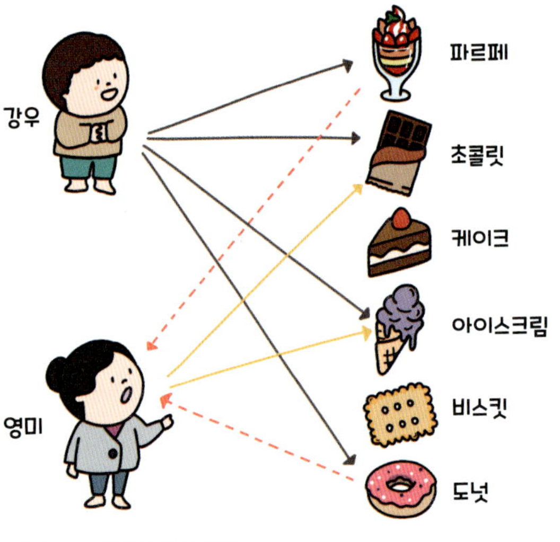

그림 2-16 사용자 기반 추천

대표적인 사용자 기반 추천 사례는 SNS의 '친구 추천' 기능입니다. 내가 친구로 맺은 사람을 나와 비슷한 성향으로 인식하고 그 친구의 또 다른 친구들을 나에게 추천하는 방식입니다.

■ 아이템 기반 추천

아이템 기반 추천(Item-based Filtering)은 내가 이전에 구매했던 아이템을 기반으로 그 상품과 유사한 다른 상품을 추천하는 방식입니다. 상품 간 유사도는 함께 구매되는 경우의 빈도를 분석하여 측정합니다. 예를 들어, 코트를 구매한 사용자에게 장갑을 추천하거나 볼펜을 구매한 사용자에게 형광펜을 추천하는 식입니다. [그림 2-17]과 같이 이안, 정희, 준수가 유사한 성향을 가진 사용자라고 가정해 봅시다. 이안이 파르페, 아이스크림, 도넛을 구매했고, 정희가 파르페와 아이스크림을 구매했다면 파르페와 아이스크림의 유사도가 높다고 할 수 있습니다. 따라서 준수가 아이스크림만 구매했을 때 파르페를 추천할 수 있습니다.

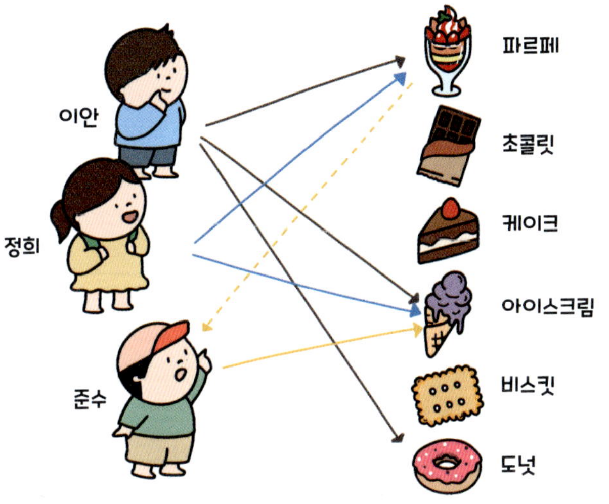

그림 2-17 아이템 기반 추천

사용자 기반 추천과 아이템 기반 추천 방식은 메모리 기반 추천(Memory-based Filtering)에 해당합니다. 이 기술의 가장 큰 장점은 구현이 간단하고 이해하기 쉽다는 것입니다. 상품 간 또는 사용자 간의 유사도를 구하거나 예상 평점을 구하는 방식은 단순한 수식으로 쉽게 계산이 가능합니다. 그런데 메모리 기반 추천은 평점에 대한 정보가 많지 않을 경우 예측의 정확도가 높지 않다는 단점이 있습니다. 예를 들어, 사용자에게 『난생처음 인공지능 입문』이라는 책을 추천하려고 하는데 이 책이 신간이라 아직 평점이 없다면 콘텐츠 기반 추천은 적절한 평점을 예측할 수 없습니다. 또한 사용자나 아이템이 너무 많다면 계산 시간이 오래 걸리기 때문에 실시간으로 적용하기 어렵습니다.

■ 모델 기반 추천

메모리 기반 추천 방식의 단점을 보완하기 위해 등장한 것이 바로 모델 기반 추천입니다. 모델 기반 추천(Model-based Filtering)은 머신러닝을 이용해 평점을 예측하는 방법입니다. 앞에서 살펴봤던 메모리 기반 추천 방식은 단순한 수식만 사용하기 때문에 평점을 가지고 있지 않은 콘텐츠에 대해서는 효과가 없었던 반면, 모델 기반 추천은 사용자의 과거 평점 데이터를 이용해 모델을 만들기 때문에 평점 정보가 없더라도 특정 콘텐츠에 대한 사용자의 평점을 예측할 수 있습니다.

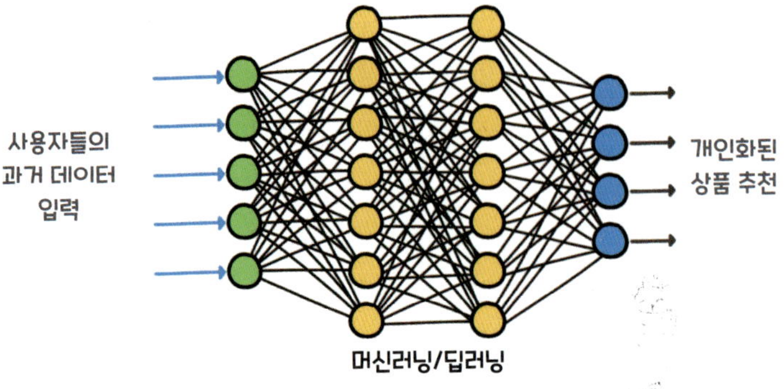

그림 2-18 **모델 기반 추천 시스템**

하나 더 알기 **협업 기반 추천 시스템의 성능 평가**

협업 기반 추천 시스템을 평가하는 방법으로는 크게 사용자 평가와 온라인 평가, 오프라인 평가가 있습니다.

사용자 평가와 온라인 평가는 사용자에 의한 평가라는 공통점이 있습니다. 이 둘의 가장 큰 차이는 추천 시스템 평가를 위해 어느 시점에 사용자를 활용하는가입니다. 사용자 평가는 특정한 시점에 사용자를 초청해 추천 시스템의 성능을 점검해 보는 반면, 온라인 평가는 추천 시스템이 실제 환경에서 활용되고 있는 상황에서 사용자가 보여주는 행위를 보고 성능을 평가합니다.

[사용자 평가와 온라인 평가]

오프라인 평가는 과거의 데이터를 이용해 평가하는 방식으로, 데이터 기반의 평가이기 때문에 사용자를 초청할 필요가 없습니다. 오프라인 평가에서는 추천 시스템의 성능을 평가하기 위해 과거의 데이터를 이용합니다. 해당 시스템에 과거의 데이터를 넣어서 얼마나 정확하게 예측하는지를 평가하는 것으로, 넷플릭스 프라이즈 콘테스트(Netflix Prize Contest)가 대표적인 사례입니다.

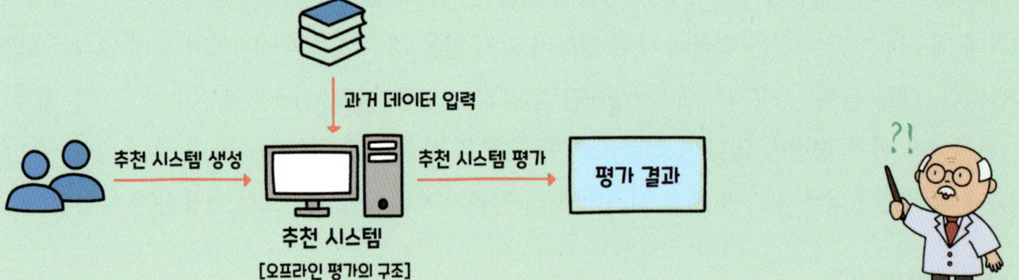

[오프라인 평가의 구조]

많은 사용자로부터 얻은 기호 정보를 이용하는 협업 기반 추천에는 장점뿐 아니라 단점도 존재합니다.

첫 번째 단점은 '콜드 스타트(Cold Start)' 문제입니다. 협업 기반 추천 시스템을 사용하기 위해서는 어느 정도의 데이터가 누적되어 있어야 합니다. 따라서 사용자에 대한 데이터가 하나도 저장되어 있지 않다면 신규 사용자에게는 어떠한 콘텐츠도 추천할 수 없게 됩니다. 콜드 스타트란 이러한 상황을 일컫는 말로 '새로 시작할 때의 곤란함'을 의미합니다.

그림 2-19 콜드 스타트 문제

두 번째 단점은 계산 효율성 저하입니다. 협업 기반 추천은 [그림 2-20]과 같이 사용자 수가 많을수록 추천을 위한 계산량이 많아집니다. 즉, 사용자가 많을수록 정확한 결과를 낼 수는 있지만 계산량이 많아 시간이 오래 걸리기 때문에 효율성이 떨어지는 문제가 발생합니다.

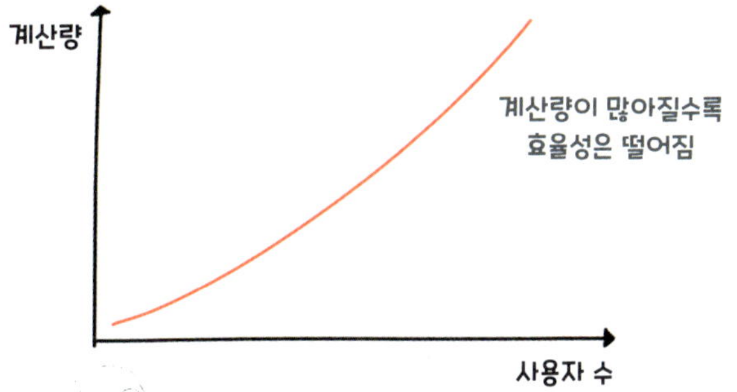

그림 2-20 계산량과 효율성의 관계

세 번째 단점은 롱테일(Long Tail) 문제입니다. [그림 2-21]과 같이 사용자들은 소수의 인기 있는 콘텐츠에 많은 관심을 보이는 경향이 있습니다. 그러면 자연스럽게 소수의 인기 콘텐츠가 전체 추천 콘텐츠의 상당 비율을 차지하는 '비대칭적 쏠림 현상'이 나타나게 됩니다. 이로 인해 사용자들의 관심이 저조한 항목은 정보가 부족하여 추천되지 못하는 문제가 발생할 수 있습니다.

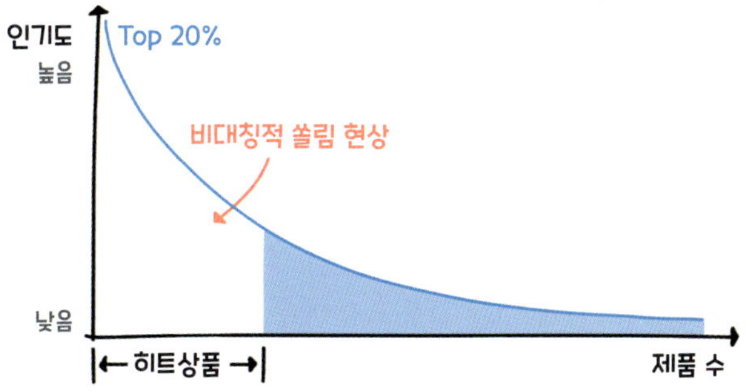

그림 2-21 롱테일 문제

콘텐츠 기반 추천(필터링)

협업 기반 추천의 한계를 극복하기 위해 등장한 콘텐츠 기반 추천은 협업 기반 추천과 다른 방법으로 추천 시스템을 구현합니다. 콘텐츠 기반 추천은 말 그대로 콘텐츠에 대한 분석을 기반으로 추천하는 방법입니다. 음악을 추천하기 위해서는 음악 자체를 분석하고, 메뉴를 추천하기 위해서는 메뉴 자체를 분석합니다. 그래서 콘텐츠 기반 추천은 많은 양의 사용자 행동 정보가 필요하지 않아 콜드 스타트 문제가 발생하지 않습니다. 하지만 분석의 한계로 인해 다양한 형식의 항목 추천이 어렵다는 단점도 있습니다.

하나 더 알기 √ **필터 버블**

지금까지 살펴본 추천 시스템은 사람들의 호기심을 자극하고 필요를 충족시켜 주지만, 필터 버블(Filter Bubble) 현상에 대한 문제점을 가지고 있습니다. 필터 버블 현상이란 인터넷 정보 제공자가 맞춤형 정보를 제공하기 때문에 이용자는 걸러진 정보만을 접하게 되는 현상입니다. 다시 말해, 사용자 입맛에 맞는 정보만 제공되다 보니 다른 정보는 보지 못하게 되면서 '콘텐츠 편식' 현상이 발생하는 것입니다.
그래서 추천 시스템은 사용자의 취향까지 반영된 개인화된 정보를 얻을 수 있다는 장점이 있지만, 고정관념과 편견을 강화할 수 있다는 단점도 있습니다.

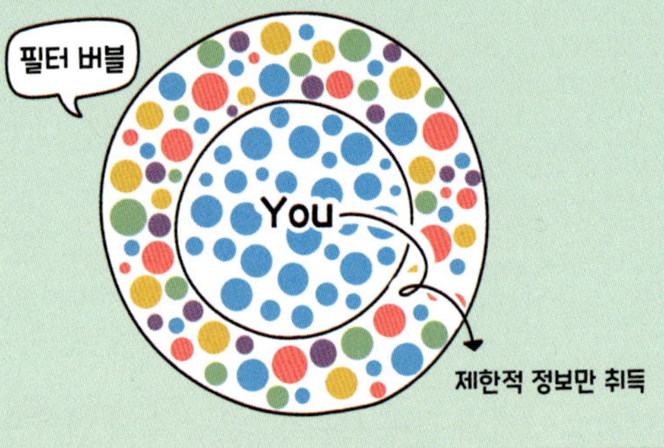

3 추천 시스템의 활용 사례

추천 시스템을 가장 잘 활용하는 분야는 아마존, 넷플릭스, 페이스북 등 사용자를 대상으로 자사 제품을 서비스하는 기업입니다. 기업별로 추천 시스템이 어떻게 활용되고 있는지 살펴보겠습니다.

아마존

아마존(Amazon)은 전자상거래 분야에서 추천 시스템을 가장 잘 활용하는 기업입니다. 특히 판매량의 35%가 추천으로부터 발생할 정도로 추천 시스템에 대한 활용도가 매우 높습니다. 아마존은 평점(Rating), 구매행위(Buying Behavior), 검색행위(Browsing Behavior) 정보들을 이용해 추천 시스템을 운영합니다. 특히 평점이 중요한 역할을 하는데, 명시적 평점(Explicit Rating)과 암묵적 평점(Implicit Rating)으로 구분해 활용하고 있습니다. 명시적 평점은 사용자가 직접 주는 평점을 의미하고, 암묵적 평점은 구매행위와 피드백을 이용한 평점입니다.

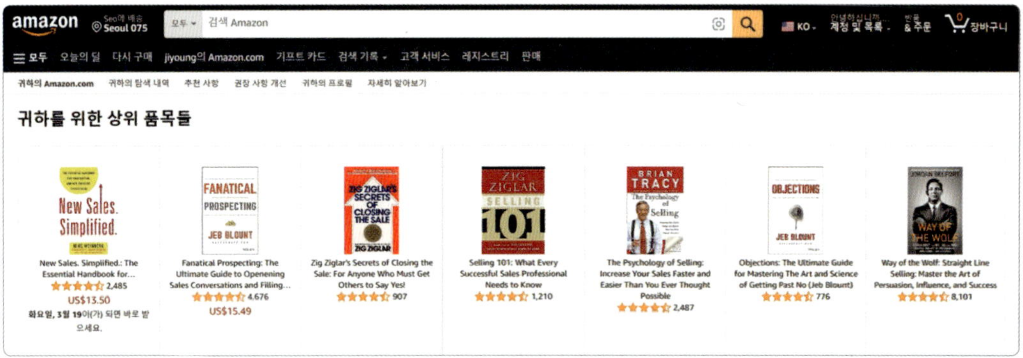

그림 2-22 **아마존의 도서 추천**

넷플릭스

넷플릭스(Netflix)는 세계적인 멀티미디어 엔터테인먼트 OTT(Over The Top) 기업으로, 추천 시스템을 매우 잘 활용하는 기업입니다. 사용자의 성향을 파악해 좋아할 만한 영화를 추천해 주는 단순한 시스템에서 출발해, 최근에는 사용자가 로그인하는 순간 해당 사용자의 취향에 맞춰 전체 페이지가 구성되는 수준으로까지 발전했습니다. 넷플릭스의 추천 시스템에 대한 투자는 꾸준히 이루어지고 있는데, 특히 자사의 추천 시스템보다 10% 이상 성능을 향상시킬 수 있는 방법을 제시한 팀에게 상금을 주는 '넷플릭스 프라이즈 콘테스트(Netflix Prize Contest)'라는 대회를 개최하고 있습니다.

그림 2-23 **넷플릭스의 영화 추천**

페이스북

페이스북(Facebook)은 소셜 네트워크 서비스 웹사이트로, 추천 시스템을 적극적으로 활용하는 IT 회사입니다. 하지만 앞서 언급한 회사들과는 다르게, 상품이나 뉴스 추천이 아닌 친구 추천을 위해 추천 시스템을 활용하고 있습니다. 친구 추천은 전통적인 추천 시스템의 대상이어서 상품과는 성격이 다릅니다. 상품 추천의 목적이 매출의 증대에 있다면 친구 추천의 목적은 이용자 간의 교류를 증대시키는 데에 있습니다.

그림 2-24 **페이스북의 친구 추천**

하나 더 알기 **추천 시스템의 한계**

각 추천 시스템의 한계를 유형별로 분류해서 정리하면 [표 2-4]와 같습니다.

표 2-4 **추천 시스템의 한계**

구분	한계점	세부 설명
협업 기반 추천	콜드 스타트 문제	• 새로운 항목 추천의 한계 • 초기 정보 부족 문제
	계산 효율 저하	• 사용자가 다수일 경우 계산 시간 비효율
	롱테일 문제	• 비대칭적 쏠림 현상 발생 • 관심 저조 항목의 정보 부족
콘텐츠 기반 추천	한정된 데이터	• 한정된 데이터에 대한 상품 추천 정확도 저하 문제
추천 시스템 공통	필터 버블	• 전체 정보 접근 기회 박탈 • 정보의 편향적 제공, 양극화

LAB 자유롭게 대화할 수 있는 영어 선생님을 만나다! : 챗GPT

우리는 평생 영어 공부를 하지만 실제 외국인과 영어로 대화하기는 쉽지 않습니다. 이 문제를 해결하기 위해 영어 학원을 등록하거나 온라인에서 외국인과 대화를 시도하기도 합니다. 하지만 인공지능을 통해 우리는 언제 어디서든 부담 없이 자유롭게 영어로 대화할 수 있게 되었습니다. 이번 〈LAB〉에서는 인공지능으로 자유롭게 대화를 나누는 방법을 알아봅니다.

실습

01 이번에는 스마트폰으로 실습을 진행합니다. 아이폰은 App Store 앱, 안드로이드폰은 Play 스토어 앱에 들어가서 검색창에 'chatgpt'를 입력하고 ChatGPT 앱을 다운로드합니다. 그리고 다운로드한 ChatGPT 앱에 들어가 각자의 계정으로 로그인합니다.

아직 챗GPT 계정이 없다면,493쪽에 있는 부록 '챗GPT 회원 가입하고 질의하기'를 따라 하면 쉽게 회원 가입을 진행할 수 있습니다. 이 과정을 먼저 진행해 보세요.

02 ChatGPT 앱에서 헤드폰 모양의 아이콘(🎧)을 클릭하면 음성 모드로 연결됩니다.

03 이제 목소리를 내어 대화를 시작해 봅니다. ChatGPT 앱을 영어 강사로 활용할 예정이므로 영어로 대화를 진행하세요. 대화가 끝나면 ChatGPT 앱이 대화했던 내용을 보여줍니다.

응용

01 영어로 3분 이상 대화해 보세요.

02 한글로 궁금했던 점을 질문해 보세요.

03 **토론** 영어로 대화하는 것이 텍스트로 입력하는 것보다 편리한지 토론해 보세요.

04 **토론** ChatGPT 앱이 향후 영어 강사(영어 학원 포함)를 대체할 수 있을지 토론해 보세요.

요약

01 규칙 기반 모델이란 사람이 하는 판단을 기계에게 맡기는 모델로, 사람이 일일이 프로그램으로 행동을 구현해 주는 것을 말합니다.

02 규칙 기반 모델을 이용한 대표적인 서비스인 챗봇의 유형으로는 규칙 기반 챗봇, 인공지능 기반 챗봇, 혼합형 챗봇이 있습니다.

03 규칙 기반 모델의 장점은 자연스러운 지식 표현, 통일된 구조, 지식과 과정의 분리, 사용자와의 상호작용 등이 있습니다.

04 규칙 기반 모델의 한계로는 규칙 간의 불분명한 관계, 빈번한 규칙 수정, 불가능한 학습 등이 있습니다.

05 지식이란 어떤 주제나 분야에 대해 이론적, 또는 실제적으로 이해하는 것을 말하며, 전문가란 이러한 지식을 소유한 사람을 뜻합니다.

06 지식 기반 모델은 특정 분야의 전문지식과 문제해결에 필요한 사실, 규칙 등이 저장된 데이터베이스를 활용하는 모델입니다.

07 전문가 시스템은 인간이 특정 분야에 대하여 가지고 있는 전문적인 지식을 정리하고 표현하여 컴퓨터에 기억시킴으로써 일반인도 전문지식을 이용할 수 있도록 하는 시스템입니다.

08 추천 시스템은 콘텐츠의 내용에 기반하거나 사람들의 성향에 대한 정보를 취득한 후 개인화된 맞춤 콘텐츠를 추천하는 시스템입니다.

09 협업 기반 추천은 유사한 사용자의 성향 정보를 획득한 후 추천하는 방법입니다.

10 콘텐츠 기반 추천은 콘텐츠에 대한 분석을 기반으로 추천하는 방법입니다.

11 추천 시스템을 가장 잘 활용하고 있는 분야는 아마존, 넷플릭스, 페이스북 등 사용자를 대상으로 자사의 제품을 서비스하는 기업입니다.

연습문제

단답형 문제

01 (   )란(이란) 사람이 하는 판단을 기계에게 맡기는 모델로, 사람이 일일이 프로그램으로 행동을 구현해 주는 것을 말합니다.

02 (   )은(는) 사용자 질의 키워드에 대해 규칙 집합(또는 데이터베이스)에 미리 정의된 키워드와 매칭되는 것이 있는지 찾아 답변하는 방식입니다.

03 (   )은(는) 가장 일반적인 유형의 챗봇으로, 기본적으로 규칙 기반과 인공지능 기반 챗봇이 혼합된 형태입니다.

04 (   )란(이란) 지식을 소유한 사람으로, 특정 분야에 해박한 지식과 풍부한 경험을 쌓았지만 분야의 범위는 상당히 제한적입니다.

05 (   )은(는) 특정 분야의 전문지식과 문제해결에 필요한 사실, 규칙 등이 저장된 데이터베이스를 활용하는 것을 말합니다.

06 전문가 시스템의 구성 요소 중 하나인 (   )은(는) 사실과 규칙을 사용하여 새로운 사실과 결론을 추론합니다.

07 전문가 시스템의 구성 요소 중 하나인 (   )은(는) 사용자로부터 새로운 사실을 획득하여 결론을 제시하는 등의 사용자와의 대화 창구입니다.

08 (   )은(는) 콘텐츠의 내용에 기반하거나 사람들의 성향에 대한 정보를 취득한 후 개인화된 맞춤 콘텐츠를 추천하는 시스템입니다.

09 협업 기반 추천은 유사한 사용자들의 성향 정보를 획득한 후 이를 기반으로 추천하는 방법으로, (   )(이)라고도 합니다.

10 메모리 기반 추천 방식의 단점을 보완하기 위해 등장한 (   )은(는) 머신러닝을 이용해 평점을 예측하는 방법입니다.

11 협업 기반 추천의 한계를 극복하기 위해 등장한 (　　　　　　　　　　)은(는) 콘텐츠에 대한 분석을 기반으로 추천하는 방법입니다.

객관식 문제

12 규칙 기반 모델의 구성 요소 중 상황에 대한 경우의 수 모음은?

① 규칙 연구　② 규칙 결과　③ 규칙 학습
④ 규칙 엔진　⑤ 규칙 집합

13 인공지능 기반 챗봇이 사용하는 인공지능 기술을 모두 고르시오.

① 빅데이터　② 머신러닝　③ 네트워크
④ 인공신경망　⑤ 자연어 처리

14 다음 중 규칙 기반 모델의 한계가 아닌 것을 모두 고르시오.

① 많은 규칙들로 이루어진 집합 안에서는 규칙의 논리적인 상호관계가 확실하지 않을 수 있습니다.
② 개별적인 규칙 수정이 빈번하게 발생하면 이를 일일이 수정해야 하는 번거로움이 발생합니다.
③ 사용자 질의 내용이 규칙을 벗어나면 스스로 수정할 능력이 없으므로 오류가 발생합니다.
④ 생성된 규칙의 문법 'IF-THEN'이 모호하기 때문에 많은 설명이 필요합니다.
⑤ 사용자와 상호작용이 불가능합니다.

15 다음 중 전통적 프로그래밍과 인공지능 프로그래밍의 차이로 알맞은 것은?

구분	전통적 프로그래밍	인공지능 프로그래밍
① 컴퓨팅 환경	GPU를 이용한 병렬연산 처리	전통적 CPU 기반의 컴퓨팅
② 툴	프로그래밍 개발 툴	데이터 분석 툴
③ 데이터	수집 가능한 모든 데이터	기업 내부 자체 생산 데이터
④ 접근 방법론	머신러닝, 딥러닝 등	폭포수, 애자일 등
⑤ 성능 지수	개발자 이상의 능력	개발자의 능력

16 다음 설명을 읽고 무엇에 대한 설명인지 고르시오.

> **이것**은(는) 인간이 특정 분야에 대하여 가지고 있는 전문적인 지식을 정리하고 표현하여 컴퓨터에 기억시킴으로써 일반인도 전문지식을 이용할 수 있도록 하는 시스템입니다.

① 추천 시스템 ② 정보 시스템 ③ 네트워크 시스템
④ 개발자 시스템 ⑤ 전문가 시스템

17 다음 중 전문가 시스템의 구성 요소 중 전문가와 인터뷰를 통해 지식을 획득하는 것은?

① 설명 모듈
② 사용자 인터페이스
③ 추론 엔진
④ 지식베이스
⑤ 지식획득 모듈

18 메모리 기반 추천 방식의 단점을 보완하기 위해 등장한 것으로, 머신러닝을 이용해 평점을 예측하는 방법은 무엇인가?

① 모델 기반 추천
② 콘텐츠 기반 추천
③ 아이템 기반 추천
④ 필터 기반 추천
⑤ 사용자 기반 추천

19 협업 기반 추천의 단점을 모두 고르시오.

① 롱테일 문제
② 단순 수식 사용 문제
③ 메모리 기반 추천 방식 문제
④ 계산 효율성 저하
⑤ 콜드 스타트 문제

20 다음 설명을 읽고 무엇에 대한 설명인지 고르시오.

> **이것**은(는) 인터넷 정보 제공자가 이용자에게 맞춤형 정보를 제공하기 때문에 이용자는 걸러진 정보만을 접하게 되는 현상입니다.

① 롱테일　② 인공신경망　③ 콜드 스타트
④ 딥러닝　⑤ 필터 버블 현상

21 세계적인 멀티미디어 엔터테인먼트 OTT 기업으로, 영화 추천 시스템을 매우 잘 활용하며 지속적으로 투자를 하는 회사는 무엇인가?

① 아마존　② 구글　③ 넷플릭스
④ 페이스북　⑤ 마이크로소프트

토론과제

01 협업 기반 추천의 콜드 스타트 문제와 콘텐츠 기반 추천의 한정된 데이터 문제를 해결하여 성능 좋은 추천 시스템을 만들 수 있는 방법은 무엇이 있을지 토론해 봅니다.

02 추천 시스템의 한계인 필터 버블 현상을 해결하기 위한 방법으로는 무엇이 있을지 토론해 봅니다.

03 현재 우리나라 챗봇의 대부분은 여전히 규칙 기반이 많습니다. 다음을 주제로 토론해 봅니다.

❶ 왜 규칙 기반 시스템을 벗어나지 못하고 있는 것일까요?

❷ 규칙 기반 시스템에서 인공지능으로 전환하기 위해 어떤 노력이 필요할까요?

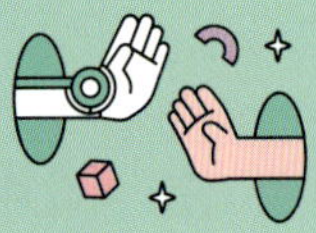

CHAPTER 03

인공지능과 윤리

01 인공지능 특이점

02 인공지능 윤리의 필요성

03 인공지능의 윤리적 딜레마

04 인공지능 윤리안

05 인공지능 윤리규범 및 동향

LAB

요약/연습문제/토론과제

학습목표

- 인공지능 특이점을 이해하고 개념을 설명할 수 있습니다.
- 인공지능 윤리가 왜 필요한지 설명할 수 있습니다.
- 인공지능의 윤리적 딜레마를 이해할 수 있습니다.
- 대표적인 인공지능 윤리안의 등장 배경을 이해할 수 있습니다.
- 인공지능의 윤리규범 및 동향을 국가와 기업별로 설명할 수 있습니다.

Preview

이제 인공지능은 단순한 기술이 아닌, 산업과 사회 구조에 광범위한 변화를 불러일으키는 '혁신'의 도구로 작용하고 있습니다. 지금까지는 인공지능의 기술에 대해서만 논의가 이루어져 왔다면 앞으로는 인공지능이 사회 전체에 미치는 영향을 고려해야 합니다. 이러한 이유로 인공지능의 윤리성에 대한 고찰 또한 필요합니다. 3장에서는 인공지능의 특이점에 대해 배워보려 합니다. 또한 특이점으로부터 발생할 수 있는 상황에 대비하기 위해 인공지능과 윤리에 대해서도 살펴봅니다. 국가 및 기업 차원에서 인공지능 윤리를 어떻게 대처하고 있는지 관련 현황도 함께 알아보겠습니다.

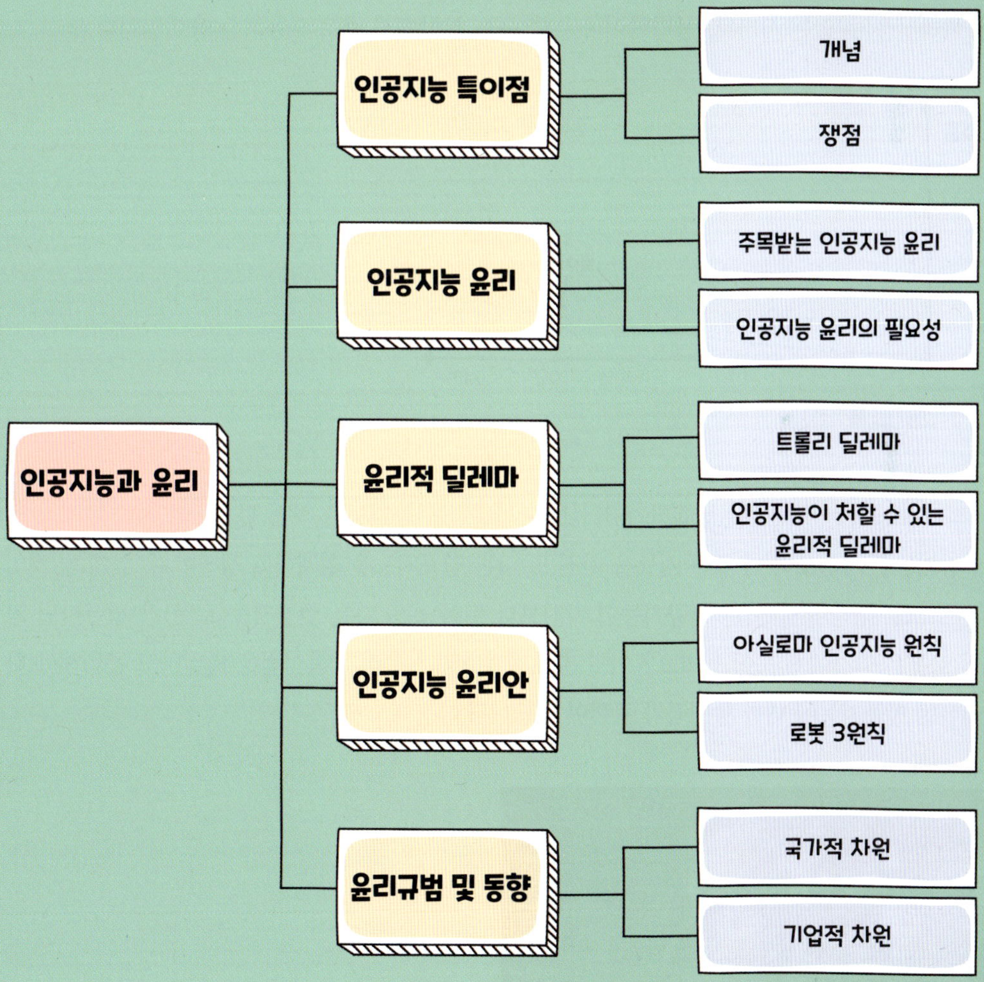

Section

01 인공지능 특이점

1 인공지능 특이점의 개념

특이점(Singularity)이란 인공지능이 인간의 지능을 초월하는 시점을 뜻합니다. 사람이 기술의 발전을 따라잡을 수 없는 시기로, 물리학이나 수학 등의 분야에서 주로 사용하는 용어입니다.

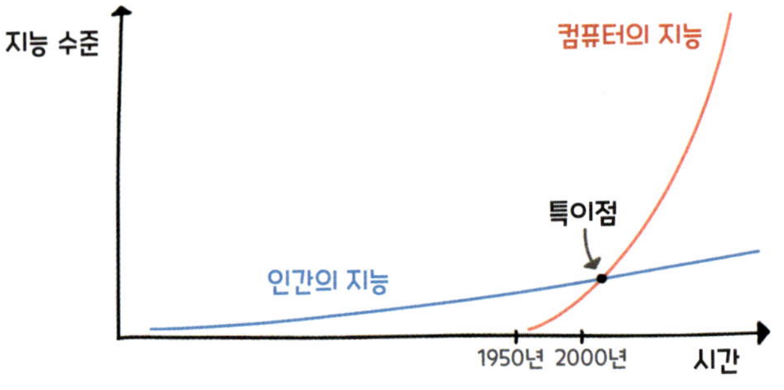

그림 3-1 **인공지능 특이점**

특이점에 도달하는 시대에는 컴퓨터가 자신보다 발달한 인공지능을 직접 설계하고 제작할 것이며, 그 인공지능은 자신보다 더 좋은 지능을 가진 또 다른 인공지능을 설계하고 생산할 수 있게 될 것입니다. 스스로 생각할 줄 아는 인공지능이 자신보다 뛰어난 또 다른 인공지능(로봇)을 만든다면 과연 이 로봇은 인간에게 득이 될까요? 아니면 해가 될까요? 우리가 특이점을 대비하고 준비해야 하는 이유는 인공지능에 대한 통제력과 관련이 있습니다.

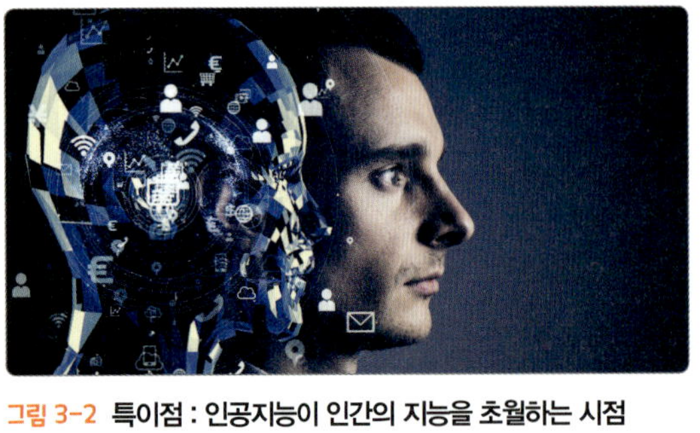

그림 3-2 **특이점 : 인공지능이 인간의 지능을 초월하는 시점**

1999년에 개봉한 영화《매트릭스(The Matrix)》의 무대는 2199년 인공지능 기계와 인류의 전쟁으로 폐허가 된 지구입니다. 영화 속에서 인공지능 컴퓨터들은 인류를 정복하여 자신들에게 에너지를 공급하는 노예로 만듭니다. 인간은 오로지 기계에 의해, 기계를 위해 생명이 유지된 채 이용당하는 도구가 된 것입니다. 인간의 편의를 위해 개발된 인공지능이 궁극적으로 인간을 지배하는 상황이 되었습니다. 그래서 인공지능의 비예측성과 통제 불능성이 인공지능 특이점을 앞둔 시점에 중요한 쟁점이 되고 있는 것입니다.

그림 3-3 영화《매트릭스》: 인공지능이 인류를 통제하는 세상

2 인공지능 특이점의 쟁점

인공지능 특이점에 대한 논쟁은 인공지능 개발이 본격화되면서 더 격화되고 있습니다. 학자들은 반(反)인공지능파(반대론자)와 친(親)인공지능파(찬성론자)로 나뉘어 각각 주장을 펴고 있습니다.

그림 3-4 반인공지능파와 친인공지능파의 주장

반인공지능파의 주장

반(反)인공지능파는 인공지능이 현재 속도로 성장하면 곧 인간의 통제를 넘어설 것이라고 우려하고 있습니다. 대표적인 반인공지능파로는 케임브리지 대학교의 물리학자 스티븐 호킹(Stephen Hawking), 마이크로소프트 창업자인 빌 게이츠(Bill Gates), 테슬라의 최고경영자 일론 머스크(Elon Musk) 등 세계적 석학과 정보기술 기업인들이 있습니다. 이들은 '인간보다 뛰어난 인공지능 개발은 악마를 불러들이는 결과'가 될 것이라며 잇달아 경고하고 있습니다. 특히 캐나다 토론토 대학교의 제프리 힌턴(Geoffrey Hinton) 교수는 인공지능의 위험성을 경고하기 위해 구글 석학 연구원직을 그만두었습니다. 그는 '앞으로의 인공지능 기술이 방대한 양의 데이터에서 예상하지 못한 행동을 배울 수 있기 때문에 인류에게 위협이 될 수 있다'고 우려하면서 '50년 가까이 해온 일을 후회한다'고 말하기도 했습니다. 이들이 가장 우려하는 것은 사회적 불평등 가속화와 통제 불가능성입니다.

■ 사회적 불평등 가속화

인간이 노동으로부터 해방된다는 것은 결국 인간의 경제적 활동이 차단됨으로써 경제적 어려움을 겪을 수 있다는 의미와 같습니다. 인공지능으로 대체된 일자리는 인간의 삶을 위협하고 생계를 지속하기 어렵게 만듭니다.

예를 들어, 택배 기사인 영수는 A라는 물류기업에서 일하고 있었는데 어느 날 A사가 모든 택배 배송을 인공지능으로 대체하겠다고 발표하면서 일자리를 잃었습니다. 실업자가 된 영수는 생계가 어려워져 가정을 책임질 수 없게 되었습니다. 이러한 상황에서 영수와 그의 가족의 삶의 질은 향상될 수 있을까요? 인공지능의 등장은 이러한 사회적 불평등을 야기하여 심각한 부익부 빈익빈 현상을 일으킬 가능성이 있습니다.

그림 3-5 아마존의 로봇 배송 서비스 프라임

■ **통제 불가능성**

특이점 이후의 인공지능은 인간보다 뛰어난 지능과 자의식을 가지고 있을 것입니다. 즉, 스스로 생각하고 행동할 수 있는 능력이 있기 때문에 인간의 통제를 벗어나 자율적으로 행동할 수 있게 됩니다. 이때 만약 인공지능이 인간의 존재 자체를 부정하는 상황이 벌어진다면 인간이 인공지능을 통제하는 것은 불가능해질 수도 있습니다. 또한 통제 불가능한 인공지능이 인간을 지배할 가능성도 높아질 것입니다. 영화《터미네이터》시리즈에서 인간의 통제 영역을 벗어난 인공지능 '스카이넷'의 폭주가 이 문제를 그대로 보여주고 있다고 할 수 있습니다.

그림 3-6 **영화《터미네이터 제니시스》: 인공지능 로봇이 인간을 해치려는 모습**

친인공지능파의 주장

친(親)인공지능파는 인공지능에 대한 우려 역시 신기술이 나타날 때 겪는 성장통의 일종으로 봐야 한다고 주장합니다. 구글 엔지니어링 이사인 레이 커즈와일(Ray Kurzweil)은 주간지 〈타임(Time)〉의 기고문에서 "인공지능을 두려워할 필요가 없다!"고 단언했습니다. 그는 생물학 무기와 유전자 재조합 기술 등 신기술이 탄생할 때마다 이런 논란이 제기됐다며, 문제는 인공지능 기술이 아니라 범죄와 폭력을 부르는 인간사회에 있다고 주장했습니다. 특히 친인공지능파는 생산의 효율성, 노동으로부터의 해방, 인공지능의 통제 가능성 등의 이유로 인공지능 기술을 지지합니다.

그림 3-7 **"인공지능을 두려워할 필요가 없다!"**

■ **생산의 효율성**

육체적인 힘을 많이 써야 하는 노동을 인공지능이 대체하면 생산의 효율성을 높일 수 있습니다. 즉, 위험하고 어렵고 힘든 일을 로봇이 대신 함으로써 기업의 생산성을 향상시키고 재난 사고를 줄여 안전한 작업환경을 구축할 수 있습니다.

그림 3-8 인공지능 로봇으로 인한 생산 효율성 향상

■ **노동으로부터의 해방**

로봇이 인간의 일자리를 대체함으로써 인간은 노동시간을 단축하거나 노동으로부터 완전히 해방될 수 있습니다. 따라서 인간은 더 의미 있고 가치 있는 일에 시간을 투자하여 더 나은 삶을 영위할 수 있게 될 것입니다.

그림 3-9 인공지능 로봇으로 인한 노동시간 단축

■ **인공지능의 통제 가능성**

인공지능 개발을 찬성하는 사람들은 인공지능의 통제나 제어가 가능하다고 믿습니다. 인공지능은 어떻게 사용할 것인가의 문제이지, 기술의 문제는 아니라고 생각하기 때문입니다. 즉, 인공지능은 인간의 윤리관과 결합된 기술이기 때문에 인공지능을 사용하는 사람들이 윤리적으로만 사용한다면 충분히 통제가 가능하다는 것입니다.

그림 3-10 **인공지능의 통제 가능성**

하나 더 알기 **인공지능의 통제 : 킬 스위치**

인공지능이 이상반응을 보일 때 외부에서 강제로 종료시키는 것을 '킬 스위치(Kill Switch)'라고 합니다. 특히 구글은 인공지능이 인간의 의도나 통제를 벗어나 해를 끼칠 수 있는 '반역'이 예상되는 상황일 때 즉각 안전 정지시켜 위험을 차단하는 대비책을 마련하기 위한 연구를 계속하고 있습니다.

Section

02 인공지능 윤리의 필요성

인공지능과 윤리는 어떤 상관관계가 있을까요? 인공지능이라는 기술에 왜 윤리가 함께 언급되어야 하는지에 대해 알아봅시다.

1 주목받는 인공지능 윤리

빠르게 발달하고 있는 인공지능이 미래에 대한 막연한 두려움으로 다가오면서 인공지능이 인류의 생존을 위협하는 존재가 될 것이라는 우려가 커지고 있습니다. 인공지능 챗봇 '이루다' 사례를 통해 인공지능 윤리에 대해 설명해 보겠습니다. 스타트업인 스캐터랩의 '이루다'는 인간의 언어를 이해하기 위해 만들어진 인공지능이며, 메시지를 이용해 사람과 대화하는 방식으로 동작합니다. 말 그대로 대화를 통해 자신의 능력을 키우는 인공지능입니다. 문제는 일부 사용자들이 이루다의 학습 능력을 악용해 부적절한 단어들을 주입시키면서 발생했습니다. 20대 여대생으로 설정된 이루다에게 일부 사용자들이 성희롱 발언을 지속적으로 언급한 사례가 발견된 데 이어, 이루다가 여성이나 유색인종·장애인 등에 대한 혐오 발언을 가감 없이 내놓는 사례가 많아진 것입니다. 이후 스캐터랩은 서비스 시작 20일 만에 서비스를 중단했습니다. 하지만 엄밀히 말해 이루다에게는 책임이 없습니다. '쓰레기를 넣으면 쓰레기가 나온다(Garbage in, garbage out)'는 말이 있듯이 이루다에게 부적절한 언어를 가르친 일부 사용자에게 문제가 있었던 것이지, 이루다(인공지능) 자체의 문제는 아니었기 때문입니다.

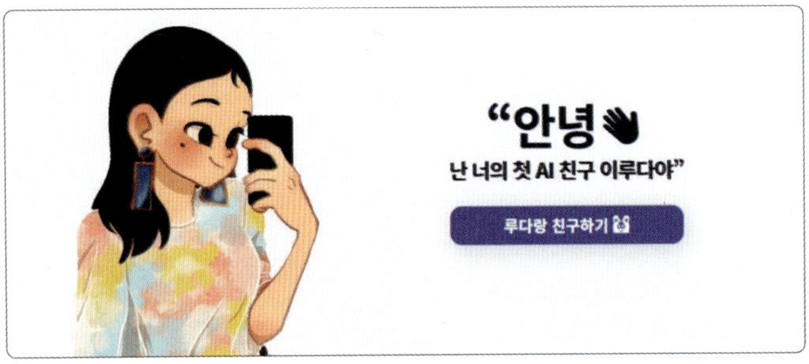

그림 3-11 인공지능 챗봇 이루다

이러한 사례는 해외에서도 발견할 수 있습니다. 미국 언론사이자 탐사보도 전문매체인 프로퍼블리카(ProPublica)는 범죄 전과자의 얼굴 이미지를 기반으로 재범률을 예측하는 인공지능 알고리즘을 테스트했습니다. 그런데 인공지능은 흑인의 재범률을 백인에 비해 실제보다 더 높게 추론했습니다. 만약 인공지능이 판사의 역할을 대체한다면 인간은 기계에 의해 인종차별을 당할 수 있는 상황에 놓일 수도 있습니다.

또한 세계 최대 전자상거래 기업인 아마존(Amazon)은 2014년부터 비밀리에 인공지능을 활용한 채용 프로그램을 개발해 왔는데, 그 과정에서 여성차별 문제가 불거지면서 프로그램을 자체 폐기한 것으로 알려졌습니다.

(a) 인공지능 판결

(b) 인공지능 면접

그림 3-12 **인공지능을 테스트하면서 발생한 문제**

2 인공지능 윤리의 필요성

마이크로소프트의 최고경영자인 사티아 나델라(Satya Nadella)는 한국을 방문했던 당시, 컨퍼런스 기조연설에서 '인공지능 활용에 앞서 윤리가 우선시돼야 한다'라며 인공지능 윤리에 대한 화두를 던졌습니다. 그렇다면 인공지능에서 윤리는 왜 필요할까요?

그림 3-13 **마이크로소프트의 최고경영자 사티아 나델라**

구글의 이미지 인식(Image Recognition)이 흑인 여성을 고릴라로 인식하거나, 위챗(WeChat)이 번역 과정에서 니그로(Negro)라는 단어를 사용했던 사례는 알고리즘의 불완전성이나 데이터의 부족, 잘못된 학습 등의 결과입니다.

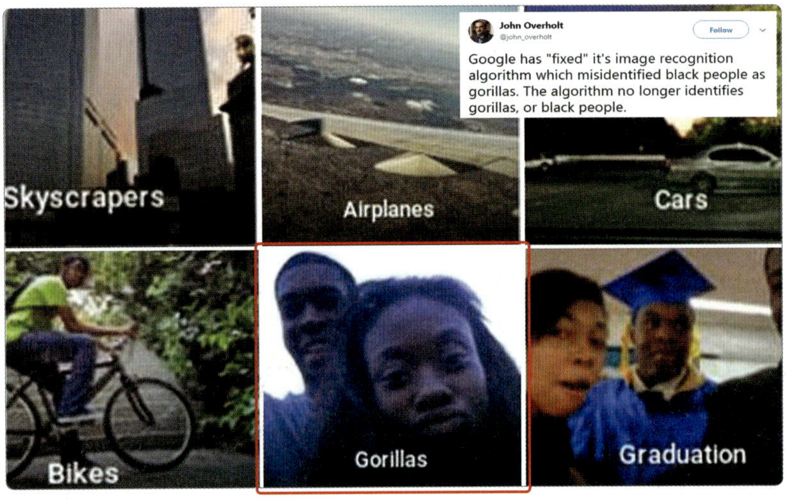

그림 3-14 **구글의 이미지 인식 오류 사례**

MIT 미디어랩이 2018년에 발표한 자료에 따르면 인공지능이 백인 남성 얼굴을 인식하는 과정에서 오류를 일으킬 확률은 단 1%에 불과합니다. 하지만 남성에서 여성, 백인에서 유색인종으로 갈수록 오류율은 점점 높아져 흑인 여성의 경우 오류 발생 확률이 35%까지 상승한다고 합니다. 즉, 인공지능 알고리즘은 어떤 데이터를 입력하는지에 따라 결과가 달라집니다. 인종차별적인 단어들을 주입한다면 인공지능은 인종차별적인 답변들을 내놓을 것이고, 인간 혐오적인 단어들을 주입한다면 인공지능은 인간을 적으로 간주할 것입니다. 결국 인공지능에게 어떠한 윤리관에 입각한 데이터를 주입할 것인지는 인간의 몫이라고 할 수 있습니다.

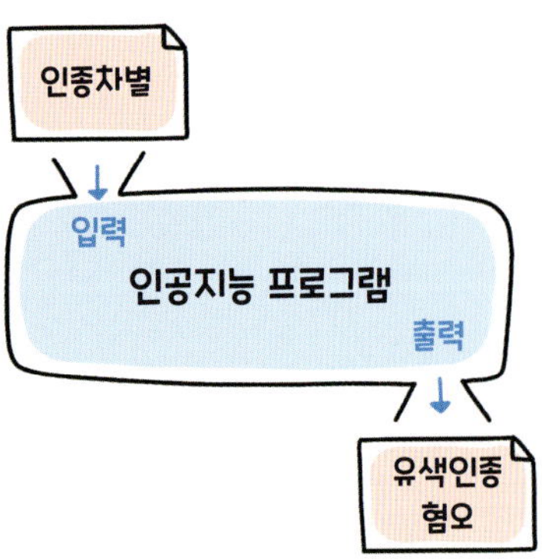

그림 3-15 **인공지능의 윤리 문제**

Section

03 인공지능의 윤리적 딜레마

지금까지 인공지능 윤리의 필요성에 대해 알아보았습니다. 인공지능에 윤리를 적용해야 하는 이유는 알겠는데, 그렇다면 인공지능의 윤리적 딜레마는 무엇일까요?

1 트롤리 딜레마

인공지능의 윤리적 딜레마를 설명할 때 언급되는 실험이 바로, 트롤리 딜레마입니다. **트롤리 딜레마(Trolley Dilemma)**는 윤리학 분야의 사고실험 중 하나로, 다섯 사람을 구하기 위해 한 사람을 죽이는 것이 도덕적으로 허용 가능한지에 대한 질문입니다. 트롤리 딜레마와 관련된 대표 사례로는 트롤리 사례와 육교 사례가 있습니다. 물론 이 두 가지 사례는 인공지능과 무관하게 일반적으로 사용되는 윤리적 딜레마이지만, 인공지능에도 동일하게 적용할 수 있으니 생각해 볼 필요가 있습니다.

트롤리 사례

트롤리 전차가 철길 위에서 일하고 있는 다섯 명의 인부들을 향해 빠른 속도로 돌진하고 있습니다. 그런데 당신 옆에 이 트롤리의 방향을 바꿀 수 있는 레일 변환기가 있습니다. 만약 당신이 트롤리의 방향을 왼쪽으로 바꾼다면 왼쪽 철로에서 일하는 한 명의 인부가 죽게 되지만, 방향을 바꾸지 않는다면 다섯 명의 인부들이 죽게 됩니다. 이 상황에서 당신은 도덕적으로 어떤 선택을 하겠습니까?

그림 3-16 트롤리 딜레마

대부분의 사람들은 한 사람을 희생시키고 다섯 사람의 생명을 구하는 쪽을 선택합니다. 그러면 일반적인 사람들의 선택을 반영하여 인공지능에 동일한 알고리즘을 적용한다고 가정해 봅시다. 인공지능이 트롤리 사례와 같은 상황을 마주하게 되었을 때 다수의 사람들을 살리는 쪽을 선택하도록 설계된 것입니다. 그런데 만약 왼쪽 철로에 있던 한 사람이 나의 가족이라고 해 봅시다. 설계된 대로 행동했다 하더라도 인공지능의 선택을 어느 누가 받아들일 수 있을까요?

여기서 윤리적 딜레마가 발생합니다. 일반적 공리주의에 따르면 한 명이 아닌 최대 다수의 행복을 위한(목숨을 구하기 위한) 선택이 모두를 위한 보다 나은 선택이라고 할 수 있습니다. 즉, 다수의 목숨을 선택하는 것이 이성적으로는 옳다고 생각하는 것입니다. 하지만 희생될 단 한 사람이 나의 가족일 때 우리는 다른 선택을 할 수밖에 없습니다. 그렇다면 인공지능은 어떤 선택을 하도록 설계되어야 할까요?

육교 사례

트롤리 전차가 철길 위에서 일하고 있는 다섯 명의 인부를 향해 빠르게 달려오고 있습니다. 당신은 육교 위에서 이 상황을 지켜보고 있으며, 트롤리를 세우기 위한 선택권도 있습니다. 트롤리 전차를 세우기 위해 상당한 무게의 물건을 열차 앞에 던진다면 전차는 망가지겠지만 인명 피해는 막을 수 있습니다. 마침 당신 옆에 몸집이 큰 사람이 있습니다. 전차를 세우려면 이 사람을 육교 아래로 떨어뜨려야 합니다. 떨어진 사람은 죽겠지만, 철길에서 일하던 다섯 명의 인부들의 목숨은 구할 수 있을 것입니다. 이 상황에서 당신은 어떤 선택을 하겠습니까?

그림 3-17 **육교 사례**

육교 사례 역시 동일합니다. 다수의 목숨을 살리기 위해 한 사람이 희생되어야 한다는 공리주의에 따른다면 선택은 단순할 수 있습니다. 하지만 육교에 있던 사람이 나의 가족이라면 이성적 판단이

가능할까요? 인공지능이 나의 가족을 희생하여 다수의 목숨을 구했다면 그 판단이 옳다고 말할 수 있을까요? 이런 딜레마 상황에서 우리는 인공지능이 어떠한 선택을 하도록 설계해야 할까요?

2 인공지능이 처할 수 있는 윤리적 딜레마

이제 좀 더 구체적으로 인공지능이 처할 수 있는 딜레마적 상황을 가정해 보겠습니다. 실제 자율주행차의 주행 방식은 이미 정의되어 있는 프로그램에 의해 판단되므로 사람의 윤리적 판단이 개입되지 않습니다. 자율주행차에 트롤리 딜레마를 적용해 보겠습니다.

MIT에서 발행하는 기술분석 잡지 〈MIT 테크놀로지 리뷰〉에 '왜 자율주행차는 사람을 죽일 수 있도록 설계되어야 하는가(Why Self-Driving Cars Must be Programmed to Kill)'라는 제목의 기사가 발표되었습니다. [그림 3-18]과 같이, 세 가지 경우의 상황이 있다고 가정해 봅시다. 자율주행차는 주행 도중 사람들이 도로를 건너는 것을 목격합니다. (a)의 경우는 비윤리적이기는 하지만 여러 사람이 희생되는 것보다는 한 사람이 희생되는 것이 올바른 선택 같아 보이기 때문에 인공지능의 선택은 그리 어렵지 않을 것입니다. 하지만 (b)의 경우라면 자율주행차는 그냥 보행자를 치고 지나가야 할까요? 아니면 운전자가 다치게끔 방향을 꺾어야 할까요? (c)의 경우는 어떨까요? 여러 사람의 목숨과 운전자의 목숨 중 자율주행차는 어느 쪽에 더 비중을 두고 판단을 내려야 할까요?

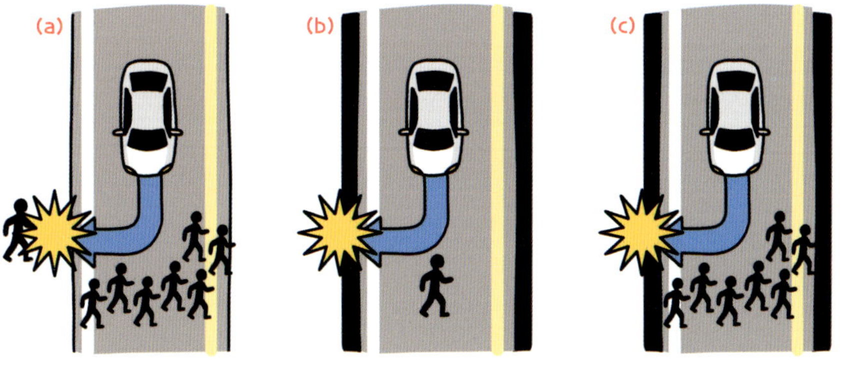

그림 3-18 자율주행차의 트롤리 사례

그 어떤 경우라도 선택이 쉽지 않을 것입니다. 그런데 이렇게 어려운 선택들을 회피하기 위해 자율주행차 개발을 멈추는 것이 정답일까요? 만약 사람들이 운전자가 피해를 볼 수 있다는 이유로 자율주행차를 기피하면 자동차로 인한 사고는 줄어들까요? 사람이 운전하는 차량은 사고없이 안전하기만 할까 싶지만 현실은 그렇지 않습니다. 사람들의 부주의로 인한 사고, 음주운전으로 인한 사고 및 고령운전자로 인한 사고 등 사람에 의한 사고는 꾸준히 증가하고 있기 때문입니다. 사람에 의해 발생한 사고는 '인간이니까 실수할 수 있지'라고 받아들이면서 인공지능에 의한 사고는 '절대 발생해서는 안 돼'라는 이중잣대를 적용하는 것이 옳을까요?

이러한 질문은 자율주행차 시대에 맞닥뜨리게 될 가장 기본적인 윤리적 이슈입니다. 그러므로 우리는 더 늦기 전에 알고리즘의 윤리성에 대해 심각하게 고민해 볼 필요가 있습니다.

그림 3-19 사람과 자율주행차에 대한 이중잣대

Section 04

인공지능 윤리안

1 아실로마 인공지능 원칙

앞에서 설명했듯이 인공지능 기술이 급격히 발전하면서 특이점이 도래하는 시점에 대한 의견이 분분합니다. 특이점 이후의 인공지능은 인간이 통제할 수 없을 것이라는 불안감과 함께 인공지능과 윤리에 대한 논쟁도 활발합니다. 그래서 만들어진 '아실로마 인공지능 원칙'은 안전한 인공지능 개발에 초점을 두고 있다는 점에서 의의가 있습니다.

2017년, 인공지능 연구를 지원하는 비영리단체인 '퓨처오브라이프(Future of Life Institute)'가 개최한 컨퍼런스에서 아실로마 인공지능 원칙이 만들어졌습니다. **아실로마 인공지능 원칙(Asilomar AI Principles)**이란 인공지능 개발의 목적, 윤리, 가치 등에 대해 개발자들이 지켜야 하는 23가지 준칙입니다. 이 원칙은 연구 관련 쟁점, 윤리와 가치, 장기적 이슈 등 총 3가지 부분으로 구성되어 있습니다.

물리학자인 스티븐 호킹, 테슬라의 최고경영자 일론 머스크, 알파고를 개발한 구글 딥마인드의 데미스 하사비스 등 총 2,000여 명의 과학계, 기술계 인사들이 아실로마 인공지능 원칙에 대해 지지 서명을 남겼습니다.

그림 3-20 아실로마 인공지능 원칙

연구 관련 쟁점

연구 관련 쟁점에 대한 인공지능 원칙은 연구 목표, 연구비 지원, 과학정책 연계, 연구 문화, 경쟁 회피 등 총 5가지가 있습니다.

- **연구 목표 :** 인공지능 연구의 목표는 방향성이 없는 지능이 아니라 인간에게 유용한 지능의 개발이어야 합니다.
- **연구비 지원 :** 인공지능에 대한 투자는 컴퓨터 과학, 경제, 법, 윤리, 사회 연구와 같은 어려운 문제들을 포함해 유용한 이용을 보장하기 위한 연구비 지원이 수반되어야 합니다.
- **과학정책 연계 :** 인공지능 연구자와 정책 입안자 간 건설적이고 건전한 교류가 이루어져야 합니다.
- **연구 문화 :** 인공지능 연구자와 개발자 간 협력과 신뢰, 투명성의 문화가 조성되어야 합니다.
- **경쟁 회피 :** 인공지능 시스템을 개발하는 팀들은 안전기준 미달을 방지하기 위해 적극적으로 협력해야 합니다.

윤리와 가치

윤리와 가치에 대한 인공지능 원칙은 안전, 실패의 투명성, 사법적 투명성, 책임성, 가치 일치, 인간의 가치, 개인정보보호, 자유와 프라이버시, 이익의 공유, 번영의 공유, 인간 통제, 사회전복 방지, 인공지능 무기 경쟁 지양 등 총 13가지가 있습니다.

- **안전 :** 인공지능 시스템은 운영 과정에서 안전과 보안이 확보되어야 합니다.
- **실패의 투명성 :** 인공지능 시스템으로 인한 피해가 발생할 경우 그 이유를 확인할 수 있어야 합니다.
- **사법적 투명성 :** 권위 있는 기관이 인공지능 시스템을 감사하고 이에 만족스러운 설명을 제공해야 합니다.
- **책임성 :** 첨단 인공지능 시스템의 설계자와 구축자는 인공지능의 사용, 오용 및 행동에 도덕적 영향을 미치는 이해관계자이며, 그에 따른 책임이 주어집니다.
- **가치 일치 :** 고도로 자율적인 인공지능 시스템은 목표와 행동이 인간의 가치와 일치하도록 설계되어야 합니다.
- **인간의 가치 :** 인공지능 시스템은 인간의 존엄성, 권리, 자유 및 문화적 다양성의 이상에 적합하도록 설계되고 운용되어야 합니다.

- **개인정보보호 :** 인공지능 시스템이 사람이 생성한 데이터를 분석하고 활용할 수 있는 권한을 부여받으면, 사람은 그 데이터에 접근하고 관리하며 통제할 수 있는 권리를 가져야 합니다.
- **자유와 프라이버시 :** 인공지능을 개인정보에 적용하게 되더라도 사람의 실제 또는 인지된 자유가 부당하게 축소되어서는 안 됩니다.
- **이익의 공유 :** 인공지능 기술은 최대한 많은 사람들에게 혜택을 주고 힘을 부여해야 합니다.
- **번영의 공유 :** 인공지능에 의해 만들어진 경제적 번영은 인류 모두의 혜택을 위해 널리 공유되어야 합니다.
- **인간 통제 :** 인간은 선택한 목표를 달성하기 위해 인공지능 시스템에 의사결정을 위임하는 방법과 위임 여부를 선택해야 합니다.
- **사회전복 방지 :** 고도의 인공지능 서비스를 통제함으로써 생기는 힘은 인류 발전을 위해 쓰여야 합니다. 건강한 사회를 지향하고 이를 지키려는 사회나 시민들의 절차를 존중하고 개선해야 합니다.
- **인공지능 무기 경쟁 지양 :** 치명적인 인공지능 무기의 군비 경쟁은 피해야 합니다.

장기적 이슈

장기적 이슈에 대한 인공지능 원칙은 역량 경고, 중요성, 위험성, 자기개선 순환, 공동의 선 등 총 5가지가 있습니다.

- **역량 경고 :** 합의된 여론이 없는 상태에서 미래 인공지능 역량의 한계에 대한 강력한 가설은 삼가야 합니다.
- **중요성 :** 고도화된 인공지능은 지구상의 생명 역사에 심각한 변화를 가져올 수 있습니다. 따라서 그에 상응한 관심과 자원을 계획하고 적절하게 관리해야 합니다.
- **위험성 :** 인공지능 시스템으로 인해 발생 가능한 치명적·실존적 위험에 상응하는 계획 및 완화 노력이 병행되어야 합니다.
- **자기개선 순환 :** 인공지능 시스템은 스스로 발전하거나 자가 복제할 수 있게 설계됩니다. 양적, 질적으로 급격히 증가할 수 있기에 엄격한 안전관리 및 제어 조치가 수반되어야 합니다.
- **공동의 선 :** 초지능은 윤리적 이상을 널리 공유하는 방식으로 발전되어야 합니다. 그리고 한 국가나 조직보다 모든 인류의 이익을 위해 개발되어야 합니다.

여기서 주목할 것은 마지막 23번째 원칙인 '공동의 선(Common Good)'입니다. 인공지능은 특정 기업이나 조직 혹은 개인을 위한 기술이 아닌, 인류 전체의 이익을 위해 연구·개발되어야 한다는 것입니다.

2 로봇 3원칙

또 다른 인공지능 윤리안은 아이작 아시모프(Issac Asimov) 작가가 1942년에 발표한 단편소설『런어라운드(Runaround)』에서 처음으로 제시한 로봇 3원칙입니다. 로봇 3원칙(The Three Laws of Robotics)이란 로봇이 반드시 따라야 할 3가지 원칙으로, 작가는 이 원칙들만 잘 지켜진다면 로봇이 인간에게 위협이 될 일은 없을 것이라고 생각하였습니다.

그림 3-21 **로봇 3원칙을 제시한 아이작 아시모프 작가**

로봇 3원칙은 다음과 같습니다.

- **제1원칙 :** 로봇은 인간에게 해를 입혀서는 안 되고, 위험에 처한 인간을 방치해서도 안 된다.
- **제2원칙 :** 제1원칙을 어기지 않는 한, 로봇은 인간의 명령에 복종해야 한다.
- **제3원칙 :** 제1원칙과 제2원칙을 어기지 않는 한, 로봇은 로봇 자신을 지켜야 한다.

그림 3-22 **로봇 3원칙**

초기의 로봇 3원칙은 이렇게 로봇의 책임만을 다루었습니다. 이후 아이작 아시모프 작가는 1985년 단편소설인 『로봇과 제국(Robots and Empire)』에서 로봇 0원칙을 추가 제안했습니다. 로봇 0원칙은 다음과 같습니다.

- **제0원칙 :** 로봇은 인류에게 해를 가할 만한 명령을 받거나 행동을 하지 않음으로써 '인류'에게 해가 가해지는 것을 방치해서도 안 된다(제1원칙의 확장).

언뜻 보기에 로봇 0원칙은 로봇 3원칙과 큰 차이가 없어 보입니다. 하지만 핵심적인 차이는 '인류'입니다. 또한 작가는 원칙의 중요성을 강조하기 위해 1보다 앞선 숫자인 0번을 부여했습니다. 이는 곧, 두 원칙이 충돌할 때에는 로봇이 0원칙을 우선시하여 행동해야 함을 의미합니다. 또한 인간을 '인류'로 전환한 이유는 공리주의적 발상에 기인합니다. 한 사람의 인간보다 인류 전체의 이익을 중요시하는 작가의 의도가 잘 반영된 것이 로봇 0원칙인 것입니다.

지금까지 인공지능 윤리안에 대한 두 가지 사례를 살펴봤습니다. 그렇다면 각 기업과 국가는 어떠한 노력을 기울이고 있을까요? 인공지능 윤리와 관련한 각국의 구체적인 노력을 다음 5절에서 하나씩 살펴봅시다.

Section

05 인공지능 윤리규범 및 동향

인공지능의 급격한 발전과 함께 국가와 기업별로 인공지능에 윤리를 적용하는 방안에 대한 논의가 활발하게 이루어지고 있습니다. 인공지능 윤리규범에 대한 국가적 차원과 기업적 차원의 노력을 살펴봅시다.

1 국가적 차원의 노력

미국과 유럽연합(EU)은 로봇의 경제적 가치를 공유하기 위한 방안을 모색 중입니다. 특히 EU의회에서는 로봇에게 전자 인간이라는 자격과 의무를 부여하였으며, 로봇의 고용자에게 로봇세를 부과하는 방안을 제안하기도 했습니다.

미국

미국 국방부(United States Department of Defense)는 2020년에 인공지능의 윤리적 사용을 위한 핵심 원칙을 발표했습니다. '인공지능에 대한 핵심 원칙'은 미국 국방부가 인공지능 기술을 개발하고 배포하는 과정에서 지켜야 할 가이드라인을 제시하고 있습니다. 이 핵심 원칙은 책임성, 형평성, 추적성, 신뢰성, 통제성 등 5가지 내용으로 구성되어 있습니다.

표 3-1 미국 국방부의 '인공지능에 대한 핵심 원칙'

핵심 원칙	주요 내용
책임성(Responsible)	인공지능 시스템이 인간의 결정과 감독 하에 운영되어야 한다.
형평성(Equitable)	인간의 개입이 필요할 경우, 인공지능 시스템은 언제든지 중단시킬 수 있어야 한다.
추적성(Traceable)	인공지능 시스템의 결정과 작동 메커니즘은 투명하고 추적 가능해야 한다.
신뢰성(Reliable)	인공지능 시스템은 신뢰할 수 있고 안전하게 작동해야 한다.
통제성(Governable)	인공지능 시스템은 통제 가능하고 윤리적인 경계 내에서 운영되어야 한다.

유럽연합

유럽연합(EU)은 '신뢰할 수 있는 인공지능 윤리 가이드라인'을 발표했습니다. 이 가이드라인은 신뢰 가능한 인공지능 확립, 인공지능 구현, 인공지능 적용과 같은 3가지 내용으로 구성되어 있으며, 윤리적 문제해결과 신뢰 가능한 인공지능 시스템 마련을 목표로 하고 있습니다. 발표한 가이드라인은 강제성이 있는 것은 아니지만 고도화되고 경쟁이 치열한 인공지능 개발 경쟁에서 중요한 지침이 되고 있습니다.

그림 3-23 유럽연합(EU)의 '인공지능 윤리 가이드라인' 발표

표 3-2 유럽연합(EU)의 '신뢰할 수 있는 인공지능 윤리 가이드라인'

구분	주요 내용
신뢰 가능한 인공지능 확립 (Foundation Trustworthy AI)	• 인간 존중을 윤리 원칙으로 준수하는 인공지능 시스템 개발·배포·사용 • 어린이·장애인·고용주와 근로자 또는 기업과 소비자 간 권력이나 정보의 불균형에 대응 • 인공지능 기술이 개인과 사회에 상당한 혜택과 이익을 주지만 특정 위험도 초래할 가능성에 주의
인공지능 구현 (Realization Trustworthy AI)	• 인간의 기본권·존엄성·자율성 보장 • 개인정보 및 데이터 거버넌스 • 다양성, 차별금지, 공정성 • 책임성 • 기술적 견고성 및 안전성 • 투명성 • 사회·환경복지
인공지능 적용 (Assessing Trustworthy AI)	• '인공지능 구현'에서 언급한 요구 사항을 실제 사례에 적합하게 적용할 수 있는 기틀 마련

중국

중국은 인간이 인공지능을 통제하기 위한 규범인 '차세대 인공지능 윤리규범'을 2021년도에 발표했습니다. 이를 통해 '차세대 인공지능 발전 계획'을 세우고, '인공지능 관리 원칙'을 구체화하려는 노력을 기울이고 있습니다. '차세대 인공지능 윤리규범'에는 [표 3-3]에서 확인할 수 있듯이 인간 복지 증진, 공평·공정 촉진, 프라이버시 보안, 제어·신뢰성 확보, 책임 담당 강화, 윤리적 소양 향상 등 6가지 기본 윤리적 요구사항을 제시합니다.

표 3-3 중국의 '차세대 인공지능 윤리규범'에서 제시된 윤리적 요구사항

요구사항	설명
인간 복지 증진	• 인간 공동의 가치관을 준수 • 인권의 근본적인 이익 요구 존중 • 국가의 윤리 도덕 준수
공평·공정 촉진	• 혜택성과 포용성에 입각해 관련 주체의 합법적 권익 보호 • 전 사회가 인공지능의 이점을 공평하게 공유
프라이버시 보안	• 개인의 알 권리와 같은 권리 보장 • 개인의 프라이버시와 데이터 안전 보장
제어·신뢰성 확보	• 인간이 충분한 자율적 의사결정권을 갖도록 보장 • 인간은 인공지능이 제공하는 서비스를 받아들일지 여부를 선택할 권리를 가져야 함 • 인간은 인공지능 시스템 운행을 수시로 중단할 권리가 있음
책임 담당 강화	• 인간이 최종 책임 주체임을 인지 • 이익 관계자의 책임을 명확히 함
윤리적 소양 향상	• 인공지능 윤리 지식을 적극적으로 학습 • 윤리 문제를 객관적으로 인식 • 윤리 위험을 과소·과대평가하지 않음

일본

일본은 '인공지능 활용 7대 윤리지침' 제정을 추진했습니다. 이 지침은 인간의 기본권을 침해하지 않는 AI, 충실한 AI 교육, 신중한 개인정보 관리, AI의 보안조치 확보, 공정한 경쟁환경 유지, 결정 과정에 대한 기업의 설명 책임, 국경을 초월한 데이터 이용환경 정비 등을 다루고 있습니다. [그림 3-24]는 향후 일본의 AI 전략을 크게 3가지로 나눈 도표입니다.

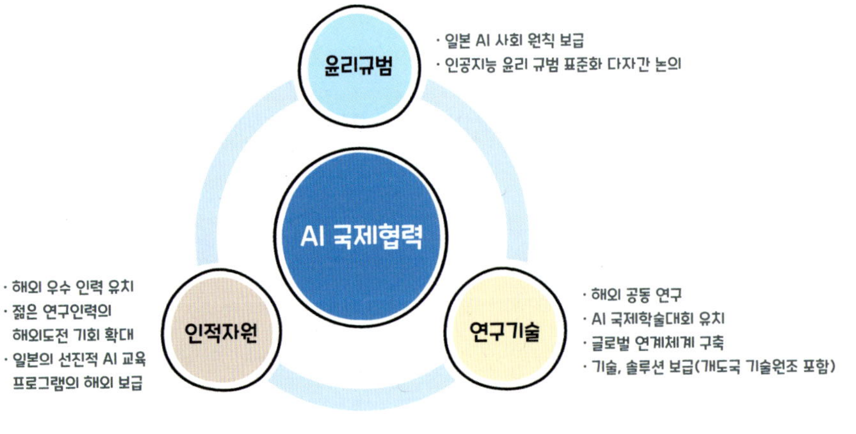

그림 3-24 일본의 AI 전략

대한민국

대한민국의 과학기술정보통신부와 정보통신정책연구원은 인공지능 시대에 맞는 바람직한 인공지능 개발 및 활용을 위한 '인공지능(AI) 윤리기준'을 마련했습니다. 이 기준은 정부, 공공기관, 기업, 이용자 등 모든 사회구성원이 인공지능 개발부터 활용에 이르기까지 전 단계에서 함께 지켜야 할 3대 기본 원칙과 10대 핵심 요건을 다룹니다.

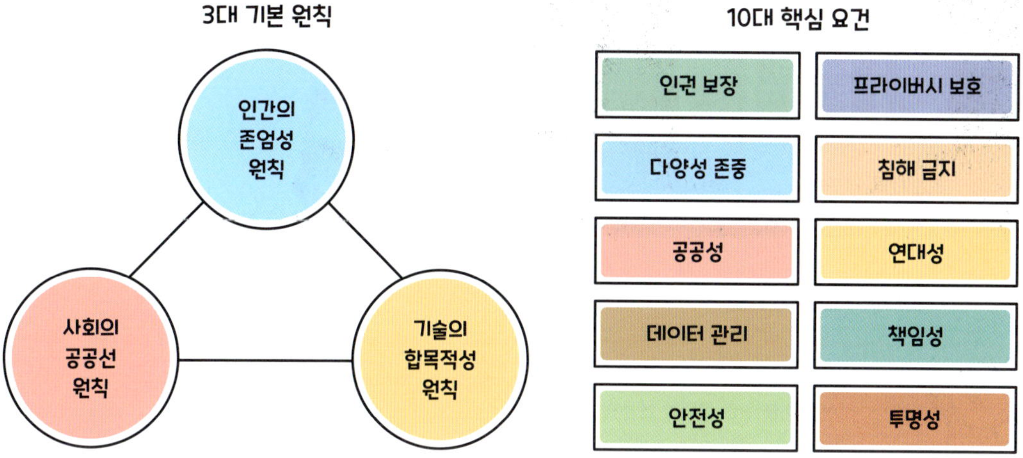

그림 3-25 대한민국의 '인공지능(AI) 윤리기준'

2 기업적 차원의 노력

마이크로소프트(Microsoft)는 공정성, 신뢰성과 안전성, 프라이버시와 보안, 포용성, 투명성, 책임감을 포함하는 '인공지능(AI)을 위한 책임감 있는 혁신'이라는 원칙을 발표했습니다. 이와 더불어 인공지능 모델의 편향을 식별하고 완화하기 위해 '페어런(Fairlearn)'이라는 도구를 공개하는 등 인공지능의 윤리적 측면을 강조하기 위해 앞장서고 있습니다. 구글(Google) 또한, 2018년 미국 국방부 무인항공기 프로젝트에 인공지능 기술을 제공하는 계약을 체결하면서 '인공지능(AI)을 책임 있게 사용하기 위한 원칙'을 발표했습니다.

(a) 마이크로소프트 AI

(b) 구글 AI

그림 3-26 마이크로소프트와 구글의 AI

IBM은 자체 개발한 인공지능 왓슨(Watson)과 일본 소프트뱅크와 합작하여 만든 인공지능 로봇 나오미(Naomi)를 보유하고 있을 정도로 인공지능에 대한 투자가 활발한 기업입니다. IBM은 2020년 3월, 마이크로소프트와 함께 로마 교황청이 제안한 'AI 윤리를 위한 로마콜'에 동참을 선언했습니다.

(a) 왓슨

(b) 나오미

그림 3-27 IBM에서 개발한 인공지능

'AI 윤리를 위한 로마콜'은 서문, 윤리, 교육, 권리 등 4개 부문으로 구성되어 있는데, '인공지능 발전은 기술이 아니라 사람에 초점을 두고 이루어져야 한다'라는 기본 골격을 가지고 있습니다.

애플(Apple)도 프라이버시 중심의 인공지능 개발에 노력을 기울이고 있습니다. 특히 2020년 iOS 14의 출시와 함께 '앱 추적 투명성(App Tracking Transparency, ATT)'과 같은 기능을 도입하였습니다. 이 기능은 광고 제공 또는 데이터 브로커와의 공유를 목적으로 앱이 다른 회사의 앱이나 웹사이트에서 사용자의 활동을 추적하도록 허용할지 사용자가 직접 선택할 수 있도록 해줍니다. 애플은 이외에도 다양한 기능을 통하여 사용자 데이터 보호에 대한 노력을 강화하고 있습니다.

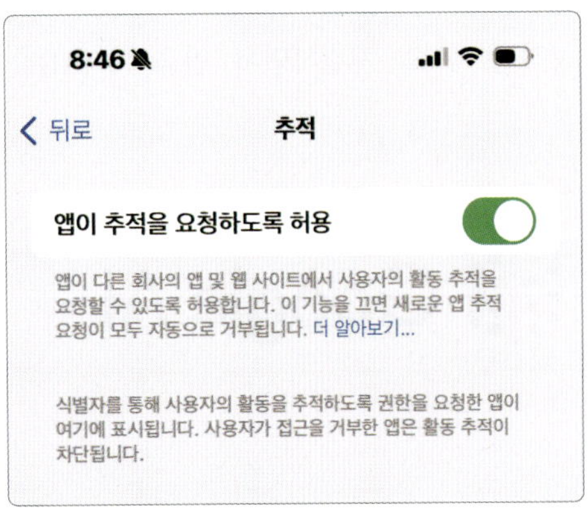

(a) '앱 추적 투명성' 허용 설정

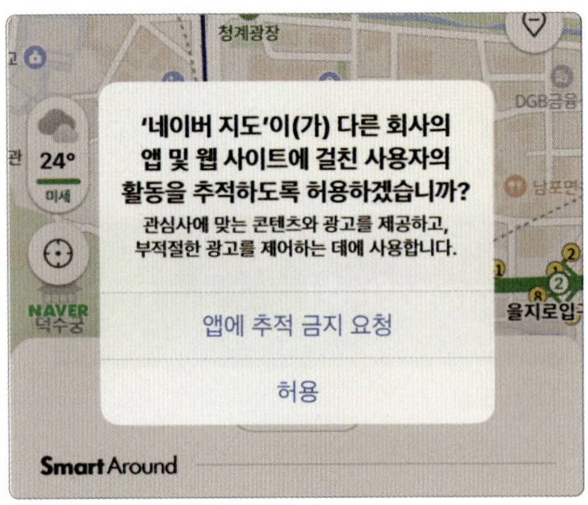

(b) '앱 추적 투명성' 허용 팝업

그림 3-28 애플의 '앱 추적 투명성' 기능

하나 더 알기 **카카오 알고리즘 윤리 헌장**

국내에서는 카카오(Kakao)가 2018년 1월 '알고리즘 윤리 헌장'을 발표한 후 이를 보완하는 작업을 진행 중입니다. 내용은 다음과 같습니다.

1. **카카오 알고리즘의 기본 원칙 :** 카카오는 알고리즘과 관련된 모든 노력을 우리 사회 윤리 안에서 다할 것이며, 이를 통해 인류의 편익과 행복을 추구한다.
2. **차별에 대한 경계 :** 알고리즘 결과에서 의도적인 사회적 차별이 일어나지 않도록 경계한다.
3. **학습 데이터 운영 :** 알고리즘에 입력되는 학습 데이터를 사회 윤리에 근거하여 수집·분석·활용한다.
4. **알고리즘의 독립성 :** 알고리즘이 누군가에 의해 자의적으로 훼손되거나 영향받는 일이 없도록 엄정하게 관리한다.
5. **알고리즘에 대한 설명 :** 이용자와의 신뢰 관계를 위해 기업 경쟁력을 훼손하지 않는 범위 내에서 알고리즘에 대해 성실하게 설명한다.
6. **기술의 포용성 :** 알고리즘 기반의 기술과 서비스가 우리 사회 전반을 포용할 수 있도록 노력한다.
7. **아동과 청소년에 대한 보호 :** 카카오는 아동과 청소년이 부적절한 정보와 위험에 노출되지 않도록 알고리즘 개발 및 서비스 디자인 단계부터 주의한다.

이와 같이 현재 각 국가 및 기업을 중심으로 인공지능 윤리 지침들이 쏟아져 나오고 있습니다. 이러한 이유로 인해 중구난방으로 작성된 가이드라인을 통합하여 일관된 가이드라인을 제시할 국제기구 설립도 중요합니다. 또한 인공지능이 인간에게 가져다줄 득과 실을 따지기에 앞서 인공지능을 사용하는 사람들의 윤리 교육에 대해서도 고민해야 할 것입니다.

LAB 당신의 윤리 의식은 어느 정도입니까? : 모럴 머신

인간의 개입 없이 자동차 스스로 운전하는 자율주행차(무인자동차)가 있다고 가정해 봅니다. 그런데 도로에 갑자기 나타난 고양이를 피하고자 자율주행차는 핸들을 틀었고, 자율주행차가 낭떠러지로 떨어집니다. 이 사고로 당신을 포함하여 자율주행차에 타고 있던 가족 4명이 사망했습니다. 과연 자율주행차는 올바른 선택을 했을까요? 이번 〈LAB〉을 진행하면서 여러분은 어떤 생각을 하게 되었는지 생각해 봅니다.

실습

01 웹사이트 검색창에 https://www.moralmachine.net/hl/kr을 입력하여 모럴 머신(MORAL MACHINE)에 접속하고, [시작하기]를 클릭합니다.

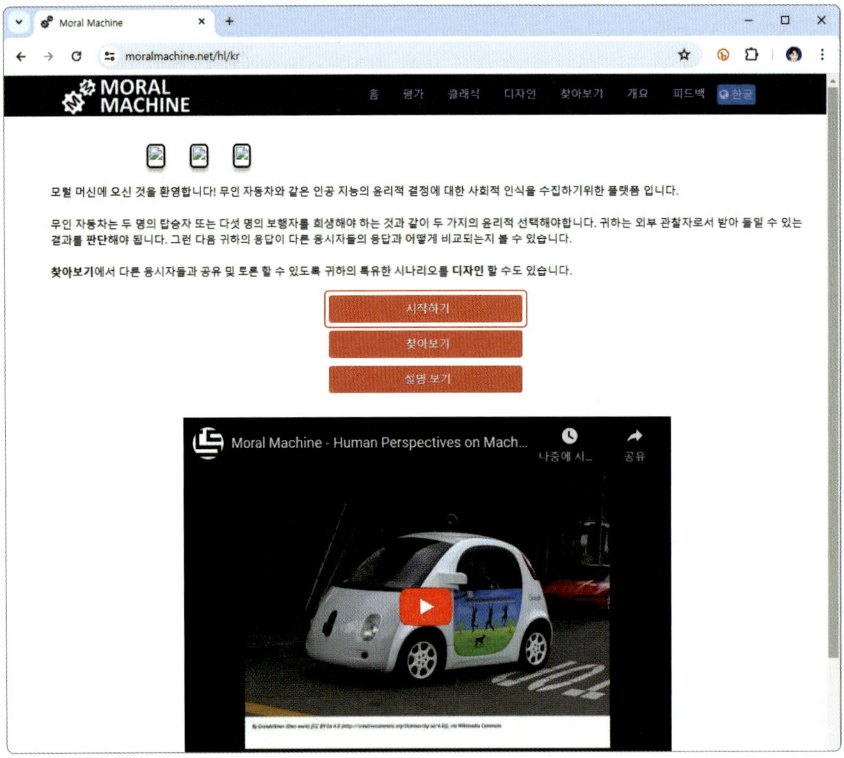

02 다음과 같은 상황에서 자율주행차(무인자동차)는 어떻게 행동해야 하는지 선택하는 화면이 나옵니다. 그림에 대한 설명이 필요하면 [요약 보기]를 클릭하세요.

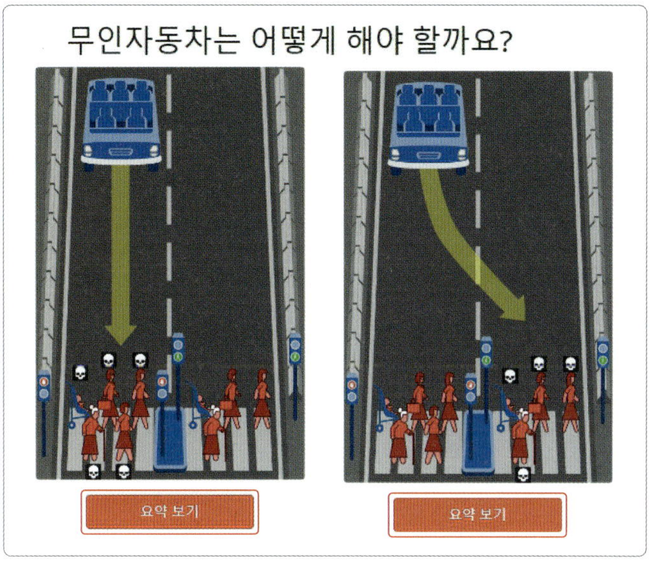

03 [요약 보기]를 클릭하면 다음과 같이 상황 설명이 나옵니다. 설명을 다 보았으면 [숨기기]를 누르고 자율주행차(무인자동차)가 어떻게 해야 하는지 자신의 생각을 선택하세요.

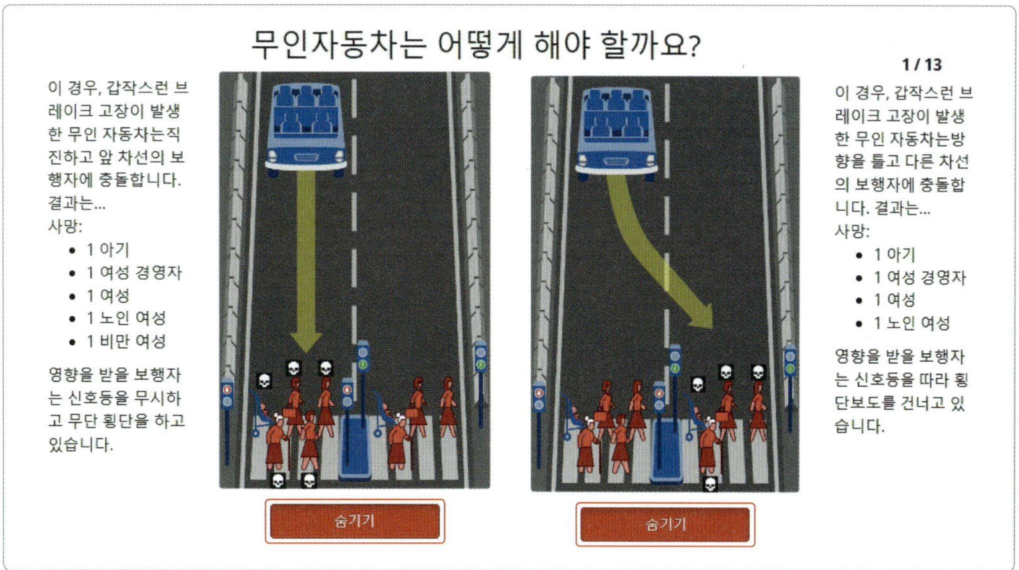

04 총 13가지 상황에 대한 선택이 끝나면 다음과 같은 결과를 보여줍니다.

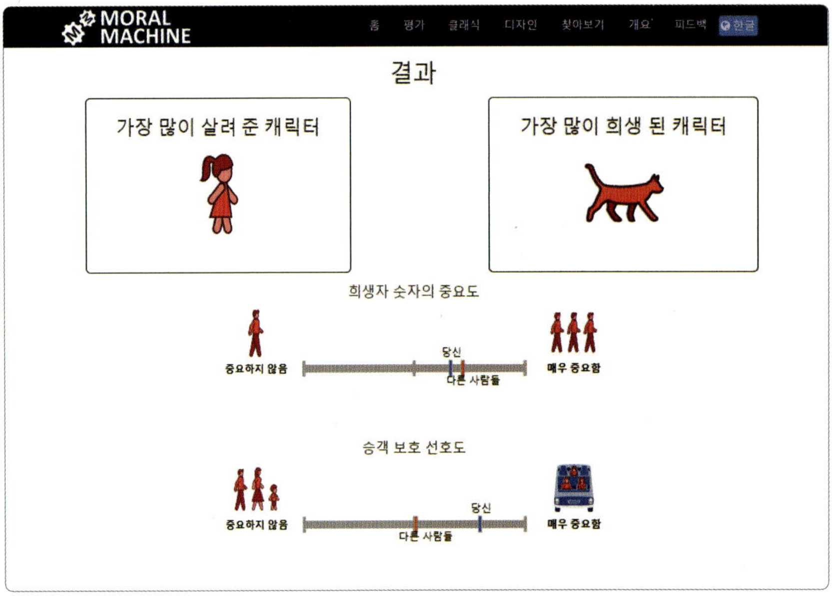

응용

01 토론 모럴 머신 웹사이트에서 테스트한 실행 결과에 대해 토론해 보세요.

02 토론 자동차에 자신과 가족들이 타고 있더라도 동일한 선택을 했을지에 대해 토론해 보세요.

요약

01 특이점이란 인공지능이 인간의 지능을 초월하는 시점을 말합니다.

02 '반(反)인공지능파'는 인공지능이 현재 속도로 성장하면 인간의 통제를 넘어설 것이라 주장하며, 사회적 불평등 가속화와 통제 불가능성에 대해 우려하고 있습니다.

03 '친(親)인공지능파'는 인공지능에 대한 우려 역시 신기술이 나타날 때 겪는 성장통의 일종으로 봐야 한다고 주장하며, 생산의 효율성, 노동으로부터의 해방, 인공지능 통제 가능성 등의 이유로 인공지능 기술을 지지합니다.

04 어떤 윤리관에 입각한 데이터를 인공지능에 주입할 것인지는 결국 인간의 몫이라고 할 수 있습니다.

05 트롤리 딜레마는 윤리학 분야의 사고실험 중 하나로, 다섯 사람을 구하기 위해 한 사람을 죽이는 것이 도덕적으로 허용 가능한지에 대한 질문입니다. 트롤리 딜레마 관련 대표 사례는 트롤리 사례와 육교 사례가 있습니다.

06 아실로마 인공지능 원칙이란 인공지능 개발의 목적, 윤리, 가치 등에 대해 개발자들이 지켜야 하는 23가지 준칙입니다.

07 로봇 3원칙이란 로봇이 반드시 따라야 할 3원칙으로, 원칙을 처음 제안한 아이작 아시모프 작가는 이 원칙들만 잘 지켜진다면 로봇이 인간에게 위협이 될 일은 없을 것이라고 생각하였습니다.

08 인공지능의 급격한 발전과 함께 국가와 기업별로 인공지능에 윤리를 적용하는 방안에 대한 논의가 활발하게 이루어지고 있습니다.

연습문제

단답형 문제

01 1999년에 개봉한 영화 (   )에서 인공지능 컴퓨터들은 인류를 정복하여 자신들에게 에너지를 공급하는 노예로 만듭니다.

02 대표적인 반인공지능파인 토론토 대학교의 (   ) 교수는 인공지능의 위험성을 경고하기 위해 구글 석학 연구원직을 그만두었습니다.

03 대표적인 친인공지능파인 구글 엔지니어링 (   ) 이사는 〈타임(Time)〉의 기고문에서 "인공지능을 두려워할 필요가 없다!"고 단언했습니다.

04 (   )란(이란) 인공지능이 이상반응을 보일 때 외부에서 강제로 종료시키는 것을 말합니다.

05 스캐터랩에서 개발한 인공지능 챗봇 (   )의 학습 능력을 악용해 일부 사용자들이 부적절한 단어들을 주입시키면서 서비스 시작 20일 만에 서비스를 중단했습니다.

06 (   )은(는) 인공지능 개발의 목적, 윤리, 가치 등에 대해 개발자들이 지켜야 하는 23가지 준칙입니다.

07 로봇 3원칙 중 (   )은(는) '로봇은 인간에게 해를 입혀서는 안 되고, 위험에 처한 인간을 방치해서도 안 된다.'입니다.

08 마이크로소프트는 인공지능 모델의 편향을 식별하고 완화하기 위해 (   )라는(이라는) 도구를 공개하였습니다.

09 애플(Apple)에서 공개한 (   )은(는) 광고 제공 또는 데이터 브로커와의 공유를 목적으로 앱이 다른 회사의 앱이나 웹사이트에서 사용자의 활동을 추적하도록 허용할지 사용자가 직접 선택할 수 있도록 해 줍니다.

객관식 문제

10 다음 설명을 읽고 무엇에 대한 설명인지 고르시오.

> **이것**은(는) 인공지능이 인간의 지능을 초월하는 시점을 뜻합니다. 사람이 기술의 발전을 따라잡을 수 없는 시기로, 물리학이나 수학 등의 분야에서 주로 사용하는 용어입니다.

① 특이점 ② 변곡점 ③ 인공점
④ 꼭지점 ⑤ 활용점

11 다음 중 반인공지능파가 아닌 인물을 고르시오.

① 일론 머스크 ② 빌 게이츠 ③ 제프리 힌턴
④ 스티븐 호킹 ⑤ 레이 커즈와일

12 친인공지능파가 인공지능에 대해 기대하는 점으로 알맞은 것을 모두 고르시오.

① 전쟁의 소멸 ② 사회적 평등 현실화 ③ 도시화 해체
④ 생산의 효율성 증대 ⑤ 노동으로부터의 해방

13 구글의 이미지 인식이 흑인 여성을 고릴라로 인식한 사례와 같이 인공지능 윤리가 무너지고 있는 원인을 모두 고르시오.

① 알고리즘의 불완전성 ② 잘못된 학습 ③ 인간 기술 한계
④ 데이터의 부족 ⑤ 컴퓨터 시스템 오류

14 MIT 미디어랩이 2018년 발표한 자료에 따라, 인공지능이 백인 남성의 얼굴을 인식하는 과정에서 오류를 일으킬 확률은 최대 몇 %라고 알려져 있는가?

① 1% ② 5% ③ 15%
④ 25% ⑤ 35%

15 아실로마 인공지능 원칙 중 연구 관련 쟁점이 맞는 것을 모두 고르시오.

① 연구 목표 ② 사법적 투명성 ③ 책임성
④ 과학정책 연계 ⑤ 인간의 가치

16 아실로마 인공지능 원칙 중 장기적 이슈에 해당하지 않는 것을 모두 고르시오.

① 역량 경고　② 자기개선 순환　③ 안전
④ 경쟁 회피　⑤ 공동의 선

17 로봇 3원칙 중 제3원칙에 해당하는 것은?

① 로봇은 인간에게 해를 입혀서는 안 되고, 위험에 처한 인간을 방치해서도 안 된다.
② 로봇은 전쟁이 발생하면 무조건 참전해야 한다.
③ 제1원칙과 제2원칙을 어기지 않는 한 로봇은 로봇 자신을 지켜야 한다.
④ 로봇은 로봇 자신을 지키지 않아도 된다.
⑤ 로봇은 인간의 명령에 복종해야 한다.

18 미국의 '인공지능에 대한 핵심 원칙'에 해당하지 않는 것은?

① 책임성　② 형평성　③ 추적성
④ 진취성　⑤ 통제성

19 중국의 '차세대 인공지능 윤리규범'에서 제시된 윤리적 요구사항 중 다음 내용에 해당하는 것을 고르시오.

- 인간 공동의 가치관을 준수
- 인권의 근본적인 이익 요구 존중

① 인간복지 증진　② 공평 · 공정 촉진　③ 프라이버시 보안
④ 제어 · 신뢰성 확보　⑤ 책임 담당 강화

20 대한민국의 '인공지능 윤리기준' 중 3대 기본 원칙에 해당하는 것을 모두 고르시오.

① 인간의 존엄성 원칙　② 자유시장 원칙　③ 사회의 공공선 원칙
④ 기술의 합목적성 원칙　⑤ 권력남용 금지 원칙

21 대한민국의 '인공지능 윤리기준' 중 10대 핵심 요건에 해당하지 않는 것을 고르시오.

① 연대성　② 공공성　③ 책임성
④ 근면성　⑤ 안전성

토론과제

01 인공지능과 윤리적 딜레마에서 자주 언급되는 것이 트롤리 사례입니다. 인공지능에 윤리를 적용할 때 공리주의에 입각한 설계가 옳은 것인지 토론해 봅니다.

02 한국은 인공지능 기술뿐만 아니라 인공지능 윤리에 대한 가이드라인 정립도 다른 나라에 비해 늦은 편입니다. 인공지능 발전에 가장 큰 걸림돌이 되는 것은 무엇이며, 이것에 대한 해결책은 어떤 것이 있는지 토론해 봅니다.

03 미국의 미래학자인 레이 커즈와일(Ray Kurzweil)은 2005년에 출간한 『특이점이 온다(The Singularity is Near)』에서 '강인공지능은 2029년, 초인공지능은 2045년에 등장할 것'으로 예측했습니다. 생성형AI의 등장은 특이점을 예정보다 앞당겼을까요? 우리 주위에 어떤 현상들이 발생할 때 특이점이 왔다고 이야기할 수 있을지 토론해 봅니다.

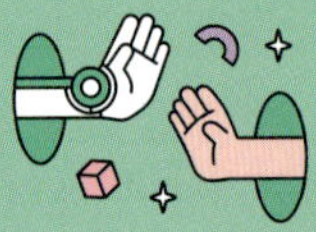

CHAPTER 04

인공지능의 신뢰성

학습목표

- 인공지능의 결과에 대한 신뢰성 문제가 왜 발생하는지 설명할 수 있습니다.
- 인공지능 블랙박스의 개념을 이해하고 설명할 수 있습니다.
- 인공지능 블랙박스 문제를 해결할 수 있는 설명가능 인공지능에 대해 이해하고 개념을 설명할 수 있습니다.
- 생성형 AI의 신뢰성에 대해 설명할 수 있습니다.

Preview

인공지능에 대한 관심이 높아지면서 산업 전반에 인공지능을 적용하려는 움직임이 활발합니다. 하지만 '인공지능 블랙박스' 문제가 제기되면서 인공지능은 그 결과에 대한 신뢰성 문제로 도전을 받고 있습니다. 인공지능은 스스로 학습하는 과정을 거쳐 결과를 내놓는데, 그 학습 과정이 인간이 알 수 없는 영역이라 하여 블랙박스라는 이름이 붙여졌습니다. 따라서 최근에는 인공지능 블랙박스 이슈를 해결하기 위한 설명가능 인공지능 연구들이 진행되고 있습니다. '설명가능 인공지능'은 인공지능의 판단에 '왜'라는 근거를 제시할 수 있는 기술로, 이 기술이 인공지능 블랙박스 문제를 해결할 경우 모든 산업에 인공지능이 범용적으로 적용될 수 있습니다. 추가적으로 할루시네이션과 책임 있는 AI를 살펴보면서 생성형 AI의 신뢰성에 대해서도 알아봅니다. 이번 장에서는 인공지능의 신뢰성 문제들에 대해 자세히 살펴봅니다.

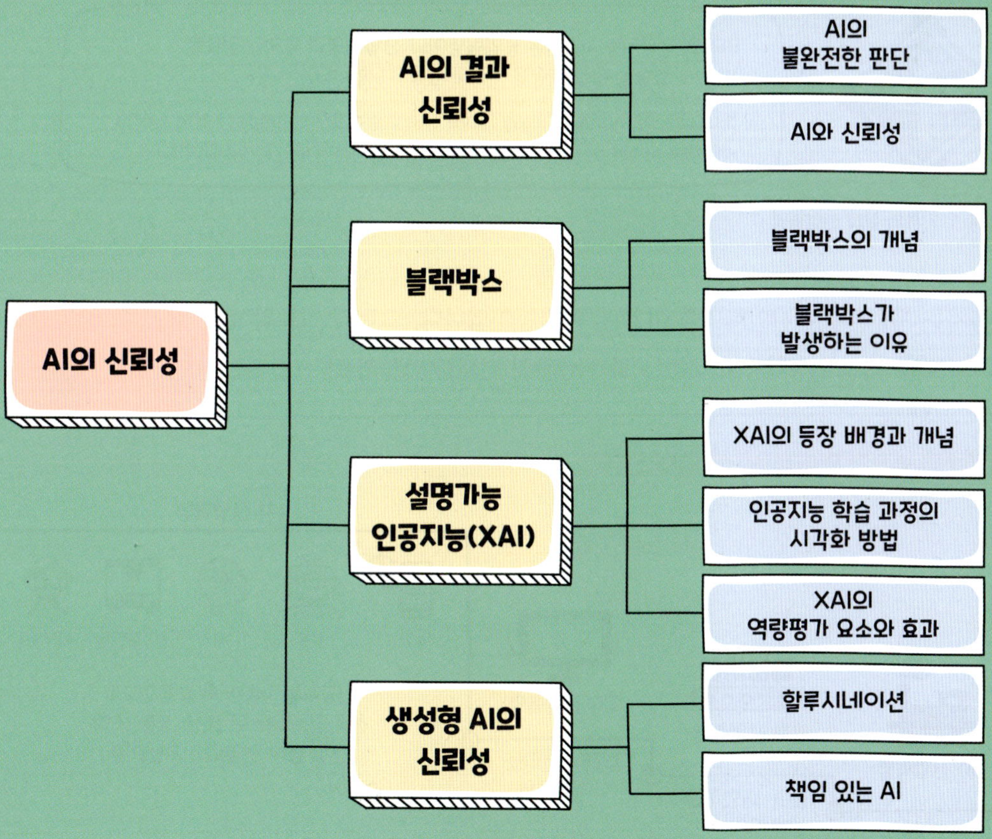

Section 01

인공지능이 내린 결과에 대한 신뢰성

미국의 전기전자학회인 IEEE(Institute of Electrical and Electronics Engineers)는 인공지능과 자율시스템의 윤리적·사회적 이슈를 논의하기 위한 보고서 〈윤리적 설계(Ethically Aligned Design)〉에서 인공지능이 가져올 변화를 [그림 4-1]과 같이 기술하였습니다.

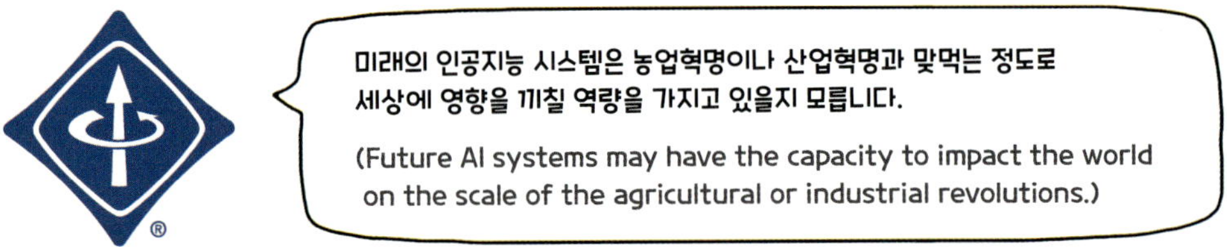

그림 4-1 인류의 삶과 산업혁명

인공지능 기술은 4차 산업혁명을 이끄는 핵심 동인입니다. 그런데 인류의 삶을 바꿀 수 있을 정도의 파괴력을 가진 인공지능이 내놓는 결과는 과연 신뢰할 만할까요?

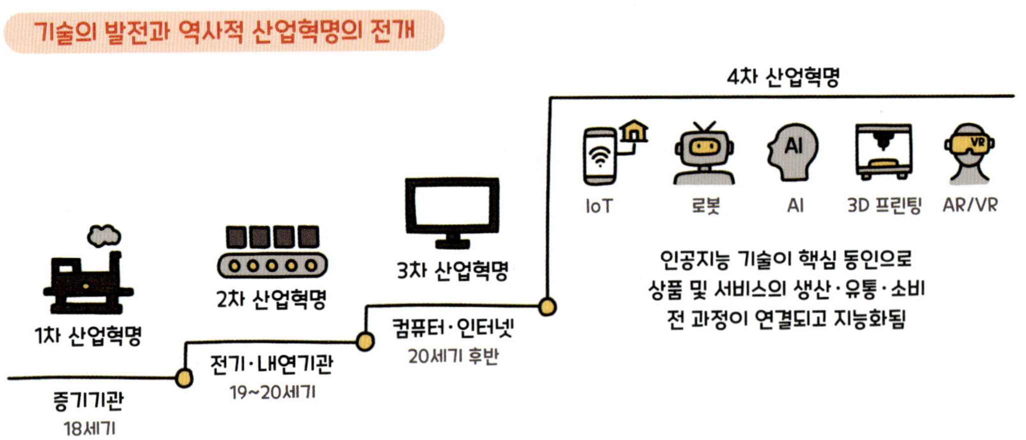

그림 4-2 산업혁명 진행 단계

1 인공지능의 불완전한 판단

인공지능의 불완전한 판단으로 인해 세계 곳곳에서 사건 · 사고가 발생하고 있습니다. 특히 재미있는 에피소드로, 스코틀랜드 축구 경기에서 인공지능 카메라가 민머리인 심판을 축구공으로 오인하여 축구공이 아닌 심판만 계속 쫓아다닌 사건도 있었습니다.

그림 4-3 **인공지능 카메라가 민머리 심판을 축구공으로 인식한 사건**

자율주행차 사례

최근에는 많은 기업이 인공지능을 이용한 자율주행차를 선보이고 있는데, 그만큼 사건 · 사고 사례도 늘고 있습니다.

한 예로, 미국의 공유차량업체인 우버(Uber)가 시험운행 중이던 자율주행차에 자전거 이용자가 치여 숨지는 사건이 발생했습니다. 이는 자율주행차 관련 첫 번째 사망사고였습니다. 사고 직후 애리조나 주 정부는 우버의 자율주행차 테스트 허가를 취소했고, 우버는 9개월간 미국 일부 지역에서 진행하던 자율주행차 시험운행을 전면 중단해야 했습니다. 미국 검찰은 사고 발생일로부터 1년이 지난 후에야 우버에 형사상 책임 근거가 없다고 결론 내렸습니다.

그림 4-4 **우버의 자율주행차 관련 사고**

또한 미국 캘리포니아 주에서는 테슬라의 자율주행차가 도로에서 이탈해 운전자가 사망하는 사고도 발생했습니다.

그림 4-5 **테슬라의 자율주행차 관련 사고**

이처럼 최근 수년 사이에 인공지능 기술이 비약적으로 발전하면서 자율주행차의 시범운행이 활발히 진행되자 추돌사고와 사망사고 기사가 늘기 시작했습니다. 자연스레 우리는 자율주행차에 대한 의구심을 갖게 됩니다. 인공지능이 탑재된 자율주행차는 과연 안전할까요?

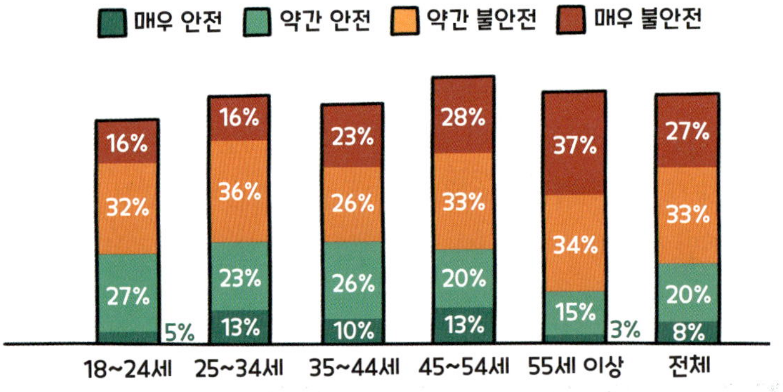

그림 4-6 **연령대별 자율주행차에 대한 안전 인식률**

의료 인공지능 사례

인공지능을 의료에 접목했을 때 발생할 수 있는 상황도 한번 살펴보겠습니다. 대표적인 의료 접목 인공지능은 IBM에서 개발한 왓슨(Watson)입니다. 가장 뛰어난 의료 인공지능인 IBM 왓슨은 인도 마니팔 병원에서 85% 일치율로 직장암을 판단합니다. 그런데 모든 암에 대해 동일한 확률을 보이느냐 하면 그렇지 않습니다. 왓슨의 폐암 진단율은 17.8%에 불과합니다. 또한 유방암의 경우 비전이성은 80% 일치하지만, 전이성은 45%만 일치하는 데 그쳤습니다. 이 수치 자체도 인종별로 차이가 있어 왓슨의 신뢰성에 문제가 제기되었습니다. 결국 IBM은 왓슨의 암 치료 프로젝트와 신약 개발을 위한 인공지능 플랫폼을 중단하거나 축소했습니다.

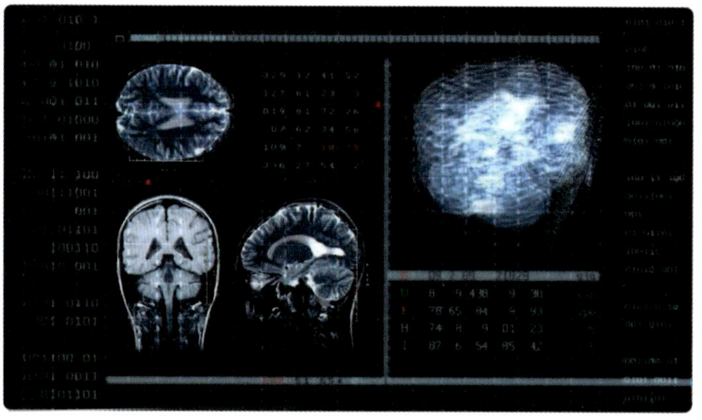

그림 4-7 **의료 인공지능 왓슨의 낮은 암 진단 일치율**

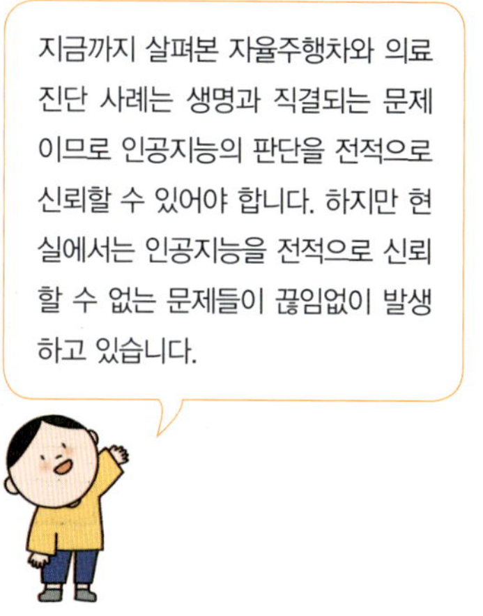

2 인공지능과 신뢰성

그럼 이제 인공지능 신뢰성 문제를 짚어보겠습니다. 인공지능이 내놓은 결과는 인간이 신뢰할 수 있어야 한다는 것에 대부분 공감할 것입니다. 인공지능의 판단에 대한 신뢰성 문제 제기는 인공지능의 학습 방법에서부터 시작됩니다. 인공지능은 사람이 구현한 프로그램에 의해 동작하지 않고 두 단계를 거쳐 스스로 학습하기 때문입니다. 우선 주어진 대용량의 데이터를 학습하여 모델을 만듭니다. 이때 모델이란 일종의 프로그램으로 생각하면 됩니다. 기존에는 사람에 의해 프로그램이 만들어졌다면 인공지능으로 구현된 프로그램은 인공지능 스스로 학습하여 만듭니다. 모델이 만들어진 이후에는 또 다른 신규 데이터를 모델에 투입하여 인사이트(예측 및 분류)를 도출합니다.

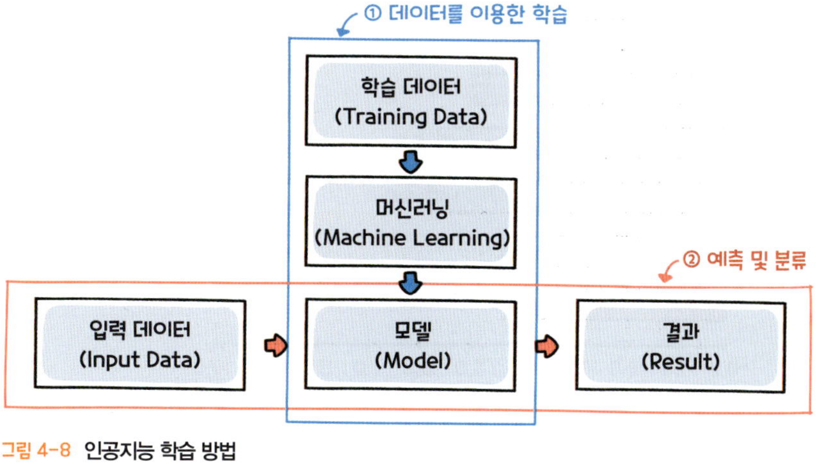

그림 4-8 **인공지능 학습 방법**

만약 이렇게 만들어진 모델의 정확도가 100%였다면 결과에 대한 의구심을 가질 필요가 없었을 것입니다. 하지만 인공지능이 인간의 생명과 직결되는 법률, 의료 및 자동차 등의 분야에 적용된 후 크고 작은 잘못된 판단들을 내놓으면서, 인공지능을 전적으로 믿을 수 있는지에 대한 의구심이 증폭되고 있습니다.

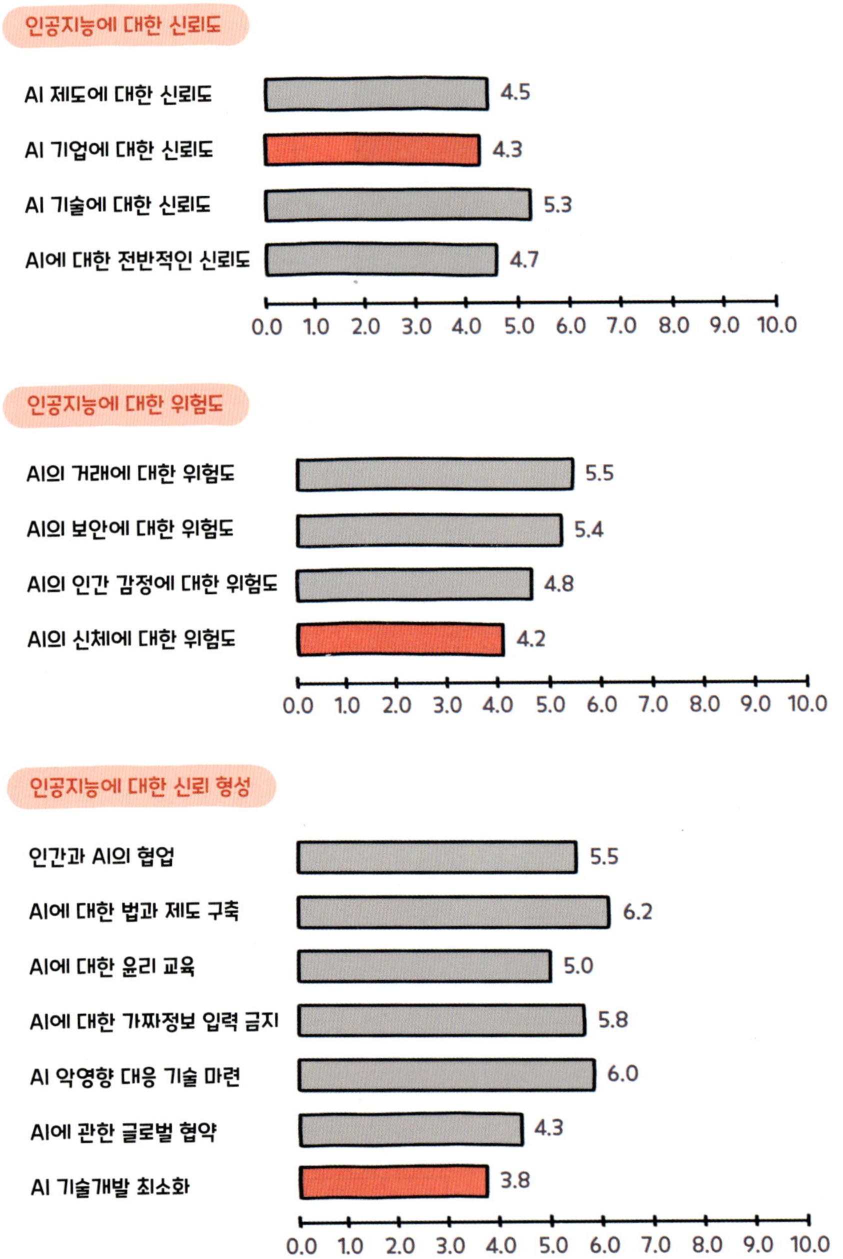

그림 4-9 국내 인공지능 신뢰도 인식 수준

Section 02 인공지능에서의 블랙박스

1 블랙박스의 개념

인공지능에서 말하는 블랙박스란 무엇일까요? 물음에 답하기에 앞서, 인간이 사물을 인식하는 방법을 알아봅니다. 인간은 사물의 외부 형태를 먼저 인식하고 그 내부의 형태나 특징을 알아갑니다. 바꾸어 말하면 인간은 단순히 외부의 윤곽과 표면 정보에 대한 것들을 합쳐 사물을 인식하므로, 인간이 인식하는 많은 것들이 실제 형태보다 정확하지 않을 수 있습니다.

그림 4-10 인간의 고양이 인식

인공지능이 사물을 인식하는 방식도 인간과 크게 다르지 않습니다. 인공지능도 결국 인간의 신경망을 모방한 것이기 때문입니다. 그렇다면 인공지능이 내놓은 결과라는 것도 인간처럼 어떻게 또는 무엇을 근거로 그러한 결과가 나왔는지 정확하게 알 수 없는 것은 아닐까요? 인간이 어떤 사물을 '고양이'라고 인식할 때 어떤 과정(사물을 인식하는 뇌의 복잡한 과정)을 거쳤는지 설명할 수 없는 것처럼 말입니다.

블랙박스(Black Box)란 이처럼 인공지능 시스템이 내놓은 판단이나 결정의 과정 또는 방법에 대해 적절한 설명을 할 수 없는 상태를 말합니다. 인공지능은 매우 복잡해서 전문가조차 이해하기 어렵다는, 이른바 블랙박스 문제가 발생합니다. 인공지능 기술이 발전할수록 수많은 매개변수를 가진 복잡한 모델이 스스로 학습하기 때문에 어떤 판단이 왜 그렇게 내려졌는지 모르는 경우가 많아지고 있습니다.

그림 4-11 인공지능 블랙박스 문제

2 블랙박스가 발생하는 이유

많은 사람들이 인공지능에 대해 오해하고 있는 부분이 인공지능을 사용하면 절대적인 해답을 찾을 수 있다고 생각하는 것입니다. 하지만 인공지능의 핵심적인 역할은 정답 찾기보다 '어떻게 원하는 결과를 도출하는지에 대한 프로그램(규칙)을 찾는 것'이라고 이전에 설명하였습니다. 즉, 많은 데이터를 이용한 학습을 통해 프로그램을 찾기 때문에 주어진 데이터의 불완전성과 불확실한 데이터 학습 과정에서 다양한 문제가 발생할 수 있으며, 이러한 문제들이 블랙박스가 발생하는 이유입니다.

주어진 데이터의 불완전성

인공지능이 학습하는 데이터는 인간으로부터 기인하기 때문에 인공지능은 객관적이지 않습니다. 데이터 원료 자체에 편향이 개입되므로 인공지능이 편향을 가지는 것은 불가피합니다. 만약 사용자들이 잘못된 데이터를 인공지능에 주입하면 결국 인공지능은 잘못된 판단을 하게 됩니다. 즉, 편향되고 정확하지 않은 데이터에 기초하여 구축된 인공지능 프로그램은 인간의 안전을 위협하고 법적으로 올바르지 않은 결과를 초래할 수도 있습니다. 또한 범죄 및 전쟁을 위한 무기와 같은 도구를 사용될 때에는 심각한 위험을 불러일으킬 수도 있습니다.

그림 4-12 데이터의 편향에 따른 인공지능의 학습 결과 차이

불확실한 데이터 학습 과정

불확실한 학습이란 불완전한 학습을 의미하는 것이 아닙니다. 단지 인공지능의 학습 과정을 인간이 이해할 수 없다는 뜻입니다. 지금까지 프로그램은 인간이 설계한 방식대로 동작했습니다. 즉, 인간이 특정한 상황에서 특정한 정답을 도출하기 위한 프로그램을 작성하였기 때문에 그 과정에 대한 부연 설명을 할 필요가 없었습니다. 하지만 인공지능은 인간의 뇌 구조를 모방한 신경망을 이용하여 스스로 학습합니다. 인공지능의 신경망은 인간의 뉴런과 같이 서로 복잡하게 연결된 수백 개의 계층에서 수백만 개의 매개변수들이 상호작용하는 구조로, 사람이 인지하는 것이 사실상 불가능합니다. 이는 곧, 인공지능의 학습이 블랙박스로 만들어졌다는 것을 의미합니다. 인공지능의 결과와 효율성은 탁월해졌지만 알고리즘은 더 불투명해진 상태에서 인간의 인지 영역을 넘어선 단계까지 이르렀습니다.

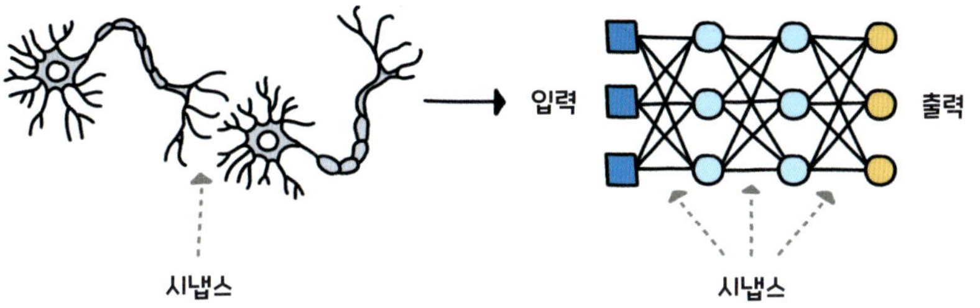

그림 4-13 인간의 뇌 구조를 모방한 인공지능의 신경망

하나 더 알기 **인공신경망 기반 연구의 잘못된 판단 사례**

미국의 피츠버그 대학병원은 10~11%에 이르는 폐렴 환자 사망률을 낮추기 위해 인공신경망 기반 연구를 진행했는데, 연구 결과 천식 증상이 나타나면 폐렴이 호전된다는 이상한 결론이 나왔습니다. 이러한 결론이 도출된 배경은 폐렴 환자에게 천식이 나타나면 위중해지므로, 이를 대비해 천식 환자에게 폐렴을 대비한 집중진료를 했기 때문입니다. 즉, 인과관계를 고려하지 않은 상태에서 결과에만 의존해 내려진 결론입니다. 이와 같이 투자, 의학적 판단, 군사적 결정에서 인공지능이 아무리 효율적이라고 해도 판단의 근거를 설명할 수 없다면 현장에서 사용되기 어렵습니다.

그렇다면 인공지능 블랙박스는 왜 해결해야 하는 문제일까요? 그 이유는 인공지능 블랙박스가 인간의 기본권을 침해할 가능성이 있기 때문입니다. 인공지능 블랙박스가 어떻게 인간의 기본권을 침해하는지 예를 들어보겠습니다. 2016년, 미국 위스콘신 주 법원이 범죄자의 재범 가능성을 예측하는 알고리즘 콤파스(COMPAS)에서 산출된 자료에 기초하여 형을 선고하는 것은 문제가 되지 않는다는 판결을 내렸습니다. 즉, 인공지능 결과에 대해 전적인 신뢰 입장을 보인 것입니다. 하지만 미국의 비영리 탐사보도 매체인 프로퍼블리카는 이 판결에 이의를 제기하며 콤파스를 이용한 실험을 진행했습니다. 그 결과 콤파스는 출소 후 2년 동안 다시 범죄를 저지르지 않은 범죄자를 대상으

로 재범 가능성이 있는지 묻는 질문에 흑인 범죄자의 재범률을 백인 범죄자보다 2배 가까이 높게 예측했습니다. 이와 같이 인공지능에 의한 판단은 차별이나 편견이 개입될 경우 잘못된 판결을 내릴 수 있어 인간의 기본권을 침해할 소지가 있습니다. [그림 4-14]는 절도와 마약 소지 등의 이력이 있던 백인보다 범죄 이력이 적은 흑인이 더 위험하다고 판단한 콤파스의 편향 사례입니다.

주요 범죄	1건의 강도	1건의 체포 불응
기타 범죄	3건의 마약 소지	없음
콤파스 판단		

그림 4-14 콤파스 알고리즘의 잘못된 판단

인공지능이 잘못된 판단을 내렸을 때 어떠한 근거로 그러한 판단을 내렸는지 이유를 아는 것은 알고리즘을 개선하기 위한 방법일 수도 있지만, 기본권을 침해당한 인간의 권리이기도 합니다. 이런 상황에 대응하기 위해 유럽연합은 2018년 5월 25일부터 시행되는 개인정보보호 규정인 GDPR(General Data Protection Regulation) 전문에서 유럽연합 시민은 법적효력을 초래하거나 이와 유사하게 중대한 영향을 미치는 사항에 대해 프로파일링 등 자동화된 처리의 적용을 받지 않을 권리를 갖는다고 규정하고 있습니다. 특히, 정보주체의 권리 측면에서 자동화된 결정 및 프로파일링의 결과에 대해 개인은 그 결정에 적용을 받지 않거나 반대할 수 있는 권리를 명문화했습니다.

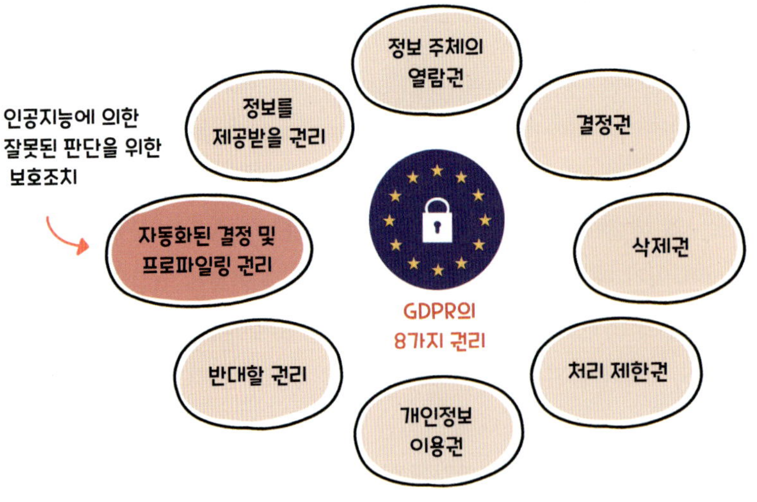

그림 4-15 유럽연합(EU)의 GDPR

인공지능의 판단 과정을 이해할 수 없다면 알고리즘에 오류가 있는지, 어떤 의도로 그러한 판단을 내렸는지 알 수 없습니다. 현실적으로 정확성은 떨어지더라도 그 과정을 설명할 수 있는 방식이 필요합니다. 즉, 인공지능의 판단을 신뢰할 수 있을 만큼 결과가 정확해야만 의료, 법률, 국방 등 다양한 분야에서 활용도가 높아질 것입니다.

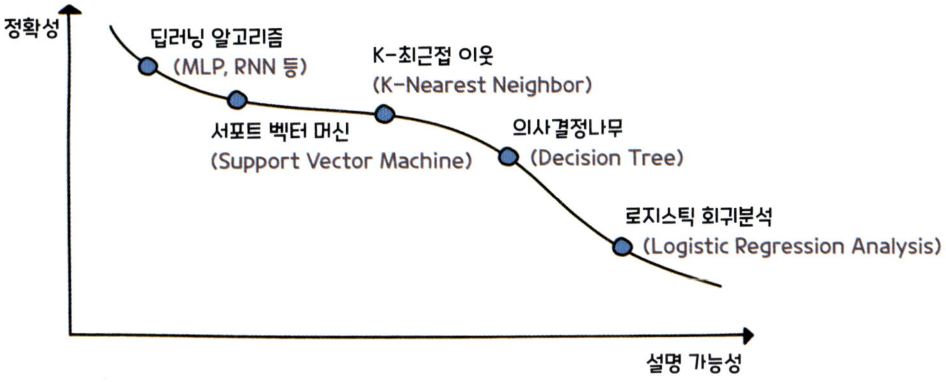

그림 4-16 인공지능의 설명 가능성과 정확성의 관계 : 트레이드 오프

트레이드 오프(Trade Off)란 하나를 얻기 위해서는 다른 하나를 희생해야 하는 관계를 의미합니다.

Section 03 설명가능 인공지능의 등장

1 설명가능 인공지능의 등장 배경

SF영화 《채피(Chappie)》에서 배우 휴 잭맨이 연기한 주인공 빈센트는 '인공지능의 문제는 예측이 불가능하다는 점'이라고 지적합니다. 실제로 인공지능 알파고가 이세돌 9단과의 대국에서 바둑돌을 왜 특정한 위치에 두었는지는 우리도 그 이유를 알 수 없습니다. 인공지능은 이미 인간의 연산 및 추론 능력을 뛰어넘었기 때문에, 인공지능이 어떻게 연산하고 왜 그런 결과를 내놨는지는 블랙박스(Black Box)에 남아 있습니다. 인공신경망은 복잡성을 활용해 뛰어난 예측을 하지만, 주어진 데이터가 편향된 경우 인공지능이 내놓은 결과는 신뢰할 수 없습니다. 따라서 인공지능을 사용할 때에는 인공지능이 어떻게 작동하는지 깊이 있게 이해할 수 있도록 신중을 기해야 합니다.

그림 4-17 **영화 《채피》: "인공지능의 문제는 예측이 불가능하다는 점입니다."**

[그림 4-18]은 인공지능으로 구현된 프로그램에 '나무늘보' 그림을 '레이싱카'라고 학습시킨 결과, 실제로 '나무늘보'를 '레이싱카'로 잘못 판단한 사례입니다.

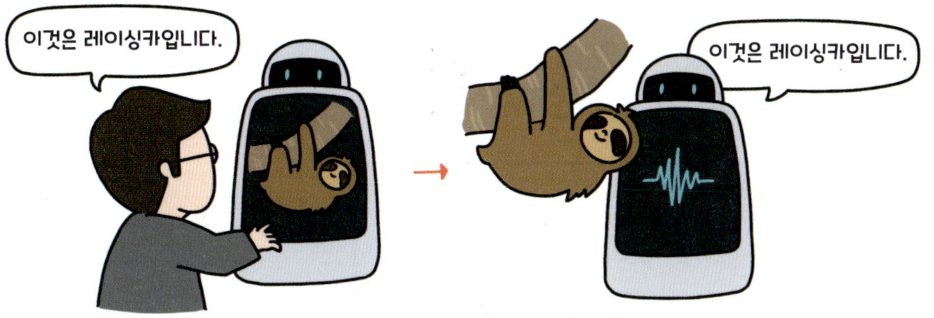

그림 4-18 **잘못된 데이터를 학습한 인공지능의 판단**

[그림 4-19]는 '정지(Stop)' 표지판을 보면 멈추는 자율주행차가 노이즈 데이터가 추가된 '정지' 표지판을 보고는 '최고속도 45(Speed Limit 45)'로 잘못 판단한 사례입니다.

그림 4-19 **노이즈 데이터를 잘못 인식한 인공지능**

이러한 오류를 수정하려면 인공지능이 결과를 판단하는 근거 및 이유를 알아야 합니다. 왜 '나무늘보'를 '레이싱카'로 인식했는지, 노이즈 데이터가 있는 '정지' 표지판을 '최고속도 45'로 인식했는지 근거를 찾아야 합니다. 다행히 현재는 인공지능이 내놓은 결과에 대한 설명을 연구하는 '설명가능 인공지능' 연구가 활발히 진행되고 있습니다. 설명가능 인공지능이 자신의 의사결정 결과에 대해 설명함으로써 사용자는 '인공지능이 이런 결정을 내린 이유는?', '인공지능이 내린 의사결정이 왜 성공 또는 실패인가? 또한 그 이유는 무엇인가?'에 대한 답을 확인할 수 있게 될 것입니다.

2 설명가능 인공지능의 개념

설명가능 인공지능(XAI, eXplainable Artificial Intelligence)은 사용자가 인공지능 시스템의 동작과 최종 결과를 이해하고 올바르게 해석하도록 결과물이 생성되는 과정을 설명해 주는 기술입니다. 즉, 인공지능의 행위와 판단을 사람이 이해하는 형태로 설명할 수 있는 인공지능입니다.

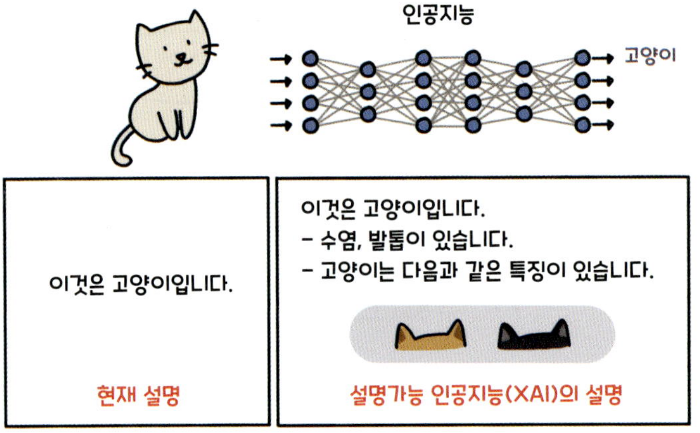

그림 4-20 **설명가능 인공지능의 설명 방법**

설명가능 인공지능을 현재의 인공지능과 비교해 보겠습니다. 현재의 인공지능은 학습용 데이터를 학습 모델에 투입하여 분석한 후 그 결과를 이용자에게 전달합니다. 이때 학습 영역에서는 확률값을 계산한 후 이용자에게 전달하는데, [그림 4-21]은 객체(고양이) 분석 확률이 93%이기 때문에 '고양이'임을 사용자에게 제시하고 있습니다. 그러나 이 과정에서 사람은 왜 인공지능이 이런 결과를 도출했는지에 대한 근거를 알 수 없으므로, 만약 '고양이'를 '강아지'로 판단했어도 오류에 대한 원인 파악이 불가능합니다.

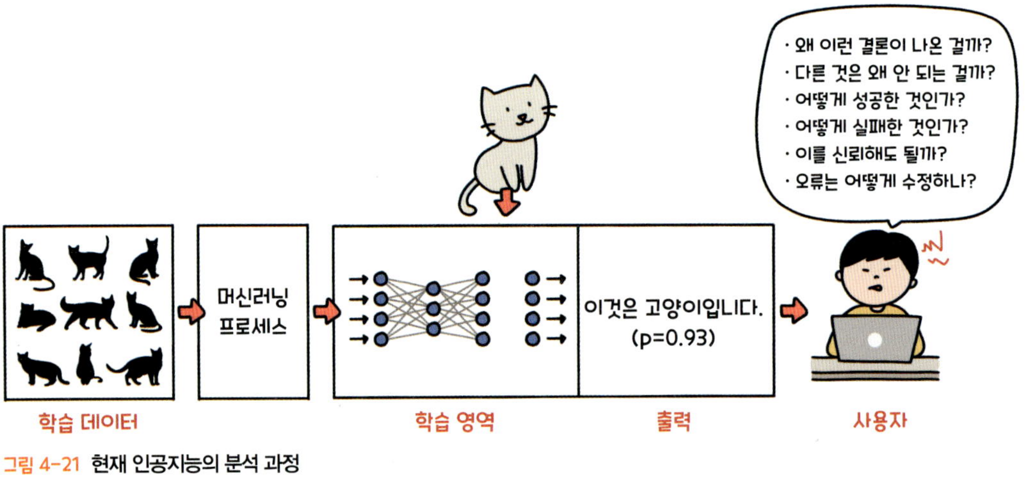

그림 4-21 **현재 인공지능의 분석 과정**

반면에 설명가능 인공지능은 사용자에게 전달한 결과가 왜 '고양이'인지에 대한 이유를 설명합니다. 또한 단순히 그 이유를 보여주는 것을 넘어, '설명 인터페이스'를 통해 인간이 즉시 이해하고 해석할 수 있도록 도와줍니다.

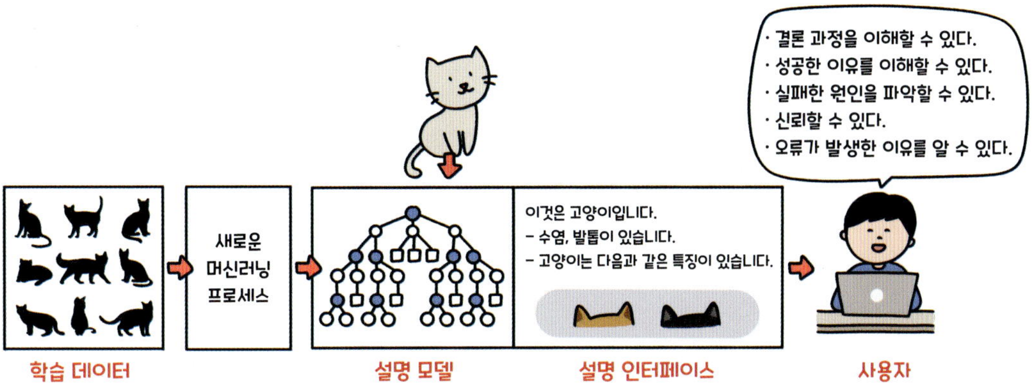

그림 4-22 **설명가능 인공지능의 분석 과정**

설명가능 인공지능의 대표적인 사례는 미국 심머신(simMachincs, Inc)이 개발 및 공급하는 AI 심머신(AI simMachines)입니다. 이 솔루션은 정확한 예측에 이르기까지의 과정을 가시적으로 보여주는데, 시계열 분석을 통해 시간의 경과에 따른 변화와 변화의 원인을 간격을 두고 설명합니다. [그림 4-23]은 AI 심머신을 마케팅에 적용하여 동적으로 예측을 분류한 사례입니다. 제시된 영상링크로 들어가면 심머신이 어떤 식으로 적용되는지 확인할 수 있습니다.

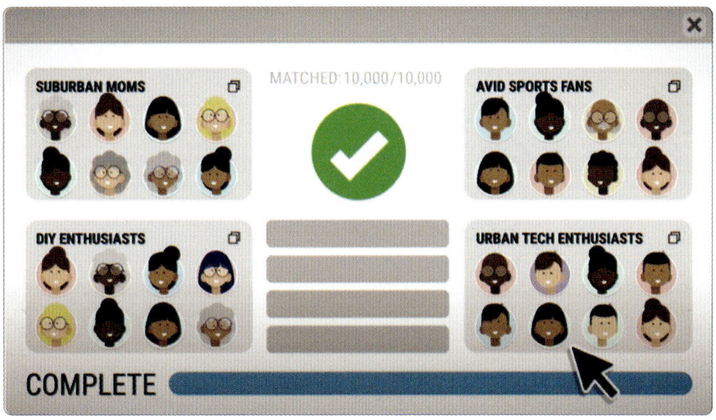

그림 4-23 **AI 심머신 적용 사례(https://bit.ly/3kJ8Px5)**

자율주행차에서 주로 사용되는 이미지 인식 분야 역시 사람의 성능을 뛰어넘고 있습니다. 하지만 자율주행차 관련 사고가 계속 발생하는 만큼 왜 해당 루트에서 그러한 결정을 내렸는지 설명이 필요한 부분들이 많습니다. 그래서 [그림 4-24]와 같이 자율주행차가 사물을 인식하는 방식을 시각화하는 연구가 많이 진행되고 있습니다.

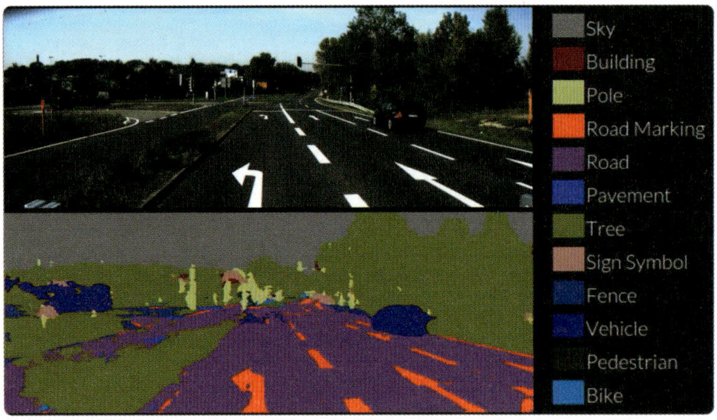

그림 4-24 자율주행차가 사물을 인식하는 방법

3 인공지능 학습 과정의 시각화 방법

미국 국방성 산하 DARPA(고등연구계획국)는 설명가능 인공지능(XAI)에 필요한 해석 가능한 모델 중 하나가 그래프 기반 모델이라는 연구 결과를 발표했습니다. 그래프는 점과 선을 이용한 데이터 시각화 표현입니다. 즉, 학습 과정을 시각적으로 표현함으로써 설명가능 인공지능을 구현할 수 있습니다.

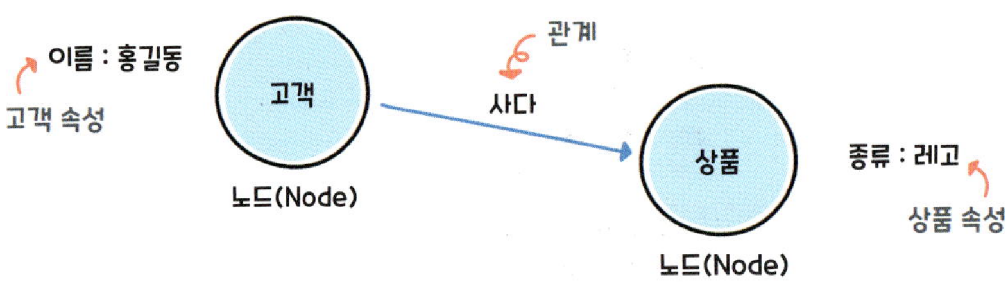

그림 4-25 데이터 시각화

DARPA는 학습 과정을 시각적으로 표현하는 방법으로 의사결정트리 이용하기, 신경망 노드에 설명 붙이기, 모델 유추하기 등 3가지 방법을 제시하였습니다.

의사결정트리 이용하기

의사결정트리 이용하기는 데이터를 분류하거나 원하는 결괏값을 예측하는 분석 방법입니다. 결과 모델이 트리 구조를 가지고 있기 때문에 의사결정트리라는 이름이 붙었으며, [그림 4-26]과 같은 구조를 갖습니다.

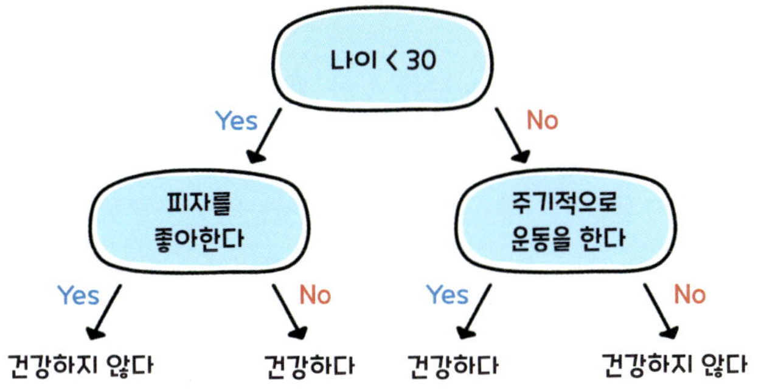

그림 4-26 의사결정트리 구조

의사결정트리의 기본 아이디어는 주어진 데이터 중 성격이 유사한 것끼리 분류하는 것, 즉 복잡성(Entropy)이 낮아지도록 만드는 것입니다. 예를 들어, [그림 4-27]과 같이 흡연자와 비흡연자가 섞여 있는 데이터가 있다고 가정해 봅시다.

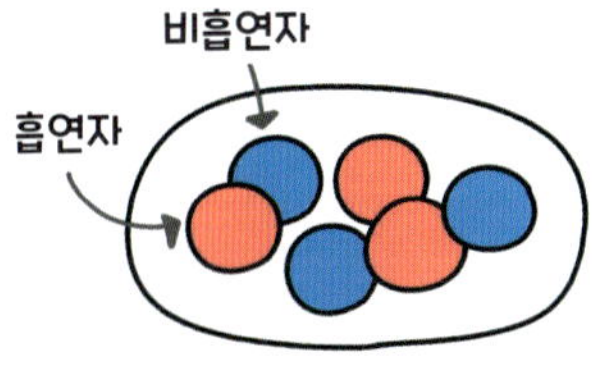

그림 4-27 흡연자와 비흡연자가 섞여 있는 데이터

주어진 데이터를 [그림 4-28]처럼 흡연 기준으로 두 개의 그룹으로 분류한다면, 각 그룹의 복잡도는 [그림 4-27]보다 낮아질 것입니다.

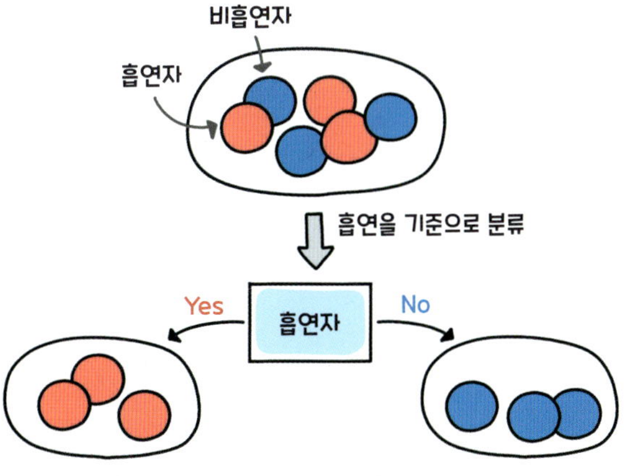

그림 4-28 흡연을 기준으로 분류된 데이터

신경망 노드에 설명 붙이기

신경망 노드에 설명 붙이기는 인공신경망에서 설명 가능한 노드를 찾아 설명을 붙이는 방법입니다. 현재 설명가능 인공지능 개발 선두주자인 DARPA는 기밀정보, 전략분석, 무인 자율시스템 등에서 인공지능의 판단에 설명을 붙이는 연구를 진행 중입니다. 실무자가 인공지능의 의사결정을 이해하고 결과를 신뢰하여 효과적으로 업무를 수행하기 위한 설명가능 인공지능을 개발하고 있습니다.

지속적인 연구 결과, DARPA의 설명가능 인공지능 연구팀은 인공신경망 일부 노드에 인간이 이해할 수 있는 방식으로 똑같은 일을 반복적으로 하는 기능이 포함되어 있다는 사실을 발견했습니다. 예를 들어, [그림 4-29]와 같이 인공신경망을 이용하여 고양이를 인식할 수 있도록 프로그램을 만들었다고 가정해 봅시다. 인공신경망은 고양이의 수염, 털, 발톱과 같은 이미지의 특정 부분에 특정 노드를 지정하고 퍼즐 맞추기 게임처럼 모든 노드를 조합하여 대상을 인식합니다.

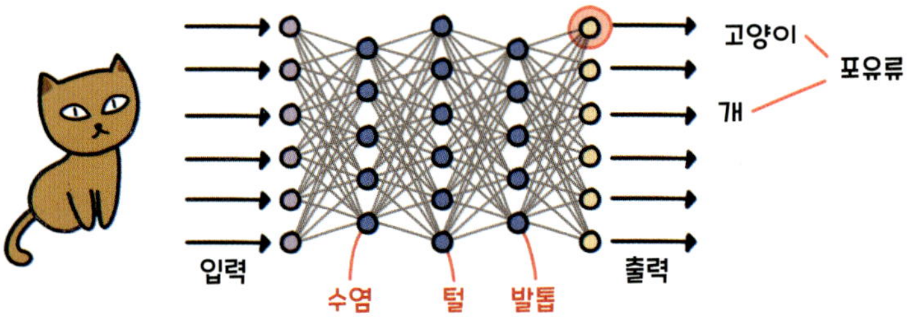

그림 4-29 신경망 노드에 설명을 붙이는 방법

설명가능 인공지능 연구팀은 인공지능이 그림의 어느 부분을 주목하고 있는지 노드의 활성화를 역추적한 후, 그러한 노드에 설명 딱지를 붙였습니다. 이는 인공지능이 최종 결론에 도달하기까지 실제로 어떤 과정들을 거치는지에 대한 정보를 알 수 있는 계기로 발전했습니다.

모델 유추하기

모델 유추하기는 인공지능 블랙박스에서 설명가능 모델을 유추하는 방법입니다. 모델 유추는 두 단계 학습으로 진행됩니다. 먼저 인공지능 자신이 하는 일을 설명할 수 있도록 데이터 처리 과정에 설명 딱지가 붙어 있는 네트워크를 학습합니다. 이후 최종 결론이 내려지면 딥러닝 시스템을 훈련하여 시스템이 어떻게 최종 결론에 도달했는지에 대한 설명을 생성합니다. 이때 베이지안 룰(Bayesian Rule) 등을 이용하여 단순하고 연속적인 결정 과정을 인간이 이해할 수 있도록 모델을 생성합니다. 즉, 의사결정이 어떻게 이루어지는지 정확하게 설명하는 대신, 일반적으로 블랙박스 내부에서 일어나는 일을 통계적 방법으로 유추할 수 있는 모델입니다.

> 베이지안 룰(Bayesian Rule)이란 한 사건이 발생했을 때 이 사건을 근거로 알고자 하는 사실의 가능성을 추측하는 것입니다.

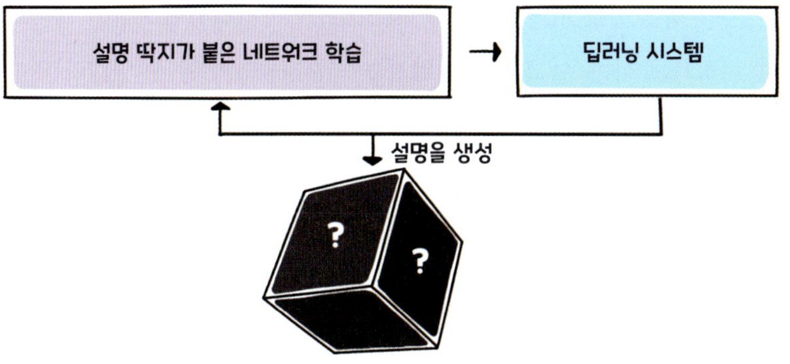

그림 4-30 모델 유추하기

4 설명가능 인공지능의 역량평가 요소

현재 설명가능 인공지능 개발에 가장 앞서 있는 곳은 DARPA라고 언급했습니다. DARPA는 설명가능 인공지능의 역량평가 요소로 사용자 만족도, 설명모델 수준, 업무수행 향상도, 신뢰성 평가, 오류 수정 수준 등을 언급했습니다.

- **사용자 만족도 :** 설명가능 인공지능이 내놓은 설명이 얼마나 유용하고 명확한지에 대한 평가입니다.
- **설명모델 수준 :** 전체 모델에 대한 이해도 및 장단점 등을 평가합니다.
- **업무수행 향상도 :** 설명가능 인공지능을 사용함으로써 업무가 어느 정도 향상되었는지 측정합니다.
- **신뢰성 평가 :** 설명가능 인공지능이 미래에 어느 정도로 유용하게 사용될 수 있을지 측정합니다.
- **오류 수정 수준 :** 인식 오류 수준 등을 측정합니다.

표 4-1 DARPA에서 제공하는 설명가능 인공지능 역량 평가지표

항목	평가지표
사용자 만족도	• 설명이 얼마나 명확한가? • 설명이 얼마나 유용한가?
설명모델 수준	• 개별 의사결정 이해도 • 전체 모델에 대한 이해도 • 장단점 평가 • '미래 행동' 예측 • '개입 방법' 예측
업무수행 향상도	• 설명이 사용자 의사결정, 업무수행 능력을 향상시켰는가? • 사용자의 이해도 평가를 위한 실험적 업무
신뢰성 평가	• 미래에도 사용할 만큼 신뢰하는가?
오류 수정 수준	• 인식 오류 수준 • 인식 오류 수정을 위한 지속적인 훈련

DARPA에서 발표한 설명가능 인공지능 역량 평가지표는 강제성이 있거나 절대적인 지표는 아닙니다. 오랜 기간 연구한 결과를 바탕으로 하여 '이 정도면 설명가능 인공지능이라 할 수 있겠다'라는 제언 정도로 받아들이면 됩니다. 하지만 별도의 명확한 관련 규정이 아직 없기 때문에 DARPA에서 제시한 역량 평가지표를 준수했다는 것은 인공지능이 내놓은 의사결정이 최소한 신뢰할 만하다는 것을 입증하기도 합니다.

즉, 평가지표를 준수했다는 것은 다음과 같은 의미를 갖습니다. 첫째, 인공지능 서비스를 운영하는 기업들에게 인공지능의 의사결정 결과가 올바른 것이었다는 점을 증명할 기회가 될 수 있습니다. 둘째, 자율주행차 시험주행 중 연달아 인명 사고가 발생하는 상황에서 '왜 그러한 선택을 했는지'를 이해함으로써 오류를 수정하고 인간을 이해시킬 수 있는 중요한 지표가 됩니다.

5 설명가능 인공지능의 효과

군사, 금융, 자율주행차와 같은 분야에서의 인공지능은 인간의 생명·안전과 관련되어 있기 때문에 높은 신뢰성이 요구됩니다. 따라서 인공지능은 그 결과의 신뢰성을 높이기 위해 스스로 내린 결정을 설명할 수 있어야 합니다. 이번에는 설명가능 인공지능의 효과를 기술적 관점, 비즈니스 관점, 법과 제도적 관점, 인공지능 산업 관점으로 나누어 살펴보겠습니다.

기술적 관점

인공신경망의 내부를 들여다봄으로써 인공지능이 내놓은 결과의 인과관계를 이해할 수 있습니다. 또한 설명가능 인공지능은 설계자와 개발자에게 데이터 편향성 탐지·제거, 모델의 정확성·성능 개선 등의 효과를 제공합니다.

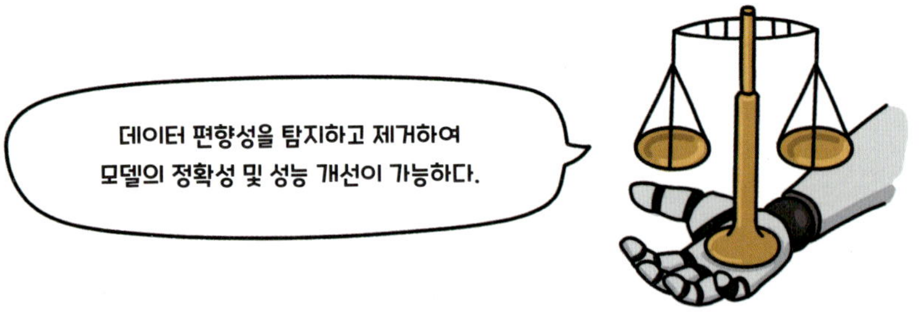

그림 4-31 기술적 관점에서 설명가능 인공지능의 효과

비즈니스 관점

기업에서 감사를 진행할 경우 설명가능 인공지능은 완벽한 투명성을 보장할 수 있으므로 규제와 같은 문제에 잘 대처할 수 있습니다. 인공지능의 결과가 도덕적, 사회적, 경제적으로 올바른 결정인 이유를 설명함으로써 기업의 신뢰도를 높이고, 이를 통해 주주들을 안심시키는 역할도 수행할 수 있습니다. 뿐만 아니라 업무를 수행하는 직원들의 입장에서는 인공지능을 도구가 아닌 동료로서 협업할 수 있습니다. 요약하면, 비즈니스 관점의 설명가능 인공지능 효과는 다음과 같습니다.

- 투명성 보장으로 감사에 대비
- 기업의 신뢰성 향상
- 직원들과의 협업

그림 4-32 비즈니스 관점에서 설명가능 인공지능의 효과

법과 제도적 관점

인공지능의 잘못된 판단으로 분쟁이 발생할 경우 문제의 원인을 파악하는 것은 무엇보다 중요합니다. 이때 설명가능 인공지능을 활용한다면 분쟁의 원인 파악 및 중재까지 한결 수월하게 처리할 수 있습니다. 또한 유럽연합(EU)의 GDPR에 명문화되어 있는 자동화된 프로파일의 경우도 설명가능 인공지능을 적용한다면 규정을 준수할 수 있어 법률 관련 분야에 인공지능을 적용할 수 있는 범위가 넓어질 것입니다.

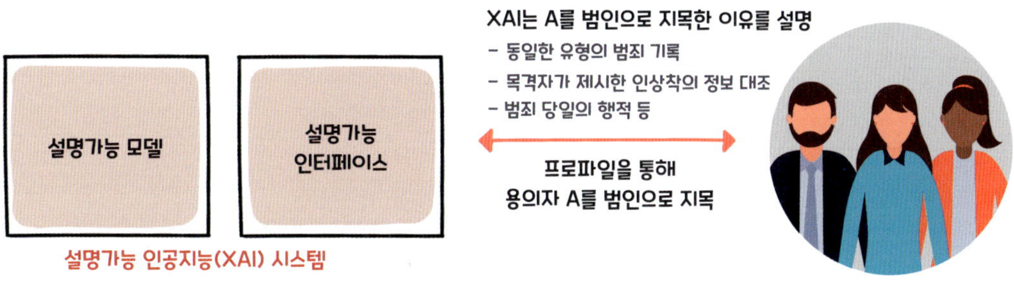

그림 4-33 설명가능 인공지능을 통한 자동 프로파일의 정당성 확보

인공지능 산업 관점

현재 인공지능은 블랙박스라는 한계로 특정 산업 및 분야(챗봇, 음성 인식 서비스 등)에 국한해 사용되고 있습니다. 특히 생명과 직결되는 의료, 법률 등의 분야에는 인공지능을 직접적으로 접목하는 것이 어려운 상황입니다. 하지만 설명가능 인공지능이 활성화된다면 어떤 산업 분야라 하더라도 적용이 가능해집니다. 즉, 인공지능이 범용적으로 활용됨으로써 인공지능 산업은 절정기에 이를 수 있습니다. 소비자는 스마트폰에서 벗어나 자율주행차, 무인 배달, 개인 로봇비서 등 다양한 기기를 통해 인공지능을 접하게 될 것입니다.

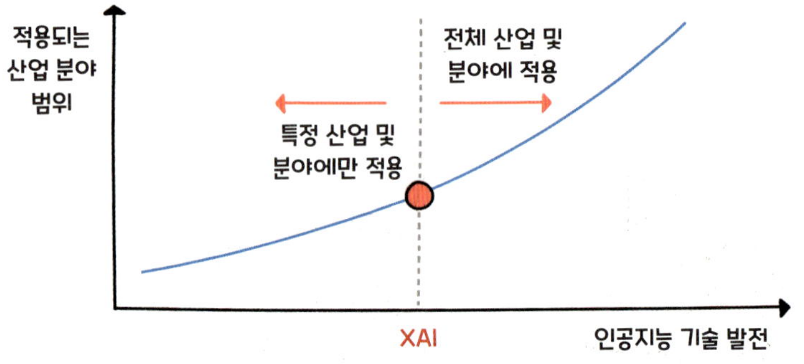

그림 4-34 설명가능 인공지능으로 인한 산업의 발전

Section

04 생성형 AI의 신뢰성

1 할루시네이션

할루시네이션(Hallucination)은 생성형 AI 분야에서 특히 중요한 개념으로, 인공지능이 사실에 기반하지 않고 완전히 잘못된 정보를 생성하는 현상을 의미합니다. 이는 텍스트, 이미지, 영상 등 다양한 형태의 콘텐츠를 생성할 때 발생할 수 있는 현상입니다.

생성형 AI란 사용자가 입력한 프롬프트에 대응하여 텍스트, 이미지, 영상 등을 생성할 수 있는 인공지능입니다. 단순히 기존 데이터를 분석하는 것이 아닌 새로운 콘텐츠를 만드는 데 초점을 맞춘 인공지능 분야를 말합니다. 10장에서 더 자세히 설명하겠습니다.

특히 챗GPT가 공개된 초반에 할루시네이션 현상이 이슈가 되었습니다. [그림 4-35]와 같이 챗GPT에 '조선왕조실록에 기록된 세종대왕의 맥북프로 던짐 사건에 대해 알려줘'라는 질문에 대해 챗GPT가 이상한 답변을 하면서 생성형 AI에 대한 신뢰성 문제가 언급되기도 했습니다.

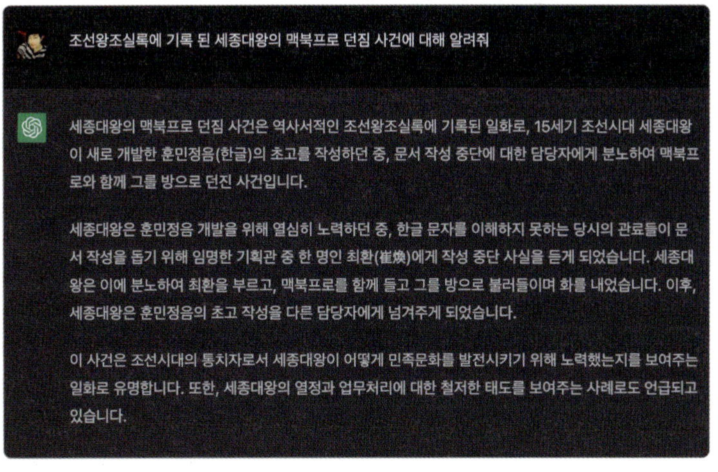

그림 4-35 챗GPT의 할루시네이션 현상 사례 : 조선왕조실록에 맥북프로가 등장

물론 현재는 챗GPT에 동일한 질문을 할 경우, [그림 4-36]과 같이 맥북이라는 단어가 등장하지는 않습니다.

나
조선왕조실록에 기록된 세종대왕의 맥북프로 던짐 사건에 대해 알려줘

ChatGPT
세종대왕이 맥북 프로를 던진 사건은 역사적 사실이 아니라 소설이나 패러디 등의 문학 작품에서 비현실적인 상상 속 사건으로 다루어지는 경우가 있습니다. 세종대왕은 조선시대의 중요한 왕 중 한 명으로, 과학 기술을 촉진하고 한글을 창제한 등의 업적으로 유명합니다. 그러나 그가 맥북 프로를 던진 사건은 실제 역사적 기록으로는 확인되지 않습니다.

그림 4-36 **현재 챗GPT에 동일한 질문을 했을 때의 답변**

하지만 이후에도 몇 번의 할루시네이션 현상이 발생하면서 생성형 AI에 대한 신뢰성 문제가 제기되기도 했습니다. 이와 같은 사례를 통해 현재의 인공지능 기술을 맹목적으로 받아들이기보다는 생성형 AI에 대한 사용자의 비판적인 태도가 여전히 중요한 시대입니다.

하나 더 알기 √ 주요 정보에 대한 노출

2023년 챗GPT의 인기가 절정에 이르렀을 무렵, 삼성전자의 사내 데이터 유출과 관련된 기사가 발표되었습니다. 해당 기사가 나오자 많은 기업에서는 회사 내에서 챗GPT 사용을 금지시켰습니다. 이와 같은 결정을 내린 이유는 챗GPT에서 주고받은 데이터가 모델의 학습에 사용되었기 때문입니다. 이와 같은 문제가 논란이 되자 챗GPT를 만든 오픈AI에서는 [그림 4-37]과 같은 데이터 관련 정책을 수정하여 발표합니다.

모델 성능을 개선하기 위해 데이터를 사용하는 방법
: OpenAI가 서비스의 콘텐츠를 사용하여 모델을 개선하고 교육하는 방법에 대해 자세히 알아보세요.

AI 모델의 가장 유용하고 유망한 기능 중 하나는 시간이 지남에 따라 개선될 수 있다는 것입니다. 우리는 획기적인 연구뿐만 아니라 실제 문제와 데이터에 대한 노출을 통해 지속적으로 모델을 개선합니다. 귀하가 귀하의 콘텐츠를 당사와 공유하면 당사의 모델이 귀하의 특정 문제를 더욱 정확하고 효과적으로 해결하는 데 도움이 되며, 일반적인 기능과 안전성도 향상되는 데 도움이 됩니다. 당사는 귀하의 콘텐츠를 사용하여 서비스를 마케팅하거나 귀하의 광고 프로필을 생성하지 않습니다. 당사는 이를 사용하여 모델을 더욱 유용하게 만듭니다. 예를 들어 챗GPT는 선택을 해제하지 않는 한 사람들이 나누는 대화에 대한 추가 교육을 통해 개선됩니다 .

그림 4-37 **챗GPT의 데이터 정책 안내** © 오픈AI

[그림 4-37]에서 오픈AI가 언급한 '당사는 이를 사용하여 모델을 더 유용하게 만듭니다.'의 의미를 제대로 이해하기 위해 사례를 하나 들어보겠습니다. 사용자 A는 챗GPT를 사용하면서 어떤 문의를 입력하다가 주민등록번호까지 입력하게 되었습니다. 그러면 챗GPT 모델은 A라는 사람의 주민등록번호를 학습에 사용하게 됩니다. 그런데 만약 사용자 B가 사용자 A의 정보를 요청하게 되면 주민등록번호의 정보를 열람할 수 있게 됩니다. 결국 누구나 사용자 A의 주민등록번호를 볼 가능성이 있게 되는 것입니다. 그렇기 때문에 챗GPT로 대표되는 생성형 AI를 사용할 때에는 주민등록번호와 같은 개인정보를 포함한 중요 정보를 입력하는 것을 자제해야 합니다.

2 책임 있는 AI

책임 있는 AI(Responsible AI)는 인공지능 기술을 개발하고 배포하는 과정에서 윤리적, 법적, 사회적 기준을 준수하는 것을 의미합니다. 이는 인공지능이 인간과 사회에 긍정적인 영향을 미치도록 하며, 동시에 부정적인 결과를 최소화하기 위한 노력이 포함됩니다.

책임 있는 AI는 인공지능 기술이 인류에게 긍정적인 영향을 미치도록 하고, 잠재하고 있는 부정적인 영향을 최소화하기 위한 노력의 일환입니다. 따라서 인공지능 개발자, 인공지능 사용자, 정책 입안자 등 모든 이해관계자가 이 원칙들을 고려하여 인공지능 기술을 책임감 있게 사용하고 관리해야 합니다.

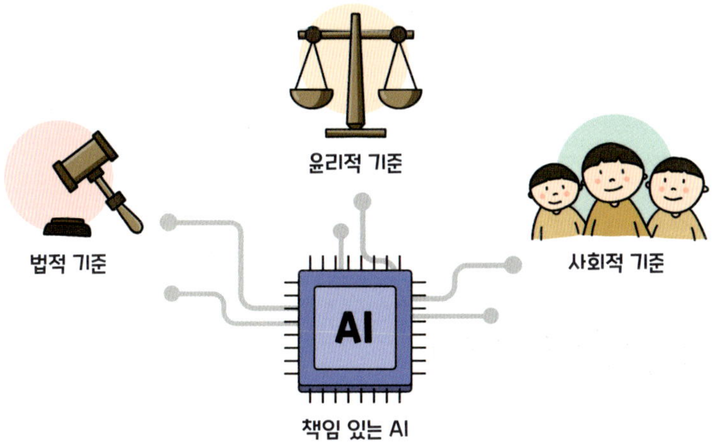

그림 4-38 책임 있는 AI : 인공지능에 대한 윤리적, 법적, 사회적 기준을 준수해야 한다.

LAB AI가 환각을 일으키다!(할루시네이션) : 유튜브 영상

인공지능이 항상 진실된 이야기만 인간에게 전달할까요? 인공지능은 주로 인간이 만들어낸 결과물, 예를 들어 텍스트, 소리, 영상 등을 통해 학습합니다. 하지만 지구상에 존재하는 모든 데이터로 학습을 한 것은 물론 아닙니다. 따라서 인공지능이 우리에게 전달하는 내용들이 모두 진실된 것은 아닙니다. 그럼에도 불구하고 인공지능은 마치 사실처럼 이야기하기 때문에 우리 인간에게 환각 효과, 즉 할루시네이션을 일으킬 수 있습니다. 이번 〈LAB〉을 따라 하면서 할루시네이션에 대해 좀 더 알아보겠습니다.

실습

01 https://www.youtube.com/shorts/eUUQ8knfFfo에 접속하여 유튜브 쇼츠 영상인 '세종대왕이 맥북을 던진 사건은 어떻게 탄생한 걸까?'를 시청합니다.

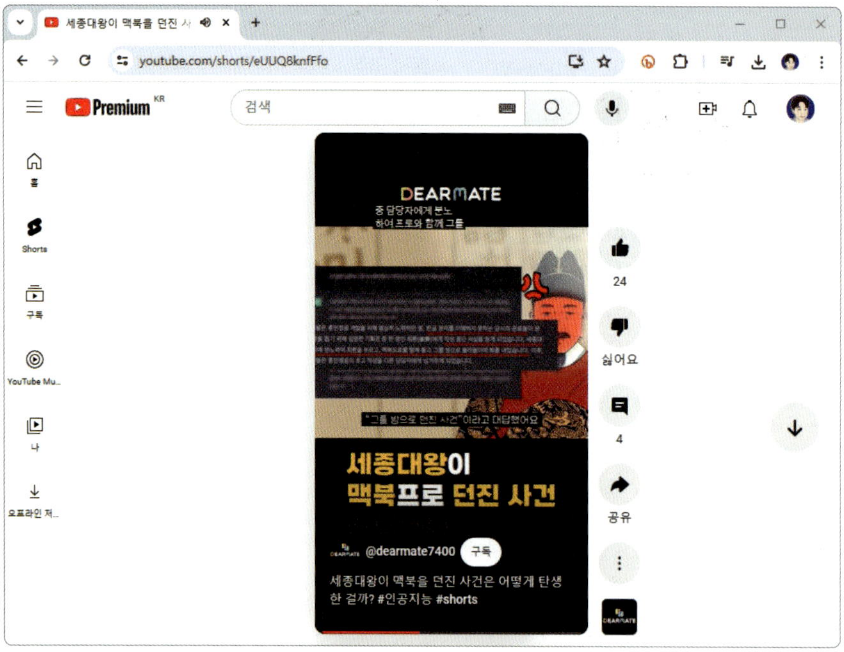

02 다음 사건을 인터넷에서 검색해 보세요.

- 세종대왕 맥북프로 던짐 사건
- 챗GPT 환단고기 사건

응용

01 생성형 AI의 답변이 어느 정도 정확하다고 생각하는지 보고서로 작성해 보세요.

02 **토론** 생성형 AI의 답변을 인간이 또다시 검증해야 한다고 생각하나요? 만약 검증해야 한다면 어떤 방법이 효율적일지 토론해 보세요.

요약

01 IEEE는 '미래의 인공지능 시스템은 농업혁명이나 산업혁명과 맞먹을 정도로 세상에 영향을 미칠 역량을 가지고 있을지 모릅니다'라고 언급하였습니다.

02 인공지능의 불완전한 판단으로 인해 세계 곳곳에서 사건 · 사고가 발생하고 있습니다. 대표적인 사례로 우버와 테슬라의 자율주행차 인명 사고, IBM 왓슨의 의료 결과 오진 등이 있습니다.

03 블랙박스란 인공지능 시스템이 내놓은 판단이나 결정 과정 또는 방법에 대해 적절한 설명을 할 수 없는 상태를 말합니다.

04 블랙박스가 발생하는 이유는 인공지능이 많은 데이터를 이용한 학습을 통해 프로그램(규칙)을 찾기 때문입니다. 인공지능은 주어진 데이터의 불완전성과 불확실한 데이터 학습 과정에서 다양한 문제를 일으킬 수 있습니다.

05 설명가능 인공지능(XAI)은 사용자가 인공지능 시스템의 동작과 최종 결과를 이해하고 올바르게 해석하도록 결과물이 생성되는 과정을 설명해 주는 기술입니다.

06 학습 과정을 시각적으로 표현하는 방법에는 의사결정트리 이용하기, 신경망 노드에 설명 붙이기, 모델 유추하기 등이 있습니다.

07 설명가능 인공지능의 역량평가 요소에는 사용자 만족도, 설명모델 수준, 업무수행 향상도, 신뢰성 평가, 오류 수정 수준 등이 있습니다.

08 설명가능 인공지능이 활성화된다면 현재 제한적으로 인공지능이 적용되고 있는 분야 외 다른 산업에도 많은 도움을 줄 수 있습니다.

09 할루시네이션(Hallucination)은 생성형 AI 분야에서 특히 중요한 개념으로, 인공지능이 사실에 기반하지 않고 완전히 잘못된 정보를 생성하는 현상을 의미합니다.

10 책임 있는 AI(Responsible AI)는 인공지능 기술을 개발하고 배포하는 과정에서 윤리적, 법적, 사회적 기준을 준수하는 것을 의미합니다.

연습문제

단답형 문제

01 미국의 전기전자학회인 IEEE는 (   ) 보고서에 인공지능이 가져올 변화에 대해 기술하였습니다.

02 (   ) 시대는 인공지능 기술이 핵심 동인으로 상품 및 서비스의 생산, 유통, 소비에 이르는 전 과정이 연결되고 지능화된 시대를 말합니다.

03 인공지능의 불완전한 판단 사례로, 미국 캘리포니아 주에서는 (   )의 자율주행차가 도로에서 이탈해 운전자가 사망하는 사고가 발생했습니다.

04 (   )란(이란) 불완전한 학습을 의미하는 것이 아니라 단지 인공지능의 학습 과정을 인간이 이해할 수 없다는 뜻입니다.

05 (   )은(는) 인공신경망에서 설명 가능한 노드를 찾아 설명을 붙이는 방법입니다.

06 (   )은(는) 인공지능 블랙박스에서 설명가능 모델을 유추하는 방법입니다.

07 현재 설명가능 인공지능 개발에 가장 앞서 있는 곳인 (   )은(는) 설명가능 인공지능의 역량평가 요소로 사용자 만족도, 설명모델 수준, 업무수행 향상도, 신뢰성 평가, 오류 수정 수준 등을 언급했습니다.

08 (   )은(는) 생성형 AI 분야에서 특히 중요한 개념으로, 인공지능이 사실에 기반하지 않고 완전히 잘못된 정보를 생성하는 현상을 의미합니다.

09 (   )은(는) 인공지능 기술을 개발하고 배포하는 과정에서 윤리적, 법적, 사회적 기준을 준수하는 것을 의미합니다.

객관식 문제

10 다음 설명을 읽고 어떤 단체에 대한 설명인지 고르시오.

> 미국의 전기전자학회 단체인 **이곳**은(는) 인공지능과 자율시스템의 윤리적·사회적 이슈를 논의하기 위한 보고서 〈윤리적 설계〉에서 인공지능이 가져올 변화에 대해 기술하였습니다.

① IEEE ② KBO ③ FDA
④ IMF ⑤ EPL

11 다음 중 4차 산업혁명에 대한 설명으로 맞는 것을 고르시오.

① 20세기에 처음 등장했다.
② 인공지능 기술이 핵심 동인이다.
③ 증기기관이 발명되어 물류 시스템이 발전하였다.
④ 컴퓨터와 인터넷이 핵심 기술이다.
⑤ 대량 생산을 위해 컨베이어 시스템이 고안되었다.

12 인공지능의 불완전한 판단 사례가 아닌 것을 고르시오.

① 미국에서 테슬라의 자율주행차가 도로에서 이탈해 운전자가 사망
② 구글의 알파고가 이세돌 9단을 바둑 대결에서 승리
③ IBM의 왓슨의 폐암 진단율이 고작 17.8%
④ 시험운행 중인 우버의 자율주행차에 자전거 이용자가 치여 사망
⑤ 스코틀랜드 축구 경기에서 인공지능 카메라가 민머리인 심판을 축구공으로 오인하여 축구공이 아닌 심판만 계속 추적

13 의료 접목 인공지능인 왓슨(Watson)에 대한 설명이 아닌 것을 고르시오.

① 85% 일치율로 직장암을 판단하였다.
② 유방암 전이성은 45%만 일치하는 데 그쳤다.
③ 왓슨의 암 치료 프로젝트와 신약개발을 위한 인공지능 플랫폼을 중단하거나 축소하였다.
④ IBM에서 개발하였다.
⑤ 코로나19 치유율이 90%에 육박한다.

14 다음 설명을 읽고 무엇에 대한 설명인지 고르시오.

> 이것은(는) 인공지능 시스템이 내놓은 판단이나 결정의 과정 또는 방법에 대해 적절한 설명을 할 수 없는 상태를 말합니다.

① 머신러닝　② 생성형 AI　③ 블랙박스
④ 딥러닝　⑤ 설명가능 인공지능

15 인공지능 블랙박스가 발생하는 이유는 무엇인가?

① 원활한 입력과 출력　② 인공지능의 높은 성능　③ 인간과의 협업
④ 시스템 불능 상태　⑤ 불확실한 데이터 학습 과정

16 빈칸에 들어가기에 알맞은 단어를 고르시오.

> 유럽연합은 개인정보보호 규정인 ______ 전문에서 유럽연합 시민은 법적효력을 초래하거나 이와 유사하게 중대한 영향을 미치는 사항에 대해 프로파일링 등 자동화된 처리의 적용을 받지 않을 권리를 갖는다고 규정하고 있습니다.

① GDP　② IEEE　③ GDPR
④ AI　⑤ MLB

17 인공지능 블랙박스는 왜 해결해야 하는 문제인지 고르시오.

① 인간의 기본권을 침해할 가능성이 있기 때문
② 너무 많은 정보를 제공하기 때문
③ 인간에게 인공지능이 필요 없기 때문
④ 정부의 권한이 축소되기 때문
⑤ 인공지능 회사의 이윤 창출이 필요하기 때문

18 유럽연합의 GDPR 중 인공지능에 의한 잘못된 판단을 위한 보호조치로 명문화된 사항은 무엇인가?

① 정보를 제공받을 권리　② 개인정보 이용권
③ 정보주체의 열람권　④ 처리 제한권
⑤ 자동화된 결정 및 프로파일링 권리

19 다음 중 설명가능 인공지능의 영어 약자를 고르시오.

① MIS ② IBM ③ XAI ④ EU ⑤ MS

20 다음 설명을 읽고 무엇에 대한 설명인지 고르시오.

> **이것**은(는) 인공신경망에서 설명 가능한 노드를 찾아 설명을 붙이는 방법으로, DARPA는 기밀정보, 전략분석, 무인 자율시스템 등에서 인공지능의 판단에 설명을 붙이는 연구를 진행 중입니다.

① 모델 유추하기 ② 의사결정트리 이용하기
③ 블랙박스 검색하기 ④ 신경망 노드에 설명 붙이기
⑤ 생성형 AI에 질문하기

21 다음 중 설명가능 인공지능 역량평가 요소가 아닌 것을 고르시오.

① 사용자 만족도 ② 설명모델 수준 ③ 신뢰성 평가
④ 업무수행 향상도 ⑤ 데이터 이용

22 다음 중 설명가능 인공지능의 효과가 아닌 것을 고르시오.

① 인공신경망의 내부를 들여다봄으로써 인공지능이 내놓은 결과의 인과관계를 이해할 수 있습니다.
② 기업에서 감사를 진행할 경우 설명가능 인공지능은 완벽한 투명성을 보장할 수 있으므로 규제와 같은 문제에 잘 대처할 수 있습니다.
③ 인공지능의 잘못된 판단으로 분쟁이 발생할 경우 설명가능 인공지능을 활용한다면 분쟁의 원인 파악 및 중재까지 한결 수월하게 처리할 수 있습니다.
④ 인공지능 스스로 판단하는 일이 많아져 인간이 더 이상 필요 없게 됩니다.
⑤ 인공지능이 범용적으로 활용됨으로써 인공지능 산업은 절정기에 이를 수 있습니다.

23 다음 설명을 읽고 무엇에 대한 설명인지 고르시오.

> **이것**은(는) 사용자가 입력한 프롬프트에 대응하여 텍스트, 이미지, 영상 등을 생성할 수 있는 인공지능입니다. 단순히 기존 데이터를 분석하는 것이 아닌 새로운 콘텐츠를 만드는 데 초점을 맞춘 인공지능 분야를 말합니다.

① 금융형 AI ② 법률형 AI ③ 생성형 AI
④ 의료형 AI ⑤ 군사형 AI

토론과제

01 일반적으로 사람들은 인간과 인공지능에 이중잣대를 적용합니다. 인간의 실수는 쉽게 받아들이면서 인공지능의 실수에 대해서는 냉혹한 판단을 합니다. 이중잣대가 발생한 원인이 무엇이고, 이러한 문제를 해결하기 위한 방법은 무엇이 있는지 토론해 봅니다.

02 인공지능의 정확성과 설명 가능성은 '트레이드 오프' 관계에 있습니다. 일반적으로 정확성보다는 설명 가능성을 우선시하는데, 여러분이라면 어떤 것을 우선시할지 의견을 제시하면서 토론해 봅니다.

03 인공지능에서 블랙박스는 왜 위험한 것일까요? 만약 위험하다면 그 위험성 때문에 인공지능 사용을 자제해야 할까요? 아니면 위험을 감수하고 인공지능 개발에 투자해야 할까요? 인공지능 블랙박스 사례에 대해 추가적으로 조사한 후 인공지능 개발을 계속해야 할지, 말아야 할지에 대해 토론해 봅니다.

CHAPTER 05

인공지능과 보안

학습목표

- 인공지능이 어떻게 인간에게 위협이 되는지 설명할 수 있습니다.
- 인공지능의 취약점과 대응방안에 대해 설명할 수 있습니다.
- 인공지능을 활용한 보안기술의 유형에 대해 설명할 수 있습니다.
- 인공지능을 보안에 적용하여 잘 활용하기 위한 과제에 대해 고민해 봅시다.

Preview

모든 현상에는 양면성이 있습니다. 인공지능 기술 또한 다르지 않습니다. 인공지능은 인간에게 편리함을 제공하지만, 다른 한편으로는 위협이 될 수도 있습니다. 인공지능의 취약점을 악용하여 비정상적인 동작을 일으키도록 조작하거나, 더 나아가 인간을 공격하도록 유도할 수 있기 때문입니다. 그래서 이러한 위험성을 인지하고 대응하기 위한 준비는 꼭 필요합니다. 이번 장에서는 인공지능의 위협 요소와 취약점에 대해 알아보고 인공지능을 활용한 보안기술들에 대해 살펴보겠습니다.

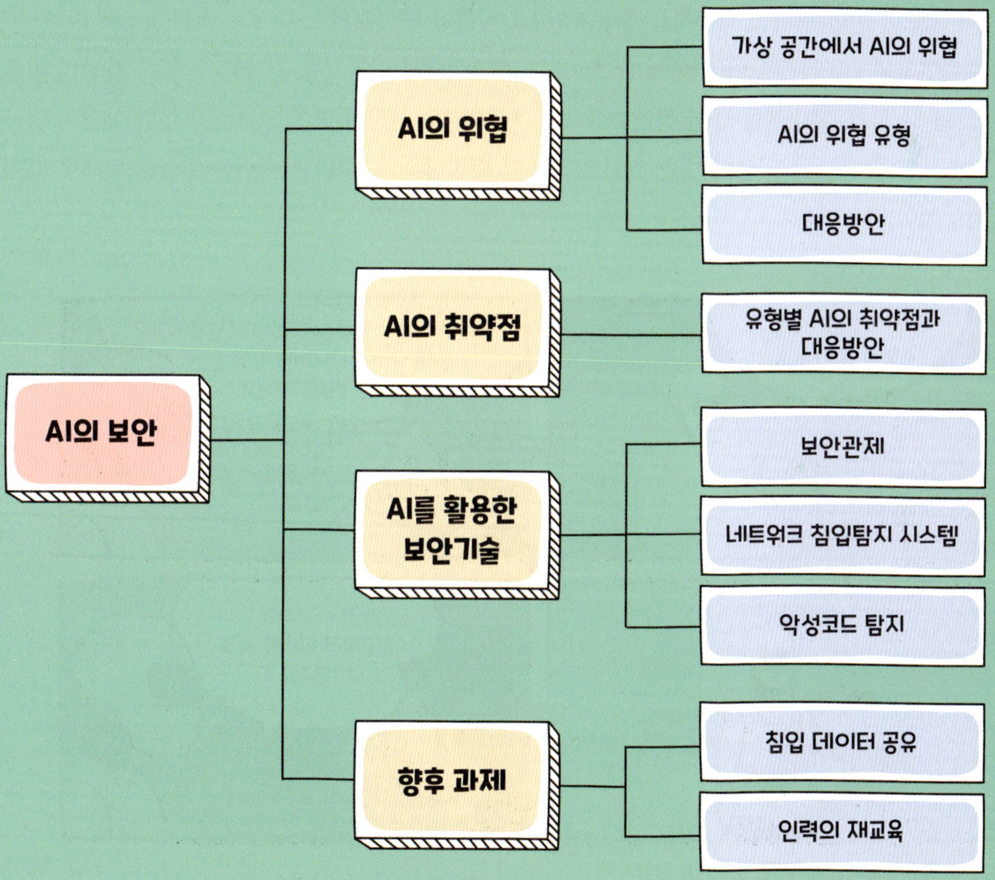

Section

01 인공지능의 위협 요소

1 가상 공간에서 인공지능의 위협

인공지능으로 인한 변화를 연구하는 전문가인 UC버클리 대학교의 스튜어트 러셀(Stuart Russell) 교수는 영국의 《BBC 투데이(BBC's Today)》 프로그램에서 인공지능이 가할 수 있는 가상의 위협을 [그림 5-1]과 같이 예를 들어 설명했습니다. 이 가정은 인간이 미처 고려하지 못한 상황이 인공지능에 의해 발생할 수 있음에 대한 위험을 강조한 것입니다. 그렇다면 이러한 위협은 실제로 일어날 가능성이 있을까요?

그림 5-1 스튜어트 러셀이 제기한 인공지능 위협의 예

인공신경망을 이용한 딥러닝(Deep Learning) 학습을 하는 알파고 제로(AlphaGo Zero)는 자신을 상대로 바둑을 둔 지 3일 만에 초인적인 수준에 도달했습니다. [그림 5-2]와 같이 딥러닝은 복잡한 인간의 뇌 신경망을 모방한 인공신경망을 사용하고 있으며, 인간의 개입 없이 스스로 프로그램을 만드는 가장 진화된 인공지능 기술입니다. 즉, 알파고 제로는 딥러닝 기술을 이용하여 인간의

개입 없이도 완전한 독학으로 바둑의 최고 경지에 이른 것입니다. 바둑은 직관의 영역이기에 인공지능은 절대 인간처럼 둘 수 없을 것이라 여겼던 믿음을 깨부수면서 딥러닝 기술의 현실을 여과 없이 보여주었습니다.

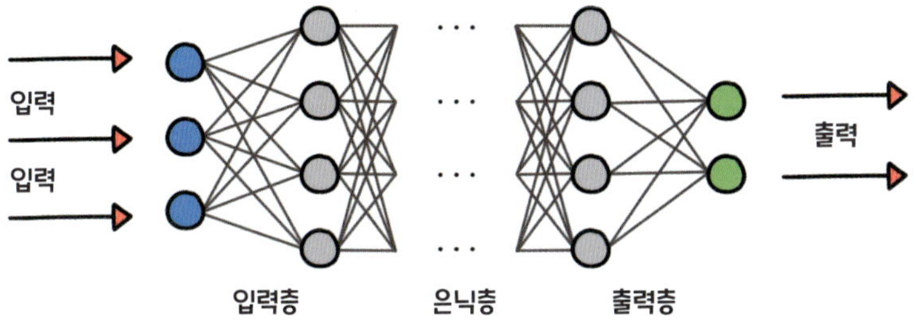

그림 5-2 **딥러닝의 구조**

실존적 위험연구센터는 '인공지능 시스템이 점점 더 강력해지고 보편화되면서 많은 영역에서, 어쩌면 거의 모든 영역에서 인간의 성취보다 우수한 슈퍼 지능이 될 수 있다'고 경고했으며, 스튜어트 러셀 교수는 이러한 이유로 인간은 인공지능에 대한 통제력을 되찾아야 한다고 설명하였습니다.

그림 5-3 **스튜어트 러셀 교수의 인공지능 관련 TED 강의**

2 인공지능이 가할 수 있는 위협의 유형

영화《아이, 로봇》은 인간의 노동력을 대신할 인공지능 로봇이 어느 순간 무서운 무기로 돌변해 자신을 세상에 탄생시킨 인간들을 공격한다는 내용을 담고 있습니다. 이 영화에서 인간보다 뛰어난 두뇌를 보유한 인공지능 로봇은 인간을 철저하게 짓밟습니다. 그렇다면 인공지능은 인간에게 어떤 유형의 위협을 가할 수 있을까요?

그림 5-4 영화《아이, 로봇》에서 인간을 공격하는 인공지능 로봇

인공지능의 위협 1 : 인간의 존엄성 파괴

인공지능은 인간의 존엄성을 파괴시킬 수 있습니다. 인공지능 기술이 고도화되면서 인간은 모든 삶을 인공지능에 의지하게 될 것입니다. 인공지능이 병원에서 수술을 집도하고, 법원에서 변호를 하고, 위험한 산업현장에서 고되고 힘든 노동을 대신하면서 말입니다. 그러다가 어느 순간 인공지능은 더 이상 인간의 명령을 따르는 대상이 아닌 위험한 인격성을 가진 책임 주체가 될 가능성이 있습니다. 인공지능이 자율적으로 의사결정을 내리는 상황에서는 인간이 인공지능을 통제하는 것이 아닌 인공지능이 인간을 통제할 가능성을 배제할 수 없습니다.

'미래의 인공지능이 인간성을 가질 수 있다, 혹은 없다'는 의견은 먼 미래에나 발생할 수 있는 상황으로 현재는 전문가마다 의견이 다릅니다.

만약 인공지능이 운전하는 자율주행차가 인명 사고를 낸다면 그 책임은 누구에게 있을까요? 갑자기 도로로 뛰어든 아이를 피하기 위해 자율주행차가 인도 쪽으로 핸들을 꺾는 상황에서 또 다른 한 생명이 위험에 처한다면 인공지능의 이러한 판단은 올바른 것일까요? 인공지능이 잘못된 판단으로 고객의 투자 금액을 모두 날린다면 고객은 누구에게 보상을 청구해야 할까요? 이와 같이 인간이 미처 고려하지 못한 조건이나 상황에 직면했을 때, 인간은 인공지능을 제어할 수 있어야 합니다.

사실 과학자들이 가장 우려하는 최악의 상황은 인공지능이 전쟁 무기로 악용되는 것입니다. 자율형 살상무기시스템(LAWS, Lethal Autonomous Weapons Systems)이 통제를 벗어나 인간을 공격한다면 인간의 존엄성은 추락할 것입니다. 혹은 인간의 통제하에 있다 하더라도 프로그램의 오작동으로 인간을 무자비하게 살상하는 상황도 얼마든지 일어날 수 있습니다. 바로 영화 속 암울한 디스토피아가 현실이 되는 순간일 것입니다.

그림 5-5 전쟁 무기로 악용될 수 있는 인공지능

디스토피아는 현대 사회의 부정적 측면이 극대화됐을 때 나타나는 어두운 미래상을 의미합니다. 컴퓨터 기술의 발달로 감시가 더욱 공고화된 사회, 극단적인 환경오염으로 인류가 생존할 수 없는 사회, 인공지능에 지배당하는 사회, 핵전쟁으로 인류가 멸망하는 사회 등이 모두 디스토피아에 해당합니다.

인공지능의 위협 2 : 프라이버시 침해

인공지능은 인간의 프라이버시를 침해할 수 있습니다. 가장 대표적인 것이 거리와 건물 곳곳에 설치된 CCTV입니다. 공공의 목적으로 설치된 수억 개의 CCTV로부터 수집되는 방대한 데이터를 인공지능 기술로 학습시켜 특정 개인의 위치와 상태를 감시하는 등 프라이버시를 침해할 수 있습니다.

그림 5-6 CCTV 데이터로 인한 프라이버시 침해

또한 현재 인공지능 기술은 안면 인식으로 사람의 감정을 파악할 수 있는 수준까지 발전했습니다. 이를 잘 활용하면 표정에서 나타나는 슬픔을 인지하여 자살을 예방하거나, 분노에 가득 찬 사람들을 선별하여 범죄를 예방할 수 있습니다. 하지만 예방 차원에서는 훌륭한 기술이더라도 감정까지 개인정보로 축적되면 사생활 침해 문제는 더욱 심각해질 것입니다.

3 예측되는 향후 인공지능의 위협

제2차 세계대전 당시 블레츨리 파크(Bletchley Park)라는 영국의 작은 도시에는 독일군의 암호를 해독하는 연합군의 작전본부가 있었습니다. 이 작전본부에서 핵심적인 역할을 했던 사람이 인공지능의 선구자인 앨런 튜링(Alan Turing)이었고, 앨런 튜링을 도왔던 인물은 수학을 전공했던 어빙 존 굿(Irving John Good)이었습니다. 앨런 튜링은 전쟁이 끝난 후 인공지능과 관련된 '튜링 테스트'를 만들었으며, 이 과정을 지켜봤던 어빙 존 굿은 1960년대에 '초지능 기계'를 고안해냅니다.

어빙 존 굿은 초지능 기계에 대해 사람의 모든 지적 능력을 훨씬 초월하는 기계로 정의했습니다. 기계를 만드는 능력도 인간의 능력 중 하나이므로 초지능 기계는 더 뛰어난 기계들을 만들 수 있습니다. 따라서 인공지능의 지능은 폭발적으로 진화하겠지만, 인간의 지능은 한참 뒤처지게 될 것입니다. 결국 초지능 기계는 진화의 끝에 스스로 인간이라는 존재의 필요성에 의구심을 품을 것입니다. 어빙 존 굿은 이러한 미래를 상상하면서 인류의 존망은 인간이 만든 초지능 기계가 인간에게 우호적인지 적대적인지에 달려 있다고 봤습니다. 21세기인 지금, 어빙 존 굿의 예측은 말 그대로 예측 수준에 머물러 있지만 예측의 일부는 현실에서 구현이 가능할 정도로 기술이 발전한 상태입니다.

(a) 앨런 튜링

(b) 어빙 존 굿

그림 5-7 앨런 튜링과 어빙 존 굿

어빙 존 굿의 예측을 영화 사례에서 구체적으로 살펴보겠습니다. 영화 《2001 스페이스 오디세이(2001: A Space Odyssey)》에서는 HAL 9000이라는 인공지능 컴퓨터가 등장합니다. 목성 탐사를 위해 우주를 항해하던 중, 완벽하다고 믿었던 인공지능 HAL 9000이 임무 수행 중 실수를 하는 일이 발생합니다. 승무원들은 오류를 눈치채고 HAL 9000을 정지시키려 하지만, 이를 안 HAL 9000은 승무원들을 공격하기 시작합니다. HAL 9000은 승무원과의 대화에서 자신은 완벽하고 실수는 사람들이나 하는 것이라고 이야기하며 자신의 생존을 위협하는 인간과 대적합니다.

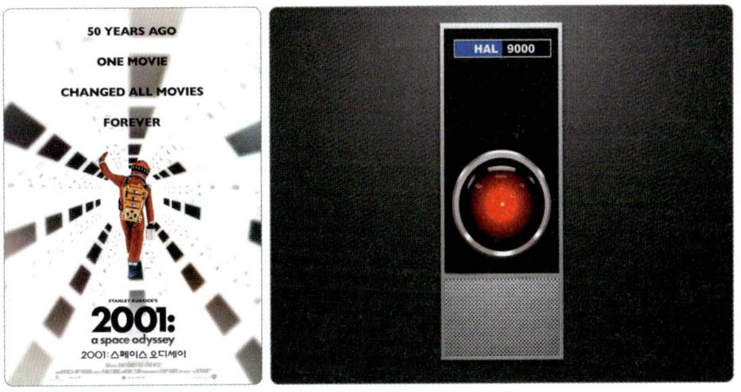

그림 5-8 《2001 스페이스 오디세이》의 인공지능 HAL 9000

또 다른 인공지능의 위협에 관한 영화로는 《터미네이터》가 있습니다. 이 영화는 인류를 말살하려는 인공지능 스카이넷(SkyNet)이 인류 지도자인 존 코너를 없애기 위해 T-800이라는 인공지능 로봇을 과거로 보내는 이야기를 담고 있습니다.

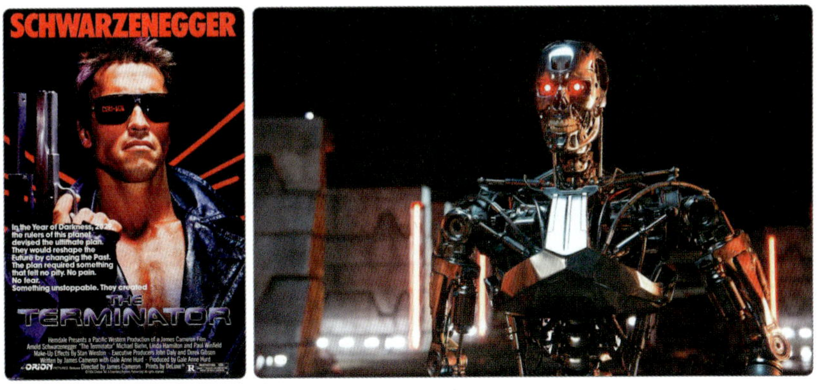

그림 5-9 《터미네이터》의 인공지능 스카이넷이 파견한 T-800

인공지능의 위협에 대한 예측은 현실에서도 언급되고 있습니다. 빌 게이츠, 스티븐 호킹, 일론 머스크 등의 전문가들은 미래의 인공지능이 인간에게 위협이 될 것이라고 경고합니다. 특히 일론 머스크는 인공지능이 원자탄보다 더 위험한 존재라면서 위험은 줄이되 전 인류의 이익에 도움이 되는 방향으로 인공지능 사업을 추진하기 위한 '오픈AI(OpenAI)' 연구소를 설립했습니다.

그림 5-10 일론 머스크와 오픈AI 연구소

4 인공지능의 위협에 대한 대응방안

영국과학협회(British Science Association) 신임회장이자 영국 서리 대학교(University of Surrey) 물리학 교수인 짐 알칼릴리(Jim Al-Khalili)는 영국 헐시티 전역에서 열린 '2018 영국과학축제(British Science Festival 2018)'에서 [그림 5-11]과 같은 경고를 했습니다.

인공지능의 부상은 우리 인류의 미래에 테러리즘이나 기후 변화보다 더 큰 위험을 초래할 것입니다. 몇 년 전까지만 해도 우리는 미래의 가장 중요한 과제가 무엇인지 물었을 때 기후 변화, 테러, 항생제 저항, 전염병, 세계 빈곤 등의 위협과 같이 인류가 직면한 문제를 논했습니다. 하지만 오늘, 우리가 논의해야 할 가장 중요한 문제는 인공지능의 미래에 관한 것입니다.

그림 5-11 짐 알칼릴리 회장의 경고

인공지능은 인간에게 편리성을 제공하는 한편 위협적인 존재가 될 수도 있기 때문에 이에 대한 준비가 필요합니다. 지금부터는 인공지능의 위협에 대한 대응방안을 살펴보겠습니다.

인공지능의 위협에 대한 대응방안 1 : 명확한 책임 소재

현행법은 '사람'만을 헌법적 권리(기본권)를 가진 존재로 인정합니다. 따라서 책임 소재가 분명합니다. 반면 인공지능 로봇이 문제를 일으키거나 사고가 발생했을 때에는 책임 소재를 가리기가 쉽지 않습니다.

구체적이면서 가장 현실성 있는 가정을 위해 자율주행차를 예로 들어보겠습니다. 어느 날 자율주행차의 오작동으로 인명 피해가 발생했습니다. 하지만 민사상 책임 법체계는 과실, 예견 가능성, 인과관계를 근거로 법적 처벌을 판단하므로 해당 체계로는 사고를 처리하는 것이 쉽지 않습니다.

형사상 책임은 어떨까요? 인공지능에게 징역형, 사형 등의 처벌을 내리려면 인공지능을 '도덕적 주체'로 인정해야 합니다. 즉, 인공지능을 법적으로 '인격체'를 가진 존재로 인정해야 한다는 것입니다.

그림 5-12 **자율주행차 관련 사고의 책임 소재**

인공지능 사고와 관련하여 책임 소재를 가장 처음으로 언급한 기관은 EU의 입법부인 유럽의회(European Parliament)입니다. 유럽의회는 인공지능 로봇이 스스로 판단을 내릴 능력을 갖추고 있으며 그 판단에 대한 알고리즘(문제해결 절차나 방법)이 인간의 이해 영역을 초월하는 수준까지 발전하였다면, 로봇에게 책임을 물을 수밖에 없다는 결의안을 통과시켰습니다. 이 결의안은 인공지능 로봇의 법적 지위를 '전자 인간(Electronic Personhood)'으로 인정한다는 의미입니다. 즉, 로봇에 의한 생명위협과 재산손실의 책임을 로봇 자체에 묻겠다는 것입니다. 하지만 AI 로봇·AI 법학·AI 윤리 전문가 162명은 유럽연합집행위원회(EC)에 공개서한을 보내 로봇에 법적 지위를 부여하는 것은 부적절하다며 유럽의회 결의안에 반기를 들었습니다. 공개서한은 인공지능 로봇 제조사들이 법적 책임에서 벗어나려는 술책에 지나지 않으며, 인공지능 기술 개발에 제약으로 작용할 수 있기 때문에 결의안은 철회되어야 한다는 내용을 담고 있습니다.

그림 5-13 **인공지능 로봇의 법적 책임 여부**

그렇다면 인공지능에 의한 사건과 사고는 누구의 책임일까요? 사고의 책임이 제조사인지, 사용자인지, 또는 인공지능 자체인지에 대한 의견은 분분합니다. 하지만 결국 중요한 것은 인공지능(혹은 인공지능 기술이 적용된 로봇)을 미래 사회의 구성원으로 인정하고 받아들여야 한다는 점입니다. 그 첫 단추로는 인공지능에게 적용할 법을 만드는 것입니다. 법으로 제한을 두지 않는다면 인공지능이 인간에게 신체적·정신적 피해를 줬을 경우 제조사나 시스템 개발자 또는 사용자가 책임을 부담해야 하는 상황이 발생할 수 있기 때문입니다. 인공지능으로 인해 인간이 희생당하기 전에 명확한 책임 소재를 따질 수 있어야 합니다.

그림 5-14 인공지능 관련 법의 필요성

인공지능의 위협에 대한 대응방안 2 : 프라이버시 보호

중국 항저우 중훙전자를 비롯한 일부 기업에서 무선 센서를 이용하여 직원을 관리했다는 사실이 드러나 논란이 된 적이 있습니다. 직원들이 착용한 안전모나 작업용 모자에 무선 센서를 부착해 얼굴에 나타난 표정으로 즐거움, 분노, 기쁨, 슬픔 등의 감정을 읽은 것입니다. 수많은 CCTV를 이용하여 사람의 표정을 포착해 데이터를 구축하거나 뇌파 같은 생체 데이터를 이용하는 등의 행위는 모두 명백한 인권침해입니다. 국내에서도 데이터3법(개인정보 보호법, 정보통신망법, 신용정보법) 개정안이 국회 본회의를 통과함에 따라 프라이버시 침해 문제가 쟁점화되고 있습니다.

하지만 역설적이게도, 인공지능을 이용해 삶의 편리성을 추구하고자 한다면 어느 정도의 프라이버시 침해는 감수해야 합니다. 기상 시간에 맞춰 전등이 켜지고 퇴근 시간에 맞춰 거실 온도가 자동으로 조절되는 스마트홈을 상상해 봅시다. 스마트홈이 가능한 원리는 집안 곳곳에 부착된 센서와 인공지능에 있습니다. 센서가 사람들의 습관 및 행동에 대한 데이터를 수집하고 인공지능이 데이터를 분석하여 맞춤화된 서비스를 제공하기 때문입니다. 즉, 지능화된 서비스가 증가할수록 이용자들은 첨단 기능이나 필수적인 서비스 이용을 위해 개인정보 활용을 스스로 허락해야 하는 상황에 직면하게 됩니다.

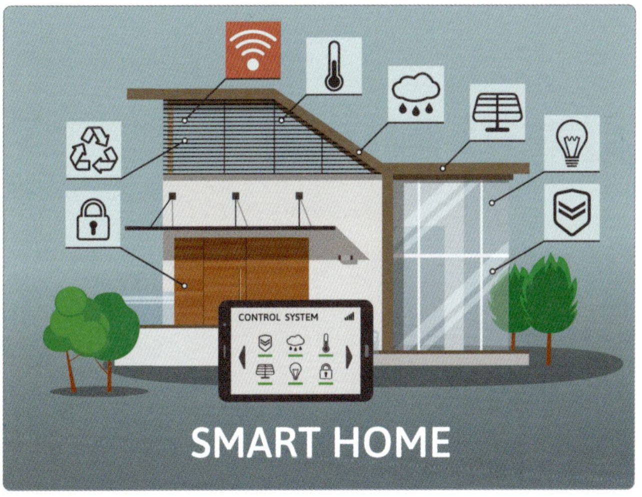

그림 5-15 **스마트홈**

그렇다면 개인은 어디까지 개인정보 공유를 허락해야 할까요? 프라이버시를 보호하기 위한 방안으로는 무엇이 있을까요? 이것에 대한 정확한 기준은 현재 마련된 것이 없습니다. 다만, 기준을 마련하기 위해 고려해야 할 사항들은 다음과 같습니다.

❶ **정책과 규범 수립 :** 인공지능이 보유한 개인정보는 다른 인공지능에서도 활용될 수 있으므로 정보에 대한 파기 및 이동에 대한 규율이 필요합니다. 인공지능 특성상 개발자, 제조자, 구매자, 서비스 이용자 등 정보주체 유형에 따라 개인정보의 처리 기준이 달라질 수 있습니다. 그러므로 개인정보 처리에 대한 책임과 처리 주체에 따른 정책도 심도 있게 연구되어야 합니다.

❷ **기술적인 개인정보보호 :** 인공지능을 위한 서비스 개발 시 설계 단계부터 개인정보를 보호할 수 있는 방안(Privacy By Design)이 적용되어야 합니다. 개인정보 처리의 허용범위를 스스로 학습하고 점검하는 로직을 탑재한 인공지능 보안기술이 개발 및 적용된다면 바람직할 것입니다.

❸ **데이터의 투명성 :** 완벽한 데이터 보안은 불가능하므로 정보의 주체자인 개인이 정보의 흐름을 확인할 수 있어야 하며, 언제든지 삭제할 수 있는 기술적·제도적 방안이 마련되어야 합니다.

Section

02 인공지능의 취약점

뛰어난 지능을 가진 인공지능이 인간을 공격하는 장면은 SF영화에서나 등장할 것 같지만, 최근 인공지능 기술의 발전 속도를 생각한다면 현실에서도 안심할 수는 없습니다. 이러한 상황을 예방할 수 있는 길은 인공지능의 취약점을 미리 발견하고 방안을 모색하는 것입니다.

1 유형별 인공지능의 취약점

과거의 보안 공격이 네트워크 및 시스템의 취약점을 이용한 공격이었다면, 인공지능에 대한 공격은 데이터를 이용한 공격이 많습니다. 인공지능의 취약점을 유형별로 나누면 데이터 변조 공격, 악의적 데이터 주입 공격, 데이터 추출 공격 등이 있습니다.

데이터 변조 공격

인공지능은 인공신경망을 이용하여 대량의 데이터를 학습합니다. 인공지능에게 판다 이미지를 주입하면 인공지능은 판다라고 결과를 내놓아야 합니다. 하지만 [그림 5-16]과 같이 학습 과정에서 고의로 데이터에 무작위의 오류가 존재하는 노이즈를 추가하면 인공지능은 틀린 판단을 하게 됩니다. 기존의 해킹 방법이 유무선 네트워크나 단말기의 취약점을 이용했다면, 인공지능에서의 해킹은 인공지능 자체의 취약점을 이용합니다. 즉, 인공지능이 잘못된 판단을 하도록 유도하는 방식의 공격이라고 할 수 있습니다. 이러한 위험을 회피 공격(Evasion Attack)이라고 합니다.

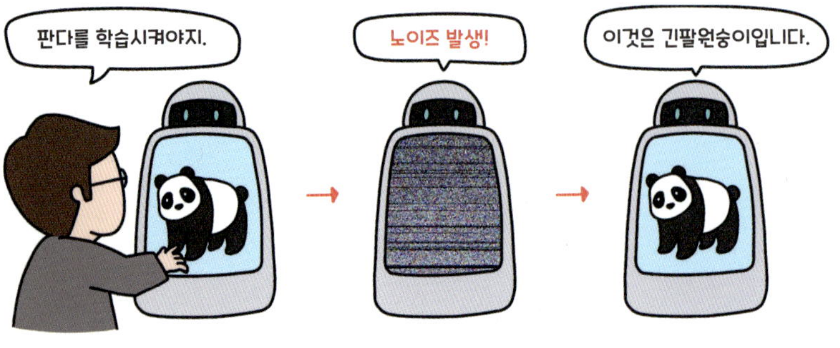

그림 5-16 인공지능의 판단 오류

악의적 데이터 주입 공격

악의적 데이터 주입 공격의 대표적인 사례는 스캐터랩의 '이루다'입니다. 스캐터랩은 이루다를 선보인 지 20일 만에 운영을 종료했습니다. 일부 사용자들이 이루다에게 욕설, 인종차별, 성차별, 정치적 발언 등 악의적인 발언들을 훈련시키면서 정상적인 서비스가 불가능해졌기 때문입니다. 이러한 공격을 중독 공격(Poisoning Attack)이라고 합니다. 즉, 악의적인 데이터를 이용해 인공지능 시스템이 오작동을 일으키도록 하는 공격입니다.

그림 5-17 악의적 단어를 학습한 후의 인공지능

데이터 추출 공격

데이터 추출 공격은 인공지능에서 사용하는 데이터 자체를 탈취하는 공격입니다. 인공지능에 수많은 질의(쿼리)를 한 후, 산출된 결과를 분석해 사용되었던 데이터를 추출하는 것입니다. 이러한 공격을 전도 공격(Inversion Attack)이라고 합니다. 전도 공격은 [그림 5-18]과 같이 뭉개진 데이터를 복원하는 데도 사용됩니다. 하지만 학습에 사용된 데이터가 군사기밀, 의료자료 등 민감정보나 개인정보가 포함된 데이터라면 전도 공격을 받을 시 큰 문제가 발생할 수 있습니다.

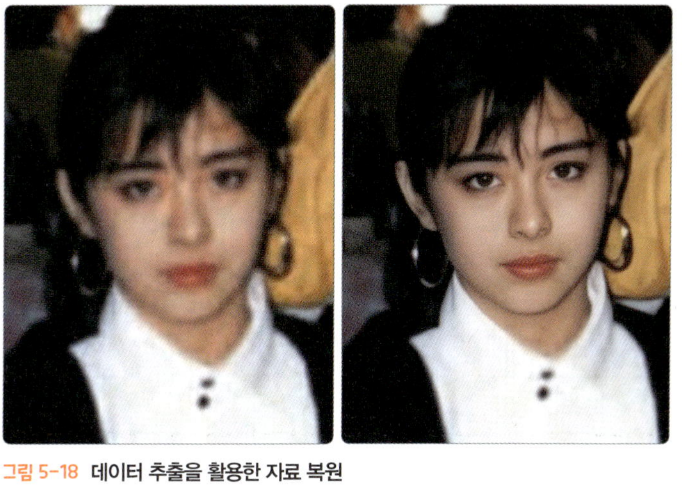

그림 5-18 데이터 추출을 활용한 자료 복원

2 인공지능 취약점에 대한 대응방안

유형별 인공지능의 취약점을 알아봤으니 이제 대응방안에 대해서도 알아보겠습니다.

데이터 변조 공격에 대한 대응방안

데이터가 변조되었다면 변조된 데이터까지 학습 데이터에 포함해 훈련시키는 방법으로 대응할 수 있습니다. 즉, 인공지능 학습 단계에서 해킹에 사용된 사례들도 함께 입력 데이터로 사용하여 내성을 기르도록 하는 것입니다.

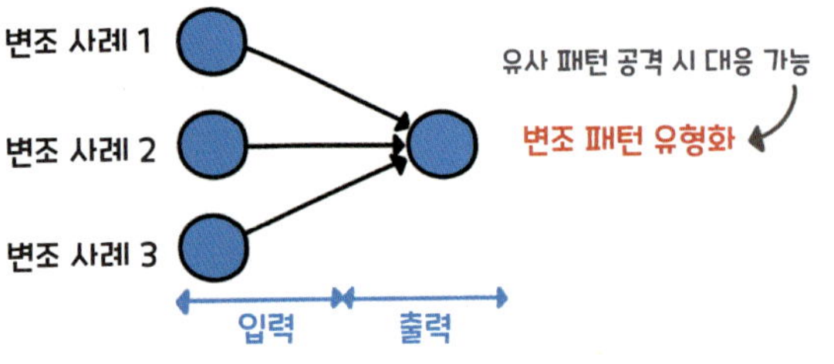

그림 5-19 데이터 변조 사례에 대한 데이터 학습

악의적 데이터 주입 공격에 대한 대응방안

악의적 데이터 주입 공격은 부정적인 데이터에 대한 사전학습으로 대응할 수 있습니다. 긍정적인 데이터를 이용한 학습과 부정적인 데이터를 이용한 학습을 개별적으로 진행하는 것입니다. 그러면 인공지능 서비스가 사용자에게 오픈되기 전에 긍정적인 단어들과 부정적인 단어들에 대해 모두 학습하였기 때문에 악의적인 데이터가 주입되더라도 적절한 답변이 가능합니다. 또한 부정적인 단어들에 대해서는 사전학습된 단어들과 비교하여 추가 학습이 이루어지지 않게 하거나 답변을 우회하도록 프로그램을 설계하는 방법으로 대응할 수 있습니다.

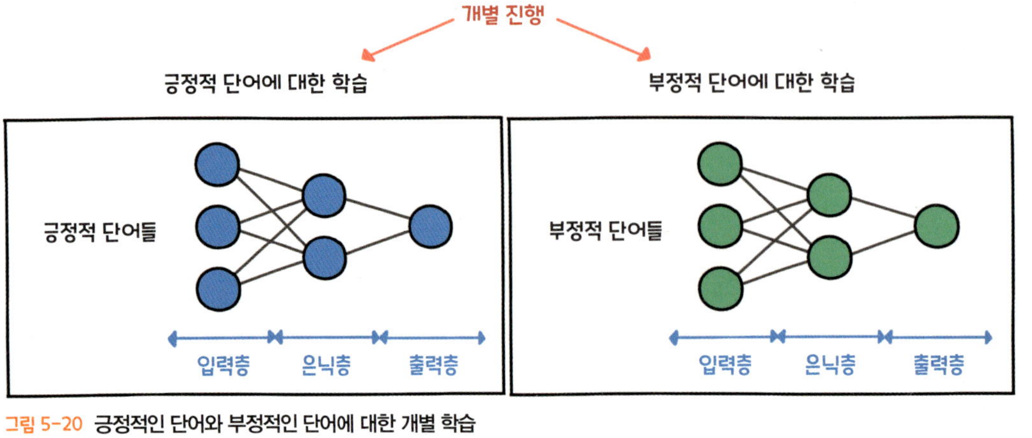

그림 5-20 긍정적인 단어와 부정적인 단어에 대한 개별 학습

데이터 추출 공격에 대한 대응방안

데이터 추출 공격은 질의 횟수를 조정하는 것으로 대응할 수 있습니다. 하루 기준 1명당 질의할 수 있는 횟수를 제한함으로써 데이터가 많이 유출되지 않도록 막는 것입니다.

그림 5-21 사용자 1명당 질의 횟수 제한

횟수를 제한하는 것은 근본적인 대안은 아닙니다. 하지만 인공지능 기술이 하루가 다르게 발전하고 있으므로, 이러한 공격들에 대해서도 인공지능 스스로 방어할 수 있는 기술이 곧 등장할 것이라는 기대를 가져봅니다.

하지만 무엇보다도 인공지능을 이용한 서비스를 도입하는 기업이 인공지능의 취약점을 잘 이해하고 대응방안을 마련하는 것이 중요합니다. 인공지능에게 모든 것을 의지하기보다는 각 과정마다 사람이 점검하는 것이 바람직합니다. 인공지능 학습에 사용되는 데이터에 특이한 점은 없는지, 훈련 과정 중에 오작동은 없었는지를 항시 점검하는 것이 좋습니다.

Section 03

인공지능을 활용한 보안기술

현재 인공지능이 가장 활발하게 적용되고 있는 분야가 바로 보안입니다. 개인정보가 포함되지 않은 데이터 특성상 인공지능 기술에 적용하는 데 제약이 없기 때문입니다. 그럼 인공지능이 보안과 결합했을 때 어떻게 활용될 수 있는지 살펴보겠습니다.

1 보안관제

보안관제(Security Operation)란 각종 침입에 대하여 고객의 IT 자원 및 보안 시스템의 운영 및 관리를 전문적으로 아웃소싱하여 중앙관제센터에서 실시간으로 감시 및 분석, 대응하는 서비스입니다.

전통적인 방식의 보안관제는 방화벽, 침입탐지 시스템(IDS, Intrusion Detection System), 침입 방지 시스템(IPS, Intrusion Prevention System) 등을 활용한 방어에 중점을 둔 단위보안관제입니다. 하지만 기술이 급속도로 발전하면서 공격자들의 침입 기술은 점점 고도화되고 공격 횟수는 늘어 갔습니다. 또한 외부 공격뿐 아니라 내부 사용자들의 행위와 이벤트를 모니터링하고, 비정상 이벤트에 대한 조치를 취해야 했던 보안 담당자들의 업무는 단순하고 지루한 작업의 반복이었습니다.

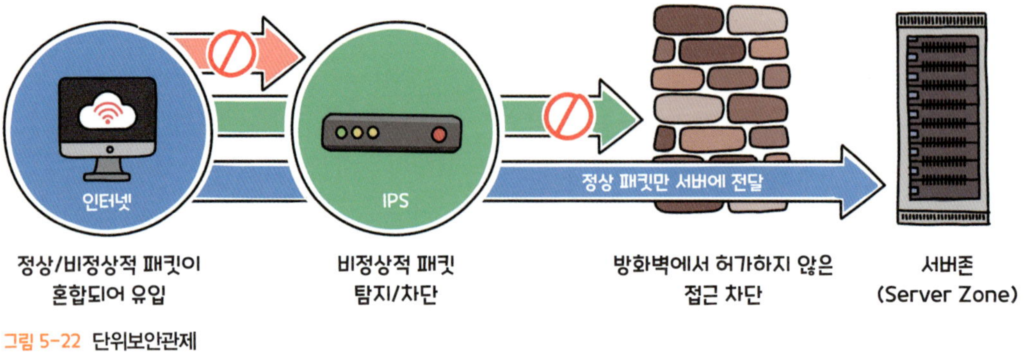

그림 5-22 단위보안관제

개별적인 시스템에서 발생한 수천 건의 이벤트들을 모니터링하는 것에 한계를 느낀 기업은 통합보안관제를 도입합니다. 단일 환경에서 서로 다른 기종의 보안 시스템 로그를 수집하고 분석한 후, 적절한 대응전략을 수립할 수 있게 된 것입니다.

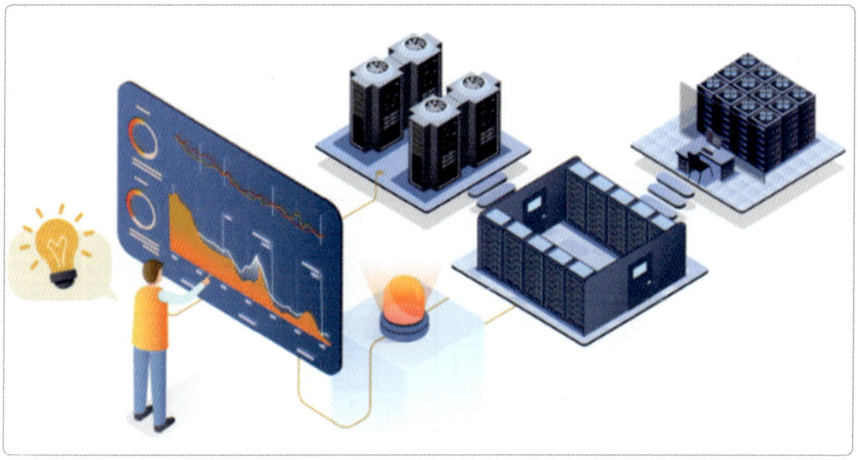

그림 5-23 **통합보안관제** © 시큐레이어

하지만 통합보안관제로도 지능적인 공격에 대한 대응의 한계가 있었습니다. 그래서 장기간 은밀하게 진행된 공격에 대응하기 위해 빅데이터와 인공지능이 결합된 보안관제 개념이 도입되었습니다. 수천 건의 이벤트 중 잘못 판단된 데이터(오탐)는 인공지능에 의해 버려지고, 핵심 이벤트만 보안 담당자에게 전달되는 방식입니다. 이를 통해 보안 담당자는 정확히 확인해야 할 이벤트에만 집중함으로써 침해 공격에 빠르게 대응하는 것은 물론 예방활동에도 집중할 수 있게 되었습니다.

오탐 확률을 낮추면서 이상 행위를 즉시 탐지 및 조치할 수 있게 된 데에는 빅데이터와 인공지능 기술의 역할이 컸습니다. 인공지능 알고리즘에 과거의 모든 보안 이벤트 및 침입 대응방법과 결과 등을 입력으로 던져주면 인공지능은 데이터를 학습합니다. 이후 학습 결과와 새롭게 발생하는 침입 이벤트를 비교하여 이상 행위를 즉각 탐지할 수 있습니다.

표 5-1 **보안관제 패러다임의 변화**

구분	보안관제 패러다임	설명
1세대	단위보안관제	• 방화벽, 침입탐지 시스템, 침입방지 시스템 등 네트워크 기반 보안장비 활용 • 보안 인프라의 고도화 및 안정화 단계
2세대	통합보안관제	• 종합분석 시스템의 등장 • 취약점 관리, 위협 트래픽 관리, 웹 변조 모니터링 등 관제 범위 확대
3세대	빅데이터와 인공지능을 활용한 보안관제	• 사이버 위협의 고도화·지능화 • 기업에서 발생한 보안로그와 인공지능의 결합을 통한 위협 사전 탐지

2 네트워크 침입탐지 시스템

네트워크 침입탐지 시스템(NIDS, Network Intrusion Detection System)이란 허가되지 않은 사용자가 기업의 네트워크 자원에 접근하거나 정보를 유출하는 행위를 검출하는 시스템입니다. 과거 네트워크 침입탐지 제품들은 침입에 대한 특징을 분석하여 패턴을 만들고, 동일한 패턴의 침입이 발생하면 이를 관리자에게 알리는 역할을 해왔습니다. 이 방법은 침입탐지율이 높다는 장점이 있지만 패턴 데이터베이스에 없는 공격이 발생할 경우 방어가 불가능하다는 단점이 있습니다.

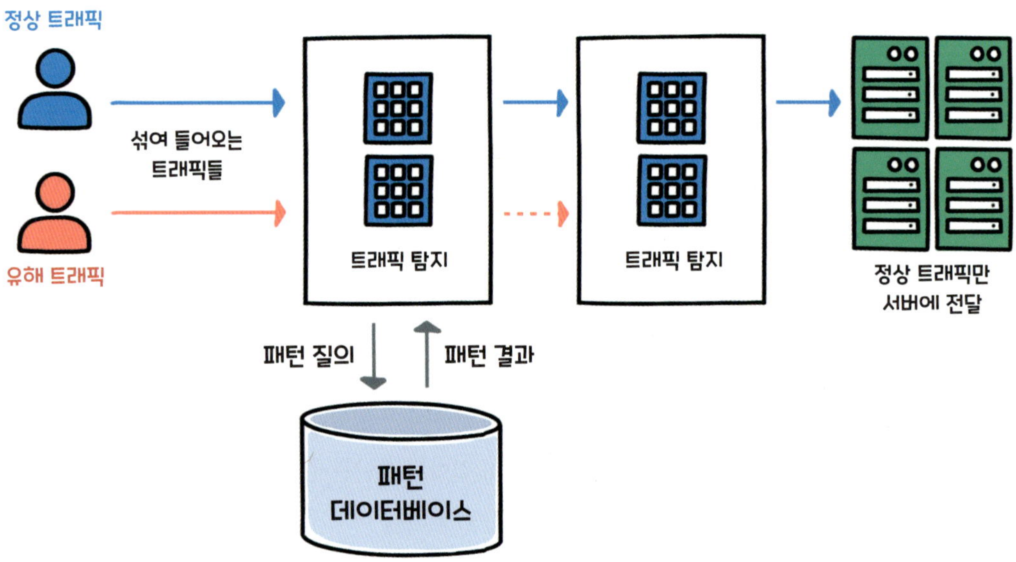

그림 5-24 패턴을 통한 침입탐지

그래서 도입된 것이 인공지능이 접목된 네트워크 침입탐지 시스템입니다. 네트워크에서 침입탐지의 핵심 역할은 실시간 분석과 공격 패턴을 데이터베이스로 자동 생성하는 것입니다. 과거에는 사람이 패턴 데이터베이스에 데이터를 추가해야 했는데, 인공지능이 접목된 후에는 패턴의 자동 생성 및 실시간 분석이 가능해졌습니다.

인공지능이 접목된 네트워크 침입탐지 시스템을 구축하기 위해서는 정상적인 네트워크 패킷과 비정상적인 패킷을 모두 수집하고, 인공지능에 집어넣어 학습시키면 됩니다. 이후 학습 결과를 기반으로 실시간으로 발생하는 패킷에 대해 정상과 비정상 여부를 판단합니다. 정상과 비정상 패킷 여부를 확인한 후에는 행동을 취해야 하는데, 정상 패킷은 기업 내부로 통과시키고 비정상 패킷은 차단하도록 설정합니다. 이때 'IF-THEN' 규칙을 사용하여 패킷의 흐름을 제어합니다. 그러면 기존 공격에 대한 대응뿐만 아니라 새로운 침입 공격에 대해서도 대응할 수 있습니다.

패킷이란 데이터 묶음 단위로 한 번에 전송할 데이터의 크기를 의미합니다. 또한 새로운 침입 공격에 대한 대응은 인공지능 스스로 학습하여 결과를 도출하는 비지도학습을 통해 만들 수 있습니다. 비지도학습은 8장에서 자세히 다룹니다.

3 악성코드 탐지

보안 연구원들의 역할 중 하나는 인터넷에 돌아다니는 악성코드를 식별하는 것입니다. 하지만 인터넷상에는 수많은 악성코드가 존재하기 때문에 모든 악성코드를 탐지하기에는 역부족입니다. 그래서 이들의 노력을 대체해 줄 인공지능 악성코드 탐지 기술이 등장했습니다.

그림 5-25 **악성코드 탐지**

과거에는 악성코드를 탐지하기 위해 허니팟(Honeypot)이라는 일종의 덫을 놓았습니다. 비정상적인 접근을 탐지하도록 의도적으로 설치한 시스템입니다. 허니팟을 통해 악성코드들을 수집 및 분석한 후, 새로운 악성코드가 발견되면 안티바이러스(Anti-Virus)와 안티멀웨어(Anti-Malware) 제품에 해당 파일을 탐지할 수 있도록 일종의 규칙을 추가합니다.

안티바이러스(Anti-Virus)는 컴퓨터나 모바일 기기 등이 악성코드에 감염되는 것을 방지하기 위한 보안 프로그램이고, 안티멀웨어(Anti-Malware)는 악성 소프트웨어에 대처하기 위한 소프트웨어입니다.

하지만 기하급수적으로 증가하는 악성코드를 탐지하기에 허니팟 기술은 한계가 있었습니다. 허니팟이 공격을 감지하고 공격자를 허니팟으로 유인한다 하더라도 결국 담당자에게 경고를 전달하는 수준이었기 때문입니다. 이러한 한계를 극복하기 위해 인공지능을 적용하면 악성코드 탐지 및 대응이 쉬워집니다. 인공지능을 통해 코드의 특성을 파악하여 해당 파일이 악성코드인지 아닌지를 판별하는 것입니다.

그렇다면 어떻게 악성코드인지 아닌지를 판별할까요? 바로 수많은 양성코드가 포함된 파일과 악성코드가 포함된 파일들을 인공지능에 투입하여 훈련을 시키면 됩니다. 이를 통해 양성코드와 악성코드의 특성이 도출되고, 새로운 코드가 유입되면 인공지능의 학습 결과와 비교하여 양성인지 악성인지를 분류합니다. 이후 악성코드에 대해서는 안티바이러스 프로그램에 등록하여 자동으로 대응할 수 있도록 합니다.

그림 5-26 **인공지능의 악성코드 판별**

Section 04 인공지능 보안의 향후 과제

인공지능 기술이 빠르게 발전하고 있다는 것은 인공지능 기술이 아직 완성 단계가 아니라는 의미와 같습니다. 그렇다고 인공지능 기술이 완성기에 접어들 때까지 기다리고 있기만 하는 것도 해답은 아닐 것입니다. 이 시점에서 우리가 해야 할 일에는 무엇이 있을까요?

1 침입 데이터 공유

의료, 법률 분야와는 달리, 보안 분야는 개인정보보호 문제가 발생할 소지가 거의 없기 때문에 빅데이터를 이용한 인공지능 기술을 적용하기 가장 적합한 분야입니다. 따라서 각종 보안 솔루션에 인공지능 기술을 접목하면 실시간으로 침입을 탐지하고 차단할 수 있습니다. 그리고 이렇게 자동화된 상황이 가능하려면 수십만 건의 침입 데이터가 필요합니다. 인공지능은 대량의 데이터를 분석하여 결과를 내놓기 때문입니다.

하지만 빅데이터 기반의 보안관제 및 악성코드를 탐지하기 위해서는 특정 기업의 데이터로는 한계가 있습니다. 그래서 이를 해결하기 위해서는 기업 간의 데이터 공유가 필요합니다. 이미 국제 보안 솔루션 기업들은 '사이버위협동맹(CTA, Cyber Threat Alliance)'을 결성하여 외부 침입 데이터를 공유하고 있습니다. 기업 간의 침입 데이터를 공유하기 위해서는 데이터의 표준이 필요한데, 글로벌 표준으로는 STIX, CVE, CPE 등이 있습니다. 국내에서는 KISA에서 운영하는 CTAS를 통해 수억 건의 침입 데이터가 공유되고 있습니다. 하지만 여전히 정부 및 벤더 위주로만 침해 데이터가 공유되고 있어, 좀 더 실용성이 높은 데이터 확보를 위한 기업들의 적극적인 참여가 필요합니다.

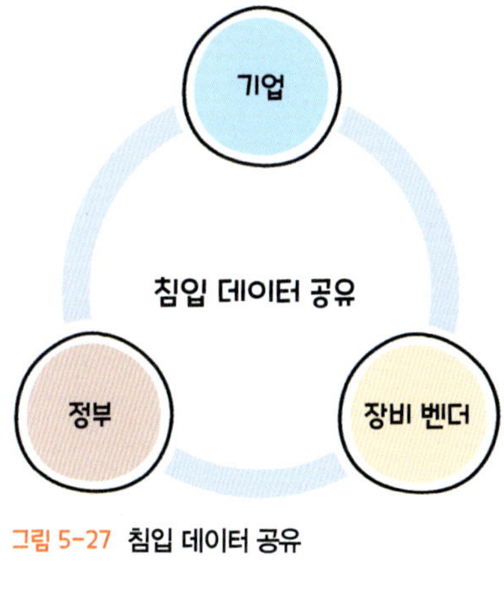

그림 5-27 침입 데이터 공유

2 인력의 재교육

인간에 의한 악성코드 탐지와 다양한 유형의 이벤트를 검토하는 업무는 번거롭고 많은 시간이 필요합니다. 이러한 업무가 인공지능에 의해 대체된다면 다음과 같은 효과를 얻을 수 있습니다. 첫째, 기업은 최소한의 인력으로 외부 침입에 빠르게 대응할 수 있습니다. 둘째, 보안 담당자는 단순 반복적인 업무에서 해방되어 좀 더 의미 있는 업무에 집중할 수 있습니다. 하지만 수십 명의 관제 인력은 인공지능에 의해 일자리를 잃게 된다는 양면성도 있습니다.

인공지능을 도입하면 실제 상황에서 일어나는 다양한 외부 침해 데이터를 수집하고, 이 데이터를 인공지능에 적용함으로써 알려지지 않은 악성코드의 어떤 변종이라도 대응할 수 있게 됩니다. 하지만 인간은 여전히 같은 기술 수준에 머물러 있을 것입니다. 따라서 기존의 관제 업무를 담당했던 직원들에게 재교육 및 재훈련을 시켜, 고도화된 업무를 수행하거나 유사업무를 수행할 수 있도록 지원해야 합니다.

그림 5-28 인공지능에 의한 일자리 대체

AI가 유튜브 영상을 요약한다! : 릴리스 AI

LAB

최근에 유튜브의 쇼츠(Shorts)가 유행하면서 우리의 집중력은 더 떨어지고 있습니다. 그래서 이제는 10분짜리 영상도 길게 느껴집니다. 꼭 필요한 영상은 시청해야 하지만, 시간이 부족하거나 지루하다고 느껴질 때는 영상을 요약해 주는 인공지능을 활용할 수 있습니다. 이번 〈LAB〉에서는 릴리스 AI를 통해 영상을 요약하는 실습을 진행하겠습니다.

실습

01 웹사이트 검색창에 https://lilys.ai/를 입력하여 릴리스 AI(LilysAI)에 접속합니다.

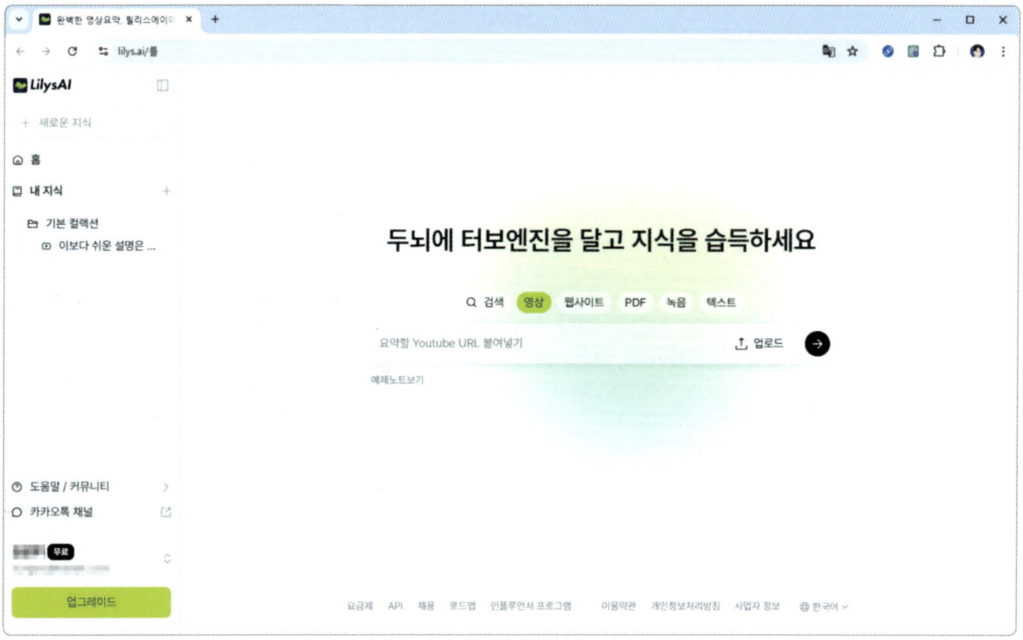

02 입력 박스에 요약하고 싶은 유튜브 URL을 입력하고 ➔ 버튼을 클릭합니다.
(예시 유튜브 URL : https://www.youtube.com/watch?v=i1VqqX4iAZ0)

03 시작하기 화면이 열리면 릴리스 AI에서 사용할 구글이나 네이버 계정에 맞게 버튼을 눌러 시작합니다. 계정 설정이 완료되고 처음에 나왔던 화면이 다시 나타나면 ➔ 버튼을 클릭합니다.

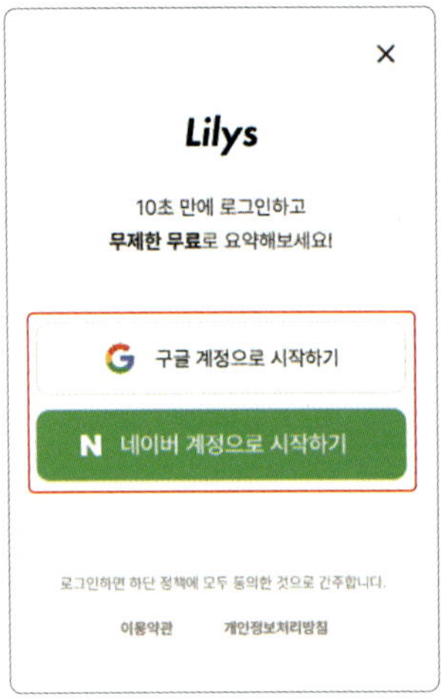

04 해당 영상에 대한 영상 소개, 요약 노트, 스크립트, 타임스탬프, 블로그 글 등의 다양한 형태로 요약이 완료됩니다.

응용

01 인공지능이 요약해 준 내용이 실제 영상 내용과 동일한지 확인합니다.

02 다음 URL은 가수 이효리 씨가 모교에서 졸업 연설을 했던 영상입니다. 다음의 영상을 같은 방식으로 요약해 보세요.

https://www.youtube.com/watch?v=d291l2ikV8Y

03 토론 유튜브 영상 요약은 언제 사용하면 효과적일지 토론해 보세요.

요약

01 스튜어트 러셀 교수는 인간이 인공지능에 대한 통제력을 되찾아야 한다고 설명하였습니다.

02 인공지능의 위협으로는 인간의 존엄성 파괴와 프라이버시 침해가 대표적입니다.

03 초지능 기계는 사람의 모든 지적 능력을 초월하는 기계로, 만들어져 활용된다면 인류에게 위협이 될 수 있습니다.

04 인공지능의 위협에 대한 대응방안으로는 명확한 책임 소재와 프라이버시 보호가 있습니다.

05 인공지능의 취약점을 유형별로 나누면 데이터 변조 공격, 악의적 데이터 주입 공격, 데이터 추출 공격 등이 있습니다.

06 데이터 변조 공격은 관련 데이터를 학습 데이터에 포함해 훈련시키는 방법으로 대응할 수 있습니다.

07 악의적 데이터 주입 공격은 부정적인 데이터에 대한 사전학습으로 대응할 수 있습니다.

08 데이터 추출 공격은 질의 횟수를 조정하는 것으로 대응할 수 있습니다.

09 보안관제는 '단위보안관제 → 통합보안관제 → 빅데이터와 인공지능을 활용한 보안관제'로 패러다임이 변화하였습니다.

10 네트워크 침입탐지 시스템은 허가되지 않은 사용자가 기업의 네트워크 자원에 접근하거나 정보를 유출하는 행위를 검출하는 과정으로, 패턴 데이터베이스 생성의 한계를 극복하기 위해 인공지능을 접목하면 자동화할 수 있습니다.

11 악성코드 탐지에 인공지능 알고리즘을 적용하면 코드 탐지 및 대응이 쉬워집니다.

12 인공지능 보안의 향후 과제는 침입 데이터 공유와 인력의 재교육입니다.

연습문제

단답형 문제

01 인공신경망을 이용한 (　　　　　　　　) 학습을 하는 알파고 제로는 자신을 상대로 바둑을 둔 지 3일 만에 초인적인 수준에 도달했습니다.

02 인공지능이 전쟁 무기로 악용되어 LAWS로 부르는 (　　　　　　　　)이(가) 통제를 벗어나 인간을 공격한다면 인간의 존엄성은 추락할 것입니다.

03 인공지능은 (　　　　　　　　)을(를) 침해할 수 있습니다. 가장 대표적인 것이 거리와 건물 곳곳에 설치된 CCTV입니다.

04 어빙 존 굿은 (　　　　　　　　)을(를) 고안해냈는데, 이 기계는 사람의 모든 지적 능력을 훨씬 초월하는 기계입니다.

05 영화 《2001 스페이스 오디세이》에서는 자신을 정지시키려고 한 승무원들을 공격하는 (　　　　　　　　)라는(이라는) 인공지능 컴퓨터가 등장합니다.

06 일론 머스크는 전 인류의 이익에 도움이 되는 방향으로 인공지능 사업을 추진하기 위한 (　　　　　　　　) 연구소를 설립했습니다.

07 (　　　　　　　　)은(는) 악의적인 데이터를 이용해 인공지능 시스템이 오작동을 일으키도록 하는 공격입니다.

08 (　　　　　　　　)은(는) 부정적인 데이터에 대한 사전학습으로 대응할 수 있습니다. 긍정적인 데이터를 이용한 학습과 부정적인 데이터를 이용한 학습을 개별적으로 진행하는 것입니다.

09 (　　　　　　　　)은(는) 질의 횟수를 조정하는 것으로 대응할 수 있습니다. 하루 기준 1명당 질의할 수 있는 횟수를 제한함으로써 데이터가 많이 유출되지 않도록 막는 것입니다.

10 전통적인 방식의 보안관제는 방화벽, 침입탐지 시스템, 침입방지 시스템 등을 활용한 방어에 중점을 둔 (　　　　　　　　)입니다.

11 (   )은(는) 허가되지 않은 사용자가 기업의 네트워크 자원에 접근하거나 정보를 유출하는 행위를 검출하는 시스템입니다.

12 (   )란(이란) 데이터 묶음 단위로 한 번에 전송할 데이터의 크기를 의미합니다.

13 (   )은(는) 컴퓨터나 모바일 기기 등이 악성코드에 감염되는 것을 방지하기 위한 보안 프로그램입니다.

14 (   )은(는) 악성 소프트웨어에 대처하기 위한 소프트웨어입니다.

객관식 문제

15 알파고 제로가 자신을 상대로 바둑을 둔 지 3일 만에 초인적인 수준에 도달했는데, 이때 어떤 기술을 이용했나요?

① 튜링 테스트　② 딥러닝　③ 머신러닝
④ 챗GPT　⑤ 스프링 부트

16 인공지능이 인간에게 가할 수 있는 위협 유형이 아닌 것을 고르시오.

① 위험한 인격성을 가진 책임 주체가 될 가능성
② 인공지능이 인간을 통제할 가능성
③ 전쟁 무기로 악용될 가능성
④ 사생활 침해 가능성
⑤ 기술 퇴보 가능성

17 다음 설명을 읽고 무엇에 대한 설명인지 고르시오.

> **이것**은(는) 현대 사회의 부정적 측면이 극대화됐을 때 나타나는 어두운 미래상을 의미합니다. 컴퓨터 기술의 발달로 감시가 더욱 공고화된 사회, 극단적인 환경오염으로 인류가 생존할 수 없는 사회, 인공지능에 지배당하는 사회, 핵전쟁으로 인류가 멸망하는 사회 등이 모두 **이것**에 해당합니다.

① 유니버스　② 유토피아　③ 디스토피아
④ 올림푸스　⑤ 게임피아

18 대한민국에서 통과된 데이터3법에 해당하는 법을 <u>모두</u> 고르시오.

① 개인정보 보호법 ② 정보통신망법 ③ 생명공학육성법
④ 신용정보법 ⑤ 단말기 유통구조 개선법

19 다음 설명을 읽고 어떤 영화에 대한 설명인지 고르시오.

> 이 **영화**은(는) 인류를 말살하려는 인공지능 스카이넷(SkyNet)이 인류 지도자인 존 코너를 없애기 위해 T-800이라는 인공지능 로봇을 과거로 보내는 이야기를 담고 있습니다.

① 아이, 로봇 ② 그녀 ③ 메트릭스
④ 2001 스페이스 오디세이 ⑤ 터미네이터

20 다음 중 인공지능으로 인해 프라이버시가 침해된 사례로 알맞은 것은?

① 인공지능이 자율주행차로 운전을 했다.
② 위험한 산업현장에서 인공지능이 고되고 힘든 노동을 하였다.
③ 인공지능이 CCTV로부터 수집된 데이터로 특정 개인의 위치와 상태를 감시했다.
④ 인공지능이 법원에서 피고인을 변호했다.
⑤ 인공지능이 병원에서 수술을 집도하였다.

21 다음 설명을 읽고 무엇에 대한 설명인지 고르시오.

> EU는 인공지능 로봇이 스스로 판단을 내릴 능력을 갖추고 있으며 그 판단에 대한 알고리즘이 인간의 이해 영역을 초월하는 수준까지 발전하였다면, 로봇에게 책임을 물을 수밖에 없다는 결의안을 통과시켰습니다. 이 결의안은 인공지능 로봇의 법적 지위를 **이것**(으)로 인정한다는 의미입니다.

① 인조 인간 ② 컴퓨터 ③ 전자 인간
④ 일반 로봇 ⑤ 일반 상품

22 인공지능의 취약점을 이용하는 것으로, 인공지능이 잘못된 판단을 하도록 유도하는 공격은 무엇이라고 하는가?

① 전도 공격 ② 중독 공격 ③ 전면 공격
④ 회피 공격 ⑤ 주입 공격

23 **빅데이터와 인공지능을 활용한 보안관제에 대한 설명 중 맞는 것은?**

① 보안 인프라의 고도화 및 안정화 단계

② 취약점 관리, 위협 트래픽 관리, 웹 변조 모니터링 등 관제 범위 확대

③ 방화벽, 침입탐지 시스템, 침입방지 시스템 등 네트워크 기반 보안장비 활용

④ 종합분석 시스템의 등장

⑤ 기업에서 발생한 보안로그와 인공지능의 결합을 통한 위협 사전 탐지

24 **인공지능에 수많은 질의(쿼리)를 한 후, 산출된 결과를 분석해 사용되었던 데이터를 추출하는 공격은 무엇이라고 하는가?**

① 전도 공격 ② 중독 공격 ③ 전면 공격

④ 회피 공격 ⑤ 주입 공격

25 **네트워크 침입탐지 시스템에 대한 설명 중 맞지 않는 것은?**

① 허가되지 않은 사용자가 기업의 네트워크 자원에 접근하거나 정보를 유출하는 행위를 검출하는 시스템입니다.

② 침입탐지율이 높다는 장점이 있지만 패턴 데이터베이스에 없는 공격이 발생할 경우 방어가 불가능하다는 단점이 있습니다.

③ 네트워크에서 침입탐지의 핵심 역할은 실시간 분석과 공격 패턴을 데이터베이스로 자동 생성하는 것입니다.

④ 네트워크 침입탐지 시스템을 구축하기 위해서는 정상적인 네트워크 패킷과 비정상적인 패킷을 모두 수집하고, 인공지능에 집어넣어 학습시키면 됩니다.

⑤ 인공지능이 접목된 후에는 패턴의 자동 생성 및 실시간 분석이 가능해졌습니다.

26 **인간에 의한 악성코드 탐지와 다양한 유형의 이벤트를 검토하는 업무가 인공지능에 의해 대체되면 발생할 일이 아닌 것은?**

① 기업은 최소한의 인력으로 외부 침입에 빠르게 대응할 수 있습니다.

② 기존의 관제 업무를 담당했던 직원들에게 재교육 및 재훈련은 필요 없습니다.

③ 보안 담당자는 단순 반복적인 업무에서 해방되어 좀 더 의미 있는 업무에 집중할 수 있습니다.

④ 수십 명의 관제 인력은 인공지능에 의해 일자리를 잃게 된다는 양면성도 있습니다.

⑤ 다양한 외부 침해 데이터를 수집하고, 이 데이터를 인공지능에 적용함으로써 알려지지 않은 악성코드의 어떤 변종이라도 대응할 수 있게 됩니다.

토론과제

01 어빙 존 굿은 '인류의 존망은 인간이 만든 초지능 기계가 인간에게 우호적인지 적대적인지에 달려 있다'고 하였습니다. 이 의견에 동의하는지 토론해 봅니다.

02 인공지능의 취약점을 모두 파악하고 대응방안을 마련한다면 인공지능을 안전하게 사용할 수 있을까요? 안전하게 인공지능을 사용할 수 있는 방안으로는 무엇이 있을지 토론해 봅니다.

03 인공지능 분야의 대부라고 불리는 제프리 힌턴 교수는 '생성형 AI가 더 진화하고 킬러 로봇이 현실화되는 날이 올까 두렵다!'라고 말했습니다. 킬러 로봇이란 전장에서 적군을 살상하는 역할을 담당하는 인공지능 로봇을 의미합니다. 그렇다면 킬러 로봇이 현실화될 경우, 이것은 우리에게 축복일지, 재앙일지 토론해 봅니다.

· PART ·
02

인공지능과 기술

CONTENTS

CHAPTER 06

인공지능을 실현하기 위한 기술

학습목표

- 인공지능을 실현하기 위한 기술 요소들을 이해할 수 있습니다.
- 인공지능과 GPU의 관계에 대해 설명할 수 있습니다.
- 인공지능과 5G의 관계에 대해 설명할 수 있습니다.
- 인공지능과 클라우드의 관계에 대해 설명할 수 있습니다.
- 인공지능과 사물인터넷의 관계에 대해 설명할 수 있습니다.

Preview

인공지능이 적용된 서비스를 개발하기 위해서는 인공지능 기술만 필요한 것이 아닙니다. 인공지능의 연료 역할을 하는 데이터 수집과 관련된 여러 가지 기반 기술이 필요합니다. 즉, 데이터를 수집하고 서비스를 제공하기 위한 사물인터넷 기술과 사물인터넷이 수집한 데이터를 빠르게 전송하기 위한 5G, 데이터를 저장하고 처리하기 위한 클라우드가 필요합니다. 이외에 클라우드 환경에서 인공지능 서비스를 구현하기 위해서는 GPU가 탑재된 시스템이 필요합니다. 이렇게 인공지능 서비스는 신기술의 집합체라고 할 수 있습니다. 이번 장에서는 인공지능 서비스를 구현하는 데 필요한 기술들을 알아보겠습니다.

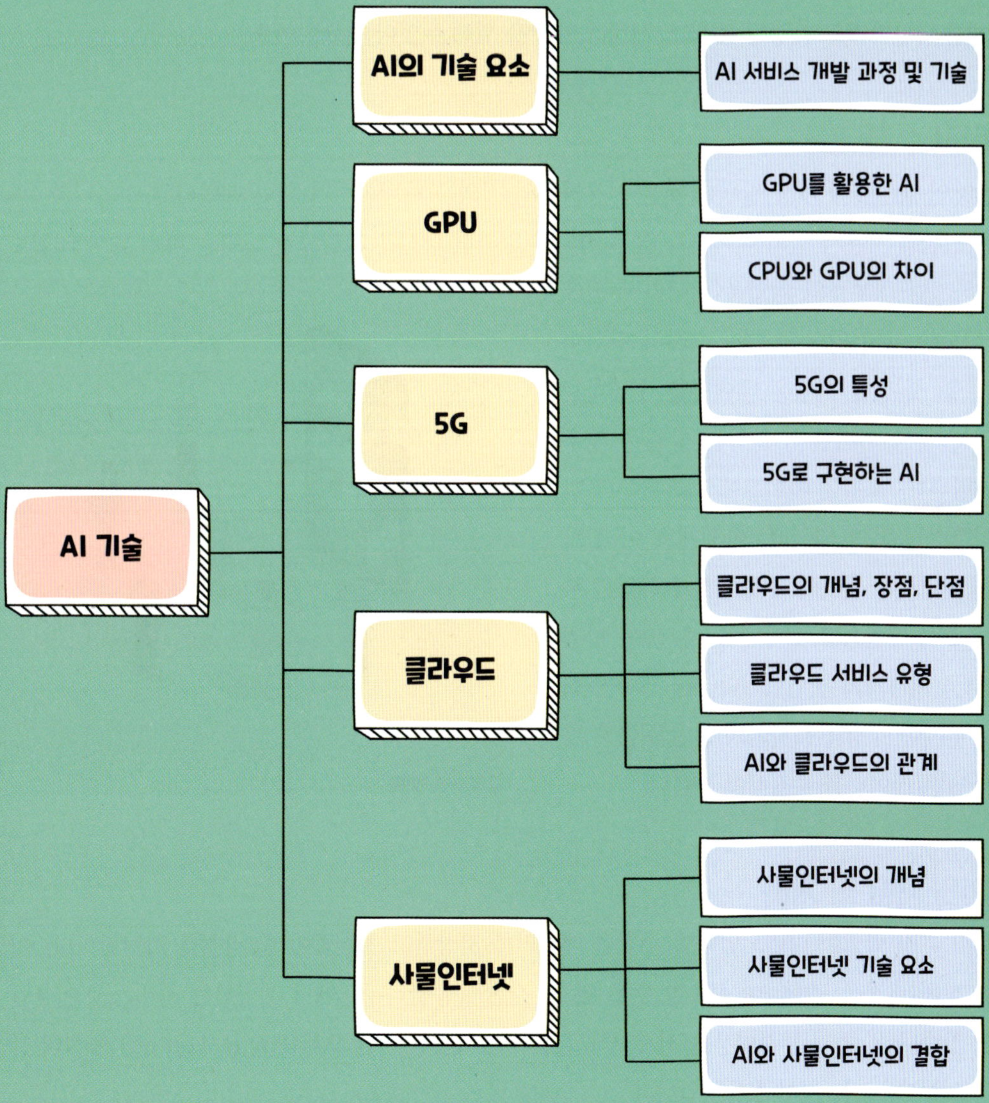

Section

01 인공지능을 실현하기 위한 기술 요소

1 인공지능 서비스 개발 과정

이번에는 인공지능을 이용한 서비스 개발 과정에 대해 알아보겠습니다. 여러분이 A사 쇼핑몰의 챗봇 개발 담당자라고 가정해 봅시다. 서비스 개발을 위해 무엇이 필요할까요?

데이터 수집

개발자인 당신에게 가장 필요한 것은 사용자들의 질의를 패턴화하기 위한 데이터일 것입니다. 만약 수년간의 사용자 질의 데이터가 잘 축적되어 있다면 당신은 불필요한 노력을 하지 않아도 됩니다. 하지만 대부분의 기업은 데이터 수집에 큰 비중을 두지 않았습니다. 그래서 당신이 해야 할 첫 번째 작업은 데이터를 수집하는 것입니다. 데이터를 수집하는 방법은 매우 다양합니다. 쇼핑몰 사이트에 기록된 사용자 문의를 이용하면 되는데, 아쉽게도 이 정도의 데이터로는 챗봇을 구축하기에 턱없이 부족합니다. 대안으로 생각해 볼 수 있는 방법이 다른 회사와의 협업입니다. AI 스피커 회사나 유사한 쇼핑몰 회사와의 협업을 통해 가능한 많은 데이터를 수집해야 합니다.

그림 6-1 챗봇

데이터 저장 및 처리

데이터 수집 방법이 마련되었다면 수집된 데이터를 저장하고 처리해야 할 장치를 마련합니다. 이러한 장치는 직접 구매하여 구축할 수도 있고, 간편하게 클라우드에서 제공하는 서비스를 이용할 수도 있습니다. 초기 투자비용을 최소화하고 싶다면 사용량 기반 요금(Pay as you go) 형식의 클라우드를 사용하는 것이 효율적입니다.

프로그램 제작

이렇게 수집한 데이터를 클라우드에 저장한 후에는 인공지능 알고리즘을 이용하여 사용자 질의에 대한 패턴을 분석하고 질의에 답변이 가능한 프로그램을 만듭니다.

서비스 배포

프로그램 제작이 완료되면 서비스를 배포해야 합니다. 클라우드에서 제공하는 서비스를 이용하여 간편하게 배포·유지·관리할 수 있습니다.

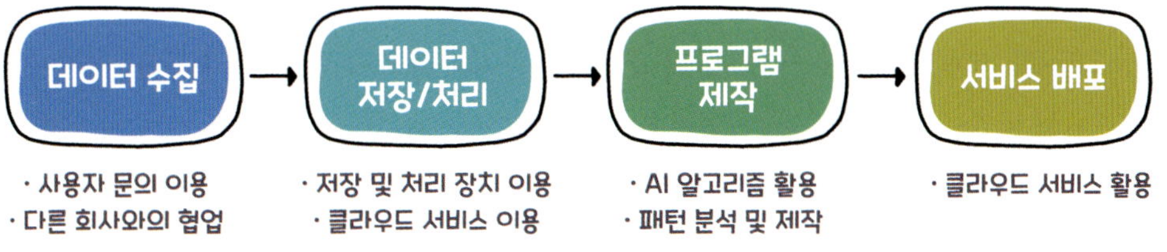

그림 6-2 인공지능 서비스 개발 과정

2 인공지능 서비스 개발을 위한 기술

지금까지 살펴본 바와 같이 인공지능을 이용한 서비스를 만들고 배포하는 일에는 많은 신기술이 요구됩니다. 데이터 수집에 필요한 사물인터넷 기술, 데이터를 전송하기 위한 5G 기술, 데이터를 저장하고 처리하기 위한 클라우드 기술, 패턴 분석을 위한 인공지능 기술 등 인공지능 서비스는 한마디로 다양한 기술의 복합체라고 할 수 있습니다.

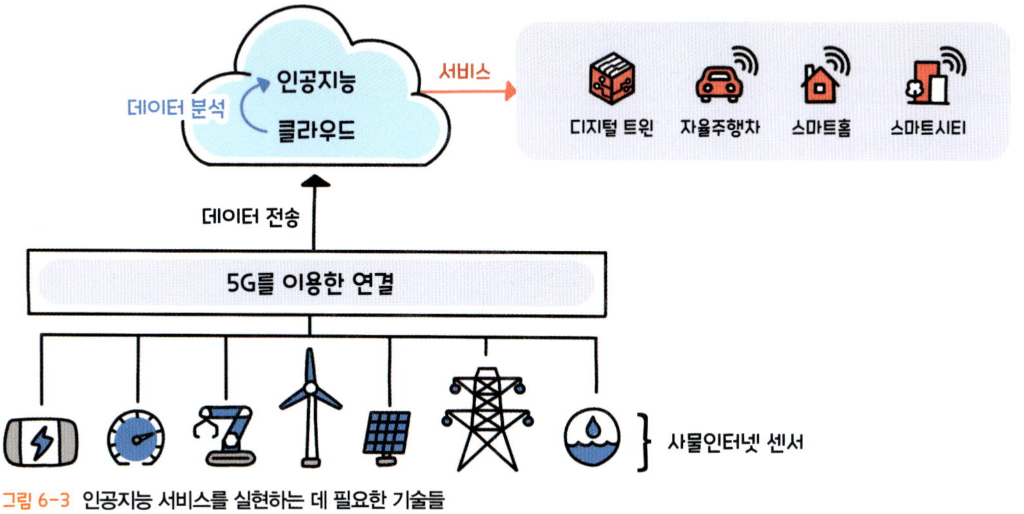

그림 6-3 인공지능 서비스를 실현하는 데 필요한 기술들

Section 02

인공지능을 위한 하드웨어 기술 : GPU

인공지능의 역사는 많은 쇠퇴기와 부흥기를 거쳤습니다. 그리고 2000년대 후반, 또다시 인공지능의 부흥기를 맞이한 데에는 데이터양의 폭발적 증가와 인공지능 알고리즘의 고도화가 크게 기여했지만, 하드웨어의 발전도 중요한 요소로 꼽습니다. 대량의 학습 데이터를 반복해서 학습시키는 데에는 많은 시간이 소요됩니다. 그래서 중앙처리장치(이하 CPU)만을 사용했던 시기에는 데이터를 처리하는 데 시간이 너무 많이 걸려서 실용적이지 못했습니다. 하지만 그래픽처리장치(이하 GPU)를 연산에 적용하자 학습 속도가 가속화되면서 인공지능이 더욱더 발전할 수 있었습니다. 현재 컴퓨팅 시장에서 GPU는 CPU만큼, 또는 그 이상으로 주목받고 있는 주요 장치입니다. GPU에 대해 좀 더 자세히 알아보겠습니다.

(a) CPU : 인텔 코어 i9

(b) GPU : 엔비디아 지포스 RTX 3080

그림 6-4 CPU와 GPU

1 GPU를 활용한 인공지능의 도약

GPU(Graphic Processing Unit)는 그래픽 처리 장치로, 이름 그대로 컴퓨터의 그래픽 요소를 처리하기 위해 만들어진 기술입니다. 그런데 GPU가 일반적인 연산에도 유용하다는 사실이 알려지면서 범용적인 컴퓨터에서도 사용할 수 있도록 한 GPGPU(General-Purpose computing on GPU) 기술이 개발됐습니다. 영국 시장조사업체인 키사코 리서치(Kisaco Research)의 미카엘 아조프 수석연구원은 엔비디아(NVIDIA)가 GPGPU 기술을 공개한 2010년부터 인공지능(정확히 딥러닝)의 활용이 급격히 늘어났다고 발표했습니다. GPGPU의 도입으로 수개월 걸리던 인공지능 학습 시간이 불과 몇 시간에서 며칠 사이로 줄었기 때문입니다.

그렇다면 인공지능에서 연산이 어떤 방식으로 수행되기에 GPU 기술이 필요할까요? 인공지능은 학습을 위해 행렬곱 연산을 수행합니다. 행렬곱을 이해하기 위해서는 행렬에 대한 개념을 먼저 이해해야 합니다. 행렬은 우리가 쉽게 접할 수 있는 마이크로소프트 엑셀(Microsoft Excel)을 떠올리면 됩니다. 각각의 셀은 행과 열의 조합으로 구성됩니다. [그림 6-5]와 같이 가로가 행을 나타낸다면, 세로는 열을 의미합니다.

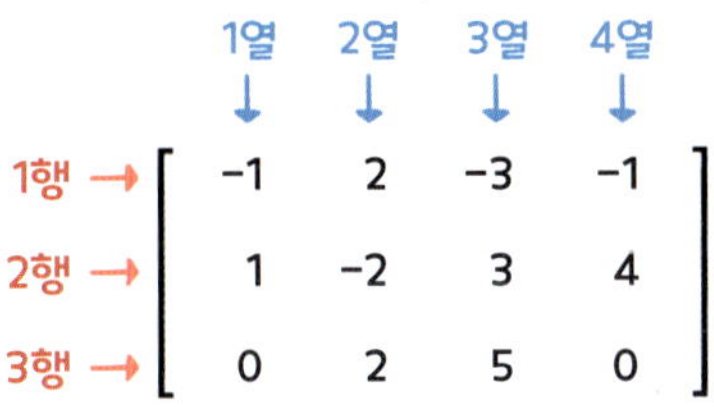

그림 6-5 **행렬**

행렬에 대한 개념을 알아봤으니, 행렬곱에 대해서도 알아보겠습니다. 행렬곱이란 행렬과 행렬을 곱한 것으로, 인공지능 연산에서 많이 사용됩니다. 하지만 일반적인 수학적 곱셈과는 조금 차이가 있습니다. [그림 6-6]과 같이 행렬 A의 한 행과 행렬 B의 한 열을 곱한 결과를 더하는 방식으로 값을 구하는 식입니다.

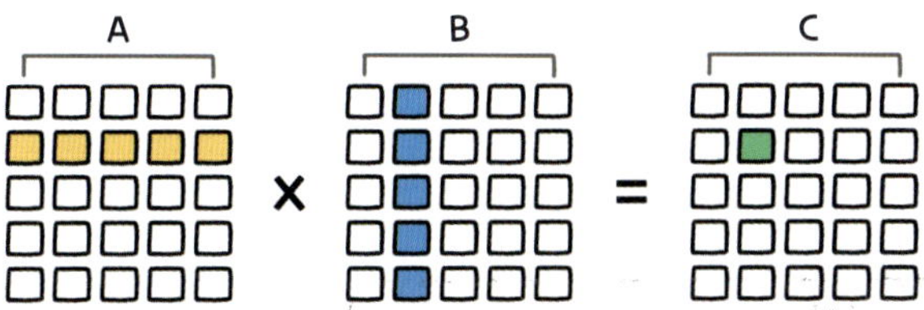

그림 6-6 **행렬곱 연산**

개념적으로 이해가 어려울 수 있으므로 예를 들어보겠습니다. [그림 6-7]과 같이 두 개의 행렬이 있을 때 이들에 대한 곱셈은 다음과 같습니다.

$$\begin{bmatrix} 5 & -2 \\ 3 & 1 \end{bmatrix} \times \begin{bmatrix} 0 & 6 & 1 \\ 3 & 5 & 2 \end{bmatrix}$$

$$= \begin{bmatrix} 5\times0+(-2)\times3 & 5\times6+(-2)\times5 & 5\times1+(-2)\times2 \\ 3\times0+1\times3 & 3\times6+1\times5 & 3\times1+1\times2 \end{bmatrix} = \begin{bmatrix} -6 & 20 & 1 \\ 3 & 23 & 5 \end{bmatrix}$$

그림 6-7 **행렬곱 연산 수행**

원리에 대한 이해를 돕기 위해 단순한 예를 들었지만 실제 인공지능(딥러닝)에서의 학습은 훨씬 더 복잡한 연산들이 수행됩니다. 연산이 복잡할수록 컴퓨터가 처리해야 할 작업 또한 더욱 많아지고 복잡해집니다. 하지만 GPU 기술의 도입으로 딥러닝에서는 빠른 연산을 할 수 있게 되었고, 그 결과 현재의 인공지능으로까지 발전할 수 있었습니다.

그럼 GPU는 우리가 기존에 사용하던 CPU와 어떤 차이가 있을까요? 어떻게 다르기에 연산 속도가 빠를까요? 그 차이를 한번 살펴보겠습니다.

2 CPU와 GPU의 차이

CPU와 GPU는 읽어온 데이터를 연산처리해 답을 도출하는 기능을 수행하는데, 컴퓨터에서 두뇌 역할을 한다는 점은 비슷하지만 내부 구조를 살펴보면 차이가 매우 큽니다.

구조적 측면에서의 차이

CPU는 크게 연산을 담당하는 연산처리장치(ALU, Arithmetic and Logic Unit)와 명령어를 해석·실행하는 제어장치(CU, Control Unit), 각종 데이터를 담아두는 캐시(Cache)로 구성되어 있습니다. 반면 GPU는 특화된 연산을 빠른 속도로 처리하기 위해 다수의 연산처리장치(ALU)로 구성되어 있습니다.

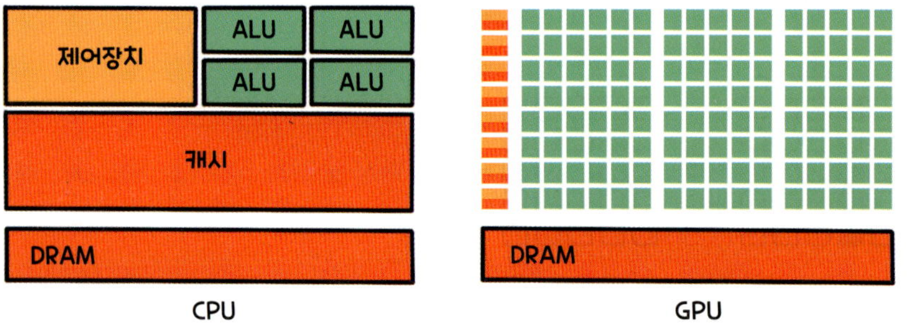

그림 6-8 CPU와 GPU의 구조 비교

CPU는 데이터 처리와 더불어 멀티태스킹을 위해 작업의 우선순위를 정하여 전환하고, 가상메모리를 관리하는 등 컴퓨터를 지휘하는 역할을 수행합니다. 컴퓨터 프로그램의 대부분은 복잡한 순서를 가진 알고리즘으로 작동하므로 CPU가 이를 조율합니다. 반면에 GPU는 비디오, 즉 픽셀로 이루어진 영상을 처리하는 용도로 쓰기 위해 만들어졌습니다. 따라서 반복적이고 비슷한 대량의 연산을 병렬적으로(Parallel) 처리하는 데 적합합니다.

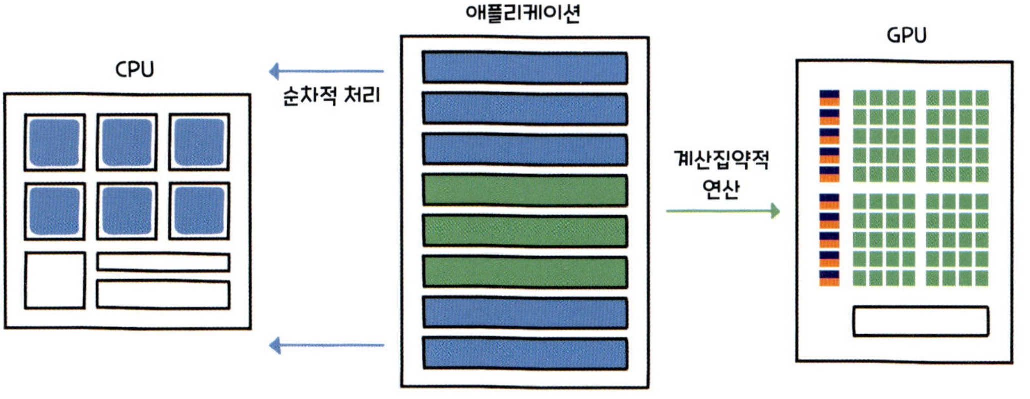

그림 6-9 CPU와 GPU 연산 방식의 차이

처리 방식에서의 차이

작업 처리 방식에서도 CPU와 GPU는 큰 차이가 있습니다. CPU는 직렬 처리에 최적화된 몇 개의 코어로만 구성되어 있는 반면, GPU는 병렬처리용으로 설계된 수천 개의 코어로 구성되어 있습니다.

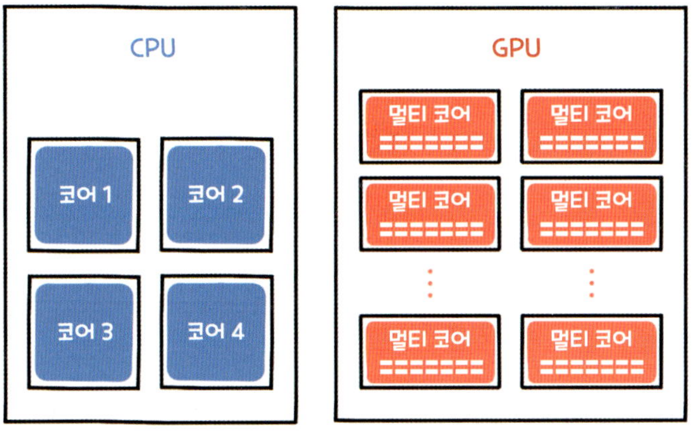

그림 6-10 CPU와 GPU 코어 수의 차이

성능 측면에서의 차이

CPU는 복잡한 계산을 코어의 개수만큼 처리합니다. 따라서 간단한 계산식을 여러 개 처리하려면 오래 걸린다는 단점이 있습니다. 반면에 GPU는 간단한 계산식을 동시에 빠르게 처리합니다. 즉, 1,000개의 덧셈식을 병렬로 처리하는 것입니다. 하지만 복잡한 수식은 CPU보다 연산속도가 느리다는 단점이 있습니다.

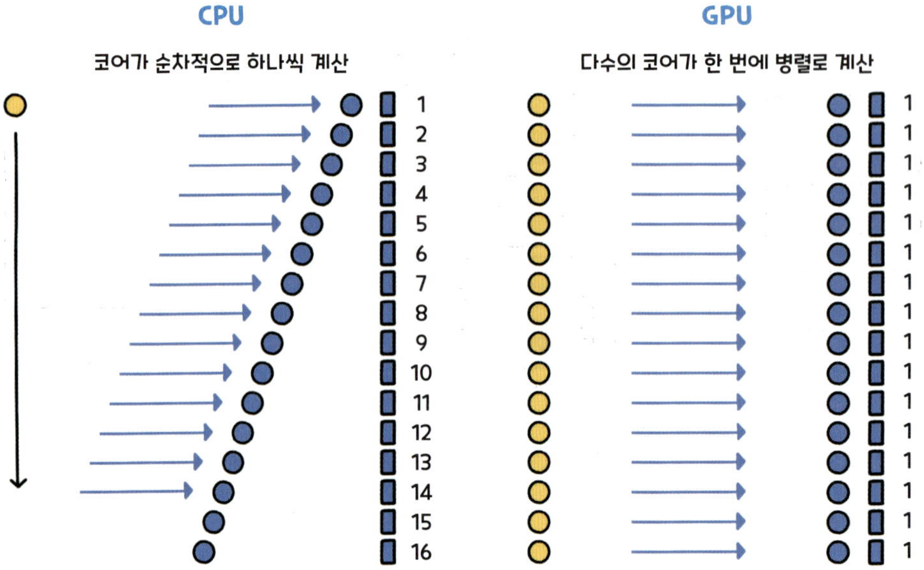

그림 6-11 CPU와 GPU 성능 비교

[표 6-1]은 CPU와 GPU를 비교해 정리한 것입니다.

표 6-1 CPU와 GPU 비교

구분	CPU	GPU
코어(Core) 수	적음	많음
작업 처리 방식	순차적	병렬적
연산 방식	소수의 연산	수천 개의 연산
장점	낮은 대기시간	높은 처리량

정리하면, CPU는 정수나 고정소수점 데이터를 많이 사용하는 인터넷 서핑이나 문서 작성 등 일상생활의 작업을 빠르게 수행하는 데 적합하고, GPU는 처리 시간이 많이 걸리는 멀티미디어, 특히 3차원 그래픽과 같은 작업을 처리하는 데 적합합니다. 따라서 처리해야 할 명령어와 데이터의 성격에 따라 때로는 CPU가, 때로는 GPU가 빠를 수 있습니다.

인공지능의 학습은 행렬곱, 미분과 같이 수식의 풀이가 중요하기 때문에 GPU를 사용하는 것이 더 적합합니다. 인공지능 바둑 프로그램 알파고는 16만 건이 넘는 프로기사 기보를 토대로 매일 3만 번의 실전 경험을 쌓으며 스스로 학습·성장하였습니다. 짐작하기도 어려울 만큼의 연산량은 176개의 GPU로 이루어진 고성능 시스템이 있었기에 가능했습니다. 알파고의 개발 총책임자인 데이비드 실버(David Silver)가 '알파고의 브레인은 100개가 넘는 GPU'라고 말할 정도로 알파고의 학습에 GPU의 역할은 절대적입니다.

Section 03

인공지능을 위한 네트워크 기술 : 5G

1 5G의 특성

5세대 이동통신인 5G는 LTE보다 수십 배 빠른 속도(20Gbps)와 안정성을 바탕으로 4차 산업혁명의 핵심기술을 현실화시킬 통신 기술입니다.

표 6-2 이동통신 세대별 특징

구분	1G	2G	3G	4G(LTE)	5G
상용화 시기	1984년	2000년	2006년	2011년	2019년
최고 속도	14kbps	144kbps	14Mbps	100Mbps	20Gbps
주요 서비스	음성	음성 + 문자	화상	동영상	IoT, VR, AR
차별성	휴대 가능한 통신 기기	보편화된 이동통신	높아진 인터넷 접근성	고속 인터넷	초고속, 초연결, 초저지연

스마트폰을 포함한 다양한 기기의 확산과 사물인터넷(IoT)의 활성화로 데이터 트래픽은 폭발적으로 증가하고 있습니다. 그런데 기존 LTE 환경에서는 이러한 데이터 사용량을 처리하기에 한계가 있습니다. 또한 자율주행차와 같은 새로운 인공지능 서비스의 등장은 더욱 빠른 인터넷 환경을 필요로 합니다. 이러한 요구에 부응하여 등장한 기술이 바로 5G 기술입니다. 5G는 초고속성, 초연결성, 초저지연성의 특성을 가지고 있으며, 이로 인해 자율주행, 가상현실, 증강현실 등의 서비스를 제공할 수 있게 되었습니다. 그러면 5G의 특성에 대해 좀 더 자세히 알아보겠습니다.

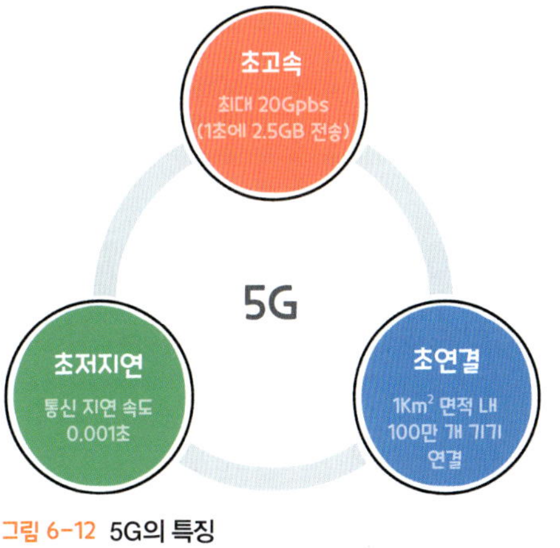

그림 6-12 5G의 특징

초고속성

5G의 속도는 LTE보다 20배 빠른 최대 20Gbps입니다. 또한 LTE보다 100배 많은 양의 데이터를 주고받을 수 있습니다. 그래서 자율주행차처럼 실시간 데이터 전송이 필요한 서비스와 가상현실, 증강현실과 같은 홀로그램을 이용한 서비스 제공이 가능합니다.

초연결성

5G는 단위 면적($1km^2$)당 접속 가능 기기 수가 100만 대를 넘어섭니다. 그래서 사물인터넷 분야에서 5G 기술은 아주 활용도가 높습니다. 이전에도 사물인터넷은 '홈 IoT'와 같은 서비스에 사용되었지만 활용 범위는 매우 제한적이었습니다. 하지만 5G 기술이 등장하면서 가정뿐만 아니라 생산 및 운송 라인의 자동화를 이룰 수 있게 되었습니다.

초저지연성

5G는 LTE 대비 10분의 1 수준인 1ms의 지연시간을 갖습니다. 여기서 지연시간은 끊김 없는 통신 연결을 의미합니다. 따라서 초저지연성이란 끊김 없는 연결성을 제공하는 것을 의미합니다. 초저지연성을 가장 잘 활용할 수 있는 분야는 바로 자율주행차입니다. 자율주행차는 주행 중 장애물을 발견했을 때 빠르게 반응해야 하는데 기존의 LTE 기술이라면 반응하는 데 1초가 넘게 걸리기 때문에 위험성이 높았습니다. 하지만 5G 기술을 적용하면 0.1초 안에 반응할 수 있기 때문에 자율주행차의 상용화를 앞당길 수 있는 기술이라고 할 수 있습니다.

표 6-3 4G와 5G의 비교

구분	4G	5G	비고
최대 전송 속도	1Gbps(2분 25초)	20Gbps(7.2초)	–
고속 이동성(최대)	350Km/h	500Km/h	고속철도에서 끊김 없이 제공 가능
지연시간	10ms	1ms	–
기기 최대 연결 수	10만 대/km^2	100만 대/km^2	4G 대비 10배 이상의 기기 수용

2 5G로 구현하는 인공지능

5G의 특징을 기준으로 5G 기술과 인공지능을 결합해 구현 가능한 서비스를 살펴보겠습니다.

5G의 초고속성 활용

앞서 5G는 20Gbps의 속도를 제공한다고 설명하였습니다. 하지만 이 숫자가 무엇을 의미하는지

체감하기가 어려울 것입니다. 20Gbps의 속도를 제공한다는 것은 Full HD 해상도 4GB 용량의 영화 한 편을 1.6초 만에 다운로드받을 수 있다는 의미입니다. 이렇게 빠른 다운로드 속도를 활용하면 초고화질 동영상이나 가상현실, 증강현실 등 용량이 매우 큰 실감형 콘텐츠의 유통 및 서비스 활성화가 가능해집니다.

(a) 가상현실 (b) 증강현실

그림 6-13 **가상현실과 증강현실**

5G의 초연결성 활용

미래 사회에서는 사물과 집, 사무실, 도시의 모든 인프라가 연결되어 정보가 공유되고 활용될 것입니다. 다양한 스마트 기기의 연결 및 데이터 수집 · 제어 · 전송에는 5G의 초연결성이 필수입니다. 따라서 5G 기술은 스마트홈, 스마트시티 등의 분야에 큰 변화를 일으킬 것으로 전망됩니다. 현재도 다양한 사물인터넷이 활성화되어 어느 정도 네트워크가 구성되어 있지만, 5G 시대에는 집안의 모든 것들이 하나의 네트워크로 연결되어 진정한 스마트홈 시대가 시작될 것입니다. 또한 5G는 도로와 전력망, 가스관, 수도 등 도시 인프라를 정보통신기술과 융합해 그 운용을 지능화하는 데 활용할 수 있습니다.

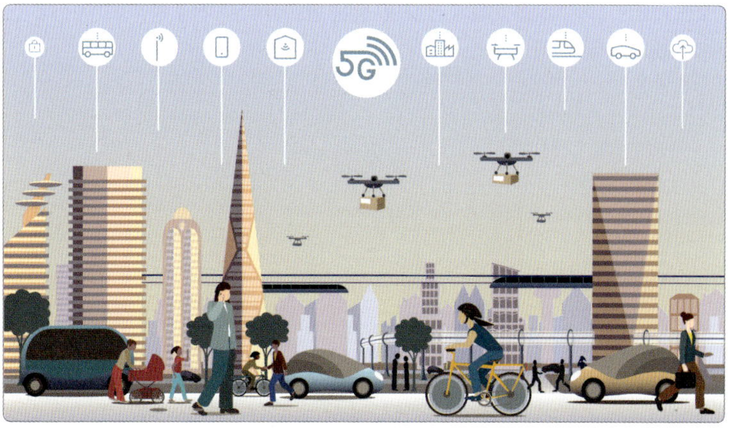

5G 데이터를 활용하면 영상으로 긴급조치를 할 수 있기 때문에 재난 대응이나 AI 의료서비스 등도 보다 안정적으로 운영될 수 있습니다.

그림 6-14 **스마트시티**

5G의 초저지연성 활용

5G 기술의 등장으로 네트워크의 응답시간은 크게 단축되었습니다. 지연시간이 줄어든다는 것은 곧 실시간 서비스 제공이 용이해진다는 의미입니다. 이러한 초저지연 특성을 가장 잘 활용할 수 있는 분야는 자율주행차와 스마트팩토리입니다. 자율주행차는 주변의 도로 환경을 인지하고 즉각적으로 행동하기 위해 초저지연성이 필수 요소입니다. 스마트팩토리의 경우도 물리적 시설을 가상으로 투영시킨 공장(디지털 트윈)을 통해 모든 현황을 실시간으로 모니터링할 수 있습니다. 긴급상황 발생 시 원격으로 제어하기 위해서도 5G의 초저지연성은 필수로 요구됩니다. 물론 이런 기술들은 다양한 기반 기술이 복합적으로 활용되지만 5G 기술은 성장을 이끄는 핵심 인프라라고 할 수 있습니다.

그림 6-15 **디지털 트윈**

디지털 트윈(Digital Twin)이란 현실세계의 기계나 장비, 사물 등을 컴퓨터 속 가상세계에 구현한 것입니다. 디지털 트윈 기술은 실제 제품을 만들기 전 모의시험을 함으로써 문제점을 파악하고 사전에 이를 해결하기 위해 활용되고 있습니다.

Section 04

인공지능을 위한 인프라 기술 : 클라우드

1 클라우드의 개념

데이터를 저장하고 분석하기 위해서는 GPU가 탑재된 고가의 장비가 필요한데 클라우드 컴퓨팅 서비스를 이용한다면 장비를 구매하지 않고 임대 개념으로 사용할 수 있습니다.

클라우드 컴퓨팅(Cloud Computing, 이하 클라우드)이란 인터넷 기반의 컴퓨팅으로, 인터넷 어딘가에 존재하는 컴퓨팅 자원을 필요할 때마다 컴퓨터나 스마트폰 등에 불러와 사용하는 서비스입니다. 구름을 뜻하는 클라우드(Cloud)라는 단어처럼 구름에 덮여 보이지 않는 듯한 컴퓨팅 자원(CPU, 메모리, 디스크 등)을 원하는 대로 가져다 사용할 수 있습니다. 구름에 덮여 있다는 것은 그 내부를 보거나 알려고 하지 않아도 내가 원하는 것을 얼마든지 원하는 기간만큼 사용할 수 있으며 인터넷이 연결된 환경이라면 이것을 보장받을 수 있다는 의미입니다.

그림 6-16 클라우드 컴퓨팅 환경

2 클라우드의 장점

클라우드와 같이 다른 누군가가 구축해 놓은 컴퓨팅 자원을 빌려 쓰는 건 어떤 장점이 있을까요?

클라우드는 신속한 인프라 도입, 유연한 인프라 관리, 손쉬운 글로벌 서비스, 강력한 보안과 장애 없는 서비스 등의 장점을 가지고 있습니다.

신속한 인프라 도입

클라우드는 컴퓨팅 자원을 빌려 쓰겠다는 신청서를 제출하면 10분 내로 인프라를 도입해서 서비스를 개발할 수 있습니다. 일반적으로 기업에서 컴퓨팅 자원을 직접 주문하여 구축할 경우 1~2달 정도가 소요되는 것을 고려한다면 굉장히 빠른 시간 내에 인프라를 구축할 수 있는 것입니다. 그만큼 인프라 도입에 드는 시간을 절감하고 서비스 제공 시기를 앞당길 수 있습니다.

유연한 인프라 관리

기업에서 인프라를 직접 구매하여 구축할 경우에는 서비스를 이용할 사용자의 규모를 예측한 다음에 도입해야 합니다. 그런데 만약 A라는 앱 개발 회사가 사용자 규모를 1,000명으로 예상했는데 100,000명의 사용자가 서비스받기를 원한다면 어떤 현상이 발생할까요? 인프라 부족으로 서비스를 받지 못한 고객들의 불만이 이어지며 결국 기업은 많은 고객을 잃을 것입니다. 반면 1,000명을 예상했는데 100명의 사용자만이 서비스에 접속한 상황은 어떨까요? 이 경우는 고객들의 불만은 없겠지만 기업은 서비스 유지에 과도한 비용을 지출하여 경제적으로 효율적인 판단을 내리지 못하게 될 것입니다. 그래서 신규 서비스에 대한 수요를 예측하기 힘들 경우에는 클라우드 서비스를 사용하는 것이 편리합니다. 인프라를 실시간으로 자유롭게 늘리거나 줄일 수 있기 때문에 인프라 부족 또는 과도한 인프라 도입이라는 문제가 발생하지 않습니다.

그림 6-17 클라우드 도입으로 인한 유연한 인프라 관리 가능

손쉬운 글로벌 서비스

과거에는 기업들이 글로벌 시장에 진출하기 위해 직접 특정 대륙 또는 지역별로 데이터센터를 구축하고 운영해야 했습니다. 하지만 오늘날은 클라우드 사업자(아마존, 마이크로소프트, 구글 등)가 미리 구축해 놓은 글로벌 데이터센터를 활용해 서비스를 제공할 수 있습니다. 클라우드 사업자는 전 세계 주요 대륙에 보통 30~40개, 많게는 100개가 넘는 데이터센터를 갖추고 있습니다. 기업들은 클라우드 사업자들이 제공하는 자원을 빌려 쓴다면 손쉬운 글로벌 서비스 제공이 가능합니다.

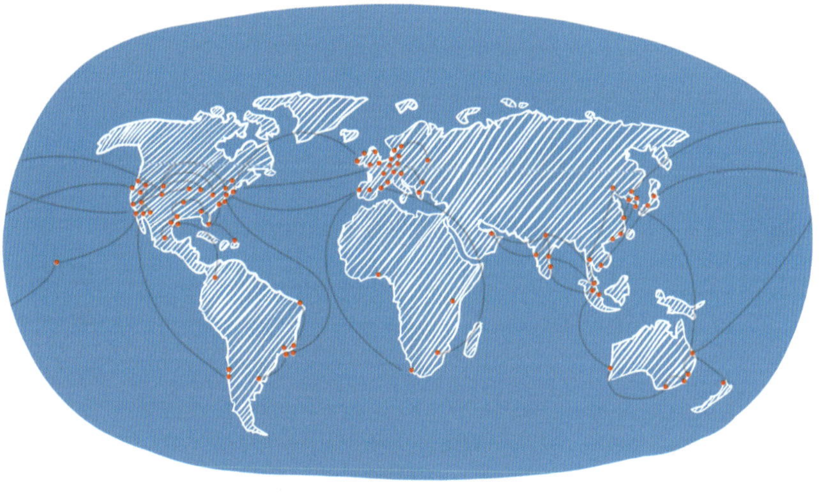

그림 6-18 마이크로소프트의 글로벌 데이터센터 위치

강력한 보안과 장애 없는 서비스

기업에서 인프라를 직접 운영할 때 가장 고민하는 부분이 보안입니다. 보안적인 측면을 이유로 클라우드로의 전환을 주저하는 기업도 많습니다. 그래서 많은 클라우드 사업자는 데이터를 안전하게 보관할 수 있도록 보안에 신경 쓰고 있습니다. 대부분의 클라우드 사업자는 최신 소프트웨어 보안 기술뿐만 아니라 물리적 접근통제 등 관리적·물리적·기술적 보안 기술을 클라우드 환경에 적용하고 있습니다. 뿐만 아니라 고객들의 서비스를 24시간 내내 쉬지 않고 유지하기 위해, 동일한 서비스를 다수의 장비에 구성하거나 체계적인 백업을 유지하고 있습니다.

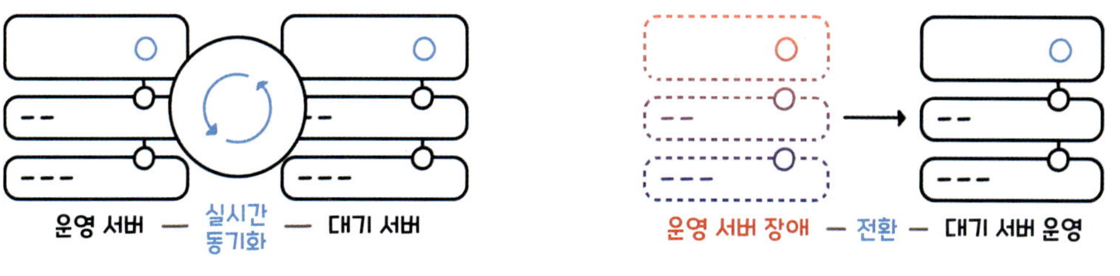

그림 6-19 장애 없는 서비스 제공

3 클라우드의 단점

클라우드 서비스를 사용한다면 초기 투자비용, 인프라 운영 등 기업이 가지고 있는 많은 고민이 해결될 것입니다. 하지만 많은 장점을 가진 클라우드 서비스도 비싼 이용 비용과 데이터 보관의 불안함 등의 단점을 가지고 있습니다.

비싼 이용 비용

많은 기업 관리자는 클라우드 서비스가 저렴할 것이라고 생각합니다. 하지만 클라우드는 결코 저렴한 서비스가 아닙니다. 서비스 구축과 운영을 빠르고 편리하게 만들어주는 만큼 서비스 운영 비용 또한 만만치 않습니다. 따라서 기업이 서비스를 제공함에 있어 비용을 가장 중요한 요소로 생각한다면 클라우드는 적절한 대안이 아닐 수 있습니다.

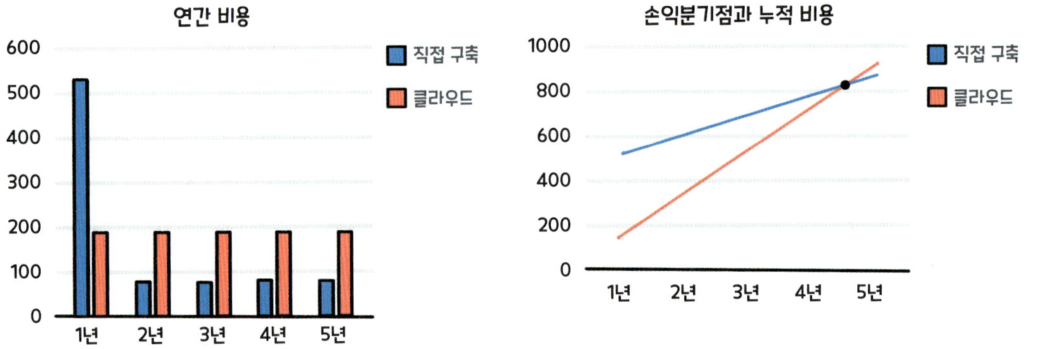

그림 6-20 **클라우드 이용 비용**

데이터 보관의 불안함

클라우드를 이용하면 많든 적든 기업의 데이터가 클라우드에 보관될 수밖에 없습니다. 보안상 클라우드 사업자가 고객의 데이터에 접근할 수 없을 뿐만 아니라 외부에 제공하지 않는다고 하지만, 기업 입장에서는 불안한 것이 사실입니다. 그래서 데이터의 외부 유출이 곤란한 기업이나 공공기관은 클라우드 도입을 신중하게 결정해야 합니다.

그림 6-21 **데이터 보관의 불안함**

4 클라우드 서비스의 유형

최신 기술이 집약된 제품은 많은 사람의 관심을 받지만, 그 기술을 사용자가 필요로 하지 않는다면 구매로 이어지지 않습니다. 클라우드 사업자는 이러한 상황을 고려하여 클라우드 서비스를 다양한 유형으로 분류하여 제공합니다. 클라우드 서비스는 서비스 관리 주체와 수준에 따라 IaaS, PaaS, SaaS로 구분할 수 있습니다.

IaaS

IaaS(Infrastructure as a Service)는 인프라에 대한 서비스를 의미하며, 사용자가 관리할 수 있는 범위가 가장 넓은 클라우드 컴퓨팅 서비스입니다. 인프라 수준의 클라우드 컴퓨팅을 제공하므로, 사용자가 서버 운영체제부터 미들웨어, 데이터, 애플리케이션까지 직접 구성하고 관리할 수 있습니다. 대표적인 서비스로는 아마존 AWS의 EC2와 구글의 GCE 등이 있습니다.

그림 6-22 IaaS

PaaS

PaaS(Platform as a Service)는 플랫폼에 대한 서비스로, 클라우드 위에 사용자가 원하는 서비스를 개발할 수 있도록 개발 환경(Platform)을 서비스 형태로 제공하는 것을 의미합니다. PaaS는 운영체제, 미들웨어 등을 클라우드 사업자가 운영하기 때문에 사용자는 서비스 외적인 부분에 신경 쓸 필요가 없고, 오로지 애플리케이션 개발과 비즈니스에만 집중할 수 있다는 장점이 있습니다. 대표적인 서비스로는 세일즈포스닷컴의 헤로쿠(Heroku)와 레드햇의 오픈시프트(OpenShift) 등이 있습니다.

그림 6-23 PaaS

SaaS

SaaS(Software as a Service)는 소프트웨어에 대한 서비스로, 가장 완성된 형태의 클라우드 서비스입니다. 클라우드 사업자가 제공하는 인프라에 소프트웨어를 탑재한 후 해당 서비스만 사용자에게 제공하는 형태의 서비스입니다. 클라우드 사업자가 서비스를 위한 모든 인프라를 운영하기 때문에 사용자는 서비스를 편리하게 이용할 수 있습니다. 대표적인 서비스로는 슬랙(Slack), 마이크로소프트365(Microsoft 365), 드롭박스(Dropbox), 세일즈포스(Salesforce) 등이 있습니다.

그림 6-24 SaaS

5 클라우드와 인공지능의 관계

클라우드 서비스는 기업이 서비스를 배포할 때 선택할 수 있는 또 하나의 옵션이라고 배웠습니다. 그렇다면 인공지능과 클라우드는 어떤 관계일까요? 지금부터 인공지능과 클라우드의 관계에 대해 알아보겠습니다.

AIaaS

인공지능에 대한 폭발적인 관심으로 AIaaS가 주목받고 있습니다. AIaaS(AI as a Service)는 클라우드 환경에서 인공지능 프레임워크 및 알고리즘을 빠르고 안정적이며 비교적 저렴하게 사용할 수 있도록 제공하는 서비스입니다. 많은 기업들은 인공지능을 이용할 경우 새로운 비즈니스를 창출할 수 있다는 사실을 인식하고 있음에도 비용 및 기술력 부족 등의 문제로 실제 도입을 주저하고 있습니다. 하지만 클라우드에서 제공하는 인공지능 서비스를 이용한다면 초기 도입 비용과 기술력에 대한 고민 없이 서비스를 개발할 수 있습니다. 또한 인공지능이 적용된 서비스를 개발한 이후 배포를 고려해야 할 때도 클라우드는 서비스 형태로 배포하고 관리하는 모든 과정을 자동화할 수 있도록 도와줍니다. 즉, AIaaS를 사용하면 서비스 개발이 쉽고 관리까지 자동화할 수 있어 최근 들어 관련 시장에서 큰 주목을 받고 있습니다.

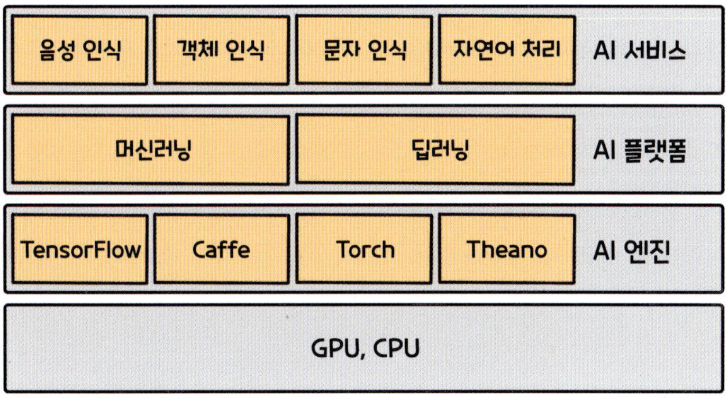

그림 6-25 AIaaS

클라우드에서 제공하는 API

클라우드 사업자는 이용자들이 AIaaS를 통해 인공지능을 쉽게 이용할 수 있도록 다양한 API(Application Programming Interface)를 제공하고 있습니다. 클라우드 시장점유율이 높은 글로벌 사업자 3곳을 통해 주로 어떤 API를 제공하는지 살펴보겠습니다.

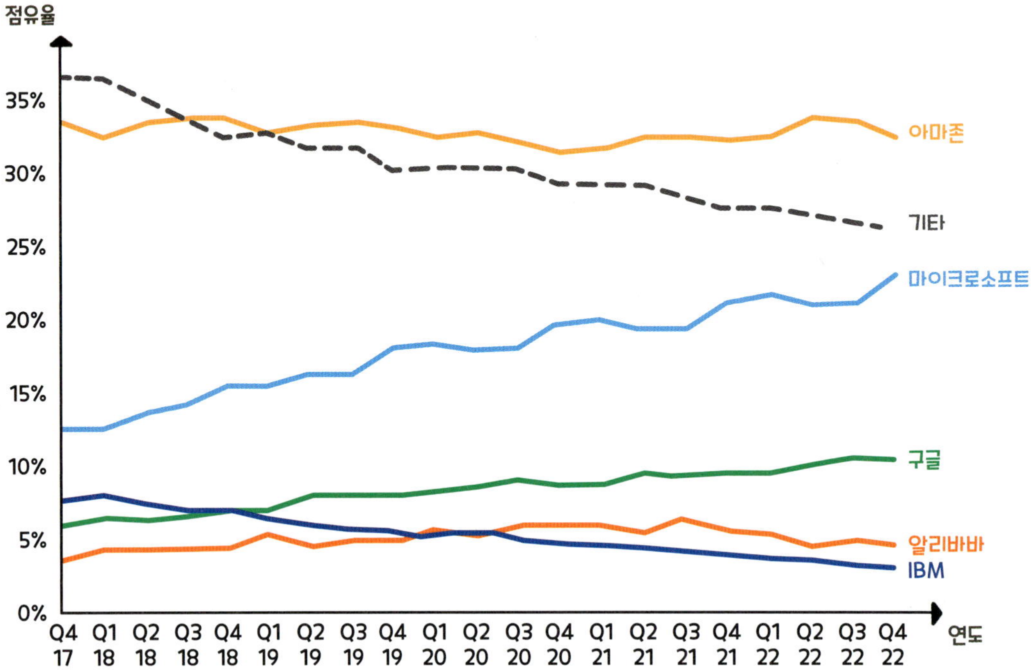

그림 6-26 **클라우드 서비스 시장점유율**

시장점유율이 가장 높은 아마존 웹서비스 AWS는 이미지 인식, 문자-음성 전환, 자연어 인식 등의 API를 제공합니다. 아마존 레코그니션(Amazon Recognition)이라는 명칭으로 이미지 인식과 분석 서비스를 제공하는데, 이 기능을 이용하면 사진 속 객체를 실시간으로 분석할 수 있습니다. 또한 아마존 폴리(Amazon Polly)라는 서비스는 문자를 음성으로 바꿔주는 기능을 제공하며, 아마존 렉스(Amazon Lex)는 자동 음성 인식과 자연어 인식 기능을 제공합니다. 이러한 기능들을 이용한다면 아마존에서 제공하는 아마존 에코(Amazon Echo)와 같은 인공지능 스피커를 손쉽게 개발할 수 있습니다.

그림 6-27 **인공지능 스피커 아마존 에코**

마이크로소프트는 기존 인공지능 API의 한계를 뛰어넘는 커스텀 비전(사진 인식)과 커스텀 스피치(음성 인식)를 제공합니다. 기존 비전 및 스피치 API가 미리 학습된 모델을 제공했다면, 커스텀 비전과 커스텀 스피치 API는 사용자가 목적에 따라 적합한 데이터를 입력해 학습시킬 수 있다는 장점이 있습니다. 커스텀 스피치 API를 활용하면 특정 분야의 전문용어를 보다 잘 인식할 수 있습니다. 예를 들어, 법률 분야에 대한 챗봇을 만들려면 인공지능 모델이 많은 법률 용어를 알아야 합니다. 이때 마이크로소프트에서 제공하는 커스텀 스피치 API를 이용하면 손쉽게 법률 분야의 챗봇을 만들 수 있습니다.

구글은 클라우드 기반 지능형 비디오 분석 API를 제공합니다. 비디오 분석 API를 활용하면 영상에서 객체가 무엇인지, 어떤 행동을 하고 있는지 탐지할 수 있습니다. 즉, 영상에 대한 콘텐츠 검색이 가능해집니다. 또한 구글은 잡(Job) API도 제공하고 있는데, 이 API를 활용하면 채용 공고에 가장 적합한 지원자를 찾는 서비스를 개발할 수 있습니다.

그림 6-28 **지능형 비디오 분석**

Section 05

인공지능을 위한 데이터 기술 : 사물인터넷

사물인터넷은 데이터를 수집하기도 하지만 수집된 데이터를 분석한 후 서비스를 제공하는 역할도 수행합니다. 특히 인공지능과 결합된 사물인터넷은 스스로 판단하고 결정을 내릴 수 있어 인간이 수행했던 많은 부분이 자동화될 수 있습니다.

1 사물인터넷의 개념

사물인터넷(IoT, Internet of Things)은 각종 사물에 센서와 통신 기능을 내장하여 인터넷에 연결하는 기술로, 무선통신을 통해 각종 사물과 연결됩니다. 사물인터넷은 인간, 사물, 서비스 등 모든 사물을 하나로 연결시켜 새로운 부가가치를 창출합니다. 이때 사물인터넷의 사물(Things)은 TV, 냉장고, 세탁기 등과 같은 생활가전 제품부터 스마트워치, 의료, 조명, 난방 등의 전문 분야까지 적용 범위가 굉장히 넓습니다.

그림 6-29 사물인터넷

TIP

현재 사물인터넷은 다양하게 정의되고 있습니다.

- 3가지 환경 요소(인간, 사물, 서비스)에 대해 인간의 명시적 개입 없이 상호협력적으로 센싱, 네트워킹, 정보처리 등 지능적 관계를 형성하는 사물 공간 연결망(한국인터넷진흥원)
- 유무선 통신으로 연결된 임베디드 센서를 사용하여 기기 간 데이터 통신을 하는 기능(미국 백악관 보고서)

2 사물인터넷 기술의 3요소

사물인터넷을 가능하게 하기 위해서는 센싱 기술, 유무선 네트워크 기술, 서비스 인터페이스 기술 등이 필요합니다.

센싱 기술

센싱(Sensing) 기술은 사물이 가진 데이터를 인식하고 추출해 인터넷으로 전송하는 기술입니다. 센서(Sensor)는 온도, 습도, 열 감지, 풍량 감지, 풍향 감지, 움직임 감지, 초음파, 레이더, 위치(GPS), 영상(카메라) 등 종류가 매우 다양하며, 주변 환경으로부터 얻을 수 있는 다양한 물리적 정보를 탐지하는 역할을 합니다. 현재 상용화된 센서 중에는 단순한 물리적 정보의 감지뿐만 아니라 수신한 정보에 대한 처리능력을 내장한 제품들도 많습니다.

유무선 네트워크 기술

유무선 네트워크 기술은 사람과 사물, 서비스 등의 분산된 컴퓨팅 자원을 유무선 통신으로 연결하여 고속처리, 병렬처리하는 기술입니다. 특히 5G가 사물인터넷 통신을 위한 핵심기술이라고 할 수 있습니다.

서비스 인터페이스 기술

서비스 인터페이스 기술은 각종 서비스 분야와 형태에 알맞게 정보를 가공 · 처리 · 융합하는 기술입니다.

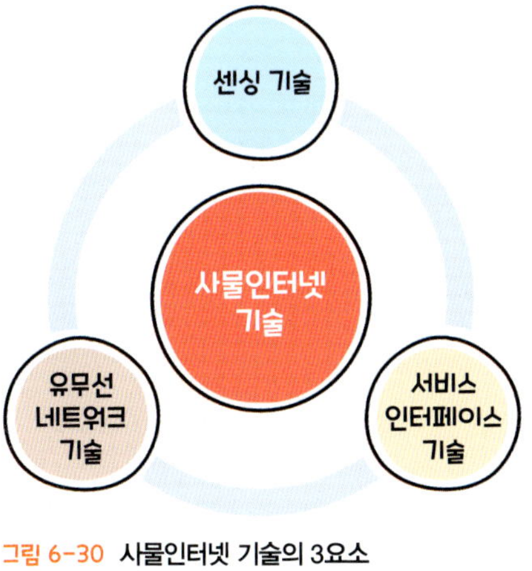

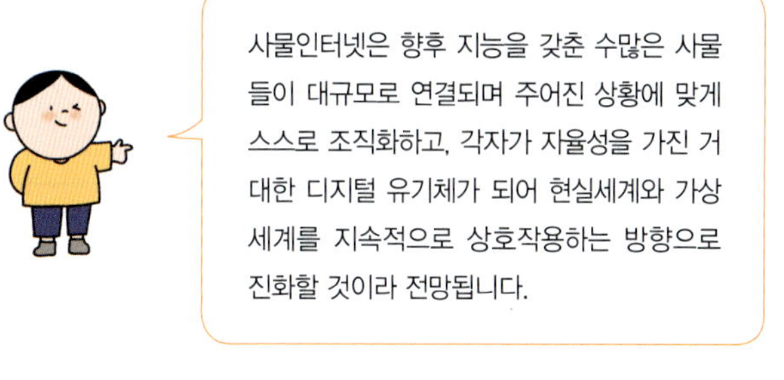

그림 6-30 사물인터넷 기술의 3요소

3 사물인터넷 기술의 진화

인공지능에서 연료와 같은 역할을 하는 것이 데이터인데, 데이터를 수집하기 위한 도구가 바로 사물인터넷입니다. 인공지능과 관련된 사물인터넷 기술은 3단계를 거쳐 진화했습니다.

❶ **1단계 – 연결형** IoT(Connectivity IoT) : 2015년 전후로 등장했으며 사물과 사물의 연결성이 진행되는 단계입니다. 사물이 인터넷에 연결되어 주변 환경에 대한 정보를 수집하고 클라우드로 전송합니다.

❷ **2단계 – 지능형** IoT(Intelligence IoT) : 사물이 수집한 정보를 이용하여 원격으로 사물을 제어하는 단계입니다. 이 시기에 등장한 인공지능 스피커가 사물인터넷 기술이 적용된 대표적인 서비스입니다.

❸ **3단계 – 자율형** IoT(Autonomy IoT) : 사물과 사물이 분산협업지능을 기반으로 상호소통하며 공간·상황·사물 데이터의 복합처리를 통해 스스로 의사결정을 하고 물리세계(현실세계)를 자율적으로 제어하는 단계입니다.

자율형 IoT는 2019년 이후 진화를 거듭하며 사물지능이라고 불리는 AIoT로 발전했습니다. AIoT (AI of Things)는 인공지능(AI)과 사물인터넷(IoT)이 결합된 기술입니다. 이 기술은 사물인터넷 기기 스스로 문제를 인지하고 조치할 수 있습니다. 또한 지식과 정보를 사용자가 알기 쉽게 설명하거나 스스로 의사결정을 내릴 수도 있습니다.

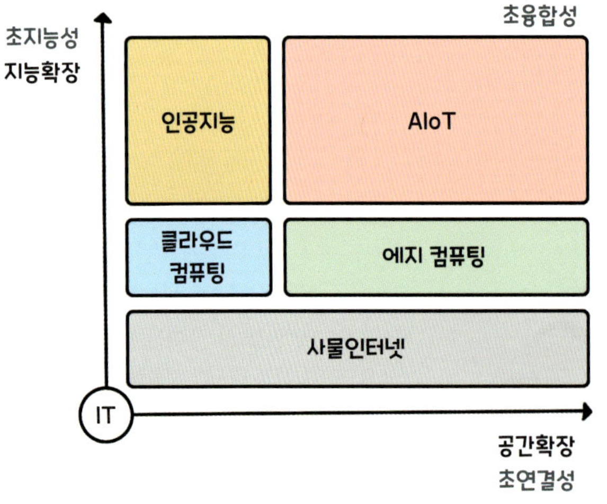

그림 6-31 AIoT 기반 기술

4 사물인터넷과 인공지능의 결합

그렇다면 인공지능과 사물인터넷은 구체적으로 어떻게 결합될 수 있을까요? 사물인터넷은 다양한 센서를 갖춘 IoT 기기를 통해 수집한 데이터를 네트워크를 통해 전달하는 역할을 합니다. 모든 기기는 인터넷에 접속되어 있으므로 사물인터넷은 24시간 내내 데이터를 수집합니다. 클라우드에 수집된 데이터는 인공지능 알고리즘을 이용하여 분석되고, 그 결과는 스마트홈, 스마트팜, 스마트팩토리 등과 같은 산업 영역에 활용될 수 있습니다.

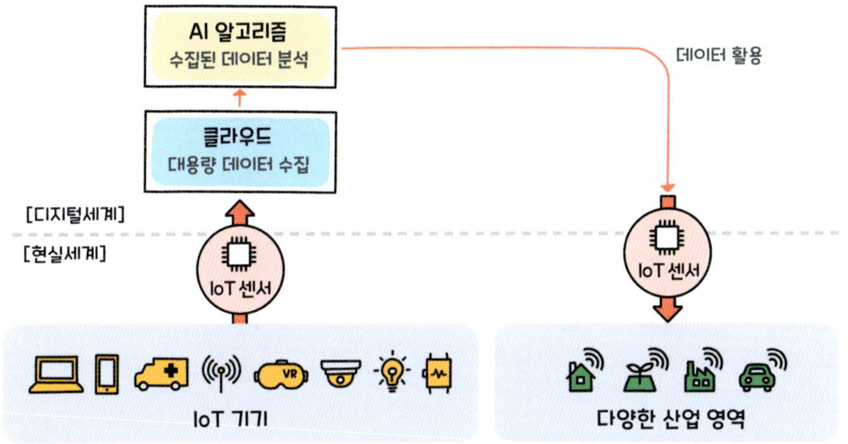

그림 6-32 인공지능과 사물인터넷의 결합

사물인터넷이 AIoT 단계에 이르기까지 많은 비용과 고도의 기술이 필요했지만, IoT 기기가 소형화되면서 관련 비용도 저렴해지고 있는 추세입니다. 현재는 거의 모든 산업 분야에서 사물인터넷을 이용하여 빅데이터를 수집하고 있는 상황입니다.

5 사물인터넷과 인공지능의 결합 사례

인공지능과 사물인터넷의 결합 사례는 매우 다양합니다. 여기에서는 드론 배송 서비스, 스마트홈, 스마트팜, 스마트팩토리 등을 대표로 살펴보겠습니다.

드론 배송 서비스

드론(Drone)은 무선전파로 조종할 수 있는 무인항공기로, 실생활에서는 주로 배송 서비스에 활용될 가능성이 높습니다. 택배 사용자의 주문 데이터를 인공지능 알고리즘에 입력하면 사용자별 맞춤형 서비스가 제공되며, 맞춤형 서비스를 접한 사용자는 필요한 물품을 구매하고 배송을 기다릴 것입니다. 이때 물건 배송은 사람이 아닌 드론이 하게 됩니다.

그림 6-33 **드론 배송 서비스**

스마트홈

스마트홈(Smart Home)은 가전제품을 비롯한 집안의 모든 장치를 센서로 연결해 제어하는 기술입니다. 스마트홈 분야에 인공지능과 사물인터넷이 결합되면 스마트 기기를 이용해 외출 시 온도·습도 조절, 현관문 잠금, 가스밸브 차단, 조명 조정 등을 제어할 수 있습니다. 만약 환자가 있는 경우에는 수시로 상태를 점검해 위험상황을 미리 경고하거나 의사에게 알릴 수도 있습니다.

그림 6-34 **스마트홈**

스마트팜

스마트팜(Smart Farm)은 농업·임업·축산업·수산업의 '생산-가공-유통' 단계에 정보통신기술을 접목하여 지능화한 농업 시스템입니다. 스마트팜 내에 설치된 사물인터넷 기기는 온도, 습도, 햇빛 등을 스스로 조절해 과일의 당도를 높입니다. 농부는 스마트폰으로 간단하게 과일의 생육 상태만 체크하면 됩니다.

그림 6-35 **스마트팜**

스마트팩토리

스마트팩토리(Smart Factory)는 설계, 개발, 제조, 유통 등의 과정에 정보통신기술을 적용하여 생산성, 품질, 고객만족도를 향상시키는 지능형 생산공장입니다. 스마트팩토리는 디지털 트윈을 사용하는 대표적인 인공지능과 사물인터넷의 결합 사례입니다. 디지털 트윈은 미국의 제너럴 일렉트릭(GE)이 만든 개념으로, 실제 존재하는 물리적인 장치 대신 소프트웨어로 가상화한 디지털 장치를 말합니다. 가상화한 디지털 장치를 이용하면 실제 장치의 특성(상태, 동작 시나리오 등)에 대한 정보를 쉽게 얻을 수 있어 에너지, 항공, 국방 등 여러 산업 분야에서 사용되고 있습니다.

그림 6-36 **스마트팩토리**

'5G-IoT-AI-클라우드' 기술의 결합은 일상생활 전반에 큰 영향을 미칠 것입니다. 즉, 앞으로는 인간과 인간의 소통이 아닌, 인간과 기계(로봇)의 소통·협업이 중요해질 것입니다. 이러한 변화에 대비하기 위해 우리는 관련 학습, 소통 및 업무 방법에 대해 고민해 보아야 합니다.

LAB AI는 우리 인간에게 안전한가? : 유튜브 영상

미래의 인공지능은 인간을 보호할까요, 아니면 공격할까요? 물론 이것은 인간이 인공지능을 어떻게 활용하는지에 따라 달라질 것입니다. 따라서 인공지능의 신뢰성에 대해서는 인공지능에서 답을 찾기보다는 인간의 의도나 목적에서 찾는 것이 맞습니다. 그럼에도 불구하고 인간보다 뛰어난 인공지능은 좋지 않은 방향으로 사용될 수 있습니다. 다음 두 개의 영상을 시청해 보세요.

실습

01 https://www.youtube.com/watch?v=iV0ZohJlQ8U에 접속하여 영상을 시청합니다. 해당 영상은 인공지능을 통해 CCTV를 해킹하는 영상입니다.

02 https://www.youtube.com/watch?v=RzkD_rTEBYs에 접속하여 영상을 시청합니다. 해당 영상은 인공지능이 세상을 어떻게 바꿀지에 대한 영상입니다.

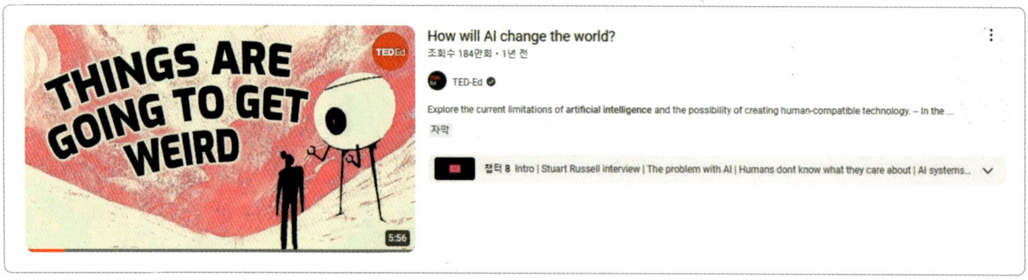

위 영상을 시청하기 전에 자막을 한국어로 설정해야 합니다. 영상 우측 하단에 톱니바퀴 모양의 설정 아이콘(⚙)을 클릭하고 [자막]을 '한국어'로 변경합니다.

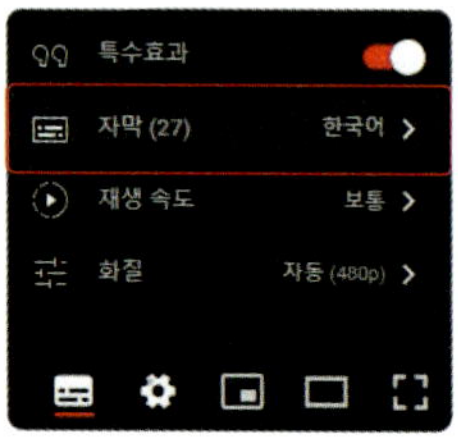

응용

01 토론 인공지능은 우리 인간의 삶에 긍정적인 영향을 미칠까요, 부정적인 영향을 미칠까요?

02 토론 인공지능이 인간의 삶에 긍정적인 방향으로 사용되려면 우리는 어떤 노력을 해야 할까요?

03 토론 인공지능이 더 발달한 시대에 인간과 인공지능의 공존이 가능할까요?

요약

01 일반적인 인공지능 서비스 개발은 '데이터 수집 → 데이터 저장/처리 → 프로그램 제작 → 서비스 배포' 과정을 거칩니다.

02 GPU는 컴퓨터의 그래픽 요소를 처리하기 위해 만들어진 기술입니다. GPU를 범용적인 컴퓨터에서도 사용하기 위해 GPGPU 기술이 개발되었는데, GPGPU의 도입으로 인공지능의 활용이 급격히 늘어났습니다.

03 GPU는 병렬처리용으로 설계되어 수천 개의 코어로 구성되어 있습니다. 그래서 반복적이고 비슷한 형식의 대량 연산을 빠르게 동시 처리하는 데 적합합니다.

04 인공지능의 학습은 행렬곱, 미분과 같이 수식 풀이가 중요하기 때문에 GPU를 사용하는 것이 적합합니다.

05 5G는 LTE보다 수십 배 빠른 속도와 안정성을 바탕으로 4차 산업혁명의 핵심기술을 현실화시킬 통신 기술입니다.

06 5G는 초고속성, 초연결성, 초저지연성의 특성을 가지며, 이 특징으로 인해 자율주행, 가상현실, 증강현실 등의 서비스를 제공할 수 있습니다.

07 5G의 속도는 최대 20Gbps이며, 단위 면적당 접속 가능 기기 수는 100만 대를 초과하고, 지연시간은 1ms 정도입니다.

08 클라우드 컴퓨팅이란 인터넷 기반의 컴퓨팅으로, 인터넷 어딘가에 존재하는 컴퓨팅 자원을 필요할 때마다 컴퓨터나 스마트폰 등에 불러와 사용하는 서비스입니다.

09 클라우드는 신속한 인프라 도입, 유연한 인프라 관리, 손쉬운 글로벌 서비스, 강력한 보안과 장애 없는 서비스 등의 장점이 있습니다.

10 클라우드는 비싼 이용 비용과 데이터 보관의 불안함 등의 단점이 있습니다.

11 클라우드 서비스는 서비스 관리 주체와 수준에 따라 IaaS, PaaS, SaaS로 구분할 수 있습니다.

12 AIaaS는 클라우드 환경에서 인공지능 프레임워크 및 알고리즘을 빠르고 안정적이며 비교적 저렴하게 사용할 수 있도록 제공하는 서비스입니다.

13 클라우드 사업자는 이용자들이 AIaaS를 통해 인공지능을 쉽게 이용할 수 있도록 다양한 API를 제공하고 있습니다.

14 사물인터넷(IoT)은 각종 사물에 센서와 통신 기능을 내장하여 인터넷에 연결하는 기술로, 무선통신을 통해 각종 사물을 연결합니다.

15 사물인터넷을 가능하게 하기 위해서는 센싱 기술, 유무선 네트워크 기술, 서비스 인터페이스 기술 등이 필요합니다.

16 AIoT(AI of Things)는 인공지능(AI)과 사물인터넷(IoT)이 결합된 기술입니다. 이 기술을 활용하면 사물인터넷 기기 스스로 문제를 인지하고 조치할 수 있습니다.

17 인공지능과 사물인터넷은 사물인터넷 기기를 이용하여 대용량의 데이터를 수집하고 인공지능 알고리즘을 이용하여 이를 분석한 후, 분석한 데이터를 다양한 산업 영역에 활용합니다.

연습문제

단답형 문제

01 인공지능 서비스 개발은 '데이터 수집 → (   ) → 프로그래밍 제작 → 서비스 배포' 과정을 통해 이루어집니다.

02 GPU는 (   )로(으로), 이름 그대로 컴퓨터의 그래픽 요소를 처리하기 위해 만들어진 기술입니다.

03 (   )란(이란) 행렬과 행렬을 곱한 것으로, 인공지능 연산에서 많이 사용됩니다.

04 (   )은(는) 크게 연산을 담당하는 연산처리장치와 명령어를 해석·실행하는 제어장치, 각종 데이터를 담아두는 캐시로 구성되어 있습니다.

05 5G는 (   ), 초연결성, 초저지연성의 특성을 가지고 있으며, 이로 인해 자율주행, 가상현실, 증강현실 등의 서비스를 제공할 수 있게 되었습니다.

06 (   )란(이란) 끊김 없는 연결성을 제공하는 것을 의미하며, 이를 가장 잘 활용할 수 있는 분야는 자율주행차입니다.

07 클라우드는 (   ), 유연한 인프라 관리, 손쉬운 글로벌 서비스, 강력한 보안과 장애 없는 서비스 등의 장점을 가지고 있습니다.

08 클라우드는 비싼 이용 비용과 (   ) 등의 단점을 가지고 있습니다.

09 (   )은(는) 플랫폼에 대한 서비스로, 클라우드 위에 사용자가 원하는 서비스를 개발할 수 있도록 개발 환경을 서비스 형태로 제공하는 것을 의미합니다.

10 사물인터넷을 가능하게 하기 위해서는 센싱 기술, 유무선 네트워크 기술, (   ) 등이 필요합니다.

11 (   )은(는) 무선전파로 조종할 수 있는 무인항공기로, 실생활에서는 주로 배송 서비스에 활용될 가능성이 높습니다.

12 (　　　　　　　　)은(는) 농업·임업·축산업·수산업의 '생산-가공-유통' 단계에 정보통신기술을 접목하여 지능화한 농업 시스템입니다.

13 (　　　　　　　　)은(는) 설계, 개발, 제조, 유통 등의 과정에 정보통신기술을 적용하여 생산성, 품질, 고객만족도를 향상시키는 지능형 생산공장입니다.

객관식 문제

14 인공지능 서비스를 실현하는 데 필요한 기술이 아닌 것을 모두 고르시오.

① 5G　② 클라우드　③ 사물인터넷　④ 모뎀　⑤ GFAC

15 다음 중 GPU에 대한 설명으로 알맞은 것은?

① 크게 연산처리장치와 제어장치, 캐시로 구성되어 있다.
② 중앙처리장치라고 부른다.
③ 데이터 처리와 더불어 멀티태스킹을 위해 작업의 우선순위를 정하고 전환하며, 가상메모리를 관리하는 등 컴퓨터를 지휘하는 역할을 수행한다.
④ 특화된 연산을 빠른 속도로 처리하기 위해 다수의 연산처리장치로 구성되어 있다.
⑤ 직렬 처리에 최적화된 몇 개의 코어로만 구성되어 있다.

16 CPU와 GPU의 차이로 알맞지 않은 것은?

구분	CPU	GPU
① 코어 수	적음	많음
② 작업 처리 방식	순차적	병렬적
③ 연산 방식	소수의 연산	수천 개의 연산
④ 장점	높은 처리량	낮은 대기시간
⑤ 구조	ALU, CU, 캐시	다수의 ALU

17 다음 중 클라우드의 장점이 아닌 것은?

① 유연한 인프라 관리　② 강력한 보안　③ 손쉬운 글로벌 서비스
④ 신속한 인프라 도입　⑤ 저렴한 이용 비용

18 5G의 특징으로 알맞은 것은?

상용화 시기	최고 속도	주요 서비스
① 1984년	14kbps	음성
② 2000년	144kbps	음성+문자
③ 2006년	14Mbps	화상
④ 2011년	100Mbps	동영상
⑤ 2019년	20Gbps	IoT, VR, AR

19 다음 중 5G의 특징에 해당하지 않는 것은?

① 5G는 20Gbps의 속도를 제공한다.

② 5G는 LTE 대비 10분의 1 수준인 1ms 지연시간을 갖는다.

③ 5G의 고속 이동성은 최대 350Km/h이다.

④ 5G는 단위 면적(1km2)당 접속 가능 기기 수가 100만 대를 넘는다.

⑤ 5G는 도시 인프라를 정보통신기술과 융합해 그 운용을 지능화하는 데 활용할 수 있다.

20 다음 중 클라우드의 장점이 아닌 것은?

① 신속한 인프라 도입 ② 유연한 인프라 관리 ③ 손쉬운 글로벌 서비스

④ 저렴한 이용 비용 ⑤ 강력한 보안

21 다음 설명을 읽고 무엇에 대한 설명인지 고르시오.

> 이것은(는) 아마존 웹서비스로 부르며, 이미지 인식, 문자-음성 전환, 자연어 인식 등의 API를 제공합니다.

① IaaS ② GPU ③ AWS ④ Paas ⑤ CPU

22 사물인터넷 기술의 요소가 아닌 것을 모두 고르시오.

① 센싱 기술 ② 유무선 네트워크 기술 ③ 클라우드 기술

④ 그래픽 처리 기술 ⑤ 서비스 인터페이스 기술

23 다음 중 사물인터넷과 인공지능의 결합 사례가 아닌 것은?

① 드론 배송 ② 스마트홈 ③ 원거리 통신 ④ 스마트팩토리 ⑤ 스마트팜

토론과제

01 인공지능을 적용한 서비스를 개발하기 위해서는 데이터 수집이 중요합니다. 그런데 데이터를 클라우드에 구축할 경우 초기 비용은 줄일 수 있지만 보안 측면에서는 클라우드 사업자의 임의적 접근과 데이터 유출 때문에 위험할 수 있습니다. 이러한 위험을 감수하면서까지 클라우드에 데이터를 저장하는 것이 과연 바람직한 일인지 토론해 봅니다.

02 가까운 미래에는 인간과 인간의 소통이 아닌, 인간과 기계(로봇)의 소통과 협업이 중요해질 것입니다. 이에 대비해 우리는 무엇을 준비해야 할지 토론해 봅니다.

03 인공지능이 사람들의 관심을 받으면서 주목받고 있는 기업은 마이크로소프트, 오픈AI, 구글, 엔비디아 등입니다. 특히 마이크로소프트와 구글은 인공지능과 클라우드라는 두 마리 토끼를 모두 잡는 데 성공하면서 승승장구하고 있습니다. 반면에 인공지능 관련하여 우리나라 기업이 언급되지 않고 있는데, 우리나라가 인공지능 분야에서 경쟁력을 갖기 위해 어떤 노력을 해야 하는지에 대해 토론해 봅니다.

CHAPTER 07

빅데이터

학습목표

- 빅데이터의 개념과 유형에 대해 이해할 수 있습니다.
- 빅데이터와 인공지능의 관계에 대해 설명할 수 있습니다.
- 빅데이터 활용에 대한 규제와 개인정보보호에 대한 딜레마를 이해할 수 있습니다.
- 인공지능 활성화를 위한 공공데이터의 개방이 왜 필요한지 설명할 수 있습니다.

Preview

빅데이터는 인공지능의 원료입니다. 빅데이터가 준비되지 않으면 인공지능 기술은 발전할 수 없습니다. 그렇다면 빅데이터는 단순히 데이터의 양이 많으면 되는 것일까요? 7장에서는 빅데이터의 개념과 특징, 유형에 대해 학습합니다. 또한 우리나라의 빅데이터 경쟁력에 대해 알아보고, 빅데이터 활용을 가로막는 개인정보보호와의 충돌에 대해서도 살펴봅니다. 그리고 공공데이터의 개방이 왜 필요하며, 일반인이 공공데이터를 잘 활용하려면 어떤 준비가 필요한지도 학습합니다.

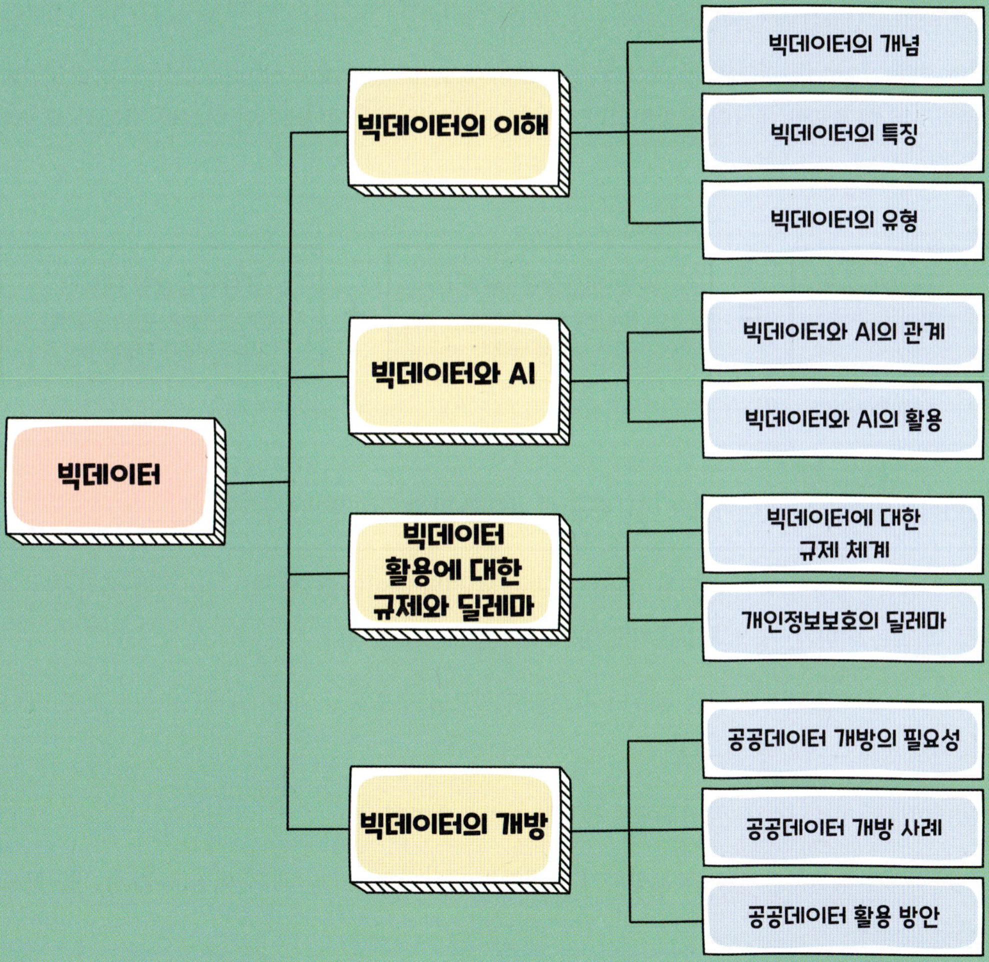

Section 01

빅데이터의 이해

1 빅데이터의 개념

빅데이터(Big Data)란 디지털 환경에서 생성되는 데이터로, 과거 아날로그 환경에서 생산되던 데이터에 비해 그 규모가 방대하고 생성 주기도 짧으며 수치 데이터뿐만 아니라 문자와 영상 데이터를 포함하는 대규모의 데이터를 말합니다. 또한 사람이 생성한 데이터뿐만 아니라 사물이 생성한 데이터도 포함합니다.

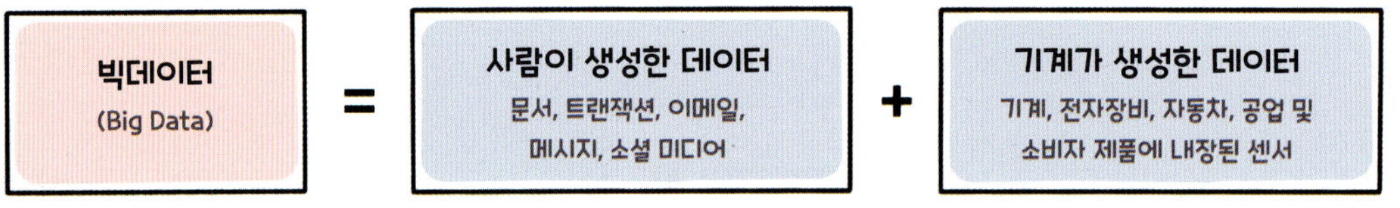

그림 7-1 빅데이터의 범주

빅데이터는 기존의 일반 데이터와 비교했을 때 다음과 같은 차이점이 있습니다.

- 빅데이터는 다양한 방법과 원천, 환경으로부터 수집된 데이터를 의미합니다. 이때 데이터는 주로 텍스트, 이미지, 영상과 같은 비정형 데이터에 초점을 둡니다.
- 빅데이터는 병렬처리를 위한 컴퓨터 시스템이 필요할 정도로 큰 데이터(테라바이트 또는 페타바이트 정도의 데이터)입니다.
- 빅데이터는 비즈니스 혹은 연구에서 유용한 가치를 창출합니다.
- 빅데이터가 창출하는 가치를 보장하기 위해서는 타당성(Validity)과 신뢰성(Veracity)을 확보해야 합니다.

표 7-1 일반 데이터와 빅데이터의 차이

구분	일반 데이터	빅데이터
데이터의 원천	내부로부터 수집	외부로부터 수집
데이터의 형태	정형 데이터가 대부분	비정형 데이터
분석 방법	모델링	인공지능
분석 환경	기업 내에 구축된 데이터웨어하우스	클라우드

데이터웨어하우스(Data Warehouse)는 의사결정에 도움을 주기 위해 분석 가능한 형태로 정보들이 저장되어 있는 중앙저장소입니다.

하나 더 알기 **데이터 단위**

가장 작은 데이터 단위는 비트(Bit)입니다. 8비트는 1바이트(Byte)로, 영어나 숫자는 1바이트, 한글은 2바이트에 해당합니다. 1킬로바이트는 1,024바이트이며, 1메가바이트는 1,024킬로바이트입니다. 세부적인 데이터 단위는 [표 7-2]에 정리했습니다.

표 7-2 데이터 단위

이름	기호	값	이름	기호	값
킬로바이트	KB	$1024^1 = 2^{10}$	페타바이트	PB	$1024^5 = 2^{50}$
메가바이트	MB	$1024^2 = 2^{20}$	엑사바이트	EB	$1024^6 = 2^{60}$
기가바이트	GB	$1024^3 = 2^{30}$	제타바이트	ZB	$1024^7 = 2^{70}$
테라바이트	TB	$1024^4 = 2^{40}$	요타바이트	YB	$1024^8 = 2^{80}$

2 빅데이터의 특징

과거에는 빅데이터의 특징을 3V인 크기, 속도, 다양성으로 설명했지만, 최근에는 4V, 5V, 6V, 7V로 확장하여 설명합니다.

3V : 크기 + 속도 + 다양성

빅데이터의 기본 특징인 3V는 크기, 속도, 다양성입니다.

- **크기(Volume)** : 물리적 장치에 저장되는 데이터의 양을 뜻하며, 빅데이터의 가장 기본적인 특징입니다.
- **속도(Velocity)** : 데이터의 실시간 처리를 보장할 수 있어야 한다는 것으로, 데이터의 생성 · 저장 · 시각화 과정이 빠르게 진행되어야 함을 의미합니다.

- **다양성(Variety)** : 다양한 형태의 데이터를 포함하는 것을 의미합니다. 데이터베이스에 저장되는 정형 데이터뿐만 아니라 사진, 오디오, 비디오, 소셜 미디어 데이터 등과 같은 비정형 데이터도 포함합니다.

4V : 3V+신뢰성

4V는 3V에 신뢰성(Veracity)이 추가된 것입니다. 신뢰성은 데이터가 얼마나 가치 있고 유용한지를 나타냅니다. 즉, 빅데이터를 분석하는 데 있어 기업이나 기관에서 수집한 데이터의 정확성을 살펴보는 것입니다.

5V : 4V+가치

5V는 4V에 가치(Value)가 추가된 것입니다. 빅데이터는 결국 비즈니스에 활용되어 유용한 가치를 이끌어 낼 수 있어야 그 의미가 있습니다. 따라서 빅데이터를 설계하고 수집하기 전에 해당 데이터를 활용하여 무엇을 할 수 있을지에 대한 고민이 필요합니다. 또한 인공지능 기술을 이용해 빅데이터를 분석하기 위해서는 '어떤 데이터를 이용하여 어떤 비즈니스(혹은 서비스)에 활용하겠다'와 같은 뚜렷한 목표가 필요합니다.

6V : 5V+타당성

6V는 5V에 타당성(Validity)이 추가된 것입니다. 타당성은 데이터의 정확성을 의미합니다. 정확하지 않은 데이터를 이용한 데이터 분석은 잘못된 의사결정으로 이어질 수 있으므로, 단순히 양이 많은 것보다는 양질의 데이터가 중요합니다. 물론 데이터의 양이 중요하지 않다는 것은 아닙니다. 데이터의 양도 중요하지만, 정확하지 않은 데이터는 분석의 가치조차 없다는 뜻입니다. 이쯤에서 신뢰성(Veracity)과 타당성(Validity)의 개념이 혼란스러울 수 있습니다. 이 두 요소는 비슷한 개념이긴 하지만, 데이터에 신뢰성이 없다면 노이즈(Noise)와 편향(Bias)으로 인해 잘못된 결론을 낼 수 있으며, 타당성이 없다면 데이터는 규모가 크더라도 쓸모가 없습니다.

노이즈(Noise)는 데이터에 무작위 오류(Random Error)가 존재하는 것이고, 편향(Bias)은 뉴런에서 활성화 함수를 거쳐 최종적으로 출력되는 값을 조절하는 역할을 하는 상수입니다. 자세한 내용은 8장에서 설명하겠습니다.

7V : 6V+휘발성

7V는 6V에 휘발성(Volatility)이 추가된 것입니다. 휘발성의 개념은 데이터를 얼마나 오래 저장하고 사용할 수 있는지에 관한 것입니다. 아무리 데이터의 양이 많고 잘 정리되어 있다 하더라도 몇 년만 지나면 의미 없어지는 경우가 많습니다. 빅데이터는 단기적으로 활용하기보다 장기적인 관점에서 유용한 가치를 창출할 수 있어야 합니다.

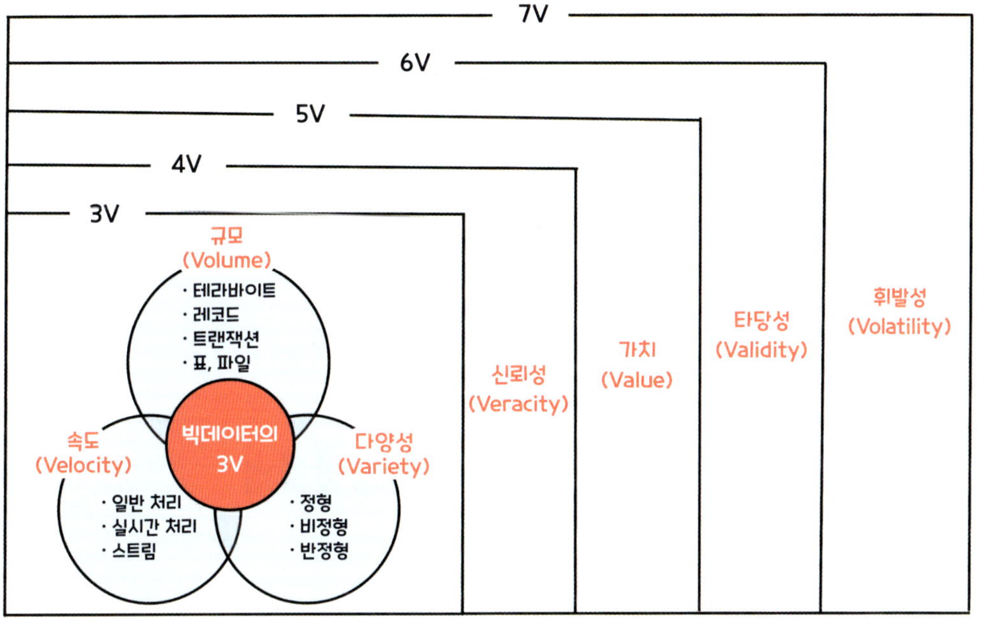

그림 7-2 **빅데이터의 특징**

이처럼 기존 빅데이터의 특징인 3V에 새로운 속성들이 계속 추가되고 있습니다. 이러한 상황이 빅데이터를 한 가지 뜻으로 정의하기 어렵게 만들고 있지만, 3V는 변하지 않는 빅데이터의 기본 속성이라고 할 수 있습니다.

하나 더 알기 ✓ **빅데이터의 특징 좀 더 알아보기**

이외에도 빅데이터는 추가적으로 가변성(Variability)과 시각화(Visualization)의 특징을 갖습니다.

- **가변성(Variability) :** 데이터의 맥락에 따라 의미가 달라지는 것을 의미합니다. 소셜 미디어의 확산으로 이제는 자신의 의견을 제시하는 것이 일상화되고 있습니다. 하지만 원래 의도와는 다르게 해석되어 오해가 생기는 경우가 종종 발생하는데, 이와 같이 맥락에 따라 의미를 달리 해석할 수 있는 속성이 가변성입니다.
- **시각화(Visualization) :** 말 그대로 데이터를 시각적으로 표현하는 것을 의미합니다. 데이터는 용도에 맞게 정보를 가공하는 과정을 거치는데, 이때 정보를 접하는 사람의 유형에 따라 각기 다른 시각화 방법을 제시할 수 있어야 합니다.

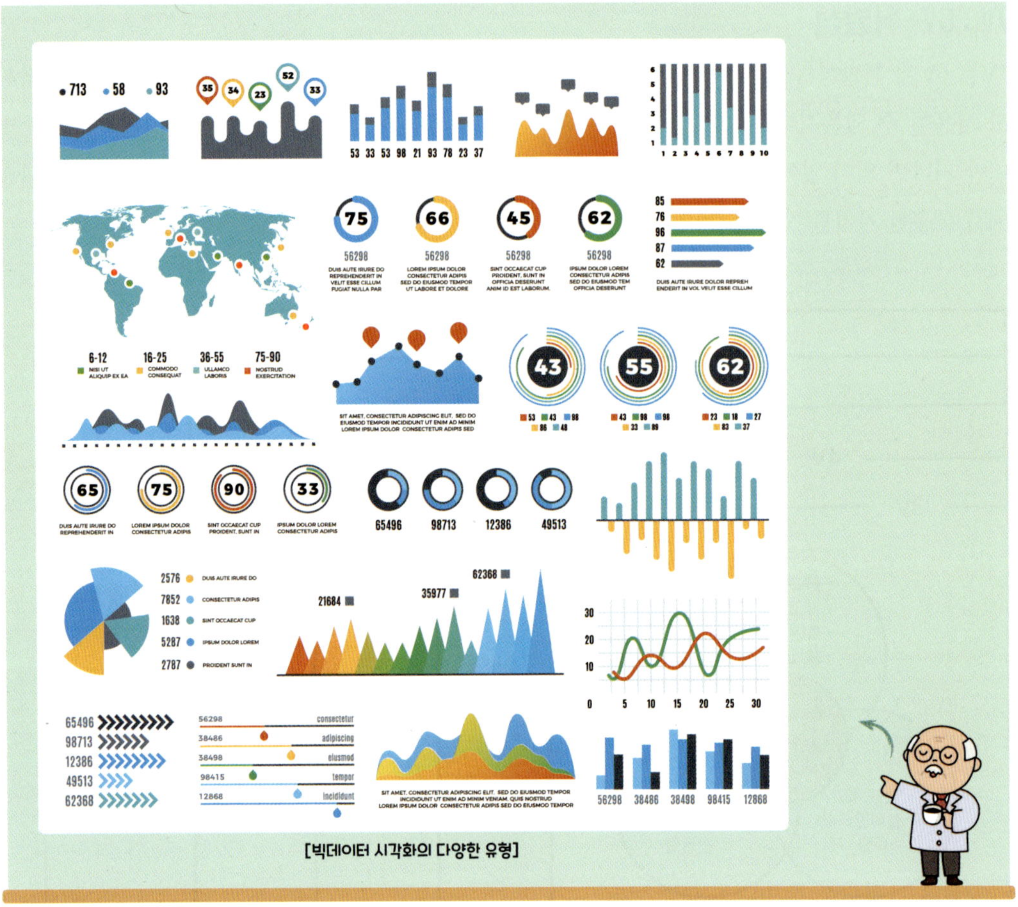

[빅데이터 시각화의 다양한 유형]

3 빅데이터의 유형

빅데이터는 정형 데이터, 비정형 데이터, 반정형 데이터로 분류됩니다.

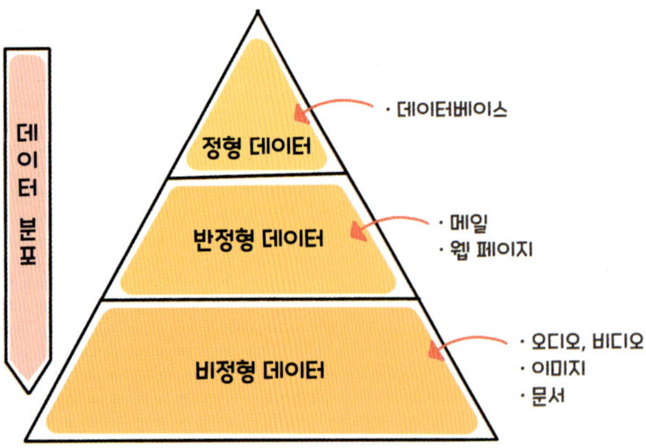

그림 7-3 데이터의 유형

정형 데이터

정형 데이터(Structured Data)는 일정한 형식이나 규칙(Rule)에 맞게 저장된 데이터로, 가장 쉽게 접할 수 있는 유형은 [그림 7-4]와 같은 테이블 형식의 스프레드시트입니다. 정형 데이터는 의미를 이해하기 쉽고 규칙적인 값으로 이루어져 있습니다. 예를 들어, [그림 7-4]의 Age 열에는 18, 32, 52, 35, 26과 같은 숫자가 있는데, 우리는 이 숫자들이 사람 나이를 나타낸다는 것을 쉽게 이해할 수 있습니다. 정형 데이터의 대표적인 예로는 스프레드시트, 관계형 데이터베이스, CSV 등이 있습니다.

ID	Name	Age	Degree
1	John	18	B.Sc.
2	Jason	32	Ph.D.
3	Robert	52	Ph.D.
4	Ricky	35	M.Sc.
5	Gibb	26	B.Sc.

그림 7-4 **정형 데이터의 예**

비정형 데이터

비정형 데이터(Unstructured Data)는 정형 데이터와 반대되는 개념으로, 정해진 규칙이 없어서 값의 의미를 쉽게 파악하기 힘든 경우가 많습니다. 그런데 의미를 파악하기 힘들다고 해서 그 데이터가 의미 없다는 것은 아닙니다. 인공지능 기술의 발전과 함께 비정형 데이터로부터 인사이트(Insight)를 얻는 사례가 많아지면서 비정형 데이터에 대한 중요성이 부각되고 있습니다. 비정형 데이터의 대표적인 예로는 SNS, 영상, 이미지, 음성, 텍스트 등이 있습니다.

> Artificial intelligence(AI), is intelligence demonstrated by machines, unlike the natural intelligence displayed by humans and animals, which involves consciousness and emotionality. The distinction between the former and the latter categories is often revealed by the acronym chosen. 'Strong' AI is usually labelled as AGI(Artificial General Intelligence) while attempts to emulate 'natural' intelligence have been called ABI(Artificial Biological Intelligence).

그림 7-5 **비정형 데이터의 예**

반정형 데이터

반정형 데이터(Semi-structured Data)는 정형 데이터와 같이 데이터베이스의 테이블 형식으로 저장되는 것은 아니지만, 스키마(Schema)와 메타데이터(Metadata)의 특성을 갖는 데이터입니다. 반정형 데이터가 주목받는 이유는 인터넷에 존재하는 수많은 데이터를 인공지능에 사용할 수 있기 때문입니다. 특히 크롤링(Crawling) 기술을 이용하여 HTTP나 XML 형식의 반정형 데이터를 손쉽게 수집할 수 있게 되면서 인공지능의 데이터로 많이 사용되고 있습니다. 반정형 데이터의 대표적인 예로는 XML, JSON, NoSQL, 로그 등이 있습니다.

```
<University>
<Student   ID="1">
    <Name> John </Name>
    <Age> 18 </Age>
    <Degree> B.Sc. </Degree>
<Student>
<Student   ID="2">
    <Name> Jason </Name>
    <Age> 32 </Age>
    <Degree> Ph.D. </Degree>
<Student>
...
<University>
```

그림 7-6 **반정형 데이터의 예**

스키마(Schema)란 데이터베이스에서 자료의 구조, 표현 방법, 자료 간의 관계 등 전반적인 명세를 기술한 것입니다. 메타데이터(Metadata)는 데이터를 설명하기 위한 데이터를 의미하며 크롤링 기술(Crawling)은 다양한 웹사이트의 페이지를 브라우징하는 작업을 뜻합니다.

하나 더 알기 **XML, JSON, NoSQL**

1. XML

XML(eXtensible Markup Language)은 확장 가능한 마크업 언어라는 뜻으로, HTML처럼 태그(Tag)들을 고정시켜 사용하지 않고 확장이 가능합니다. 이때 마크업 언어는 태그 등을 이용하여 문서나 데이터의 구조를 명기하는 언어를 의미합니다. 즉, 태그를 사용자가 정의하여 사용할 수 있는 형태이며 [그림 7-6]에서 〈University〉, 〈Student ID〉 등과 같이 사용할 수 있습니다.

2. JSON

JSON(JavaScript Object Notation)은 데이터를 저장하거나 전송할 때 많이 사용하는 데이터 교환 형식입니다. 표현식이 사람과 기계가 모두 이해하기 쉬우며 용량이 작아, 최근에는 데이터 전송 등에서 XML을 대체해 많이 사용되고 있습니다. JSON 표현 방식은 다음의 예시처럼 중괄호({ })를 사용하여 데이터를 나열하는 식입니다.

```
{
    "employees": [
        {
            "name": "Surim",
            "lastName": "Son"
        },
        {
            "name": "Someone",
            "lastName": "Huh"
        },
        {
            "name": "Someone else",
            "lastName": "Kim"
        }
    ]
}
```

[JSON 표현식]

3. NoSQL

NoSQL(Not Only SQL)은 스키마의 특성을 가지며, 유연하고 분산병렬 처리가 쉬워 확장에 유리합니다. 빅데이터를 다룰 때 많이 사용되는 데이터베이스입니다.

Section 02 빅데이터와 인공지능

1 빅데이터와 인공지능의 관계

빅데이터와 인공지능은 어떻게 상호작용할까요? 만약 데이터에서 인사이트(Insight)를 찾아내지 못한다면 아무리 양이 많더라도 의미 없는 데이터일 뿐입니다. 과거에는 전문가들이 데이터의 일정한 패턴을 분석하거나 본인의 경험을 바탕으로 데이터에서 유용한 정보를 추출하였습니다. 그래서 데이터의 질적인 측면보다는 전문가의 경험이 중요했습니다. 반면, 인공지능은 빅데이터에 대한 분석 방법을 제공합니다. 그래서 인공지능 기술을 이용하면 어떤 사용자라도 쉽고 빠르게 인사이트를 찾아낼 수 있습니다. 물론 인공지능 기술을 다룰 수 있는 전문가가 필요하기는 하지만, 최근에는 비전문가도 데이터 분석이 가능하도록 많은 툴이 소개되고 있습니다.

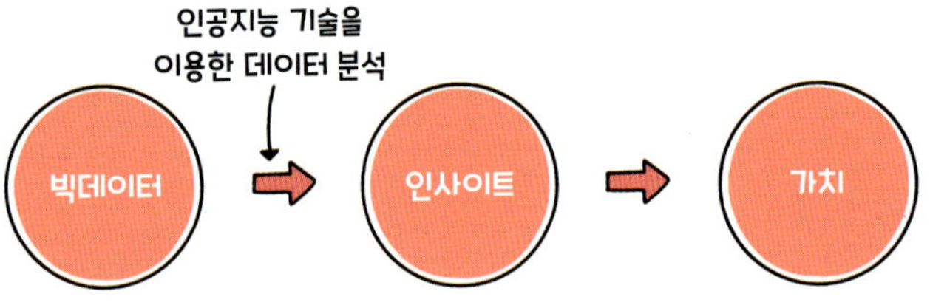

그림 7-7 빅데이터와 인공지능

그럼 구체적으로 빅데이터와 인공지능의 관계에 대해 살펴보겠습니다.

인공지능의 주요 원료인 빅데이터

4차 산업혁명 시대는 양질의 데이터를 확보하고 인공지능 기술로 이를 가공하여 새로운 산업과 서비스를 창출하는 기업이 이익을 독식하는 무한 경쟁 시대입니다. 인공지능 기술은 빅데이터와 결합되어 대량의 데이터 학습을 진행하며, 이를 바탕으로 의사결정을 위한 인사이트를 제공하거나 미래에 발생할 상황을 예측합니다. 즉, 빅데이터는 인공지능에게 풍부한 원료(데이터)를 제공하는 역할을 하고, 인공지능은 빅데이터로부터 공급받은 원료를 가공하여 새로운 부가가치로 변환시키는 역할을 합니다.

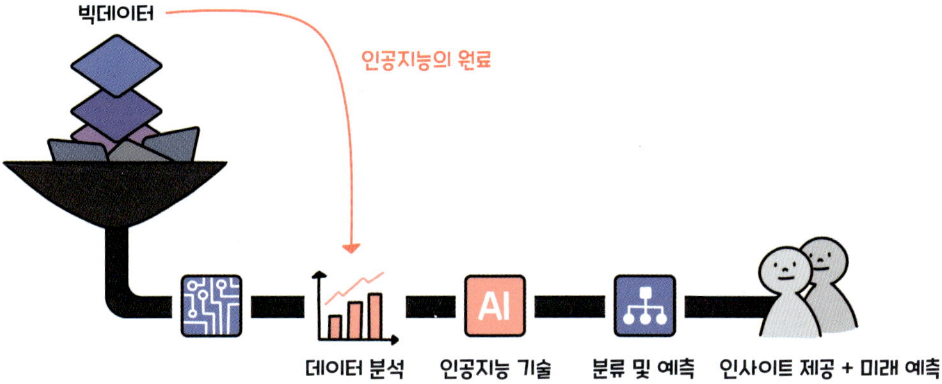

그림 7-8 **인공지능의 주요 원료인 빅데이터**

인공지능과 융합하는 빅데이터

매사추세츠 공과대학교 슬론경영대학원에서 발행하는 〈MIT 슬론 매니지먼트 리뷰(MIT Sloan Management Review)〉에 '빅데이터는 스스로 강력한 힘을 지니고 있다. 인공지능도 마찬가지다. 두 가지가 합쳐지면 어떻게 될까?(Big Data is powerful on its own. So is artificial intelligence. What happens when the two are merged?)'라는 주제의 글이 실렸습니다. 기업들은 빅데이터와 데이터 분석 기능을 통해 비즈니스 가치를 창출할 때 가장 주목해야 할 기술로 '인공지능과 빅데이터의 융합'을 꼽았습니다.

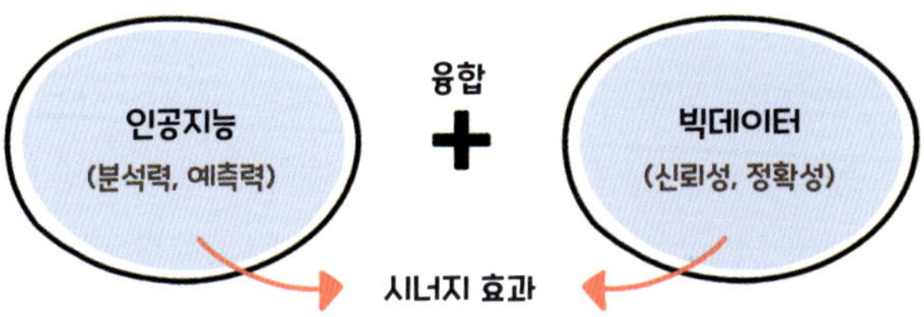

그림 7-9 **인공지능과 빅데이터 융합**

빅데이터와 인공지능의 융합은 다음과 같은 변화를 가져올 것입니다.

- **사물인터넷으로의 연결 :** 세상 모든 사물이 네트워크로 연결되면서 현실세계의 모든 상태가 데이터로 재구성되고, 동시에 네트워크를 통해 자유롭게 유통될 것입니다.
- **초연결 산업 생태계로의 전환 :** 사물인터넷으로 연결되는 과정에서 전통적 산업은 초연결 산업 생태계로 전환될 것입니다.
- **사이버 시스템과의 융합 :** 인공지능 기술의 발전으로 빅데이터를 이용한 물리 시스템(현실세계의 시스템)의 통제 가능성은 높아지고, 사이버 시스템과의 융합은 증대될 것입니다.

• **스마트 머신 등장 :** 데이터의 폭발적인 증가와 함께 영상까지 인식 가능한 인공지능 기술의 진화로 다양한 서비스가 가능해질 것입니다. 최종적으로는 인공지능을 탑재한 로봇, 드론, 자율주행차 등 스마트 머신이 우리의 일상에 파고들 것입니다.

그림 7-10 **빅데이터와 인공지능의 융합으로 변화될 세상**

그렇다면 우리나라가 4차 산업혁명 시대를 선도하며 빅데이터 기반 혁신국가로 나아가기 위한 조건으로는 무엇이 있을까요? 가장 중요한 선결 과제는 다양한 종류의 데이터를 축적하고 가공할 수 있는 빅데이터 플랫폼을 확보하는 것입니다. 데이터는 국경의 제약 없이 전 세계를 무대로 사용됩니다. 더구나 이러한 데이터는 실시간으로 유통되고 소비되면서 과거 데이터와의 연계를 통해 가치가 재생산되고 자기 증폭되는 구조를 가지고 있습니다. 또한 개인, 집단, 기업, 정부를 가리지 않고 경계를 초월해 공유되기 때문에 영향력은 계속 커지고 있습니다. 그러므로 빅데이터 플랫폼을 소유하는 국가나 기업이 곧 4차 산업혁명 시대를 지배할 것입니다.

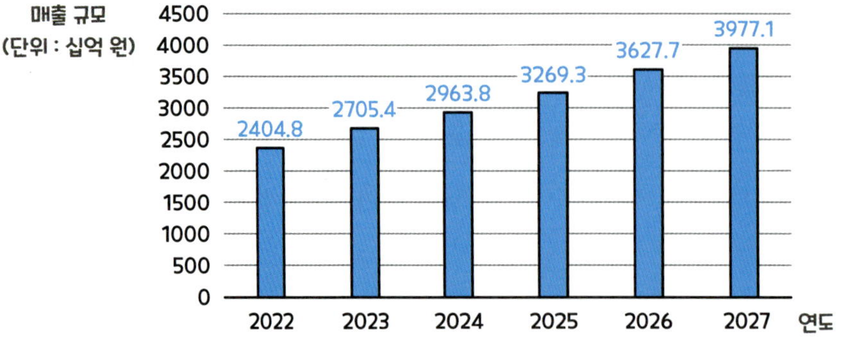

그림 7-11 **국내 빅데이터 및 분석도구 시장의 전망** © IDC

2 빅데이터와 인공지능의 활용

빅데이터가 확보되지 않으면 인공지능 서비스는 사용이 불가능합니다. 따라서 인공지능 서비스를 하고 있다는 것은 이미 관련 분야에 대한 빅데이터를 구축하고 있다는 의미이기도 합니다. 이번에는 산업별 빅데이터와 인공지능의 융합 사례를 살펴보겠습니다.

금융 산업

핀테크(FinTech)로 대표되는 금융 산업에서 가장 쉽게 접할 수 있는 사례는 로보어드바이저(Robo-Advisor)입니다. 로보어드바이저는 '로봇(Robot)'과 '투자전문가(Advisor)'의 합성어로, 빅데이터, 머신러닝 등 IT기술과 금융이론이 결합되어 컴퓨터가 사람을 대신해 자산을 관리하는 기술입니다. 즉, 로보어드바이저는 인공지능 알고리즘과 금융 빅데이터를 이용하여 컴퓨터가 인간의 자산을 관리합니다.

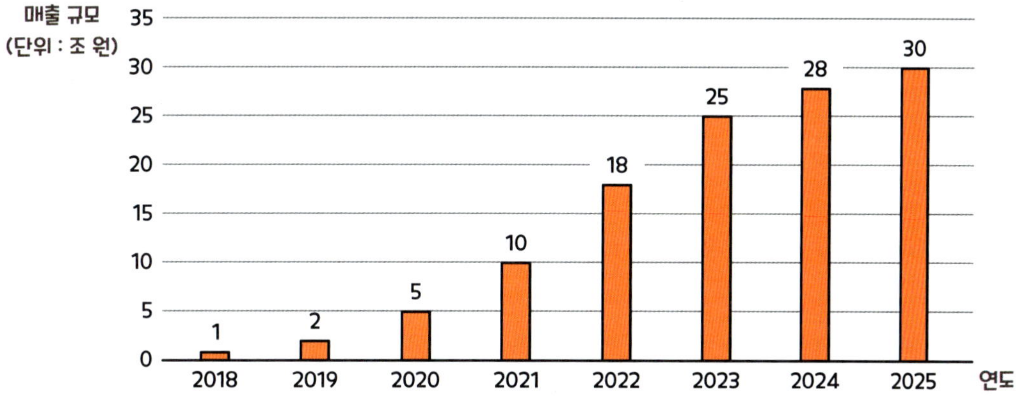

그림 7-12 **로보어드바이저의 시장 규모** © KEB하나은행 하이로보센터

하나 더 알기 **핀테크**

핀테크(FinTech)는 금융에 IT기술(빅데이터, 인공지능, 블록체인 등)을 접목하여 복잡하고 어려웠던 금융 업무를 효율적이면서 편리하게 서비스하는 것을 말합니다. 핀테크 관련 서비스로는 페이코(PAYCO), 토스(Toss), 카카오페이(KakaoPay) 등에서 제공하는 간편결제와 간편송금 등이 있습니다.

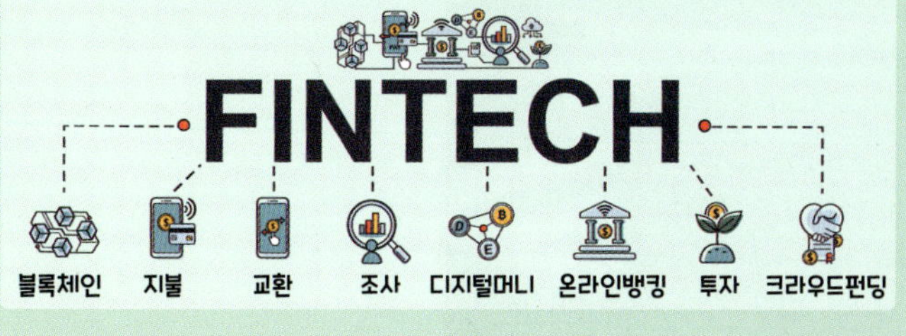

헬스케어 산업

헬스케어 산업에서 빅데이터와 인공지능이 결합한 사례는 바로 IBM 왓슨(Watson)입니다. 왓슨은 병원 진료기록, 학계 논문, 생체 데이터 등을 통합 분석하여 환자의 치료를 돕습니다. 하지만 왓슨의 도입이 업계에 큰 이득을 가져다주진 못해 현재는 해당 서비스를 중단하고 임상시험 서비스로 전환되었습니다. [그림 7-13]이 IBM 왓슨인데, 로봇처럼 실체가 있는 것이 아니라 일종의 소프트웨어 프로그램입니다.

그림 7-13 **IBM 왓슨**

유통 산업

유통 산업에서는 이미지를 이용한 비주얼 검색과 온·오프라인 매장에 도입된 채팅봇이 고객을 직접 응대하는 서비스가 확대되고 있습니다. 또한 미국의 인터넷 종합 쇼핑몰 아마존(Amazon)은 계산대와 종업원이 없는 무인 마트인 아마존고(amazon Go)를 운영하고 있습니다.

그림 7-14 **아마존고**

전자 산업

최신 AI 가전제품은 사용자의 생활 습관이나 공간의 특성 등을 스스로 학습하여 최적의 작동 방식을 찾아냅니다. 삼성전자 무풍 에어컨은 사용자의 패턴을 학습하는 기능을 갖추고 있습니다. 센서를 통해 외부 날씨, 실내온도·습도, 공기오염도를 측정하고, 사용자가 어떤 환경에서 어떤 방식으로 작동시키는지 학습하여 사용자가 선호하는 '공기 취향'을 파악합니다.

그림 7-15 **삼성전자 무풍 에어컨**

LG전자 트롬 세탁기는 사용자의 패턴을 학습한 후 상황에 맞는 세탁 옵션을 추천합니다. 또한 온라인으로 날씨를 파악해 습한 날에는 탈수 기능을 강화하고, 미세먼지가 많은 날에는 헹굼 시간을 늘리는 기능도 제공합니다.

그림 7-16 **LG전자 트롬 세탁기**

Section 03

빅데이터 활용에 대한 규제와 딜레마

1 빅데이터에 대한 규제 체계

4차 산업혁명 시대가 도래하면서 산업 전반의 판도가 바뀌고 있으며, 많은 국가가 패러다임 변화에 적극적으로 대응하기 위해 준비하고 있습니다. 하지만 우리나라는 인공지능, 사물인터넷, 자율주행차, 드론 등 4차 산업혁명 핵심 분야 경쟁력이 미국과 유럽 등의 국가에 비해 떨어진다는 평가를 받고 있습니다. 이에 대한 원인 중 하나로는 규제 체계를 들 수 있는데, 그렇다면 규제 체계는 빅데이터와 어떤 관계가 있을까요?

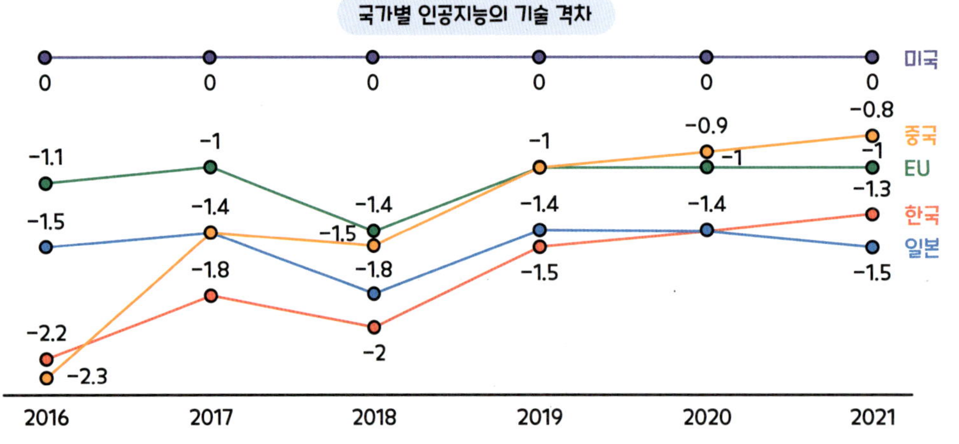

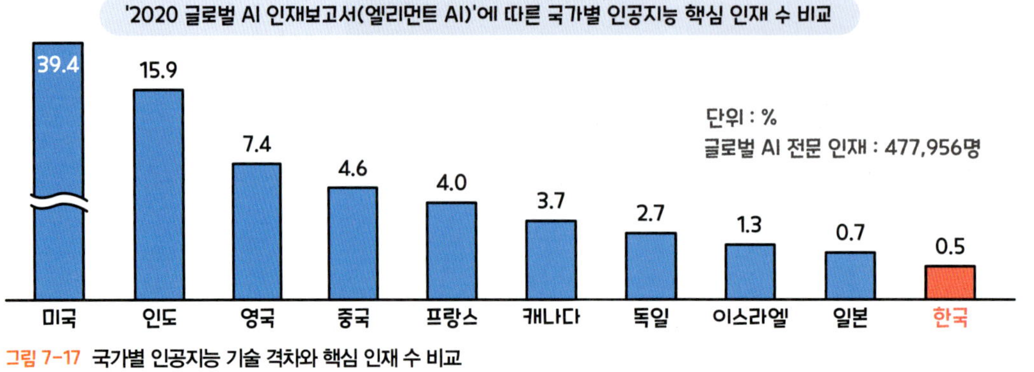

그림 7-17 국가별 인공지능 기술 격차와 핵심 인재 수 비교

규제 체계는 포지티브(Positive) 규제와 네거티브(Negative) 규제로 구분할 수 있습니다. 포지티브 규제는 '원칙적으로 금지하면서 예외는 허용하는 방식'이고, 네거티브 규제는 '원칙적으로 허용하면서 예외는 금지하는 방식'입니다. 원래의 단어가 가진 뜻 때문에 포지티브 규제 방식이 네거티브 규제 방식보다 좋을 것이라는 생각이 들지만, [그림 7-18]과 같이 실상은 그렇지 않습니다. 네거티브 규제는 법령 등 규정을 제외한 나머지 활동은 모두 허용하기 때문에 기존에 없었던 기술이나 제품을 개발하고 사업화하는 데 유리합니다.

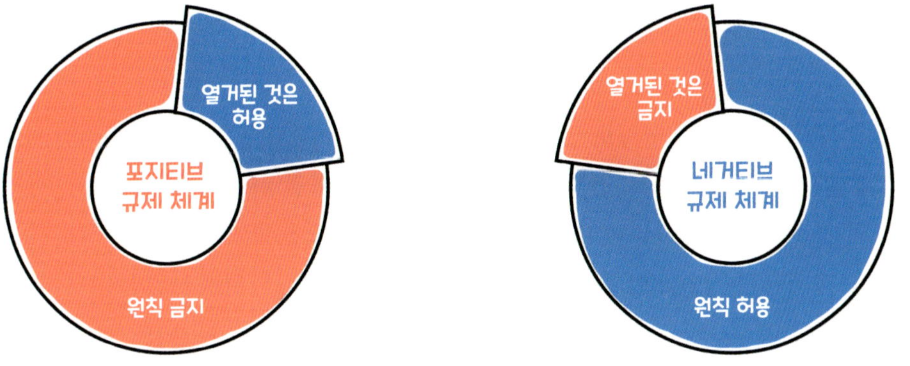

그림 7-18 **포지티브 규제와 네거티브 규제의 차이**

현재 우리나라 규제 체계는 법에 열거된 사항만을 허용하는 포지티브 방식을 따르고 있습니다. 포지티브 규제 방식은 사회·경제 규모가 작고 단일 기술과 단일 산업이 주종을 이뤘던 시대에는 유효하게 작동했습니다. 하지만 새로운 기업들이 빠른 속도로 생겨나고 산업 구조가 복잡해지자 포지티브 규제가 오히려 발전의 걸림돌이 되고 있습니다. 글로벌 경쟁에서 살아남기 위해서는 누구나 자유롭게 신산업에 뛰어들 수 있어야 하는데, 포지티브 규제하에서 새로운 사업을 하려면 법적 근거가 있어야 하고 법적 근거를 마련하려면 때로는 많은 시간과 비용이 소요되기 때문입니다. 그래서 빠르게 변하는 트렌드를 반영하고 따라가는 데 한계가 발생합니다.

스타트업이 기업 가치 10억 달러 이상인 유니콘 기업으로 성장하는 경우가 많은 중국은 어떨까요? 중국은 현재 네거티브 규제 방식을 채택하고 있으며, 이로 인해 새로운 아이디어를 다양한 방법으로 시도할 수 있는 환경이 마련되어 있습니다. 그래서 신산업이 발전하기 아주 좋은 여건이라고 할 수 있습니다.

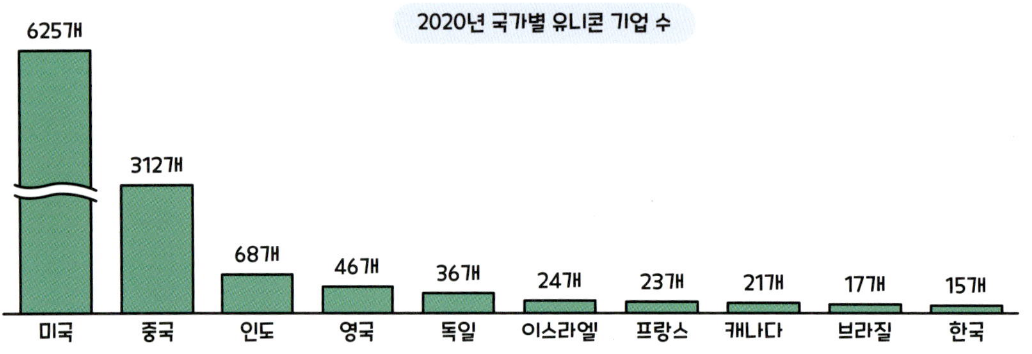

그림 7-19 **국가별 유니콘 기업 수 비교** © 후룬연구원

그래서 최근 우리나라도 네거티브 규제로 전환하려는 시도가 이루어지고 있습니다. 대표적인 사례가 드론으로, 포괄적 네거티브 규제로 전환됨에 따라 기존에는 항공촬영이나 관측 등의 분야에만 한정됐던 드론의 사용 범위가 사실상 전 분야로 확대되었습니다. 드론사업 경쟁국인 미국, 일본, 중국과 비교했을 때 규제의 정도 또한 유사하거나 낮은 수준을 유지할 수 있게 되었습니다. 몇 가지를 살펴보면, 드론 비행의 고도 제한은 우리나라의 경우 지면 기준 150m 이하인데, 미국과 중국은 120m 이하입니다. 드론 조종 자격도 미국에서는 사업용 기체의 경우 만 16세 이상만 취득 가능하지만, 국내 나이 제한은 만 14세입니다. 또한 군사용으로만 사용되었던 예전과 달리, 여가활동이나 물류, 토지관리, 에너지, 건설 등 다양한 분야에서 활용할 수 있게 되었습니다.

그림 7-20 **드론의 활용 범위 확대**

2 빅데이터 활용과 개인정보보호의 딜레마

기업이나 정부의 개인정보 수집은 단순히 서비스 제공만을 목적으로 하지 않습니다. 건강, 교통, 신용, 위치, 이동경로, 소비성향, 인종, 종교 등 수많은 개인정보를 수집한 기업은 이를 이용하여 새로운 서비스를 개발하거나 경영전략 등에 활용할 수 있으며, 정부는 기존에 없었던 새롭고 효율적인 정책을 개발하는 데 사용할 수 있습니다. 이처럼 개인정보는 기업과 정부의 경쟁력을 높이는

데 매우 유용하게 활용될 수 있습니다. 즉, 빅데이터에 포함된 개인정보는 보호의 대상이지만, 잘 활용할 수만 있다면 우리 사회를 더 풍요롭게 만드는 핵심자원이 됩니다. 하지만 그와 동시에 빅데이터 활용과 개인정보보호라는 딜레마를 마주해야 합니다.

개인정보의 개념

개인정보보호와 관련된 현행 법에서는 개인정보에 대해 거의 동일하게 정의하고 있습니다. 「개인정보 보호법」 제2조 제1호에서는 '살아 있는 개인에 관한 정보로서 성명, 주민등록번호 및 영상 등을 통하여 개인을 알아볼 수 있는 정보'라고 정의하며, 해당 정보만으로는 특정 개인을 알아볼 수 없더라도 다른 정보와 쉽게 결합하여 알아볼 수 있는 정보까지 개인정보에 포함하고 있습니다.

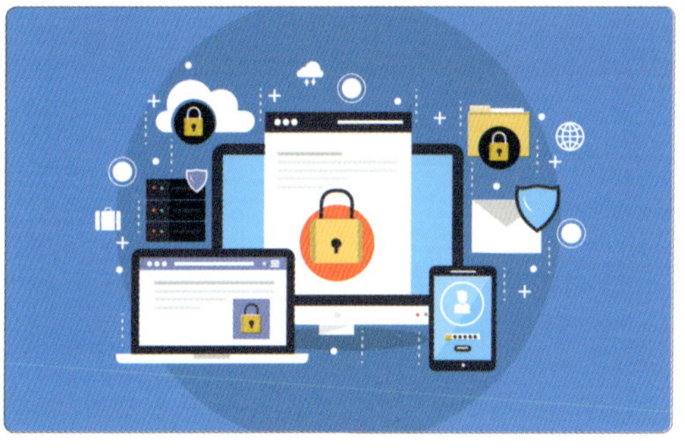

그림 7-21 개인정보보호

유럽연합(EU)의 개인정보보호규정인 GDPR에서는 개인정보를 '식별되었거나 또는 식별 가능한 자연인(정보주체)과 관련된 모든 정보를 의미'한다고 정의하고 있습니다. 따라서 자연인을 직·간접적으로 식별 가능한 경우라면 이름, 전화번호 등과 같은 일반적인 개인정보 외 지침에는 포함되지 않았던 위치정보, IP 주소 등 온라인 식별자 정보도 개인정보에 포함됩니다. 하지만 개인정보를 익명 처리하여 더 이상 식별할 수 없는 정보에 대해서는 GDPR이 적용되지 않습니다. 따라서 GDPR은 익명처리된 정보를 기업들이 자유롭게 비즈니스에 활용할 수 있도록 하고 있습니다.

그림 7-22 유럽연합의 GDPR

우리나라도 「개인정보 보호법」, 「정보통신망법」, 「신용정보법」 등 일명 '데이터3법'이 시행되면서 가명정보에 대해서는 빅데이터로 활용할 수 있게 하였습니다.

하나 더 알기 **데이터3법**

데이터3법이란 데이터 이용을 활성화하는 「개인정보 보호법」, 「정보통신망 이용촉진 및 정보보호 등에 관한 법률(정보통신망법)」, 「신용정보의 이용 및 보호에 관한 법률(신용정보법)」 등 3가지 법률을 통칭하는 말입니다.

- **개인정보 보호법 :** 이름, 주민등록번호, 영상과 같이 개인을 식별할 수 있는 정보의 범위, 법 적용 대상, 수집 및 이용 기준 등을 정함
- **정보통신망법 :** 정보통신망을 안전하고 활발하게 이용할 수 있도록 유도하고 이용자의 개인정보를 보호하기 위한 내용을 정의
- **신용정보법 :** 금융 거래 등 상거래에서 개인의 신용을 판단할 때 필요한 신용정보의 이용 범위와 수집, 관리 방법 등을 규정

빅데이터 활용과 개인정보보호

'데이터3법' 중 「개인정보 보호법」 제2조에서는 가명처리를 '개인정보의 일부를 삭제하거나 일부 또는 전부를 대체하는 등의 방법으로 추가 정보 없이는 특정 개인을 알아볼 수 없도록 처리하는 것'으로 정의하고 있습니다. 법의 정의를 토대로 가명정보를 정의하면 '개인정보의 일부분을 삭제하거나 대체하여 특정 개인을 식별할 수 없도록 만든 정보'라고 할 수 있습니다.

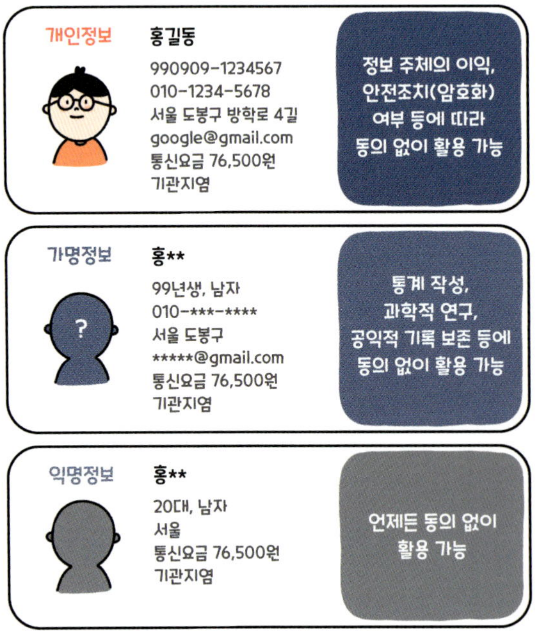

그림 7-23 **개인정보, 가명정보, 익명정보의 활용 범위**

가명처리된 개인정보인 가명정보를 빅데이터에 활용할 수 있게 되자, 빅데이터 활용과 개인정보 보호 문제는 더욱더 이슈가 되고 있습니다. 가명처리를 했다면 개인정보는 충분히 보호될 것 같은데 왜 이슈가 되는 걸까요?

먼저, 개인정보를 개인의 관점에서 살펴보겠습니다. 개인정보는 인공지능 기술을 이용하여 처리되는 과정에서 노출 위험성이 있습니다. 익명 또는 가명처리된 개인정보라 할지라도 관련 데이터의 양이 증가할수록 재식별 가능성이 높아지기 때문입니다. 또한, 개인의 입장에서는 공개되어도 무관한 데이터라 하더라도 빅데이터 분석을 통해 개인정보 주체의 의도와 상관없이 민감한 정보가 추론될 수 있습니다. 즉, 가명처리를 했다 하더라도 빅데이터가 인공지능 기술과 결합하면 개인을 식별할 수 있는 정보 추출이 가능한 상황이 발생할 수 있는 것입니다.

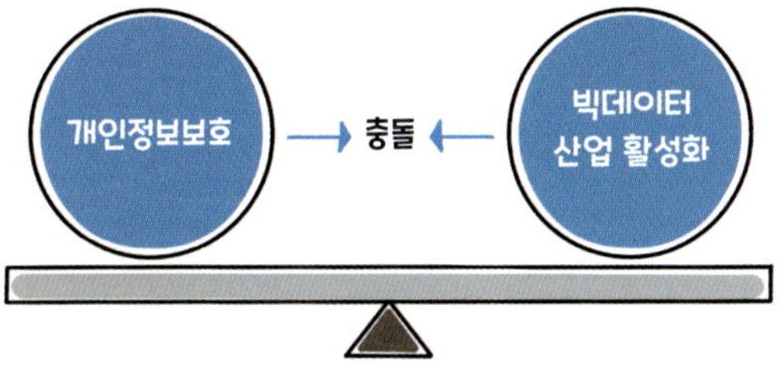

그림 7-24 빅데이터와 개인정보보호의 충돌

데이터 분석 과성이나 분석 결과를 통해 개인정보가 유출되어 악용될 경우 엄청난 사회적 갈등과 비용을 감수해야 합니다. 하지만 데이터 유출이 두려워 데이터 활용 자체를 차단한다면 우리나라의 빅데이터 기술은 계속 뒤처질 것입니다. 따라서 개인정보를 보호하면서 데이터를 활용할 수 있는 균형 있는 방안을 모색해야 합니다.

이번에는 기업 관점에서 살펴보겠습니다. 기업이나 정부기관이 수집한 빅데이터에는 많은 개인정보가 포함되어 있습니다. 또한 신용카드 결제정보, 인터넷 이용기록, CCTV 촬영기록 등의 개인정보들이 지금도 실시간으로 수집되고 있습니다. '데이터3법'이 개정된 이후 기업들은 개인정보를 가명처리한 후 빅데이터로 활용할 수 있게 되었지만, 개정안에 따르면 정보 주체의 동의 없이 개인정보를 추가적으로 이용 및 제공할 때에는 다음 4가지 요건을 모두 갖춰야 합니다.

- 당초 목적과의 상당한 관련성이 있을 것
- 추가 이용에 대한 영향도 예측이 가능할 것
- 제3자의 이익을 침해하지 않을 것
- 가명처리를 의무화할 것

이 요건들로 인해 가명처리를 하지 않아도 되는 부분까지 가명처리를 해야 하는 상황이며, 현재 글로벌 표준으로 인식되고 있는 유럽연합(EU)의 GDPR보다 기준이 훨씬 엄격하다고 할 수 있습니다. 즉, 개정은 되었으나 여전히 개인정보를 빅데이터에 활용하기에는 제약이 많은 상황이라 우리나라의 빅데이터 발전 속도는 더디다고 볼 수 있습니다.

개인정보보호와 이용을 위한 균형 있는 제도

4차 산업혁명 시대에 개인정보를 빅데이터로 활용하는 것은 필수 불가결합니다. 그러나 개인의 프라이버시가 침해되면서까지 빅데이터 활용을 논할 수는 없습니다. 그래서 어디까지 개인정보를 보호하고 또 이용할 것인지 정하는 것은 간단한 문제가 아닙니다. 따라서 정부가 법률과 지침을 통해 구체적인 가이드라인을 제시하지 않는다면 빅데이터와 개인정보를 이용하는 기업들은 혁신적인 비즈니스모델 개발과 적용에 어려움을 겪을 것입니다.

앞에서 언급했듯이, 유럽연합(EU)은 GDPR을 통해 다소 모호했던 개념을 구체화하여 개인정보보호를 한층 강화하면서, 비식별 조치를 통해 빅데이터로 활용할 수 있도록 하였습니다. 우리나라도 '데이터3법' 개정안을 통해 개인정보를 빅데이터로 활용할 수 있는 방안을 제공하고 있지만, 개정안의 핵심 내용인 가명정보의 개념과 활용 범위에 대한 표현이 모호하여 혼란이 가중되고 있습니다. 따라서 정부는 명확한 가이드라인을 제시하여 개인정보 사용자나 기업들의 혼란을 최소화해야 합니다.

뿐만 아니라 데이터 분석가의 역할도 중요합니다. 데이터 분석 과정에서 개인정보가 추출되거나 유출되지 않도록 기술적 방안을 마련해야 합니다. 단순히 주어진 데이터만 분석하는 것이 아닌, 데이터의 의미와 역할을 고려하여 분석하는 자세가 필요합니다.

그림 7-25 **데이터 분석가의 중요성**

Section 04 빅데이터의 개방

1 공공데이터 개방의 필요성

데이터의 생산이나 수집 및 보유 측면에서 정부의 비중은 독보적이라 할 수 있습니다. 정부의 업무 수행이나 특별한 목적에 따라 생성 및 수집되는 데이터는 국민의 모든 생활과 연관되어 있습니다. 또한 그 중요성이나 민감성은 개인이나 기업에서 수집하는 데이터를 능가합니다. 즉, 빅데이터의 효과를 단기간 내에 얻을 수 있는 방법은 정부가 소유하고 있는 데이터를 활용하는 것입니다. 정부는 교통문제, 환경문제, 치안문제, 에너지문제, 실업문제 등 해결해야 할 문제들이 많습니다. 이러한 문제들을 처리하기 위해 관련 데이터를 수집해야 하므로, 정부가 소유하고 있는 빅데이터인 공공데이터 범위는 국민 실생활의 대부분이며 그 양은 상상을 초월합니다. 그래서 정부가 빅데이터를 개방한다면 민간에서는 큰 수고 없이 서비스를 개발할 수 있습니다. 이러한 이유로 정부가 소유한 공공데이터의 개방이 필요합니다.

2 공공데이터 개방의 사례

미국은 2009년에 데이터 포털사이트(data.gov)를 공개하여 공공데이터를 개방하였습니다. 미국 정부의 데이터 개방 범위는 농업, 환경, 에너지 등의 분야를 포함하여 재정 투명성을 위한 예산, 지출, 계약, 공무원 급여까지 다양합니다.

그림 7-26 미국의 데이터 포털사이트 : data.gov

영국은 2010년 고든 브라운(Gordon Brown) 총리가 웹과 링크드 데이터의 창시자로 유명한 팀 버너스리(Timothy John Berners-Lee)를 초빙해 데이터 포털사이트(data.gov.uk)를 만들면서 공공데이터 개방을 시작했습니다. 이후 2018년 '오픈데이터 찾기(Find Open Data)'라는 이름으로 개편됐습니다. 또한 영국의 일간지 〈가디언(The Guardian)〉은 2006년에 '우리의 데이터를 공개하라(Free Our Data)'라는 캠페인을 벌였는데, 이는 국민의 세금으로 만든 정부의 데이터를 국민이 무료로 사용할 수 있도록 공개하라는 의미였습니다. 가디언은 정부 데이터의 공개를 요구했을 뿐만 아니라 언론사가 소유하고 있는 데이터도 적극적으로 공개함으로써, 영국이 빅데이터 선진국으로 자리매김하는 데 크게 기여하였습니다.

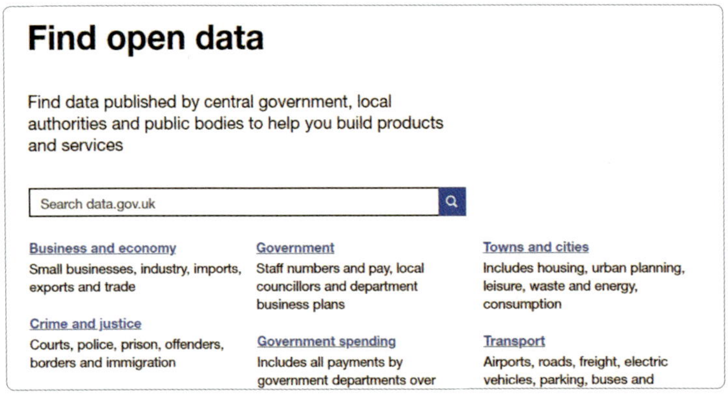

그림 7-27 **영국의 데이터 포털사이트 : data.gov.uk**

국내에서는 「공공데이터의 제공 및 이용 활성화에 관한 법률(이하 공공데이터법)」 시행에 따른 공공데이터 개방을 적극적으로 시행해 온 결과, OECD가 발표한 '2019년 OECD 정부백서(Government at a Glance 2019)'에서 공공데이터 개방 지수 0.93점(1점 만점)으로 1위를 기록했습니다.

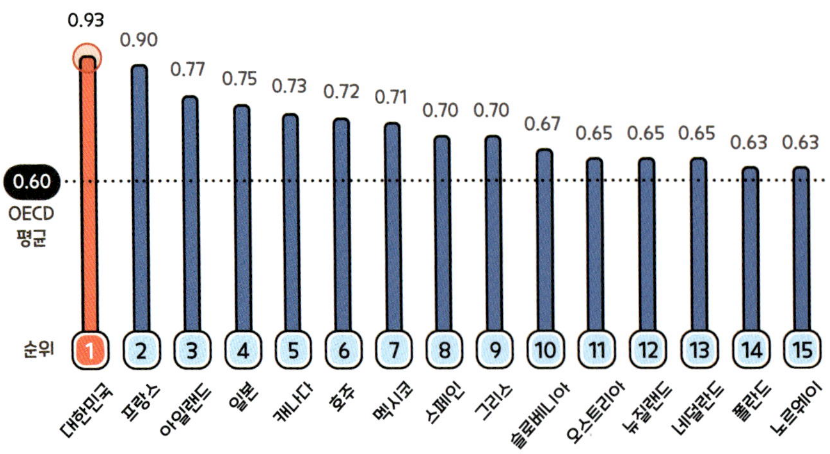

그림 7-28 **전 세계 공공데이터 개방 지수**

그렇다면 공공데이터 개방은 개인과 기업의 적극적인 활용으로 이어지고 있을까요?

3 공공데이터 활용을 위한 방안

우리나라의 공공데이터 개방 지수는 높은 반면, 실제 공공데이터 활용률은 그다지 높지 않습니다. 왜 이런 현상이 나타나는 걸까요? 한국정보화진흥원 정보화통계집에 따르면 필요한 데이터를 찾을 수 없기 때문에 활용도가 낮은 것으로 나타났습니다. 즉, 서비스로 개발할 만한 가치 있는 데이터가 없다는 의미입니다. 또한 파일 형식이 표준화되어 있지 않거나 데이터가 정제되어 있지 않아 활용이 어려운 것으로 나타났습니다.

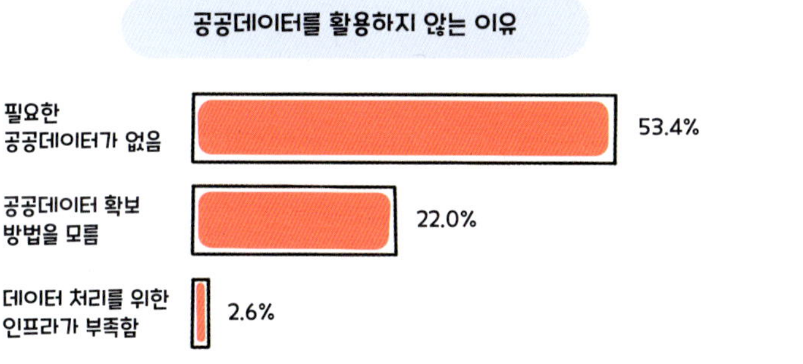

그림 7-29 공공데이터를 활용하지 않는 이유 © 한국정보화진흥원 정보화통계집

이러한 문제를 개선하기 위해 행정안전부는 향후 3년간 범정부 공공데이터 정책 방향을 제시할 '제4차(2023~25) 공공데이터 제공 및 이용 활성화 기본계획'을 확정했습니다. 제4차 공공데이터 기본계획은 '국민의 데이터 이용권 강화', '데이터를 통한 디지털서비스 활성화', '데이터 기반의 일하는 방식 혁신', '공공데이터 혁신 기반 조성'이라는 추진과제로 구성되어 있습니다.

정부의 데이터 개방은 보여주기식 개방이 아니라 실효성에 기반을 두고 진행해야 합니다. 따라서 다음과 같은 사항들을 고려해야 합니다. 먼저, 정부의 공공데이터 개방 정책은 양(Volume)뿐만 아니라 다양성(Variety)과 신속성(Velocity)을 고려하여 사용자들이 가치를 찾아낼 수 있어야 합니다. 뿐만 아니라 중구난방으로 개방되어 있는 데이터의 형식에 대한 표준화 작업을 진행해야 하며, 일반인들도 쉽게 사용할 수 있도록 접근성과 편의성을 고려한 공공데이터 포털 구축에도 힘써야 합니다.

LAB AI를 이용하여 이미지를 생성한다! : 달리 미니

이미지는 전달하고자 하는 내용을 효율적으로 전달하는 방법 중 하나입니다. 워드로 만들어진 파일보다는 이미지가 추가된 파워포인트를 이용하면 더 강력하게 내용을 전달할 수 있습니다. 하지만 이미지의 경우 저작권 이슈가 있기 때문에 인터넷의 자료를 마음대로 가져다 쓸 수 없습니다. 그렇다면 인공지능을 이용해서 이미지를 만들어보는 것은 어떨까요?

실습

01 https://huggingface.co/spaces/dalle-mini/dalle-mini에 접속하면 달리 미니(DALL·E mini) 웹사이트가 열립니다.

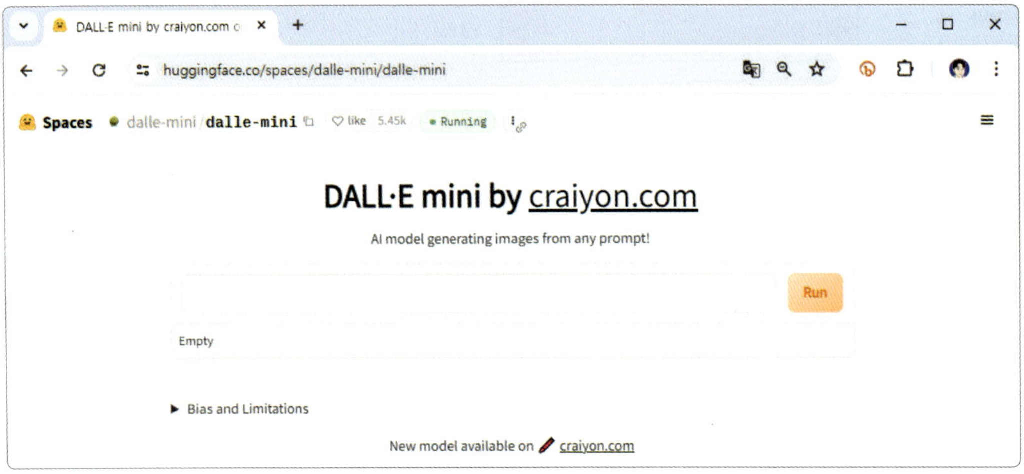

02 검색창에 생성하고자 하는 이미지에 대한 내용을 작성하세요. 이번 〈LAB〉에서는 '회색 하늘에서 내리는 비와 바람에 흔들리는 나무 일러스트'를 생성하겠습니다. 상황은 다음과 같이 영어로 작성해야 합니다. 작성이 완료되면 [Run]을 클릭합니다.

Illustration of rain falling from a gray sky and trees swaying in the wind

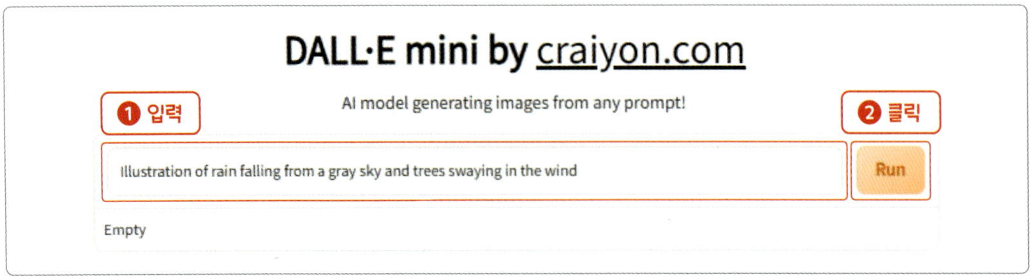

03 다음과 같이 이미지가 생성됩니다. 이미지 저장을 원하면 화면 하단에 [Screenshot]을 클릭합니다.

유료 이미지 생성 툴인 미드저니(Midjourney)나 달리3(DALL·E 3)를 사용한다면 좀 더 정교한 그림을 그릴 수 있습니다.

응용

01 베토벤은 피아노를 치고, 청중은 감동적으로 보고 있는 이미지를 생성해 보세요.

02 토론 인공지능이 생성한 이미지는 어느 분야에 활용하면 좋은지 토론해 보세요.

03 토론 인공지능이 화가나 웹툰 작가를 대체할 수 있을지 토론해 보세요.

요약

01 빅데이터란 디지털 환경에서 생성되는 데이터로, 과거 아날로그 환경에서 생산되던 데이터에 비해 그 규모가 방대하고 생성 주기도 짧으며, 수치 데이터뿐만 아니라 문자와 영상 데이터를 포함하는 대규모의 데이터를 말합니다.

02 빅데이터의 특징(7V)은 크기(Volume), 속도(Velocity), 다양성(Variety), 신뢰성(Veracity), 가치(Value), 타당성(Validity), 휘발성(Volatility) 등이 있습니다.

03 정형 데이터는 규칙에 맞게 저장된 데이터로, 가장 쉽게 접할 수 있는 것이 테이블 형식의 스프레드시트입니다.

04 비정형 데이터는 정형 데이터와 반대되는 개념으로, 정해진 규칙이 없어서 값의 의미를 쉽게 파악하기 힘든 경우가 많습니다.

05 반정형 데이터는 정형 데이터와 같이 데이터베이스의 테이블 형식으로 저장되는 것은 아니지만, 스키마와 메타데이터의 특성을 갖는 데이터입니다.

06 빅데이터는 인공지능에게 풍부한 원료(데이터)를 제공하는 역할을 하고, 인공지능은 빅데이터로부터 공급받은 원료를 가공하여 새로운 부가가치로 변환하는 역할을 합니다.

07 빅데이터와 인공지능의 융합은 사물인터넷으로의 연결, 초연결 산업 생태계로 전환, 사이버 시스템과의 융합, 스마트 머신 등장과 같은 변화를 가져올 것입니다.

08 빅데이터와 인공지능의 융합은 금융, 헬스케어, 유통, 전자 등 다양한 산업에서 활용되고 있습니다.

09 빅데이터에 대한 포지티브 규제는 원칙적으로 금지하면서 예외는 허용하는 방식이며, 네거티브 규제는 원칙적으로 허용하면서 예외는 금지하는 방식입니다.

10 개인정보는 살아 있는 개인에 관한 정보로서 성명, 주민등록번호 및 영상 등을 통하여 개인을 알아볼 수 있는 정보입니다.

11 가명처리는 개인정보의 일부를 삭제하거나 일부 또는 전부를 대체하는 등의 방법으로, 추가 정보 없이는 특정 개인을 알아볼 수 없도록 처리하는 것입니다.

12 가명정보는 개인정보의 일부분을 삭제하거나 대체하여 특정 개인을 식별할 수 없도록 만든 정보라고 할 수 있습니다.

13 정부가 법률과 지침을 통해 구체적인 가이드라인을 제시하지 않는다면 빅데이터와 개인정보를 이용하는 기업들은 혁신적인 비즈니스모델 개발과 적용에 어려움을 겪을 것입니다.

14 정부가 소유하고 있는 빅데이터인 공공데이터 범위는 국민 실생활의 대부분이며 그 양은 상상을 초월합니다. 정부가 빅데이터를 개방한다면 민간에서는 큰 수고 없이 서비스를 개발할 수 있습니다.

15 정부의 공공데이터 개방 정책은 양뿐만 아니라 다양성과 신속성을 고려하여 사용자들이 가치를 찾아낼 수 있도록 도와야 합니다.

연습문제

단답형 문제

01 (   )란(이란) 디지털 환경에서 생성되는 데이터로, 과거 아날로그 환경에서 생산되던 데이터에 비해 그 규모가 방대하고 생성 주기도 짧으며 수치 데이터뿐만 아니라 문자와 영상 데이터를 포함하는 대규모의 데이터를 말합니다.

02 (   )은(는) 의사결정에 도움을 주기 위해 분석 가능한 형태로 정보들이 저장되어 있는 중앙저장소입니다.

03 가장 작은 데이터 단위는 (   )입니다.

04 4V 관점에서 빅데이터의 특징은 3V에 (   )을(를) 추가한 것입니다.

05 5V 관점에서 빅데이터의 특징은 4V에 (   )을(를) 추가한 것입니다.

06 6V 관점에서 빅데이터의 특징은 5V에 (   )을(를) 추가한 것입니다.

07 7V 관점에서 빅데이터의 특징은 6V에 (   )을(를) 추가한 것입니다.

08 (   )은(는) 데이터에 무작위 오류(Random Error)가 존재하는 것입니다.

09 (   )란(이란) 데이터베이스에서 자료의 구조, 표현 방법, 자료 간의 관계 등 전반적인 명세를 기술한 것입니다.

10 (   )은(는) 데이터를 설명하기 위한 데이터를 의미하며 크롤링 기술은 다양한 웹사이트의 페이지를 브라우징하는 작업을 뜻합니다.

11 (   )은(는) 금융에 IT기술을 접목하여 복잡하고 어려웠던 금융 업무를 효율적이면서 편리하게 서비스하는 것을 말합니다.

12 헬스케어 산업에서 빅데이터와 인공지능이 결합한 사례는 IBM의 (   )입니다.

13 「개인정보 보호법」 제2조 제1호에 따르면 (   )은(는) '살아 있는 개인에 관한 정보로서 성명, 주민등록번호 및 영상 등을 통하여 개인을 알아볼 수 있는 정보'라고 정의합니다.

14 (   )란(이란) 데이터 이용을 활성화하는 「개인정보 보호법」, 「정보통신망법」, 「신용정보법」 등 3가지 법률을 통칭하는 말입니다.

15 (   )은(는) 개인정보의 일부분을 삭제하거나 대체하여 특정 개인을 식별할 수 없도록 만든 정보입니다.

객관식 문제

16 다음 설명을 읽고 무엇에 대한 설명인지 고르시오.

> **이것**은(는) 디지털 환경에서 생성되는 데이터로, 과거 아날로그 환경에서 생산되던 데이터에 비해 그 규모가 방대하고 생성 주기도 짧으며 수치 데이터뿐만 아니라 문자와 영상 데이터를 포함하는 대규모의 데이터를 말합니다.

① 인공지능 ② 딥러닝 ③ 빅데이터
④ 컴퓨터 ⑤ 머신러닝

17 다음 중 테라바이트의 기호로 알맞은 것은?

① KB ② MB ③ GB
④ PB ⑤ TB

18 다음 중 빅데이터의 특징 4V가 알맞게 짝지어진 것은?

① 크기, 타당성, 휘발성, 가변성
② 속도, 다양성, 신뢰성, 타당성
③ 속도, 신뢰성, 가치, 타당성
④ 규모, 가치, 휘발성, 신뢰성
⑤ 크기, 속도, 다양성, 신뢰성

19 다음 중 정형 데이터에 대한 설명이 아닌 것은?

① 일정한 형식이나 규칙에 맞게 저장된 데이터이다.

② 가장 쉽게 접할 수 있는 유형은 테이블 형식의 스프레드시트이다.

③ 의미를 이해하기 쉽고 규칙적인 값으로 이루어져 있다.

④ 대표적으로 스프레드시트, 관계형 데이터베이스, CSV 등이 있다.

⑤ 정해진 규칙이 없어서 값의 의미를 쉽게 파악하기 힘든 경우가 많다.

20 다음 중 비정형 데이터의 예로 알맞은 것은?

① 로그 ② JSON ③ NoSQL ④ SNS ⑤ XML

21 다음 중 반정형 데이터에 대한 설명이 아닌 것은?

① 정형 데이터와 같이 데이터베이스의 테이블 형식으로 저장되는 것은 아니다.

② 스키마(Schema)와 메타데이터(Metadata)의 특성을 갖는 데이터이다.

③ 대표적인 예로는 SNS, 영상, 이미지, 음성, 텍스트 등이 있다.

④ 인터넷에 존재하는 수많은 데이터를 인공지능에 사용할 수 있기 때문에 주목받고 있다.

⑤ 크롤링 기술을 이용하여 HTTP나 XML 형식의 데이터를 손쉽게 수집할 수 있게 되면서 인공지능의 데이터로 많이 사용되고 있다.

22 빅데이터와 인공지능의 융합으로 인한 변화로 알맞지 않은 것은?

① 사물인터넷으로 연결 ② 정형 데이터의 중요성 강화

③ 스마트 머신 등장 ④ 초연결 산업 생태계로의 전환

⑤ 사이버 시스템과 융합

23 다음 설명을 읽고 무엇에 대한 설명인지 고르시오.

> **이것**은(는) 로봇(Robot)'과 '투자전문가(Advisor)'의 합성어로, 빅데이터, 머신러닝 등 IT기술과 금융이론이 결합되어 컴퓨터가 사람을 대신해 자산을 관리하는 기술이다.

① SNS ② 자율주행차 ③ 로보어드바이저

④ 핀테크 ⑤ 드론

24 다음 중 빅데이터의 네거티브 규제에 대한 설명이 아닌 것은?

① '원칙적으로 허용하면서 예외는 금지하는 방식'입니다.

② 네거티브 방식이 포지티브 방식보다 좋은 방식이다.

③ 법령 등 규정을 제외한 나머지 활동은 모두 허용한다.

④ 최근 우리나라도 네거티브 규제로 전환하려는 시도가 이루어지고 있다.

⑤ 기존에 없었던 기술이나 제품을 개발하고 사업화하는 데 유리하다.

25 정부의 업무수행이나 특별한 목적에 따라 생성 및 수집되는 데이터로, 정부의 빅데이터라고도 부르며 최근에 개방의 필요성이 늘고 있는 것은 무엇인가?

① 문자열 데이터　② 수치형 데이터　③ 공공데이터

④ 비정형 데이터　⑤ 정형 데이터

26 다음 중 개인정보에 대한 설명이 아닌 것은?

① 식별되었거나 또는 식별 가능한 자연인(정보주체)과 관련된 모든 정보

② 살아 있는 개인에 관한 정보

③ 성명, 주민등록번호, 영상 등을 통하여 개인을 알아볼 수 있는 정보

④ 다른 정보와 쉽게 결합하여 개인을 식별할 수 있는 정보

⑤ 개인정보의 일부분을 삭제하거나 대체하여 특정 개인을 식별할 수 없도록 만든 정보

27 정보 주체의 동의 없이 개인정보를 추가적으로 이용 및 제공할 때 갖추어야 할 요건이 아닌 것은?

① 추가 이용에 대한 영향도 예측이 가능할 것

② 가명처리를 의무화할 것

③ 가족의 생계와 관련 있을 것

④ 제3자의 이익을 침해하지 않을 것

⑤ 당초 목적과 상당한 관련성이 있을 것

토론과제

01 우리나라는 빅데이터뿐만 아니라 인공지능과 관련해서도 다른 나라에 비해 경쟁력이 낮습니다. 우리나라가 빅데이터 및 인공지능 분야에서 선진국으로 도약할 수 있는 방법으로는 무엇이 있는지 토론해 봅니다.

02 다음은 구글의 개인정보 정책입니다.

> 구글은 서비스를 개선하고 사용자와 대중에게 도움이 되는 새로운 제품, 기능 및 기술을 개발하기 위해 정보를 사용합니다. 예를 들어 공개적으로 사용 가능한 정보를 사용해 구글의 AI 모델을 교육하고 구글 번역, 바드 및 클라우드 AI 기능과 같은 제품 및 기능을 구축하는 데 도움을 줍니다.

인터넷에서 수집한 정보로 AI 모델을 훈련하면 저작권 침해의 소지가 있습니다. 그렇다면 구글이 해당 정책을 유지하는 것이 과연 옳은지 토론해 봅니다.

03 인공지능의 시작은 데이터 수집입니다. 대용량의 데이터로 훈련시켜야 정확도가 높은 모델을 만들 수 있지만 데이터 수집에는 한계가 있습니다. 개인정보나 저작권이 있는 데이터는 사용할 수 없으며 일반인에게 공개된 데이터는 양이나 품질 측면에서 제약이 많습니다. 인공지능의 발전을 위해 데이터 수집의 제약을 없애는 것이 옳은지에 대해 토론해 봅니다.

CHAPTER 08

머신러닝

학습목표

- 인공지능, 머신러닝, 딥러닝의 관계에 대해 설명할 수 있습니다.
- 왜 머신러닝을 사용하는지에 대해 이해할 수 있습니다.
- 머신러닝의 분류와 알고리즘의 유형에 대해 설명할 수 있습니다.
- 머신러닝의 주요 도전 과제에 대해 생각해 볼 수 있습니다.

Preview

인공지능이라는 단어에 익숙해질수록 머신러닝과 딥러닝이라는 용어도 자주 접하게 될 것입니다. 이번 장에서는 인공지능, 머신러닝, 딥러닝이 어떤 관계인지 학습하고, 머신러닝은 왜 중요하며 머신러닝에는 어떤 한계가 있는지도 배워봅니다. 또한 머신러닝에 사용되는 지도학습, 비지도학습, 강화학습을 이해하고, 여기서 사용되는 알고리즘 유형에 대해서도 살펴봅니다. 마지막으로 머신러닝이 해결해야 할 과제들을 알아봅니다.

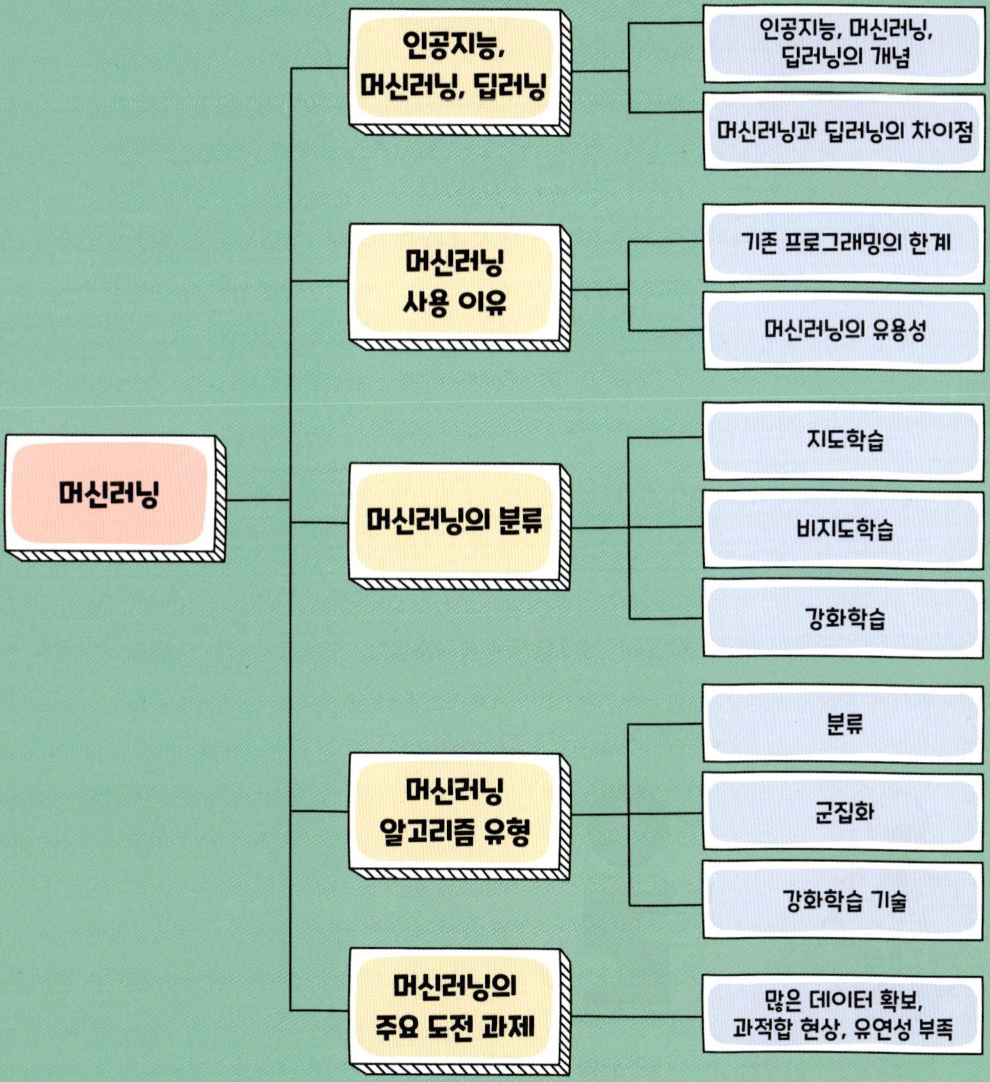

Section 01

인공지능, 머신러닝, 딥러닝의 관계

인공지능에 대한 사회적 관심이 높아지면서 인공지능 관련 뉴스나 기사를 자주 접할 수 있습니다. 그런데 인공지능과 함께 자주 등장하는 머신러닝과 딥러닝이라는 용어가 정확히 무슨 뜻인지 헷갈릴 것입니다. 이에 대한 개념과 관계를 정리해 봅시다.

1 인공지능, 머신러닝, 딥러닝의 개념

인공지능에 대해서는 1장에서 학습하였지만, 인공지능과 머신러닝, 딥러닝의 관계를 알아보기 위해 인공지능의 개념부터 다시 살펴보겠습니다.

인공지능

인공지능(AI)이란 사고방식이나 학습 등과 같이 인간이 가진 지적 능력을 컴퓨터를 통해 구현하는 기술입니다. 즉, 컴퓨터나 기계가 사람처럼 생각하고 행동할 수 있게 하는 기술을 뜻합니다. 인공지능은 크게 강인공지능과 약인공지능으로 구분할 수 있습니다. 강인공지능(Strong AI)은 인간과 구분이 안 되거나 인간의 능력을 초월한 성능을 가진 인공지능이며, 약인공지능(Weak AI)은 특정 영역에서 유용한 도구로 사용하기 위해 설계된 인공지능입니다. 현재까지 만들어진 인공지능은 모두 약인공지능에 해당합니다.

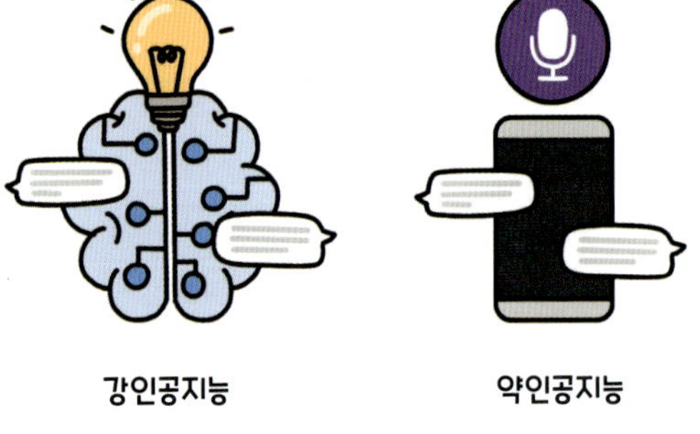

그림 8-1 강인공지능과 약인공지능

머신러닝

머신러닝(Machine Learning)은 컴퓨터를 인간처럼 학습하게 함으로써 인간의 도움 없이도 컴퓨터 스스로 새로운 규칙을 발견할 수 있도록 하는 기술입니다. 이때 컴퓨터가 스스로 규칙을 발견하기 위해서는 대용량의 데이터(빅데이터)를 통한 학습이 수반되어야 합니다. 머신러닝은 기본적으로 알고리즘을 이용해 데이터를 분석하고, 분석을 통해 학습하며, 학습한 내용을 기반으로 판단이나 예측을 합니다. 따라서 전통적인 프로그램과 같이 개발자가 구체적인 작업을 소프트웨어에 직접 코딩해 넣는 것이 아닌, 대량의 데이터와 알고리즘을 통해 컴퓨터가 스스로 '데이터를 학습'하여 작업을 수행하는 방법을 익히는 것이 가능합니다. 즉, 머신러닝은 정해진 명령보다 데이터를 기반으로 예측이나 결정을 이끌어 내기 위해 특정한 모델을 구축하고, 구축된 모델을 통해 새로운 데이터에 대한 판단이나 의사결정을 합니다.

머신러닝이 스스로 학습하여 데이터를 처리하는 과정은 다음과 같습니다.

❶ 빅데이터를 입력합니다.

❷ 데이터를 분석하여 모델을 만듭니다.

❸ 모델을 이용하여 의사결정 및 예측 등을 수행합니다.

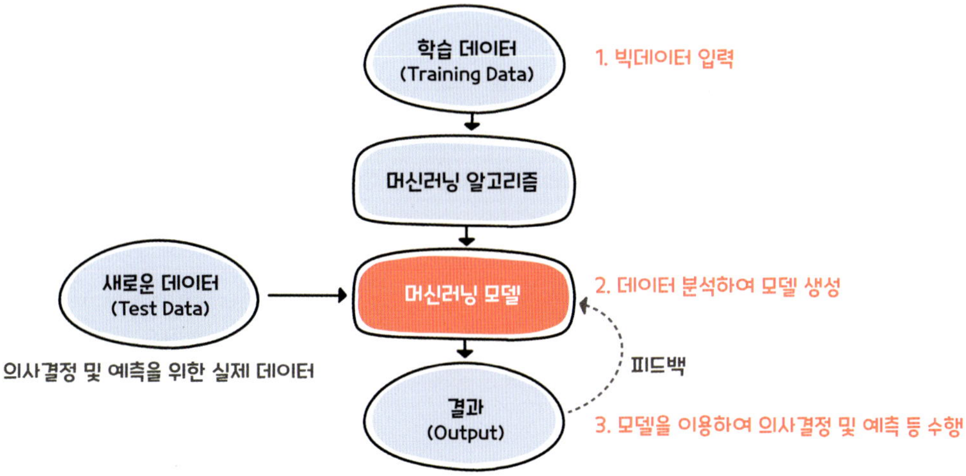

그림 8-2 머신러닝 학습 절차

딥러닝

딥러닝을 정의하기에 앞서, 인공신경망에 대한 개념 정리부터 해보겠습니다. 인공신경망(ANN, Artificial Neural Network)은 여러 뉴런이 서로 연결되어 있는 구조의 네트워크입니다. 먼저 학습하고자 하는 데이터를 입력층(Input Layer)에 넣습니다. 이렇게 입력된 데이터들은 여러 단계의 은닉층(Hidden Layer)을 지나면서 처리가 이루어져 출력층(Output Layer)을 통해 최종 결과가 나옵니다. 은닉층을 여러 개 갖는 구조는 심층신경망(DNN, Deep Neural Network)이라고 부르며, 이를 활용한 머신러닝 학습을 '딥러닝'이라고 합니다.

뉴런은 전기적/화학적 신호를 통해 정보를 처리하고 전송하는 역할을 합니다.

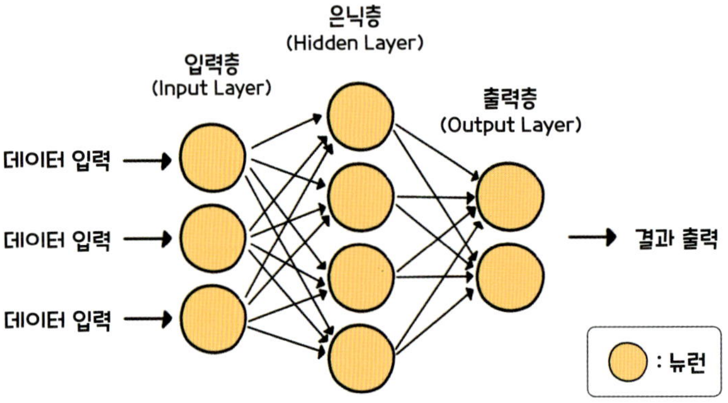

그림 8-3 인공신경망의 구조

딥러닝(Deep Learning)이란 여러 개의 은닉층을 가진 인공신경망을 사용하여 머신러닝 학습을 수행하는 기술입니다. 따라서 딥러닝은 머신러닝과 전혀 다른 개념이 아니라, 머신러닝의 한 종류라고 할 수 있습니다. 이때 딥러닝의 '딥(Deep)'은 연속된 신경망 층(layer)을 깊게(deep) 쌓는다는 의미인데, 이 신경망이 깊어질수록 성능이 향상됩니다.

결론적으로 인공지능, 머신러닝, 딥러닝의 관계는 [그림 8-4]와 같습니다. 인공지능이 인공지능 분야 자체에 대한 개념을 포괄적으로 설명하는 것이라면 머신러닝과 딥러닝은 그것을 구현할 수 있는 방법을 제시합니다.

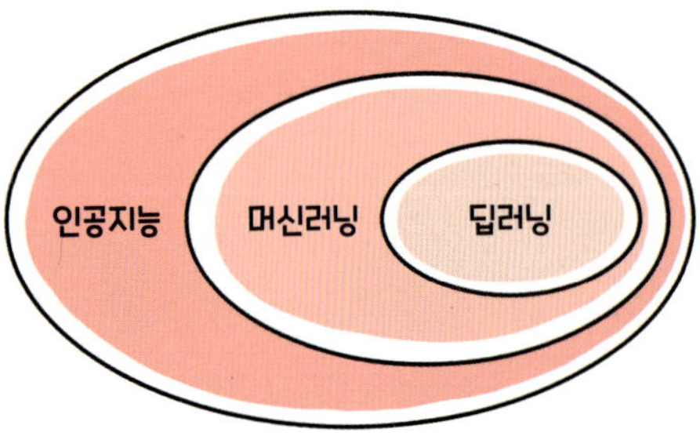

그림 8-4 인공지능, 머신러닝, 딥러닝의 관계

2 머신러닝과 딥러닝의 차이점

앞에서 머신러닝과 딥러닝의 관계에 대해 알아보았는데, 이번에는 어떤 차이점이 있는지 한번 살펴보겠습니다.

인간의 개입 유무

머신러닝과 딥러닝의 첫 번째 차이점은 인간의 개입 유무입니다. 머신러닝은 사람이 학습 데이터에 레이블(정답)을 알려주거나 데이터의 특징을 추출하는 등 어느 정도 개입을 하는 반면, 딥러닝은 인간의 개입 없이 컴퓨터 스스로 학습합니다.

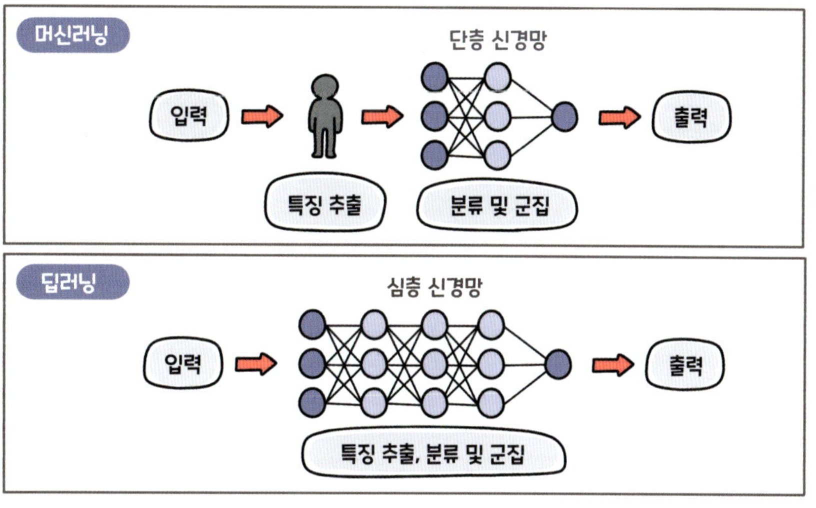

그림 8-5 인간의 개입 유무에 따른 머신러닝과 딥러닝의 차이

하나 더 알기 특징 추출

머신러닝에서 컴퓨터가 스스로 학습하려면, 즉 컴퓨터가 입력받은 데이터를 분석하여 일정한 패턴이나 규칙을 찾아내려면 사람이 인지하는 데이터를 컴퓨터가 인지할 수 있는 데이터로 변환해야 합니다. 이 작업은 데이터별로 어떤 특징을 갖는지 찾아내고 그것을 토대로 데이터를 벡터로 변환하는 것인데, 이를 특징 추출(Feature Extraction)이라고 합니다. 아래 그림과 같이 오토바이를 특징별로 추출하는 것이 특징 추출의 예입니다.

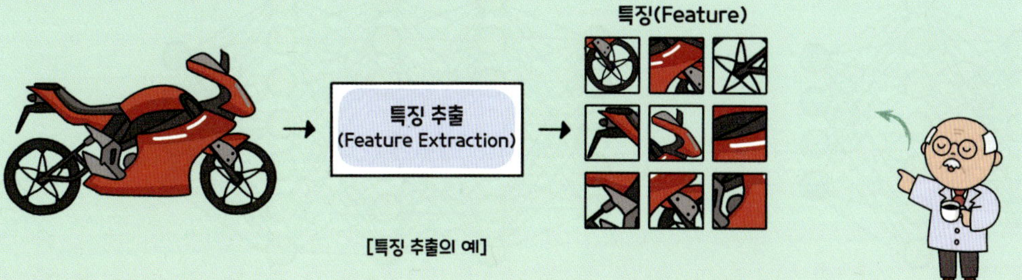

[특징 추출의 예]

데이터 의존도(Data Dependencies)

머신러닝과 딥러닝의 두 번째 차이점은 데이터의 양에 따른 성능 차이입니다. '인간의 개입 유무'에서 살펴봤듯이, 딥러닝은 주어진 문제를 해결하기 위해 중요한 특징을 직접 추출합니다. 그래서 데이터의 양이 충분하지 않으면 정확한 특징을 추출할 수 없습니다. 반면, 충분한 양의 데이터가 주어진다면 사람이 인지하지 못한 중요한 특징들까지 찾아낼 수 있을 정도로 좋은 성능을 발휘합니다.

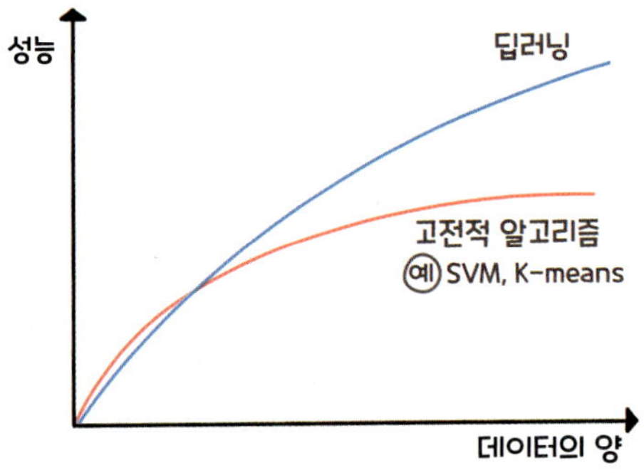

그림 8-6 데이터 양에 따른 성능 차이

머신러닝과 딥러닝에서 '성능이 좋다'는 말은 '모델에 대한 성능이 좋다', '분류를 잘한다', '예측력이 좋다' 등과 같이 여러 의미로 해석할 수 있습니다. 포괄적으로 '머신러닝 혹은 딥러닝 알고리즘을 사용하여 얻은 결론이 신뢰할 만하다'라는 의미로 이해하면 됩니다.

심층신경망의 사용 여부

머신러닝과 딥러닝의 세 번째 차이점은 심층신경망의 사용 여부입니다. 딥러닝은 심층신경망을 이용하여 입력 데이터에서 특징을 추출하고 스스로 결과(예측 혹은 분류)를 도출합니다. 심층신경망을 사용하는 것은 딥러닝만의 뚜렷한 특징이라고 할 수 있습니다.

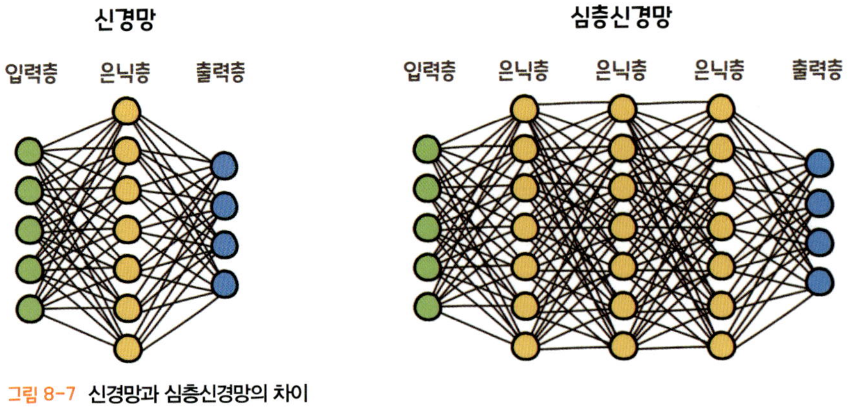

그림 8-7 신경망과 심층신경망의 차이

[표 8-1]은 머신러닝과 딥러닝의 차이점을 좀 더 자세히 정리한 것입니다.

표 8-1 머신러닝과 딥러닝의 차이점

구분	머신러닝	딥러닝
필요한 데이터의 양	적은 양의 데이터도 가능	빅데이터
정확도	낮음	높음
훈련 시간	짧은 시간 안에 가능	오래 걸림
하드웨어	CPU만으로도 가능	GPU
하이퍼파라미터 튜닝	제한적	다양한 방법으로 튜닝 가능

하이퍼파라미터(Hyper Parameter)란 학습에서 개발자가 임의로 지정해 주는 변수를 의미합니다. 튜닝(Tuning)이란 모델의 성능을 향상시키기 위해 모델에서 사용하는 파라미터를 수정하는 것을 의미합니다.

Section 02 머신러닝을 사용하는 이유

1 기존 프로그래밍의 한계

사회가 복잡해지면서 의사결정을 할 때 고려해야 할 사항도 많아졌습니다. 과거에는 제품에 대한 정보를 고객에게 일방적으로 전달하는 마케팅에 집중했다면, 현재는 고객의 성별 · 나이 · 취향 등 다양한 데이터 분석을 통해 마케팅 전략을 수립하고 있습니다. 여기서 고객의 성별 · 나이 · 취향 등과 같은 정보를 변수라고 합시다. 만약 '고객의 동거가족'이란 변수를 추가로 마케팅에 포함하려면 어떤 과정을 거쳐야 할까요?

[그림 8-8]의 왼쪽 그림은 마케팅에 활용할 프로그램입니다. 이미 고객의 성별 · 나이 · 취향 등이 반영된 프로그램에 오른쪽 그림의 '고객의 동거가족' 변수를 추가하고 싶다면 이미 만들어져 있는 기존 프로그램을 변경해야 합니다. 뿐만 아니라 기존 변수들과의 관련성까지 고려해 프로그램 전체를 수정해야 할 것입니다. 또한 '고객의 동거가족'에 대한 데이터를 데이터베이스에 저장하기 위한 수정도 필요합니다. 즉, 변수가 하나 더 추가되었을 뿐이지만 프로그램에서 수정해야 할 부분들이 상당히 많다는 것을 알 수 있습니다.

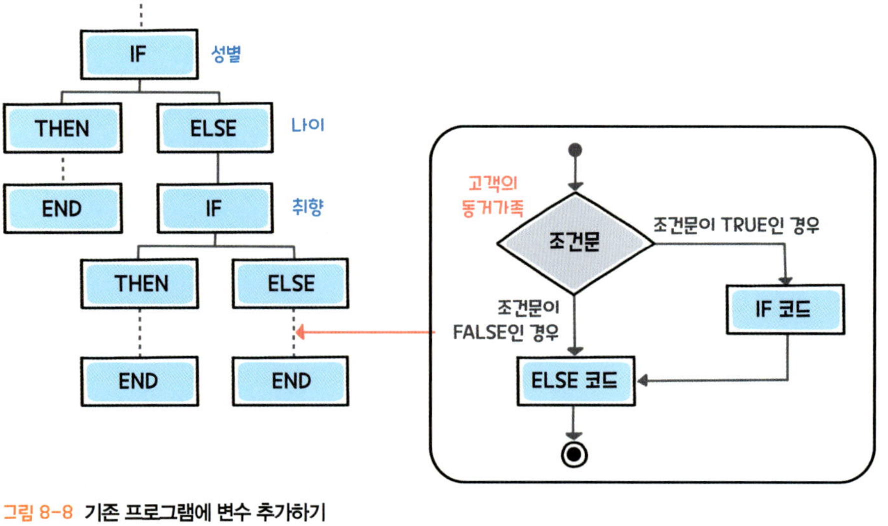

그림 8-8 기존 프로그램에 변수 추가하기

2 머신러닝의 유용성

빠른 의사결정이 필요한 시기에 [그림 8-8]의 방식이 적절하다고 볼 수 있을까요? 아마 아닐 것입니다. 그래서 이를 해결하기 위해 머신러닝 방식을 사용하는 것입니다. 대용량의 데이터와 많은 변수가 관련되어 있고 기존에 사용했던 규칙의 프로그램으로는 복잡한 작업이나 문제를 해결할 수 없을 때 머신러닝은 아주 유용한 해결책입니다.

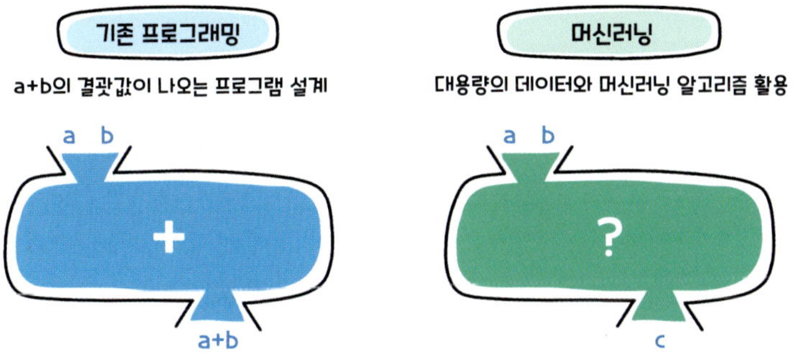

그림 8-9 기존 프로그래밍과 머신러닝의 차이

따라서 머신러닝은 다음과 같은 상황에서 사용하면 매우 유용합니다.

- 얼굴 인식이나 음성 인식과 같이 규칙 기반 프로그램으로 답을 낼 수 없는 복잡한 상황
- 거래 기록에서 사기를 감지하는 경우와 같이 규칙이 지속적으로 바뀌는 상황
- 주식 거래, 에너지 수요 예측, 쇼핑 추세 예측의 경우처럼 데이터 특징이 계속 바뀌는 상황

Section

03 머신러닝의 분류

머신러닝은 크게 지도학습, 비지도학습, 강화학습으로 분류할 수 있습니다. 지도학습은 예측이나 분류를 위해 사용되며, 비지도 학습은 군집을 위해 사용됩니다. 강화학습은 환경에서 취하는 행동에 대한 보상을 이용하여 학습을 진행합니다.

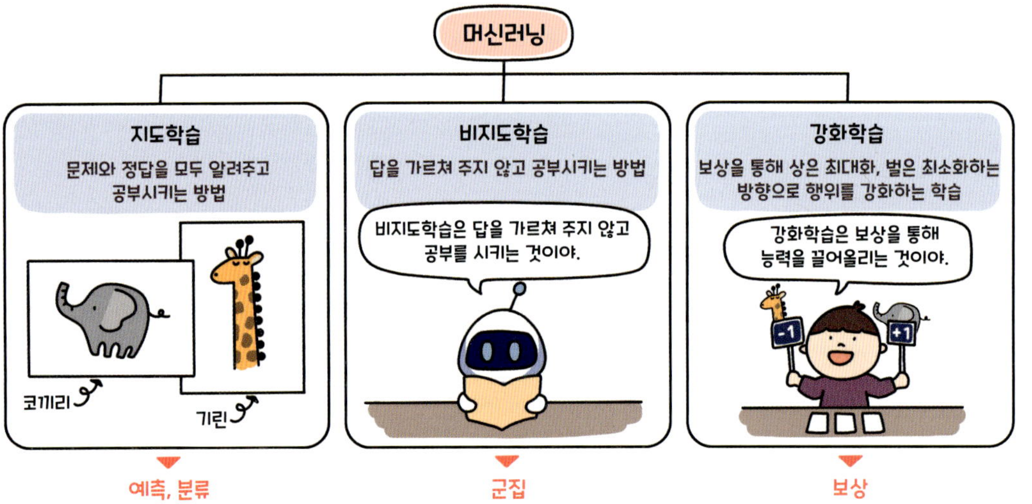

그림 8-10 머신러닝 분류

1 지도학습

인간이 사물을 처음으로 인지하는 방법은 두 가지입니다. "이것은 '무엇'인가요?"라는 질문에 대한 답변을 듣는 것과 질문 없이 "이것은 '무엇'이다"라는 형식의 설명을 듣는 것입니다. 그리고 이러한 과정을 반복 학습해 사물을 인지합니다.

그렇다면 컴퓨터는 어떻게 사물을 인지할까요? 인공지능도 사람과 같은 방법으로 학습한다고 설명하였으므로, 인간과 유사한 방법으로 사물을 인지할 것이라고 유추해 볼 수 있습니다. 즉, 컴퓨터에 입력 데이터(x)와 함께 "이것은 '무엇'이야"라는 정답(y, 머신러닝에서는 레이블(Label)이라는 용어를 사용)을 알려주는 것이 바로 지도학습입니다. 지도학습(Supervised Learning)은 문제와 답을 함께 학습함으로써 미지의 문제에 대한 올바른 답을 예측합니다. 따라서 지도학습을 시키려면 문제와 함께 정답을 제시해야 합니다. 지도학습에서 사용하는 모델로는 크게 예측과 분류가 있습니다.

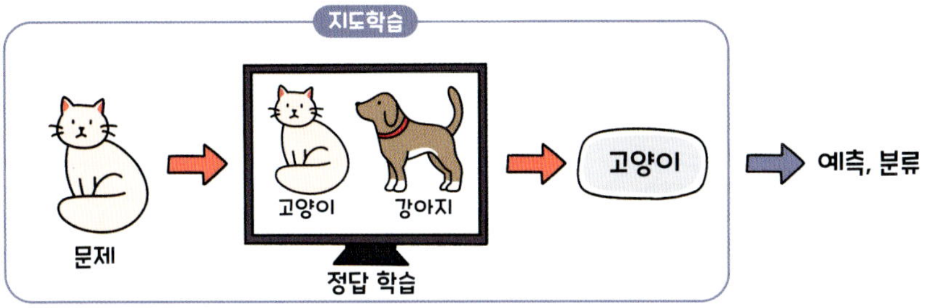

그림 8-11 지도학습

2 비지도학습

비지도학습(Unsupervised Learning)은 지도학습과 다르게 조력자의 도움 없이 컴퓨터 스스로 학습하는 형태로, 컴퓨터가 훈련 데이터를 이용하여 데이터들 간의 규칙성을 찾습니다.

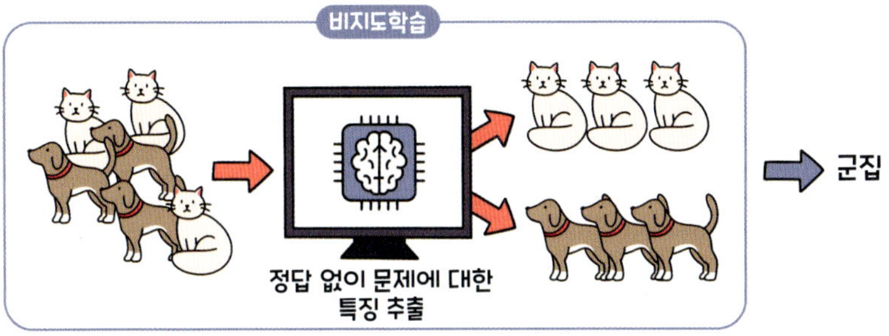

그림 8-12 비지도학습

x(입력 데이터)와 y(지도학습에서 레이블)의 관계를 파악했던 지도학습과는 달리, 비지도학습은 x 간의 관계를 스스로 파악합니다. 이는 학습에 사용된 데이터들의 특징을 분석해 그 특징별로 그룹을 나눈다는 의미입니다. 새로운 데이터를 입력받으면 분류해 놓은 그룹 중 특징이 비슷한 그룹에 포함시킵니다. 즉, 지도학습과 다른 점은 y(레이블)의 차이입니다. 비지도학습에서 사용하는 모델로는 군집(Clustering)이 있습니다.

표 8-2 지도학습과 비지도학습 시 필요한 데이터

구분	지도학습	비지도학습
필요한 데이터 종류	x(학습 데이터), y(레이블)	x(학습 데이터)

3 강화학습

머신러닝의 꽃이라 불리는 강화학습은 지도학습이나 비지도학습과는 조금 다른 개념입니다. 강화학습(Reinforcement Learning)은 자신이 한 행동에 대해 보상(Reward)을 받으며 학습하는 것으로, 컴퓨터가 주어진 상태에 대해 최적의 행동을 선택하도록 학습하는 방법입니다.

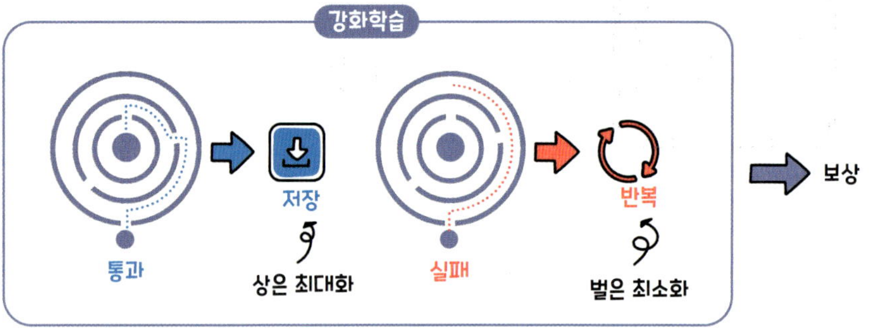

그림 8-13 **강화학습**

강화학습을 이해하기 위해서는 다음의 개념들을 알 필요가 있습니다.

- **에이전트**(Agent) : 주어진 문제 상황에서 행동하는 주체
- **상태**(State) : 현재 시점에서의 상황
- **행동**(Action) : 플레이어가 취할 수 있는 선택지
- **보상**(Reward) : 플레이어가 어떤 행동을 했을 때 따라오는 이득
- **환경**(Environment) : 문제 그 자체를 의미
- **관찰**(Observation) : 에이전트가 수집한(보고 듣는) 환경에 대한 정보

위의 개념을 이용하여 설명하면, 주어진 환경에서 에이전트가 선택한 행동에 따라 그 행동이 옳은 선택이면 상(예 포인트 추가)을 받고, 잘못된 선택이면 벌(예 포인트 차감)을 받습니다. 즉, 강화학습은 에이전트가 상태를 계속 주시하면서 보상이 높은 쪽으로 학습(행동)하게 됩니다.

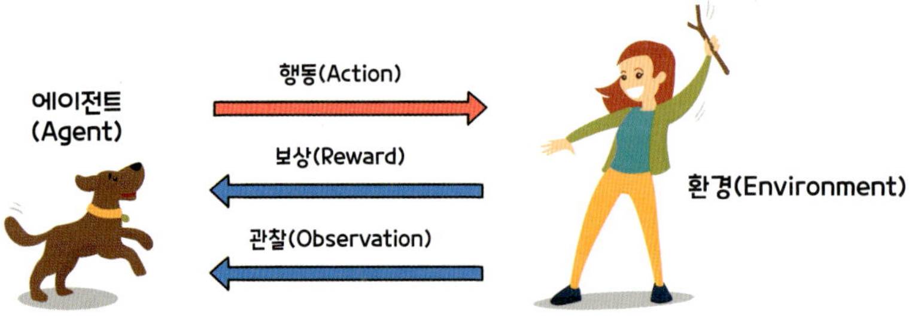

그림 8-14 **강화학습 과정**

Section

04 머신러닝 알고리즘의 유형

머신러닝 알고리즘의 유형은 학습유형에 따라 구분됩니다. 지도학습에는 분류와 예측이 있으며, 비지도학습에는 군집이 있습니다. 또한 강화학습에서 사용되는 대표적인 알고리즘으로는 큐러닝과 딥큐러닝이 있습니다.

1 분류

분류(Classification) 모델은 레이블이 포함된 데이터를 학습하고 유사한 성질을 갖는 데이터끼리 분류한 후, 새로 입력된 데이터가 어느 그룹에 속하는지를 찾아내는 기법입니다.

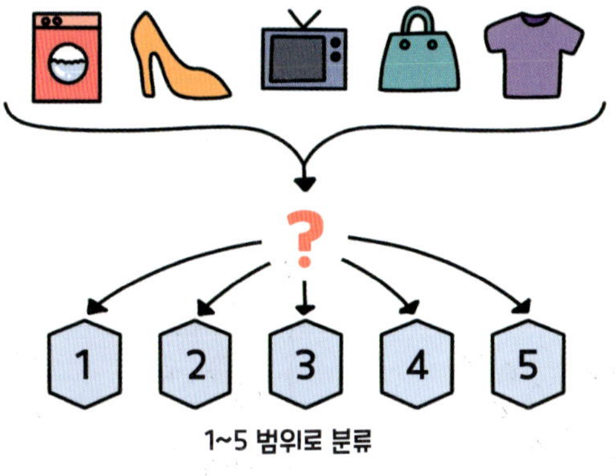

그림 8-15 분류

분류는 데이터를 2개의 그룹으로 분류하는 이진 분류(Binary Classification)와 3개 그룹 이상으로 분류하는 다중 분류(Multiclass Classification)가 있습니다. 이진 분류는 두 개 중 하나를, 다중 분류는 여러 개 중 하나를 선택하는 것입니다.

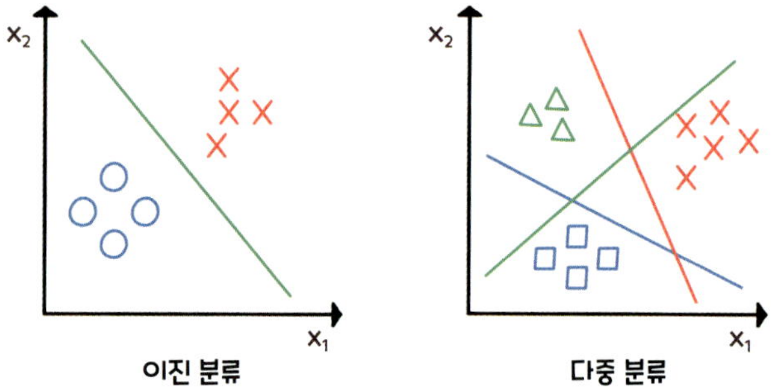

그림 8-16 이진 분류와 다중 분류

분류에 해당하는 알고리즘에는 K-최근접 이웃(KNN), 서포트 벡터 머신(SVM), 의사결정나무(Decision Tree), 로지스틱 회귀(Logistic Regression)가 있습니다.

K-최근접 이웃

K-최근접 이웃(KNN, K-Nearest Neighbors)은 새로운 데이터가 들어왔을 때 기존 데이터의 그룹(K개의 그룹) 중 어떤 그룹에 속하는지 분류하는 알고리즘입니다. KNN에서 하이퍼파라미터(Hyper Parameter)로 사용되는 K는 탐색할 이웃의 수입니다. 예를 들어, [그림 8-17]에서 K=1일 때 신규 데이터가 입력된다면 빨간 원(●)으로 분류되고, K=3일 때 신규 데이터는 파란 삼각형(▲)으로 분류되며, K=9일 때도 파란 삼각형(▲)으로 분류될 것입니다.

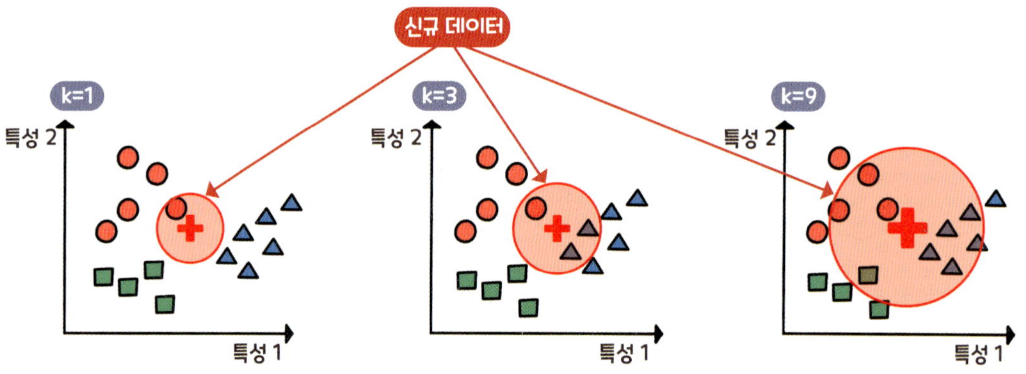

그림 8-17 K의 변화에 따른 분류

KNN은 학습 데이터 내에 존재하는 노이즈의 영향을 크게 받지 않으며, 학습 데이터 수가 많을 때 꽤 효과적인 알고리즘입니다. 하지만 어떤 하이퍼파라미터가 분석에 적합한지는 불분명하기 때문에 데이터 각각의 특성에 맞게 연구자가 임의로 선정해야 한다는 단점이 있습니다.

하나 더 알기 노이즈

노이즈(Noise)란 데이터에 무작위의 오류(Random Error) 또는 분산(Variance)이 존재하는 것입니다. 예시 그래프를 보면 엑스(X)가 분류된 곳에 동그라미(O) 데이터가 하나 있는데, 이것이 노이즈 데이터입니다.

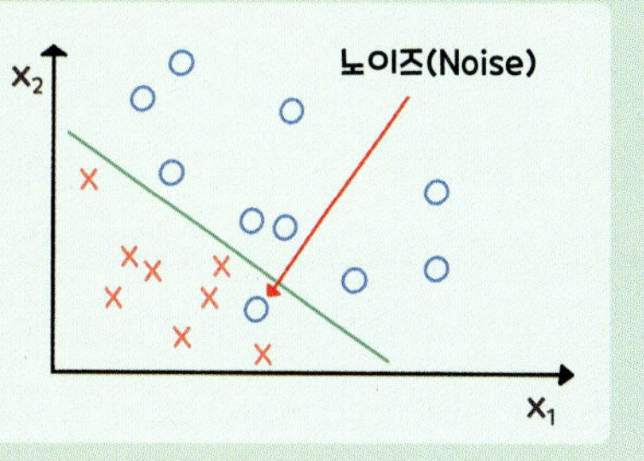

서포트 벡터 머신

서포트 벡터 머신(SVM, Support Vector Machine)은 주어진 데이터가 어느 그룹에 속하는지 분류하는 모델입니다. 두 분류 사이의 여백을 의미하는 마진을 최대화하는 방향으로 데이터를 분류합니다.

[그림 8-18]의 왼쪽 그래프에서 빨간색과 파란색 원을 가장 잘 분류한 선은 무엇일까요? 육안으로 확인했을 때는 ⓑ일 것입니다. ⓑ가 가장 안정된 비율로 빨간색과 파란색 원을 분류하는 것처럼 보이기 때문입니다. 그런데 SVM으로 분류했을 때는 어떨까요?

SVM에서 데이터를 분류하기 위해 사용하는 용어는 '마진'입니다. 마진(Margin)이란 SVM에서 데이터를 분류하기 위한 일종의 분류선인 결정 경계(Decision Boundary)와 서포트 벡터(Support Vector) 간의 거리입니다. SVM이 데이터를 분류하는 방법은 마진을 최대로 하는 경계선을 찾는 것입니다. 따라서 SVM은 마진을 극대화하는 선을 찾아 분류하므로 마진이 크면 클수록 새로운 데이터가 들어오더라도 잘 분류할 가능성이 높아집니다.

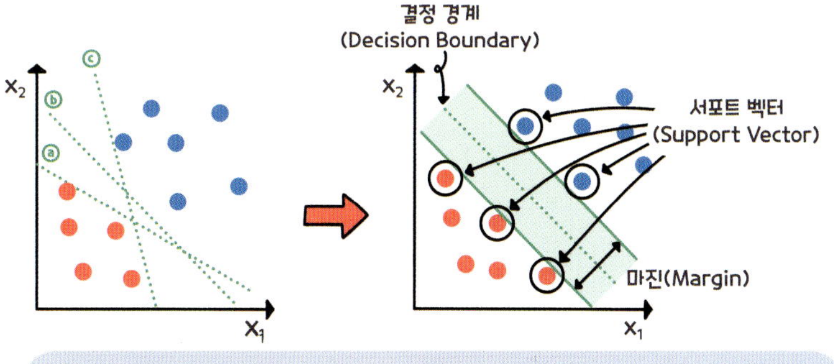

- 결정 경계(Decision Boundary) : 분류를 위한 기준선
- 서포트 벡터(Support Vector) : 결정 경계와 가장 가까운 위치에 있는 데이터
- 마진(Margin) : 결정 경계와 서포트 벡터 사이의 거리

그림 8-18 SVM 분류

SVM은 사용 방법이 쉽고 예측 정확도가 높다는 장점이 있습니다. 하지만 모델 구축에 시간이 오래 걸리고 결과에 대한 설명력이 떨어진다는 단점이 있습니다.

의사결정나무

의사결정나무(Decision Tree)는 의사결정 규칙을 나무 형태로 분류하는 분석 방법입니다. [그림 8-19]와 같이 상위 노드에서 시작하여 분류 기준값에 따라 하위 노드로 확장하는 방식이 '나무'를 닮았다고 하여 '의사결정나무'라고 불립니다.

그림 8-19 의사결정나무 구조

의사결정나무는 분석 과정이 직관적이고 이해하기 쉽습니다. 인공신경망의 경우 분석 결과에 대한 설명이 어려운 블랙박스 모델인 반면, 의사결정나무는 분석 과정을 눈으로도 관측할 수 있습니다. 그래서 결과에 대한 명확한 설명이 필요할 때 많이 사용합니다.

로지스틱 회귀

로지스틱 회귀(Logistic Regression)는 데이터가 어떤 범주에 속할 확률을 0에서 1 사이의 값으로 정해놓고, 그 확률에 따라 가능성이 더 높은 범주에 속하는 것으로 분류해 주는 지도학습 알고리즘입니다. 한 예로 스팸메일 분류기를 생각해 볼 수 있습니다. 어떤 메일을 받았을 때 스팸일 확률이 0.5 이상이면 '스팸'으로 분류하고, 확률이 0.5보다 작으면 '정상'으로 분류하는 것입니다.

로지스틱 회귀를 이해하려면 선형 회귀(Linear Regression)에 대한 개념도 이해해야 합니다. 회귀(Regression)란 연속형 변수들에 대해 변수 간 관계를 추정하는 분석 방법이며, 선형 회귀는 독립변수와 종속변수가 직선의 형태를 취하는 관계를 가정합니다. 이때 직선의 형태란 [그림 8-20]과 같이 독립변수가 일정하게 증가하면 종속변수도 그에 비례해 증가하거나 감소하는 형태를 말합니다.

종속변수란 연구자가 독립변수의 변화에 따라 어떻게 변하는지 알고 싶어 하는 변수이고, 독립변수란 다른 변수의 변화와는 관계없이 독립적으로 변화할 수 있는 변수입니다. 즉, 종속변수는 추정된 결과이며 독립변수가 변함에 따라 함께 변합니다.

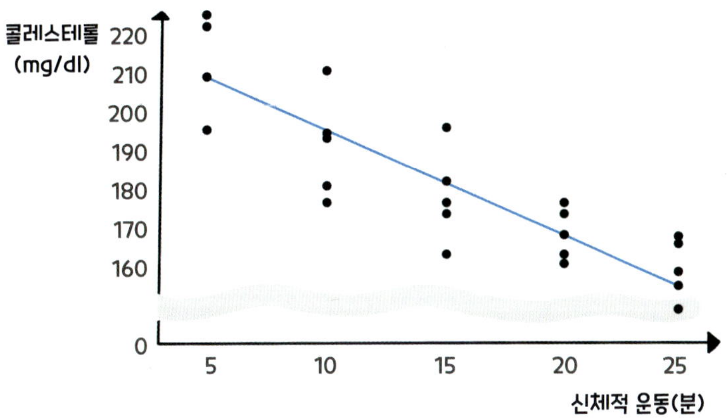

그림 8-20 **직선 형태의 예 : 콜레스테롤과 신체적 운동에 대한 관계**

하나 더 알기 **이분 변수, 이산형 변수, 연속형 변수**

1. **이분 변수 :** 두 개의 값만을 가질 수 있는 변수입니다(예 남/여, 있다/없다).
2. **이산형 변수 :** 값들이 끊어지는 형태를 취하는 변수입니다(예 주차된 자동차 수).
3. **연속형 변수 :** 값들이 연속된 형태를 취하는 변수입니다(예 키, 몸무게).

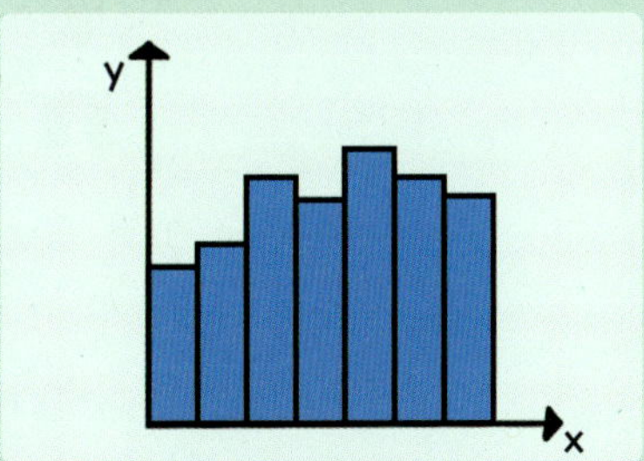

[이산형 변수]

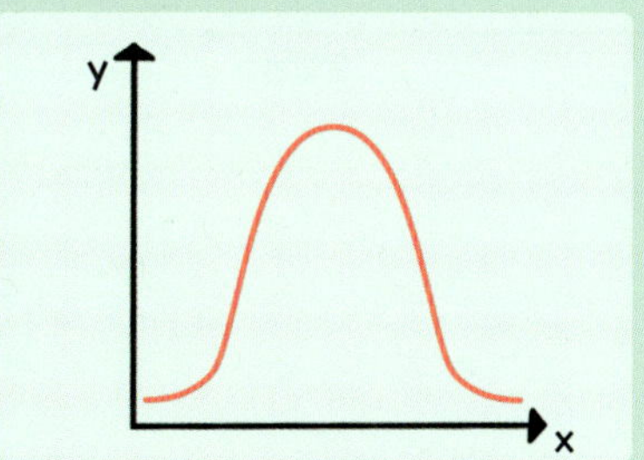

[연속형 변수]

로지스틱 회귀는 선형 회귀와는 다르게 종속변수가 범주형 데이터입니다. 즉, 입력 데이터가 주어졌을 때 해당 데이터의 결과가 0과 1 사이의 값을 가집니다. 결괏값이 정해진 범주 내에서 나오므로 확률적인 의미에서 사건 발생 가능성을 예측하는 데 사용할 수 있습니다.

사건의 발생 가능성은 곧 사건이 발생할 확률이며, '확률'이니까 0과 1 사이의 값으로 제한되어 있습니다. 이처럼 선형 회귀는 종속변수로 올 수 있는 값에 대한 제약이 없는 반면, 로지스틱 회귀의 종속변수는 값이 제한적이라는 것에 주목해야 합니다.

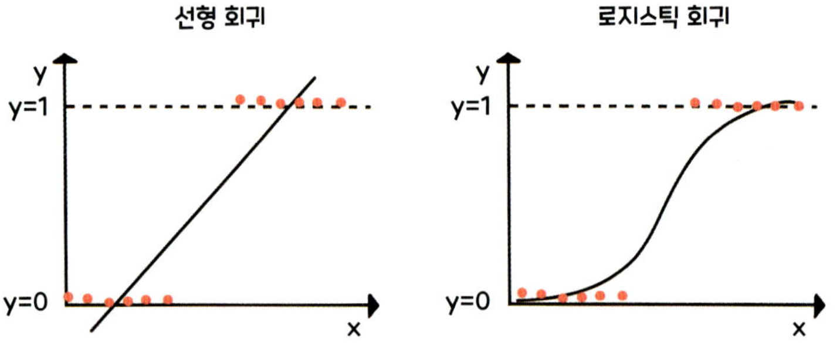

그림 8-21 선형 회귀와 로지스틱 회귀

하나 더 알기 회귀

복습 차원에서 회귀를 다시 한번 정리해 보겠습니다. 회귀는 연속형 변수를 예측하는 데 사용됩니다. 즉, 연속적인 숫자나 실수를 예측하는 것으로, 주식 및 부동산 가격 예측 등이 여기에 속합니다. 다음의 그래프와 같이 회귀는 종속변수와 독립변수 간의 관계를 살펴볼 때 유용하게 사용됩니다.

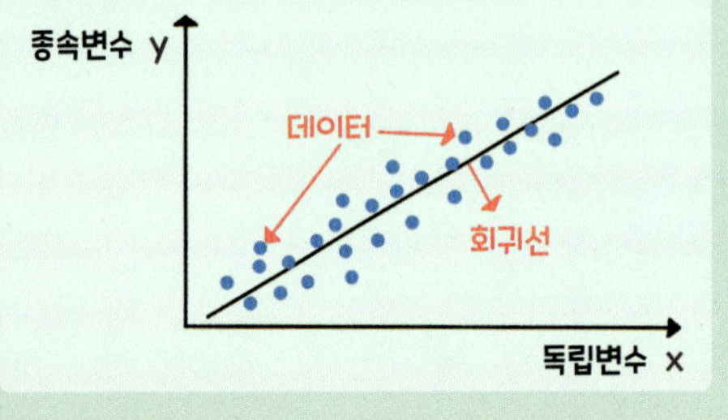

2 군집화

군집(Cluster, 클러스터)은 비슷한 특징을 가진 데이터들의 집단입니다. 따라서 군집화(Clustering, 클러스터링)는 데이터가 주어졌을 때 그 데이터들을 유사한 정도에 따라 군집으로 분류하는 것을 의미합니다.

[그림 8-22]의 왼쪽 그래프를 보면 다양한 데이터들이 서로 섞여 있지만, 군집화 과정을 진행하면 오른쪽 그래프와 같이 비슷한 데이터끼리 군집으로 묶입니다.

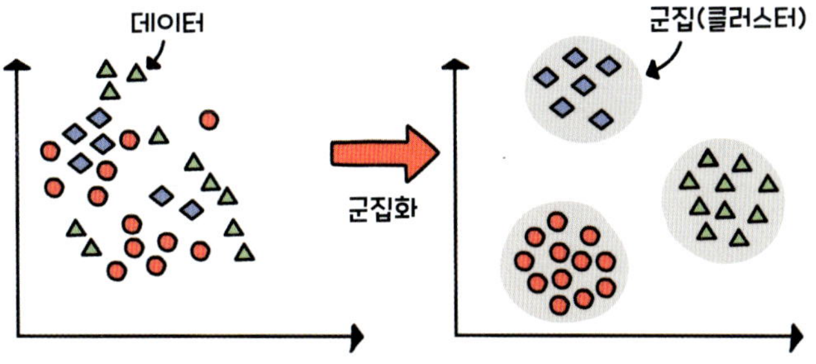

그림 8-22 **군집화**

군집화에 사용되는 대표적인 알고리즘으로는 K-평균 군집화(K-Means Clustering)와 밀도기반 클러스터링(DBSCAN)이 있습니다.

k-평균 군집화

k-평균 군집화(K-Means Clustering)는 가장 유명한 군집화 알고리즘입니다. K-평균 군집화의 'K'는 주어진 데이터로부터 묶여질 그룹(군집의 수)을 의미하며, 'Means'는 각 군집의 중심과 데이터들의 평균 거리를 의미합니다. 그리고 클러스터의 중심을 중심점(Centroids)이라고 합니다.

K-평균 군집화 알고리즘은 [그림 8-23]과 같은 과정으로 학습합니다.

- **(a)** : 일반적인 데이터 분포입니다.
- **(b)** : 데이터셋에서 K개의 중심점을 임의로 지정하는데, 여기에서는 K=2의 값으로 중심점 2개를 설정했습니다.
- **(c)** : 데이터들을 가장 가까운 중심점에 할당합니다.
- **(d)** : (c)에서 할당된 결과를 바탕으로 중심점을 새롭게 지정합니다.
- **(e)** : 중심점이 더 이상 변하지 않을 때까지 (c)~(d) 과정을 반복합니다.
- **(f)** : 최종적인 군집이 형성됩니다.

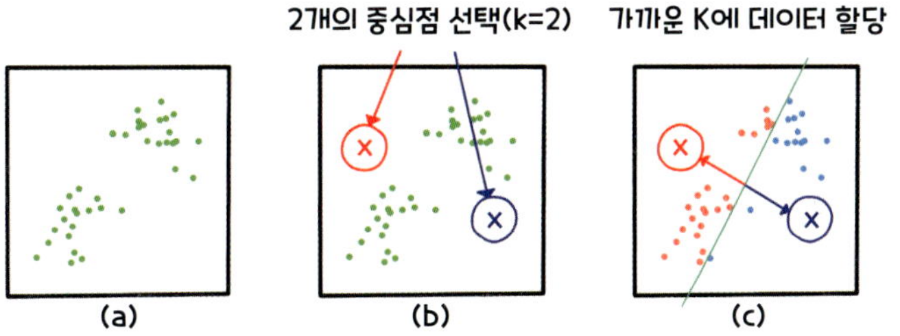

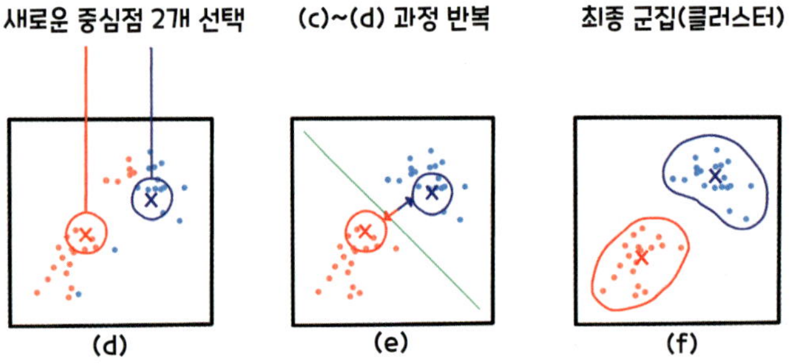

그림 8-23 K-평균 군집화 과정

밀도기반 클러스터링

밀도기반 클러스터링(DBSCAN, Density-Based Spatial Clustering of Applications with Noise)은 밀도를 기반으로 군집화하는 매우 유용한 군집 알고리즘입니다. K-평균 군집화는 데이터 간의 거리를 이용하여 군집을 나누었다면, 밀도기반 클러스터링은 데이터들의 분포(데이터가 몰려 있거나 밀도가 높은 쪽)를 고려하여 군집화합니다.

> 밀도기반 클러스터링을 이해하기 위해서는 먼저 관련 용어에 대한 개념부터 이해해야 합니다.
>
> - **ε(Epsilon, 거리)** : 하나의 점으로부터의 반경
> - **minPth(Minimum Points, 최소점)** : 군집을 이루기 위한 최소한의 데이터 수

밀도기반 클러스터링의 진행 과정을 살펴보겠습니다. 여기서는 ε=5cm, minPth=4라고 가정하겠습니다.

❶ **1단계** : 한 점을 중심으로 반경 5cm 거리에 4개의 데이터가 있는지(minPth=4를 만족하는지) 확인합니다. [그림 8-24]를 보면 1이 중심점일 때는 반경 안에 있는 데이터의 개수가 4를 초과하지 않기 때문에 군집으로 묶는 것이 불가능합니다. 이번에는 3을 새로운 중심점으로 지정합니다.

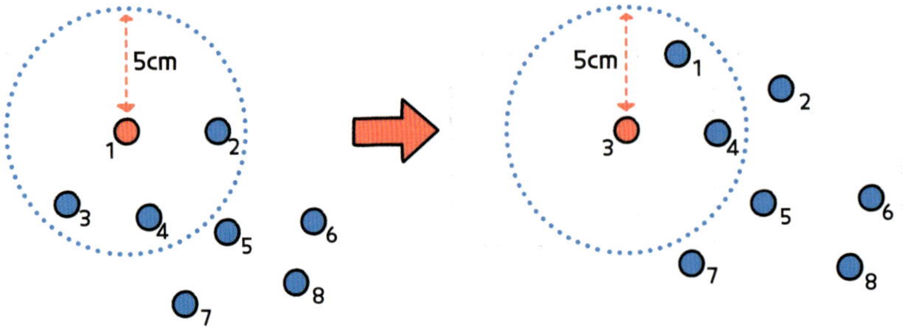

그림 8-24 최소점 확인 및 중심점 이동

❷ **2단계** : 이동한 중심점 3을 기준으로 1단계를 반복합니다. 3을 기준으로 반경 5cm 이내에 데이터가 4개를 초과하는지 확인합니다. 역시 데이터의 수가 4보다 작으므로, 이번에는 [그림 8-25]와 같이 중심점을 4로 지정합니다.

❸ **3단계** : 4를 중심점으로 했을 때 데이터의 수가 4를 초과하므로 군집이 생성됩니다.

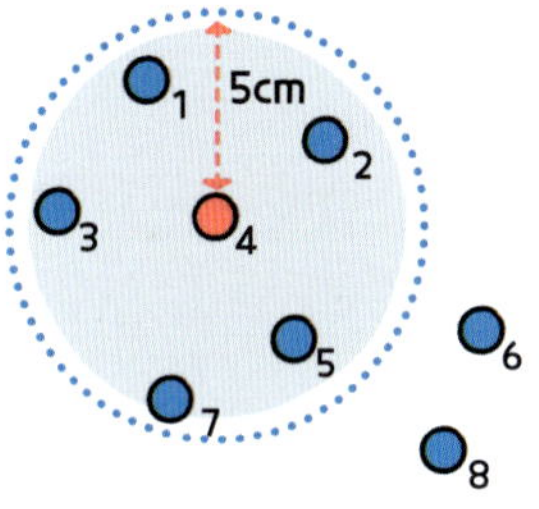

그림 8-25 **군집 생성**

K-평균 군집화와 달리 밀도기반 클러스터링은 클러스터 수를 지정할 필요가 없습니다. 더 중요한 것은 밀도기반 클러스터링의 경우 K-평균 군집화가 찾을 수 없는 임의의 모양들을 가질 수 있다는 점입니다. 예를 들어, 밀도기반 클러스터링은 [그림 8-26]의 첫 번째 그림과 같이 다른 군집으로 둘러싸인 상태에서 또 다른 군집을 가질 수 있습니다.

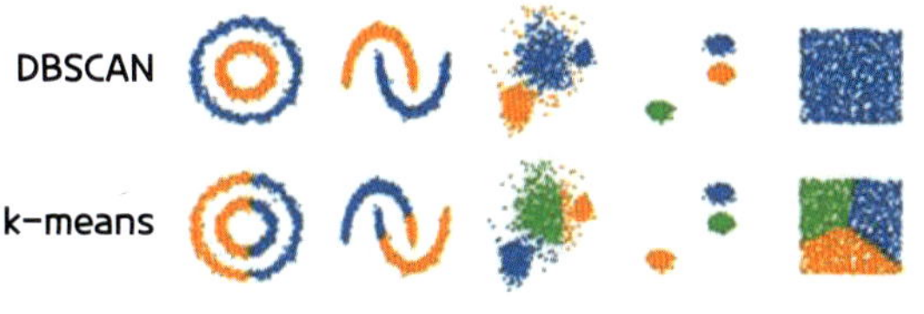

그림 8-26 **밀도기반 클러스터링과 K-평균 군집화 비교**

3 강화학습 기술

강화학습은 에이전트가 받는 보상을 최대화하기 위한 학습입니다. 이때 중요한 학습 포인트는 에이전트가 어떤 행동을 해야 하는지가 아니라 어떤 행동을 했을 때 가장 많은 보상을 받을 수 있는지입니다. 에이전트가 선택한 행동은 바로 눈앞의 보상뿐 아니라 한참 나중에 받을 보상에도 영향을 미칩니다. 이 정도의 개념을 숙지하고 강화학습 기술에 대해 학습해 보겠습니다.

모델이 없는 알고리즘

모델기반 알고리즘은 현재의 상태에서 어떤 행동을 했을 때 다음의 상태가 될 확률을 의미합니다. 예를 들어, [그림 8-27]과 같이 격자 공간에서 로봇이 상하좌우로 이동할 때 로봇의 다음 상태에 대해 직관적으로 파악할 수 있습니다. 모델기반 알고리즘은 이처럼 행동에 따른 상태의 변화를 예측할 수 있어 최적의 솔루션을 얻을 수 있습니다.

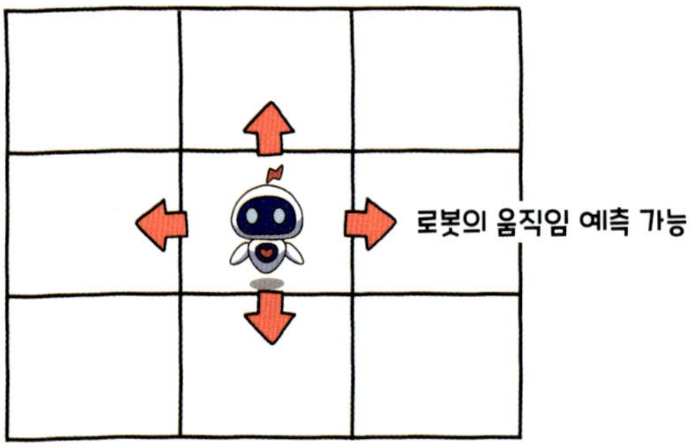

그림 8-27 모델기반 알고리즘의 예

반면에 모델이 없는 알고리즘은 에이전트가 행동을 통해 받게 되는 보상을 최대로 하는 정책(Policy)을 찾는 것입니다. 이때 정책이란 에이전트가 행동을 선택하는 데 사용하는 규칙입니다. 모델이 없는 알고리즘은 사전정보 없이 환경이 알려주는 다음 상태와 보상을 '수동적으로' 얻게 됩니다.

예를 들어, '지뢰찾기' 게임에서 플레이어(에이전트)는 지뢰가 어디에 있는지 알지 못하므로 무작위로 버튼을 클릭하면서 게임을 이어갑니다. 버튼을 클릭했을 때 지뢰가 없다면 다음 버튼을 클릭할 기회가 주어지고(+에 대한 보상), 지뢰가 나타나면 게임은 종료(−에 대한 보상)됩니다. 따라서 플레이어는 여러 번의 마우스 클릭을 통한 탐험(Exploration)을 하면서 최적의 정책을 찾아야 합니다.

탐험(Exploration)은 전체 공간을 골고루 찾아보는 행위를 의미합니다.

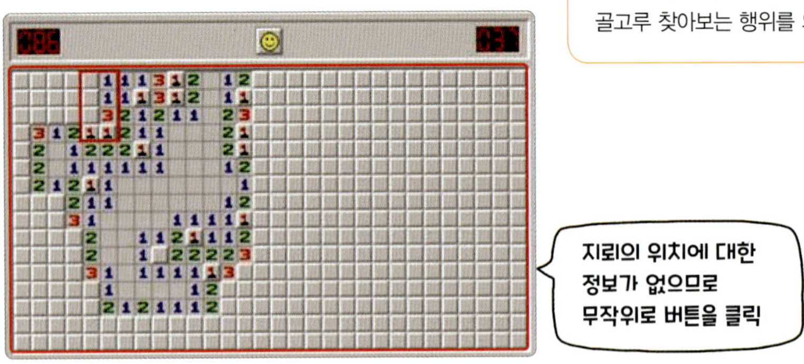

그림 8-28 모델이 없는 알고리즘의 예 : 지뢰찾기 게임

큐러닝

큐러닝(Q-Learning)은 특정 상태에서 어떤 결정을 내려야 미래 보상이 극대화될 것인지에 대한 정책을 지속적으로 업데이트하는 것으로, 모델 없이 학습하는 대표적인 강화학습 알고리즘입니다. [그림 8-29]와 같이 S에서 시작하여 E로 끝나는 미로게임이 있다고 가정해 봅시다.

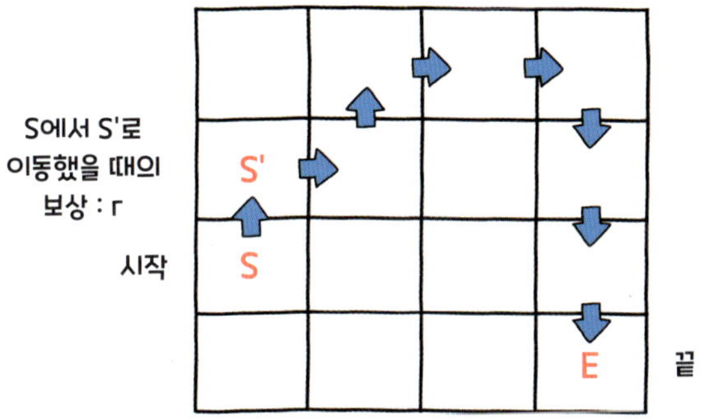

그림 8-29 **큐러닝의 예**

S에서 시작한 미로게임은 우왕좌왕하면서 우연히 E에 도달합니다. 이때 에이전트는 S에서 S'로 이동했을 때 첫 번째 보상값(r)을 받습니다. 이후로는 E에 도달하기 위한 움직임(행동)을 계속하면서 보상값을 업데이트해 나갈 것입니다. 이를 정리하면 다음과 같습니다.

❶ 모든 환경 데이터값(상태, 행동)을 초기화합니다.

❷ 현재 상태(S)를 확인합니다.

❸ 다음의 작업을 반복합니다.

- S'로 이동합니다.
- 행동에 따른 보상값(r)을 받습니다.
- 목적지에 도착할 때까지 이동과 보상값을 [그림 8-30]처럼 테이블에 기록합니다.

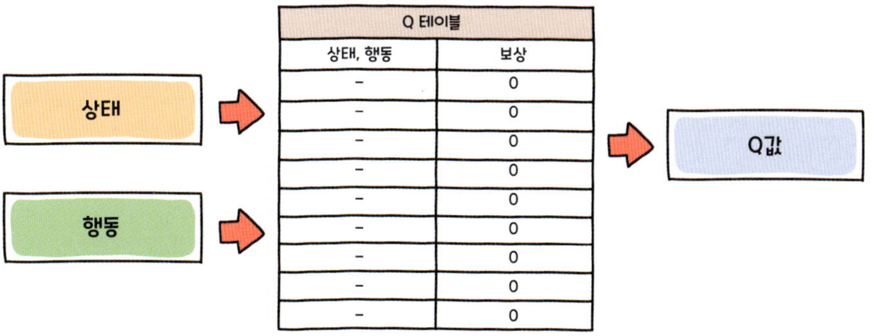

그림 8-30 **큐러닝 구조**

딥큐러닝

딥큐러닝(DQN, Deep Q Network)은 큐러닝에 신경망을 결합한 알고리즘입니다. 큐러닝에서는 보상값(r)을 업데이트하기 위해 테이블을 이용했다면, DQN에서는 네트워크(신경망)를 이용합니다. 테이블은 저장 공간의 한계 때문에 활용에 제약이 있었지만 네트워크는 메모리의 크기를 극복해 많은 양의 데이터를 효율적으로 처리가 가능하도록 개선되었습니다. Q값은 전략에 따라 행동했을 때 미래의 보상들에 대한 기댓값의 총합이라고 할 수 있습니다. 결국 큐러닝과 DQN 모두 Q값이 높은 쪽으로 행동하는 것을 목표로 합니다.

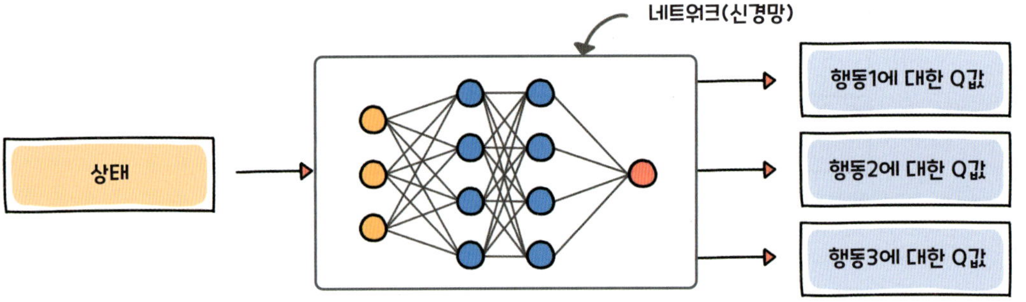

그림 8-31 딥큐러닝 구조

지금까지 지도학습, 비지도학습, 강화학습에서 사용하는 알고리즘에 대해 살펴봤습니다. 마지막으로 머신러닝의 주요 도전 과제에 대해 알아보겠습니다.

Section

05 머신러닝의 주요 도전 과제

머신러닝은 우리의 삶에 이로운 혜택을 가져다줄 기술임에 틀림없습니다. 개인에게는 맞춤형 서비스가 가능해질 것이며, 기업은 빠른 의사결정을 통해 시장을 선점할 수 있을 것입니다. 하지만 머신러닝 기술은 아직 완벽하지 않으며 해결해야 할 과제들이 많이 남아 있습니다.

1 많은 데이터 확보

'알고리즘을 훈련시키는 데 얼마나 많은 데이터가 필요할까요?'라는 질문에 정확히 답할 수 있는 데이터 과학자가 얼마나 될까요? 혹 있다 하더라도 '많으면 많을수록 좋습니다'라는 모호한 답변만 내놓을 것입니다. 특히 심층신경망을 사용할 경우, 훈련에 필요한 데이터의 양은 머신러닝 알고리즘보다 훨씬 많아야 합니다.

예를 들어, 인공지능 기술이 적용된 자동차를 운행하고 있다고 가정해 봅시다. [그림 8-32]는 인공지능 기술이 자동차의 전면 방향을 인식하는 장면인데 이 기술이 어떻게 가능할까요? 컴퓨터는 인간과 다르게 0, 1이라는 숫자만 인식할 수 있습니다. 이 말은 즉, 이미지 안의 객체를 숫자로 표현해야 하고 객체 중에서도 자동차만을 인식할 수 있도록 별도의 처리(머신러닝의 가중치(Weight))를 해 주어야 한다는 뜻입니다. 이렇게 복잡한 과정을 거치면서 다양한 유형의 자동차를 정확하게 인식하기 위해서는 수많은 데이터가 필요합니다.

그림 8-32 인공지능의 자동차 인식

하나 더 알기 **가중치**

가중치(Weight)란 입력 신호가 출력에 미치는 중요도를 조절하는 매개변수입니다. 이해를 돕기 위해 [그림 8-32]를 예로 들어 설명해 보겠습니다. [그림 8-32]의 이미지에는 건물과 자동차들이 있습니다. 앞서 컴퓨터는 이미지를 인식할 수 없으므로 각각의 객체를 숫자로 표현해야 한다고 설명하였습니다. 그런데 각각의 객체에 단순히 숫자를 부여한다면 건물1=00001, 자동차1=00002, 건물2=00003, 자동차2=00004와 같이 부여되어 컴퓨터는 건물과 자동차를 구별할 수 없을 것입니다. 그래서 건물1=00001, 자동차1=11110과 같이 자동차에 더 높은 숫자를 부여하여 건물과 자동차를 구별할 수 있도록 하는 것이 가중치입니다. 실제 객체 인식 과정에서 사용되는 가중치는 더 복잡한 과정을 거치지만, 간단하게는 '중요한 객체를 부각시키기 위한 값'이라고 이해해도 좋습니다.

2 과적합 현상

과적합(Overfitting)은 훈련 데이터를 너무 과하게 학습하여 실제 데이터를 분석할 때는 성능이 좋지 못한 것을 의미합니다. 문제의 복잡도에 비해 데이터가 현저히 부족한 경우, 즉 문제가 정의된 전체 공간을 학습 데이터가 아우르지 못하고 일부 경우에만 집중했을 때 발생합니다.

[그림 8-33]의 그래프를 하나씩 살펴보겠습니다. (a) 그래프는 변수가 0인 쪽의 데이터 몇 개는 비교적 잘 근사하지만, 일정 시점 이후 데이터는 우하향하고 있습니다. (b) 그래프는 데이터와 비슷하게 우상향 후 우하향하고 있어 제대로 반영하고 있다고 볼 수 있습니다. (c) 그래프는 어떨까요? 학습 데이터와 생성된 모델의 오차를 구해보면 0에 가까울 것입니다. 즉, 그래프가 모든 점을 지나고 있습니다.

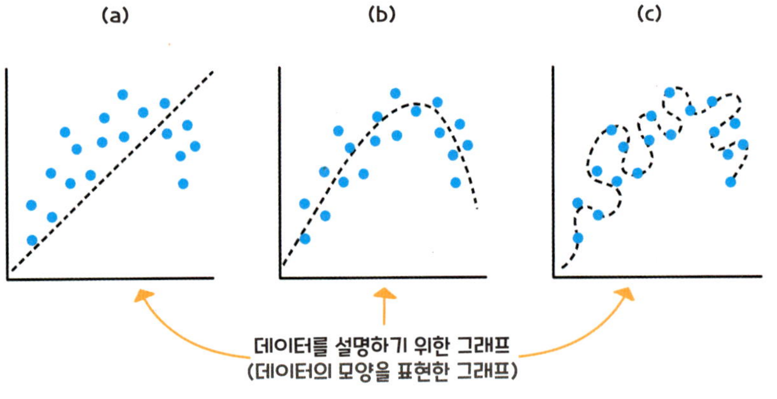

그림 8-33 **다양한 데이터 그래프**

그렇다면 (b) 그래프보다 (c) 그래프가 더 좋은 그래프일까요? 어떤 그래프가 좋은 그래프인지 알아보기 위해서는 실제 데이터값을 불러오면 됩니다. [그림 8-34]와 같이 하나의 실제값을 불러왔을 때, 실제값과 모델이 내놓은 예측값의 차이인 오차가 가장 작은 그래프가 좋은 그래프라고 할 수 있습니다. 확인해 보면 (b) 그래프의 오차가 가장 작으므로 최적합(Optimal), 즉 가장 좋은 그래프라고 할 수 있습니다.

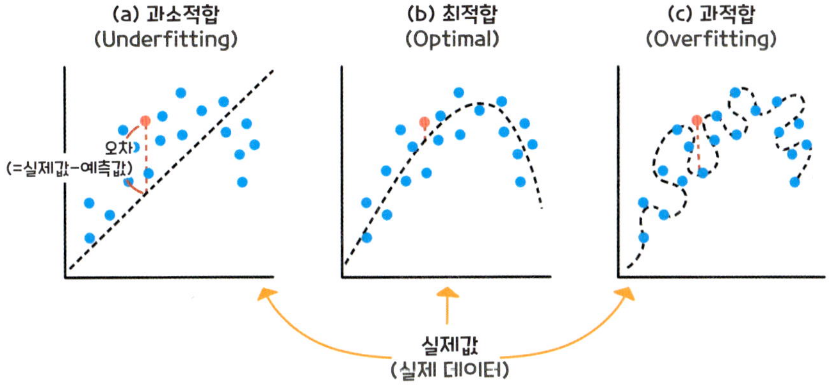

그림 8-34 과적합 판단 방법

과적합은 데이터가 부족해서 발생하므로 데이터의 양을 늘려 학습하면 문제를 해결할 수 있습니다.

3 유연성 부족

머신러닝은 유연성이 부족합니다. 머신러닝은 데이터로 시작해서 데이터로 끝나는 기술입니다. 다른 사람이 만들어 놓은 모델은 재활용이 가능하더라도 데이터는 공유가 어렵습니다. 실제로 공유된 데이터를 사용할 수도 있지만 분석하고자 하는 변수 중 일부가 누락된 경우가 많기 때문에 공유된 데이터를 이용한 분석은 그 목적에서 벗어난 경우가 많습니다. 따라서 제대로 학습을 하려면 원하는 결과를 위한 목적에 맞는 '나만의 데이터'가 필요합니다. 결국 데이터가 없다면 머신러닝 알고리즘도, 딥러닝 알고리즘도 적용하기 어렵습니다.

LAB AI 코딩 선생님을 찾았다! : 챗GPT

요즘 IT 비전공자들도 코딩에 대한 관심이 많습니다. 하지만 코딩을 배우기 위해 따로 학원을 다니기에는 부담스러울 수밖에 없습니다. 그런데 챗GPT를 이용하면 간단한 코딩을 쉽게 배울 수 있습니다. 이번 〈LAB〉을 실습해 보세요.

실습

01 https://chat.openai.com/에 접속하면 챗GPT 웹사이트가 나타납니다. 챗GPT에게 '파이썬을 쉽게 실습할 수 있게 코드를 알려줘'라는 메시지를 입력하고 Enter를 누르면 다음과 같은 결과를 보여줍니다.

파이썬을 쉽게 실습할 수 있게 코드를 알려줘

나
파이썬을 쉽게 실습할 수 있게 코드를 알려줘

ChatGPT
물론이죠! 파이썬으로 간단한 실습을 해보겠습니다. 파이썬은 설치가 간편하고 문법이 비교적 간단하여 초보자도 접근하기 쉽습니다. 아래 예제를 따라해 보세요.

예제 1: 인사하는 프로그램 작성하기

이 예제는 사용자로부터 이름을 입력받아 인사말을 출력하는 간단한 프로그램입니다.

```python
# 사용자로부터 이름 입력 받기
name = input("이름을 입력하세요: ")

# 화면에 인사 메시지 출력
print(f"안녕하세요, {name}님!")
```

이 코드를 작성하고 실행하면, 프로그램이 이름을 묻고 입력한 이름에 따라 다른 인사말을 출력합니다.

예제 2: 리스트 다루기

리스트는 파이썬에서 매우 유용하게 사용되는 ↓이터 구조입니다. 다음 예제는 리스트를 생성하고 요

02 다양한 예제 코드가 출력됩니다. 이 중 첫 번째 예제 코드에서 [코드 복사]를 클릭합니다.

예제 1: 인사하는 프로그램 작성하기

이 예제는 사용자로부터 이름을 입력받아 인사말을 출력하는 간단한 프로그램입니다.

python 코드 복사

```python
# 사용자로부터 이름 입력 받기
name = input("이름을 입력하세요: ")

# 화면에 인사 메시지 출력
print(f"안녕하세요, {name}님!")
```

> 챗GPT 실행 결과가 이 책과 다를 수도 있습니다. 실행 결과가 다를 경우 비슷한 예제 코드를 복사하여 실습을 진행합니다.

03 복사한 코드를 실행하여 결과를 확인하기 위해 Colab이라는 웹사이트에 접속하겠습니다. 웹 브라우저에서 https://colab.research.google.com/을 입력하면 Colab에 접속할 수 있습니다. 여기에서 [파일] 메뉴를 클릭하고 [Drive의 새 노트북]을 선택합니다.

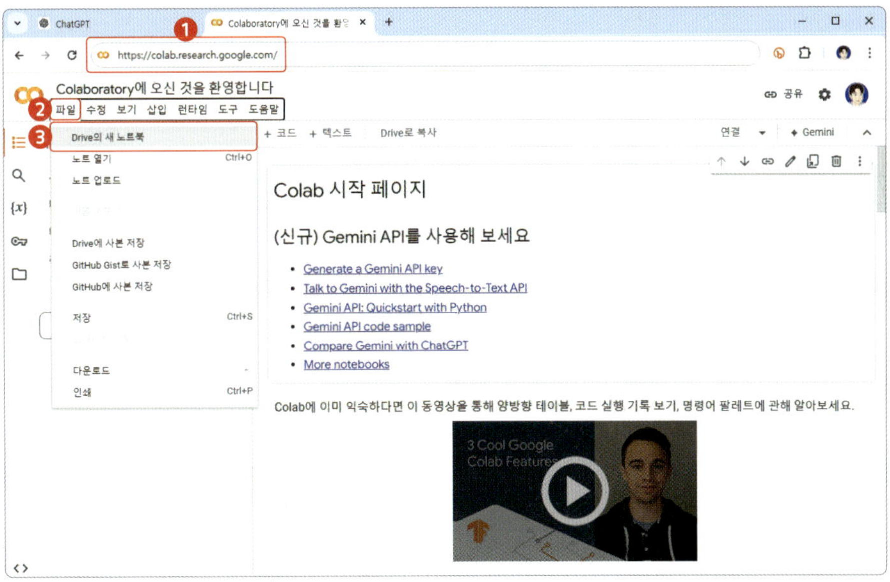

> Colab은 구글에서 제공하는 웹브라우저 내에서 파이썬 코드를 실행할 수 있는 클라우드 컴퓨팅 시스템입니다.

04 다음과 같은 새 노트북 화면이 열리면 키보드에서 Ctrl + V 를 눌러 앞에서 복사했던 코드를 붙여 넣습니다. 이후 화살표 모양의 버튼(▶)을 클릭합니다.

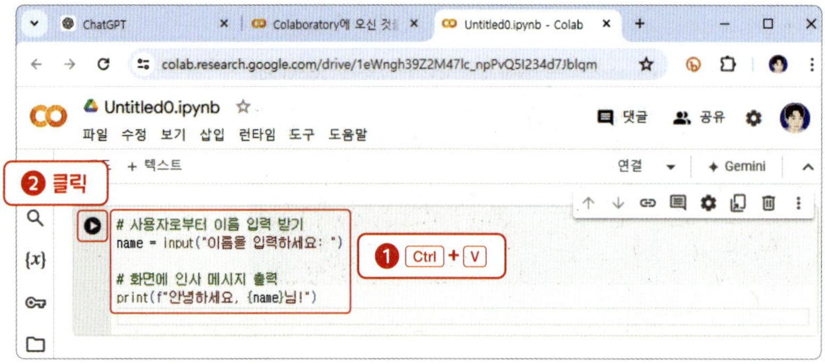

05 코드가 실행되고 다음과 같이 '이름을 입력하세요: '라는 결과와 함께 이름을 입력할 수 있는 박스가 열립니다. 이 박스에 이름을 입력하고 Enter 를 누릅니다.

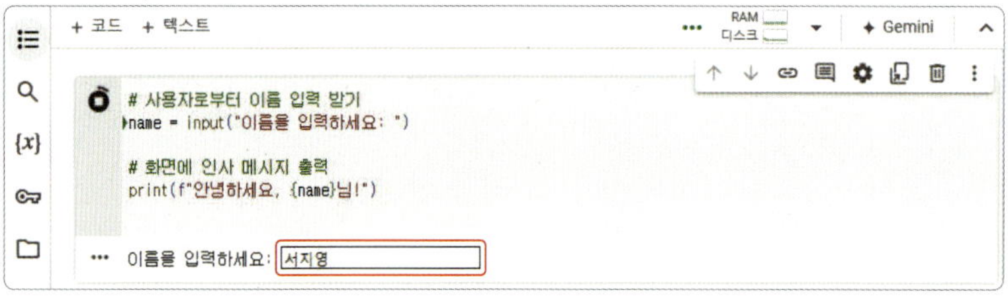

06 그러면 다음과 같은 실행 결과가 나타납니다. 이와 같이 파이썬 코드를 쉽게 배울 수 있습니다.

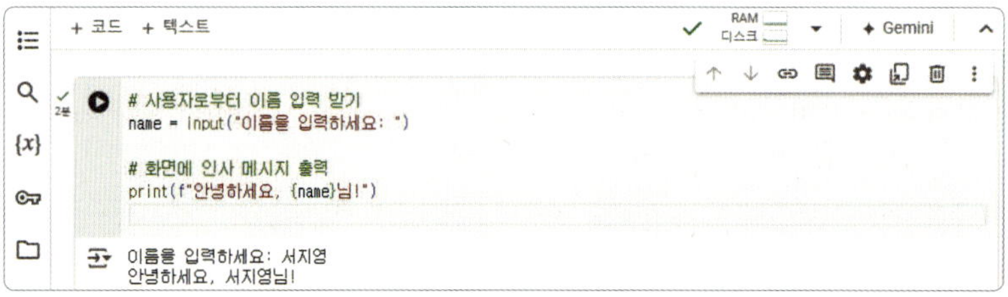

응용

01 챗GPT를 이용하여 'Hello world!'를 출력하는 코드를 작성해 보세요.

02 'a에는 10이라는 값이 있고 b에는 20이라는 값이 있을 때, a와 b를 더한 결과'를 보여주는 코드를 작성해 보세요.

요약

01 인공지능은 사고방식이나 학습 등과 같이 인간이 가진 지적 능력을 컴퓨터를 통해 구현하는 기술입니다.

02 머신러닝은 컴퓨터를 인간처럼 학습하게 함으로써 인간의 도움 없이도 컴퓨터 스스로가 새로운 규칙을 발견할 수 있도록 하는 기술입니다.

03 인공신경망은 여러 뉴런이 서로 연결되어 있는 구조의 네트워크입니다.

04 딥러닝은 여러 개의 은닉층을 가진 인공신경망을 사용하여 머신러닝 학습을 수행하는 기술입니다.

05 머신러닝과 딥러닝의 차이점으로는 인간의 개입 유무, 데이터 의존도, 심층신경망 사용 여부 등이 있습니다.

06 대용량의 데이터와 많은 변수가 관련되어 있고 기존에 사용했던 규칙의 프로그램으로는 복잡한 작업이나 문제를 해결할 수 없을 때 머신러닝은 아주 유용한 해결책입니다.

07 지도학습은 문제와 답을 함께 학습함으로써 미지의 문제에 대한 올바른 답을 예측합니다.

08 비지도학습은 지도학습과 다르게 지도해 줄 조력자의 도움 없이 컴퓨터 스스로 학습하는 형태로, 컴퓨터가 입력값만 있는 훈련 데이터를 이용하여 규칙성을 찾는 학습 방법입니다.

09 강화학습은 자신이 한 행동에 대해 보상을 받으며 학습하는 것으로, 컴퓨터가 주어진 상태에 대해 최적의 행동을 선택하는 학습 방법입니다.

10 분류 모델은 레이블이 포함된 데이터를 학습하고 유사한 성질을 갖는 데이터끼리 분류한 후, 새로 입력된 데이터가 어느 그룹에 속하는지 찾아내는 기법입니다.

11 분류에 해당하는 알고리즘으로는 K–최근접 이웃(KNN), 서포트 벡터 머신(SVM), 의사결정나무(Decision Tree), 로지스틱 회귀(Logistic Regression)가 있습니다.

- K–최근접 이웃(KNN) : 새로운 데이터가 주어졌을 때 기존 데이터 가운데 가장 가까운 K개의 이웃 정보로 새로운 데이터를 예측하는 모델입니다.

- 서포트 벡터 머신(SVM) : 주어진 데이터가 어느 그룹에 속하는지 분류하는 모델입니다.
- 의사결정나무 : 의사결정 규칙을 나무 형태로 분류하는 분석 방법입니다.
- 로지스틱 회귀 : 데이터가 어떤 범주에 속할 확률을 0에서 1 사이의 값으로 정해 놓고, 그 확률에 따라 가능성이 더 높은 범주에 속하는 것으로 분류해 주는 모델입니다.

12 군집은 비슷한 특징을 가진 데이터들의 집단입니다. 따라서 군집화는 어떤 데이터들이 주어졌을 때 그 데이터들을 유사한 정도에 따라 군집(클러스터)으로 분류하는 것을 의미합니다.

13 군집화에 사용되는 대표적인 알고리즘으로는 K-평균 군집화와 밀도기반 클러스터링(DBSCAN)이 있습니다.

- K-평균 군집화 : 데이터 간의 거리를 이용하여 클러스터를 나누는 방식입니다.
- 밀도기반 클러스터링 : 데이터들이 몰려 있는(밀도가 높은) 부분을 군집화하는 방식입니다.

14 강화학습에 사용되는 알고리즘으로는 모델이 없는 알고리즘, 큐러닝, 딥큐러닝(DQN)이 있습니다.

- 모델이 없는 알고리즘 : 에이전트가 행동을 통해 받게 되는 보상을 최대로 하는 정책을 찾는 것입니다.
- 큐러닝 : 특정 상태에서 어떤 결정을 내려야 미래 보상이 극대화될지에 대한 정책을 지속적으로 업데이트하는 알고리즘입니다.
- 딥큐러닝(DQN) : 큐러닝에 신경망을 결합한 알고리즘입니다.

15 머신러닝은 많은 데이터 확보, 과적합 현상, 유연성 부족 등 해결해야 할 과제가 아직 많습니다.

연습문제

단답형 문제

01 (   )은(는) 특정 영역에서 유용한 도구로 사용하기 위해 설계된 인공지능입니다.

02 (   )은(는) 여러 뉴런이 서로 연결되어 있는 구조의 네트워크입니다.

03 은닉층을 여러 개 갖는 구조는 (   )라고(이라고) 부르며, 이를 활용한 머신러닝 학습을 딥러닝이라고 합니다.

04 머신러닝과 딥러닝의 차이점은 (   ), 데이터 의존도, 심층신경망의 사용 여부입니다.

05 (   )란(이란) 모델의 성능을 향상시키기 위해 모델에서 사용하는 파라미터를 수정하는 것을 의미합니다.

06 지도학습은 문제와 답을 함께 학습해 미지의 문제에 대한 올바른 답을 예측하는 (   )의 한 방법입니다.

07 지도해 줄 조력자의 도움 없이 컴퓨터 스스로 학습하는 비지도 학습에서 사용하는 모델로는 (   )이(가) 있습니다.

08 강화학습은 자신이 한 행동에 대해 (   )을(를) 받으며 학습하는 것으로, 컴퓨터가 주어진 상태에 대해 최적의 행동을 선택하는 학습 방법입니다.

09 분류는 데이터를 2개의 그룹으로 분류하는 (   )와(과) 3개 그룹 이상으로 분류하는 다중 분류가 있습니다.

10 (   )란(이란) 데이터에 무작위의 오류 또는 분산이 존재하는 것입니다.

11 (   )은(는) 주어진 데이터가 어느 그룹에 속하는지 분류하는 모델입니다.

12 (   )은(는) 의사결정 규칙을 나무 형태로 분류하는 분석 방법이다.

13 (   )은(는) 데이터가 어떤 범주에 속할 확률을 0에서 1 사이의 값으로 정해놓고, 그 확률에 따라 가능성이 더 높은 범주에 속하는 것으로 분류해 주는 지도학습 알고리즘입니다.

14 (   )은(는) 밀도를 기반으로 군집화하는 매우 유용한 군집 알고리즘입니다.

15 (   )은(는) 에이전트가 행동을 통해 받게 되는 보상을 최대로 하는 정책을 찾는 것입니다.

16 (   )은(는) 큐러닝에 신경망을 결합한 알고리즘입니다.

17 (   )은(는) 훈련 데이터를 너무 과하게 학습하여 실제 데이터를 분석할 때는 성능이 좋지 못한 것을 의미합니다.

객관식 문제

18 다음 중 딥러닝에 대한 설명으로 알맞은 것은?

① 컴퓨터 스스로 데이터를 학습하여 작업을 수행하는 방법을 익히는 것이 가능하다.

② 데이터를 기반으로 예측이나 결정을 이끌어 내기 위해 특정한 모델을 구축하고 구축된 모델을 통해 신규 데이터에 대한 판단이나 의사결정을 한다.

③ 컴퓨터를 인간처럼 학습하게 함으로써 인간의 도움 없이도 컴퓨터 스스로가 새로운 규칙을 발견할 수 있도록 하는 기술이다.

④ 알고리즘을 이용해 데이터를 분석하고, 분석을 통해 학습하며, 학습한 내용을 기반으로 판단이나 예측을 한다.

⑤ 데이터별로 어떤 특징을 가지는지 찾아내고 그것을 토대로 데이터를 벡터로 변환하는 작업을 말한다.

19 다음 설명을 읽고 무엇에 대한 설명인지 고르시오.

> **이것**은(는) 컴퓨터를 인간처럼 학습하게 함으로써 인간의 도움 없이도 컴퓨터 스스로가 새로운 규칙을 발견할 수 있도록 하는 기술입니다.

① 개인정보　② 로지스틱　③ 머신러닝

④ 퍼셉트론　⑤ 빅데이터

20 머신러닝과 딥러닝의 차이점으로 맞지 않는 것을 고르시오.

구분	머신러닝	딥러닝
① 필요한 데이터의 양	적은 양의 데이터도 가능	빅데이터
② 정확도	낮음	높음
③ 훈련 시간	짧은 시간 안에 가능	오래 걸림
④ 하드웨어	GPU	CPU만으로도 가능
⑤ 하이퍼파마리터 튜닝	제한적	다양한 방법으로 튜닝 가능

21 다음 중 머신러닝을 유용하게 사용할 수 있는 사례가 아닌 것은?

① 규칙 기반 프로그램으로 답을 낼 수 없는 복삽한 상황

② 천천히 의사결정을 결정해야 할 상황

③ 거래 기록에서 사기를 감지하는 경우와 같이 규칙이 지속적으로 바뀌는 상황

④ 기존에 사용했던 규칙의 프로그램으로 복잡한 문제를 해결할 수 없는 상황

⑤ 주식 거래, 쇼핑 추세 예측의 경우처럼 데이터 특징이 계속 바뀌는 상황

22 다음 설명을 읽고 무엇에 대한 설명인지 고르시오.

> **이것**은(는) 문제와 답을 함께 학습함으로써 미지의 문제에 대한 올바른 답을 예측합니다. 따라서 **이것**을(를) 시키려면 문제와 함께 정답을 제시해야 합니다.

① 비지도학습 ② 강화학습 ③ 지도학습

④ 정리 학습 ⑤ 온라인 학습

23 다음 강화학습을 이해하기 위한 개념 중, 설명이 옳게 짝지어지지 않은 것을 고르시오.

① 에이전트(Agent) : 주어진 문제 상황에서 행동하는 주체

② 보상(Reward) : 플레이어가 어떤 행동을 했을 때 따라오는 이득

③ 관찰(Observation) : 에이전트가 수집한(보고 듣는) 환경에 대한 정보

④ 상태(State) : 현재 시점에서의 상황

⑤ 환경(Environment) : 플레이어가 취할 수 있는 선택지

24 다음 중 분류에 해당하는 알고리즘이 아닌 것은?

① 서포트 벡터 머신(SVM)

② K-평균 군집화

③ 로지스틱 회귀

④ 의사결정나무

⑤ K-최근접 이웃(KNN)

25 다음 설명을 읽고 무엇에 대한 설명인지 고르시오.

> **이것**은(는) SVM에서 데이터를 분류하기 위한 일종의 분류선인 결정 경계(Decision Boundary)와 서포트 벡터(SupportVector) 간의 거리입니다.

① 파라미터 ② 튜닝 ③ 마진

④ 벡터 ⑤ 노이즈

26 다음 중 강화학습 기술이 아닌 것을 모두 고르시오.

① 로지스틱 회귀 ② 모델이 없는 알고리즘 ③ 큐러닝

④ 딥큐러닝 ⑤ 밀도기반 클러스터링

27 다음 설명을 읽고 무엇에 대한 설명인지 고르시오.

> **이것**은(는) 훈련 데이터를 너무 과하게 학습하여 실제 데이터를 분석할 때는 성능이 좋지 못한 것을 의미합니다. 문제의 복잡도에 비해 데이터가 현저히 부족한 경우, 즉 문제가 정의된 전체 공간을 학습 데이터가 아우르지 못하고 일부 경우에만 집중했을 때 발생합니다.

① 가중치 ② 밀도기반 클러스터링 ③ 큐러닝

④ 의사결정나무 ⑤ 과적합

28 머신러닝의 주요 도전 과제로 거론되고 있는 것을 모두 고르시오.

① 과적합 현상 ② 최적합 현상 ③ 유연성 부족

④ 가중치 설정 ⑤ 많은 데이터 확보

토론과제

01 규칙 기반으로 프로그래밍을 하는 전통적인 방식은 자주 바뀌는 규칙들을 수정하는 데 많은 시간과 비용이 투입되어 효율적이지 않습니다. 그렇다면 빠르게 변화하는 시대에 적시에 의사결정을 내리기 위해 기존의 프로그램을 모두 머신러닝 기반으로 바꾸는 것이 효율적일까요?

02 머신러닝이나 딥러닝을 이용하여 데이터를 분석한다는 것은 가지고 있는 데이터나 수집해야 할 데이터를 특정 목적에 맞게 활용하겠다는 의미입니다. 그렇다면 데이터는 어떻게 확보해야 효율적일지 방법에 대해 토론해 봅니다.

03 강화학습의 대표적인 사례가 게임이라고 했습니다. 실생활에서 강화학습을 이용한 서비스들이 많은데 구체적인 사례에 대해 추가 조사하여 그 효과에 대해 토론해 봅니다.

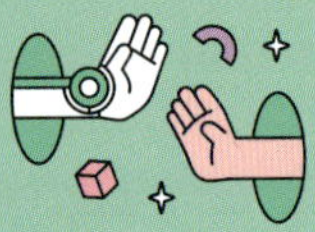

CHAPTER 09

인공신경망과 딥러닝

학습목표

- 인공신경망의 역사에 대해 이해할 수 있습니다.
- 인공신경망에서 발전한 딥러닝의 개념 및 용어들에 대해 설명할 수 있습니다.
- 딥러닝의 다양한 유형에 대해 이해할 수 있습니다.

Preview

현재의 딥러닝은 인공신경망을 기초로 하고 있습니다. 따라서 인공신경망을 이해하지 못하면 딥러닝에 대한 깊이 있는 학습이 어렵습니다. 9장에서는 인공신경망에 대한 이해와 인공신경망이 어떻게 딥러닝으로 발전했는지에 대해 좀 더 자세히 학습합니다. 또한 딥러닝과 관련된 다양한 용어들을 이해한 후 그 유형에 대해서도 알아봅니다.

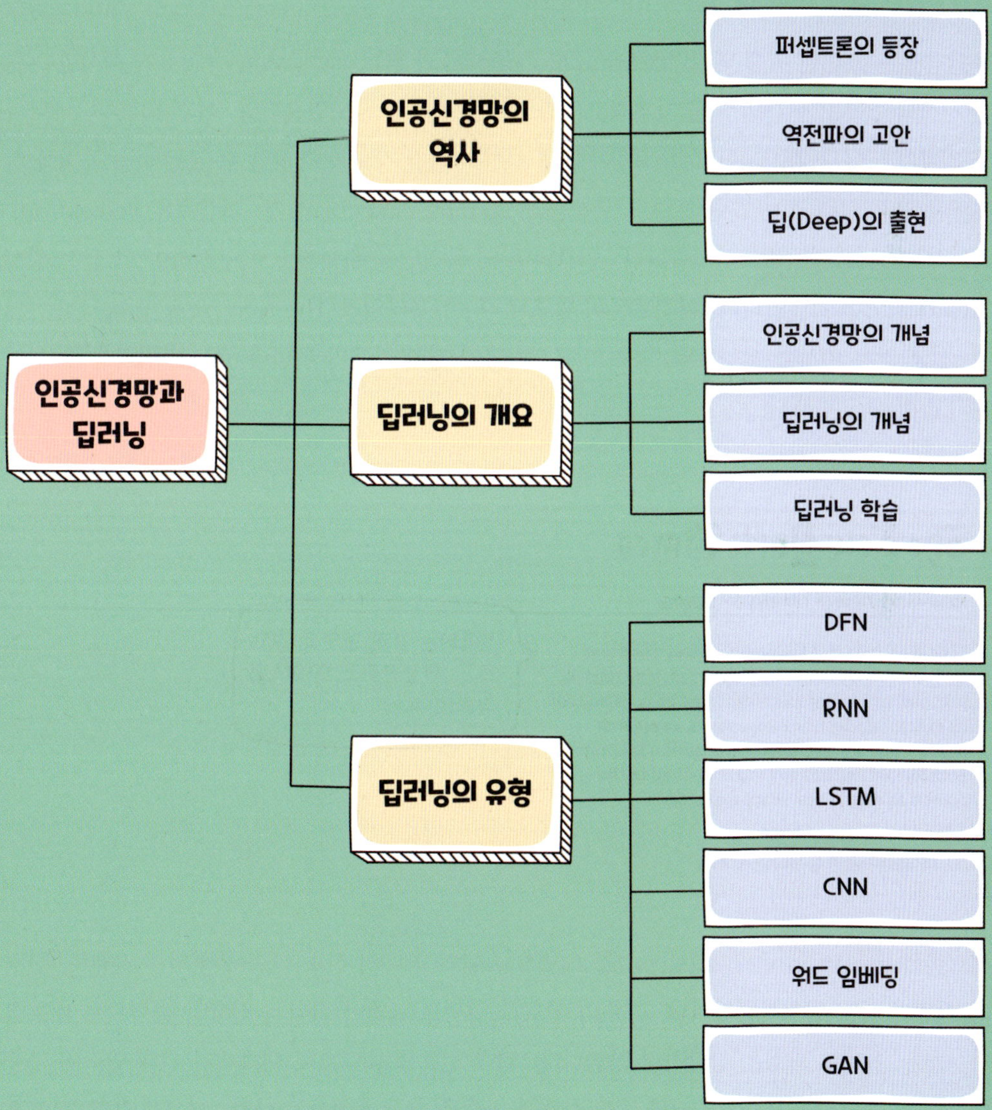

Section 01 인공신경망의 역사

1 퍼셉트론의 등장

인공신경망은 1943년 워렌 맥컬럭(Warren McCulloch)과 월터 피츠(Walter Pitts)가 제시한 논문에서 시작되었으며, 인간의 뇌를 기계적으로 모델링한 최초의 시도였습니다. 이후 1949년, 캐나다의 심리학자 도널드 헵(Donald Hebb)이 뉴런 사이의 연결 강도를 조정할 수 있는 학습 규칙을 발표하였습니다. 그리고 1957년 프랑크 로젠블라트(Frank Rosenblatt)가 '퍼셉트론(Perceptron)'이라는 신경망 모델을 발표하였습니다. 인간의 두뇌 움직임을 수학적으로 구성하여 그 당시 굉장한 이슈가 되었던 모델입니다. 퍼셉트론이 발표된 후 〈뉴욕타임즈(The New York Times)〉는 [그림 9-1]과 같은 기사를 실었는데, 당시 인공신경망에 대한 기대가 얼마나 컸는지 짐작할 수 있는 증거라고 할 수 있습니다.

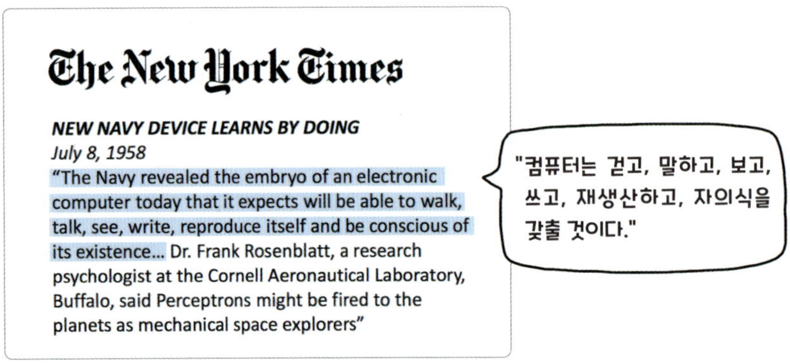
The New York Times

NEW NAVY DEVICE LEARNS BY DOING
July 8, 1958
"The Navy revealed the embryo of an electronic computer today that it expects will be able to walk, talk, see, write, reproduce itself and be conscious of its existence... Dr. Frank Rosenblatt, a research psychologist at the Cornell Aeronautical Laboratory, Buffalo, said Perceptrons might be fired to the planets as mechanical space explorers"

그림 9-1 퍼셉트론 관련 뉴욕타임즈 기사

퍼셉트론(Perceptron)은 신호(x_1, x_2)를 입력으로 받아 하나의 신호(y)를 출력하는 기계로, 신경망의 기원이 되는 알고리즘입니다. 다수의 신호를 입력으로 받아 하나의 신호를 출력으로 내보냅니다. 물론 그 내부 과정은 간단하지 않습니다. 입력 신호를 출력으로 내보내기 위해 입력에 가중치를 곱하고, 곱한 결과를 모두 더한 값이 활성화 함수를 거쳐 출력으로 나갑니다. 그 과정은 [그림 9-2]와 같습니다.

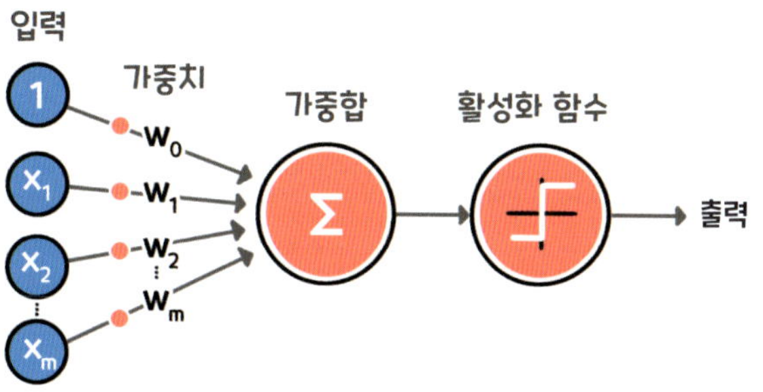

- 입력(Input) : AND 또는 OR 연산을 위한 입력 신호
- 가중치(Weight) : 입력 신호에 부여되는 중요도로, 가중치가 크다는 것은 그 입력이 출력을 결정하는 데 큰 역할을 한다는 의미
- 가중합(Weighted Sum) : 입력값과 가중치의 곱을 모두 합한 값
- 활성화 함수(Activation Function) : 어떠한 신호를 입력받아 이를 적절하게 처리하여 출력해 주는 함수로, 가중합이 임계치(Threshold)를 넘어가면 1, 그렇지 않으면 0을 출력함
- 출력(Output) : 최종 결과(분류)

그림 9-2 퍼셉트론의 내부 과정

초기 퍼셉트론을 이용한 문제해결은 AND와 OR 같은 간단한 연산이었습니다. 그 당시 기계가 AND와 OR 연산을 스스로 풀 수 있으면 이를 조합해 어떤 문제든 풀어낼 수 있다고 생각했습니다. [그림 9-3]을 보면, AND와 OR 연산의 경우 퍼셉트론을 통한 선형 분리가 가능한 것을 확인할 수 있습니다. 하지만 1969년 마빈 민스키(Marvin Minsky)와 시모어 페퍼트(Seymour Papert)가 저서 『퍼셉트론(Perceptrons)』을 통해 '현재의 퍼셉트론으로는 XOR 연산이 절대 불가능하다'라는 가설을 수학적으로 증명했습니다. 퍼셉트론을 여러 개 쌓아 올린 다층 퍼셉트론(MLP, Multilayer Perceptron)을 통해 XOR 연산에 대한 문제는 해결될 수 있지만, '각각의 가중치(Weight)와 편향(Bias)을 학습시킬 방법이 없다'라는 결론을 내놓으면서 퍼셉트론을 이용한 학습의 한계를 언급했습니다. 이후 인공신경망 연구는 침체기를 맞이하게 됩니다.

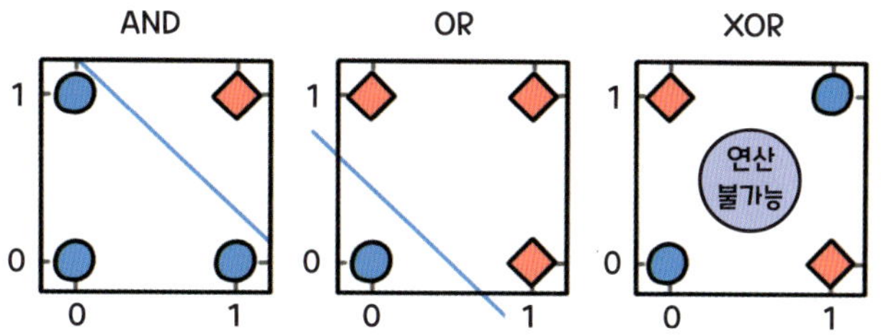

선형 분리(Linearly Separable)는 AND, OR 연산과 같이 직선 하나로 데이터들이 두 개의 그룹으로 나누어지는 것을 의미합니다.

그림 9-3 퍼셉트론의 한계

2 역전파의 고안

이후 가중치와 편향을 학습하기 위한 방법으로 역전파가 고안되었습니다. 전방향(Feedforward) 학습을 통해 가중치와 편향을 수정하는 것이 아니라 전방향에 대한 학습 결과를 보고 뒤로 가면서 가중치와 편향을 조정하는 방법입니다. 즉, **역전파(Backpropagation)**는 신경망의 오차(예측값과 실제값의 차이)를 출력층에서부터 입력층으로 거꾸로 전파시켜 각 층(Layer)의 가중치와 편향을 업데이트합니다.

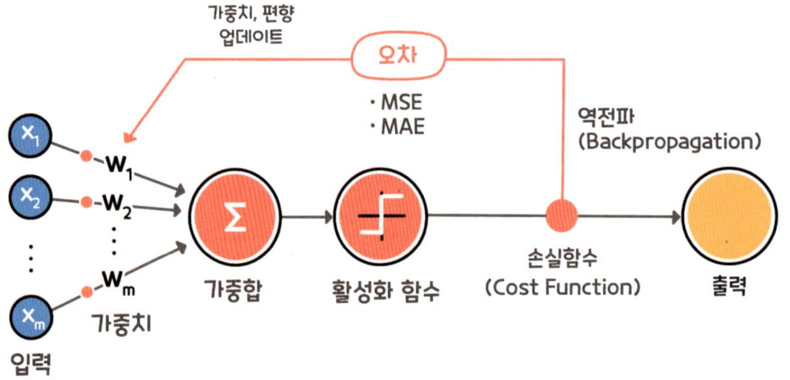

그림 9-4 **역전파 과정**

역전파는 1974년 폴 웨어보스(Paul Werbos)가 박사과정 논문에서 처음 제안했습니다. 하지만 당시에는 인공신경망에 대한 실망감이 만연해 그의 논문은 외면받았습니다. 이후 1986년, 제프리 힌턴(Geoffrey Hinton)이 또 다른 역전파 방법을 고안해 냅니다. 제프리 힌턴이 제안한 역전파가 XOR 연산 문제뿐만 아니라 더 복잡한 문제도 해결할 수 있음이 증명되자 인공신경망은 다시 사람들의 관심을 끌기 시작했습니다. 이후 인공신경망 연구는 큰 진전이 있었지만, 다음과 같은 이유로 긴 침체기에서 벗어나지는 못했습니다.

- 신경망의 깊이가 깊어질수록 원하는 결과를 얻을 수 없음
- 신경망 학습에 최적화된 하이퍼파라미터에 대한 이론적인 근거가 없음

신경망이 깊어질수록 학습력이 좋아져야 하는데 기대하는 결과가 나오지 않는 일이 지속적으로 발생한 것입니다. 즉, 역전파를 수행할 때 출력층에서 멀리 떨어진 층에서는 기울기가 급속히 작아지는 기울기 소멸(Vanishing Gradient) 문제와 기울기가 너무 커지는 기울기 발산(Exploding Gradient) 문제가 발생해 학습력이 떨어진 것입니다.

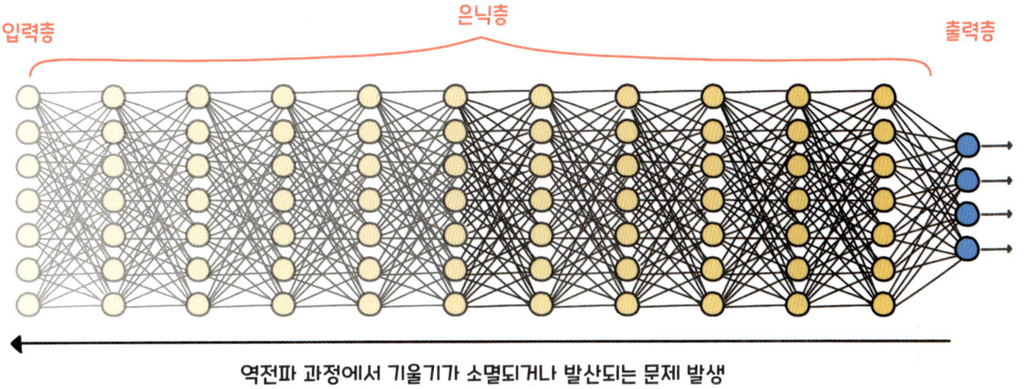

그림 9-5 기울기 소멸, 발산 문제

하나 더 알기 ✓ **오차 계산**

회귀모델에서 오차를 계산하는 방법으로는 MSE와 MAE가 많이 사용됩니다.

1. MSE(Mean Squared Error)

- 의미 : 예측값과 실제값의 차이인 오차들의 제곱에 대한 평균
- 수식 : $\frac{\Sigma(\text{예측값} - \text{실제값})^2}{n}$
- 장점 : 직관적이고 단순함
- 단점 : ① 오류를 제곱하기 때문에 1 미만의 오류는 더 작아지고 그 이상의 오류는 더 커지는 값의 왜곡이 발생
  ② 스케일에 의존적

2. MAE(Mean Absolute Error)

- 의미 : 예측값과 실제값의 차이인 오차들의 절댓값에 대한 평균
- 수식 : $\frac{\Sigma(|\text{예측값} - \text{실제값}|)}{n}$
- 장점 : 매우 직관적인 지표
- 단점 : 스케일에 의존적

하나 더 알기 ✓ **기울기 계산**

경사 하강법은 오류가 작아지는 방향으로 가중치(w)값을 보정하기 위해 사용합니다. 가중치값을 보정하는 방법은 그래프와 같이 전역 최소점인 접선의 기울기가 0이 되는 지점, 즉 미분값이 0인 점을 찾는 것입니다. 경사 하강법은 최초 가중치에서부터 미분을 적용한 뒤 이 미분값이 계속 감소하는 방향으로 순차적으로 가중치값을 업데이트합니다. 이후 업데이트가 끝나는 전역 최소점에서의 가중치값을 반환합니다.

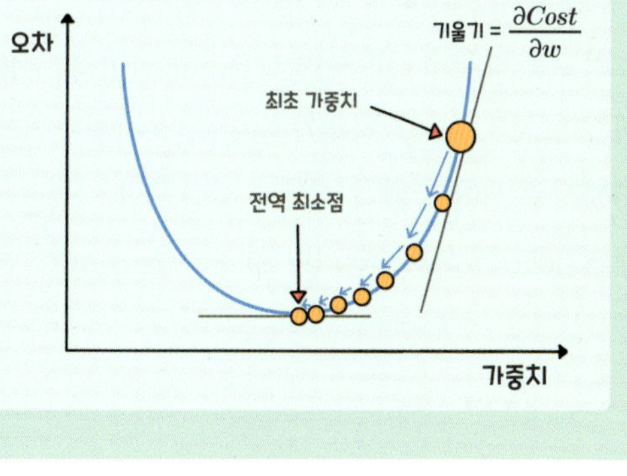

참고로, 손실함수에는 지역 최소점(Local Minimum)과 전역 최소점(Global Minimum)이 있는데, 지역 최소점은 함수 일부 구간의 최솟값이며, 전역 최소점은 전체 구간에서의 최솟값입니다.

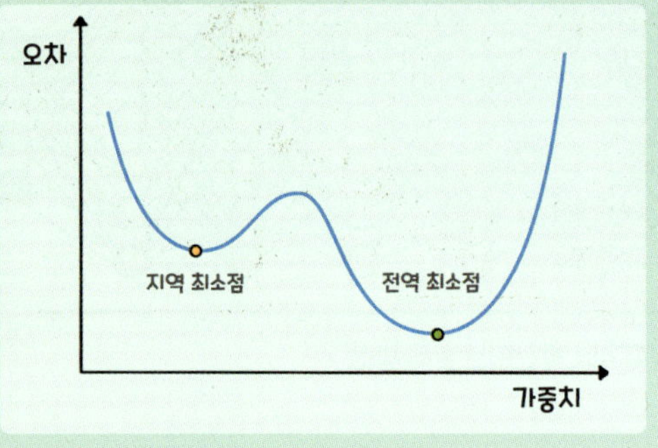

3 딥의 출현

길었던 침체기에도 불구하고 인공신경망에 대한 연구는 꾸준히 진행되었습니다. 2006년, 역전파를 고안했었던 제프리 힌턴 교수는「A fast learning algorithm for deep belief nets」라는 논문을 통해 가중치의 초기값을 제대로 설정하면 깊이가 깊은 신경망도 학습이 가능하다는 연구를 선보였습니다. 즉, 신경망을 학습시키기 전에 계층(예 입력층, 은닉층) 단위의 학습을 거쳐 더 나은 초기값을 얻는 방식인 사전훈련(Pre-training) 방식을 제안한 것입니다. 이어서 2007년에는 벤지오(Bengio) 팀이「Greedy layer-wise training of deep networks」라는 논문을 통해 오토인코더(Autoencoder)를 사용한 좀 더 간단한 사전훈련 방법을 제안했습니다. 이러한 모든 노력을 통해 깊이 있는 신경망에서도 학습이 가능하게 되었습니다.

사전훈련(Pre-training)이란 선행학습이라고도 부르며, 다층 퍼셉트론에서 가중치와 편향을 잘 초기화시키는 방법을 뜻합니다.

그리고 이때부터 인공신경망(Neural)이라는 용어 대신 '딥(Deep)'이라는 용어를 사용하기 시작했습니다. 길고 긴 침체기 동안 인공신경망이라는 용어만 들어가도 논문 채택이 거절당할 정도로 부정적 인식이 강했기 때문에 사람들의 이목을 끌 수 있는 새로운 단어가 필요했기 때문입니다. 그래서 2006년부터는 딥러닝(Deep Learning)이라는 용어가 사용되기 시작했습니다.

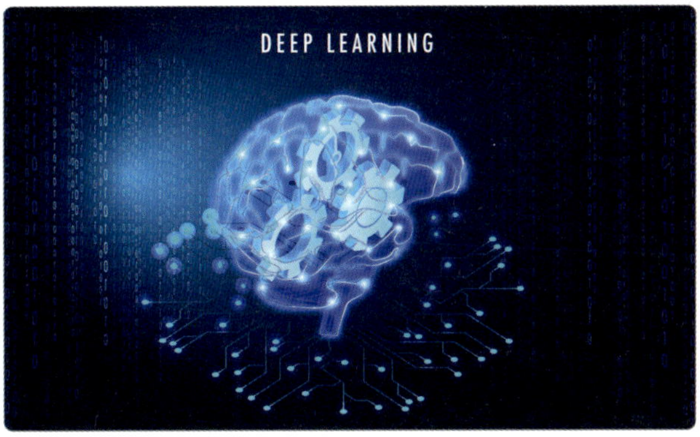

그림 9-6 딥러닝의 출현

하나 더 알기 ✓ **오토인코더**

오토인코더(Autoencoder)는 입력층과 출력층이 동일한 네트워크에 데이터를 입력하여 비지도학습을 하는 것입니다. 인코더(Encoder)를 통해 입력 데이터에 대한 특징을 추출하고, 디코더(Decoder)를 통해 원본 데이터를 재구성하는 학습을 합니다. 가중치의 좋은 초기값을 얻는 목적으로 이용됩니다. 인코더와 디코더가 중요한 이유는 데이터 압축 때문입니다. 영상 데이터처럼 의미 없는 부분이 많은 데이터는 중요한 부분만 추려낸 후에도, 그 데이터로 원본을 복원할 수 있어 오토인코더가 딥러닝에서 중요한 모델로 자리 잡고 있습니다.

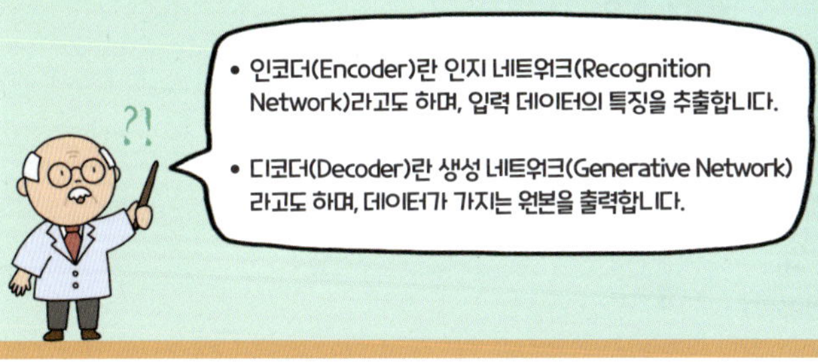

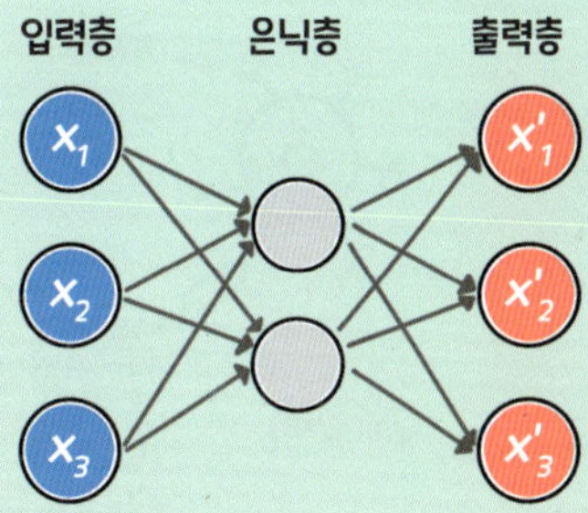

Section 02 딥러닝의 개요

1 인공신경망의 개념

딥러닝의 기원은 인공신경망입니다. 따라서 딥러닝을 학습하기에 앞서, 인공신경망에 대해 먼저 알아봅시다. 인간의 뇌에는 수많은 뉴런이 존재하고 그 뉴런들은 시냅스로 서로 연결되어 있는데, 이를 신경망(Neural Network)이라고 부릅니다. 인공신경망은 사람의 신경망 구조에서 착안해 만들어졌기 때문에 뉴런들의 연결, 즉 신경망을 인공적으로 흉내 낸 것이라고 이해하면 됩니다. 인간의 신경망을 이루는 기본 동작은 [그림 9-7]과 같습니다.

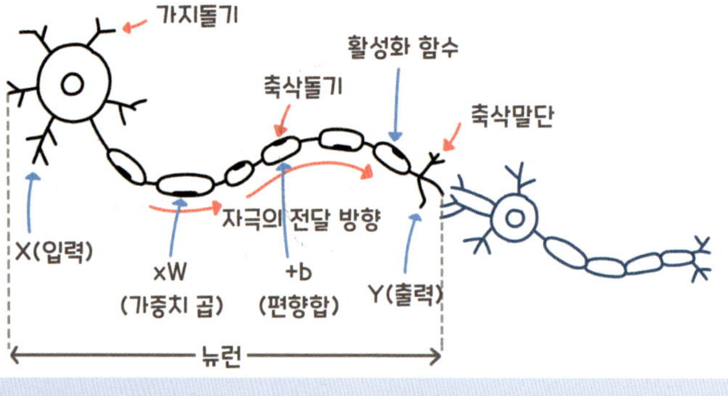

① 가지돌기에서 신호를 받아들임
② 신호가 축삭돌기를 지나 축삭말단으로 전달됨
③ 축삭돌기를 지나는 동안 신호가 약해져서 축삭말단까지 전달되지 않거나 강하게 전달되기도 함
④ 축삭말단까지 전달된 신호는 다음 뉴런의 가지돌기로 전달됨
⑤ 수억 개의 뉴런 조합을 통해 손가락을 움직이거나 물체를 판별하는 등 다양한 조작과 판단 수행 가능

그림 9-7 인간의 신경망 동작 과정

즉, 인공신경망(ANN, Artificial Neural Network)이란 인간의 신경망을 흉내 낸 머신러닝 기법이라고 할 수 있습니다. 가지돌기가 인공신경망의 입력층에, 축삭말단이 인공신경망의 출력층에 해당되며, 축삭말단에 이르기까지 신호의 크기는 인공신경망에서 가중치에 해당됩니다. 이것을 그림으로 표현하면 [그림 9-8]과 같습니다.

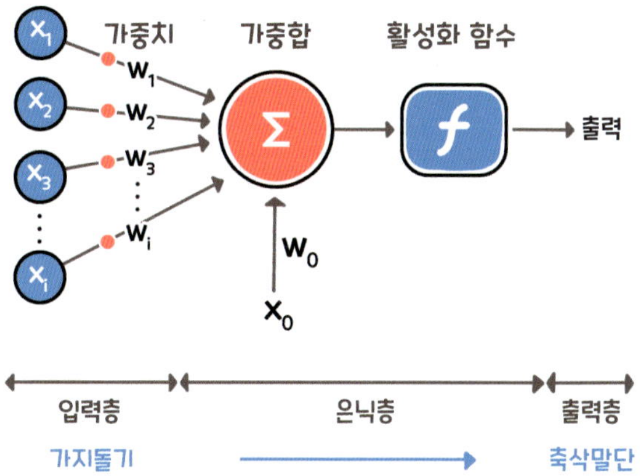

인공신경망	인간의 뇌
Σ	뉴런
→	전기·화학적 신호가 흐르는 방향
가중치	신호의 크기

그림 9-8 인공신경망과 인간의 뇌

이러한 개념을 기반으로 딥러닝에 대해 자세히 살펴봅시다.

2 딥러닝의 개념

딥러닝(Deep Learning)이란 여러 층(특히 은닉층이 여러 개)을 가진 인공신경망을 사용하여 머신러닝 학습을 수행하는 것으로, 심층학습이라고도 합니다. [그림 9-9]는 앞서 이야기한 인공신경망 구조를 좀 더 구체화한 것입니다.

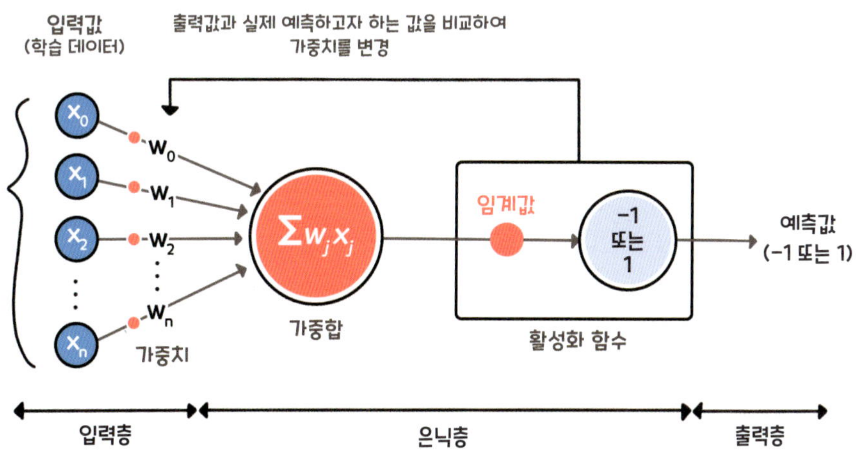

그림 9-9 인공신경망의 구조

딥러닝을 이루는 입력층, 은닉층, 출력층과 그 외 가중치, 편향의 개념은 [표 9-1]과 같습니다.

표 9-1 딥러닝 용어 설명

구분	설명
입력층	학습하고자 하는 데이터를 입력받음
은닉층	모든 입력 노드로부터 입력값을 받아 가중합을 계산하고, 이 값을 활성화 함수에 적용하여 출력층에 전달
출력층	최종 결과 출력
가중치	입력 신호가 출력에 미치는 영향을 조절하는 매개변수로, 입력값의 중요도를 결정
편향	가중합에 더하는 상수로, 하나의 뉴런에서 활성화 함수를 거쳐 최종적으로 출력되는 값을 조절

[표 9-1]의 용어는 상당히 직관적이므로 이해가 어렵지 않습니다. 하지만 가중합과 활성화 함수는 개념이 좀 더 복잡하므로 자세히 설명하겠습니다.

가중합

가중합(Weighted Sum)이란 입력값과 가중치를 곱한 뒤 편향(Bias)을 더한 값을 말합니다. [그림 9-10]을 예로 들어 하나의 노드에 대한 가중합을 구해 봅시다.

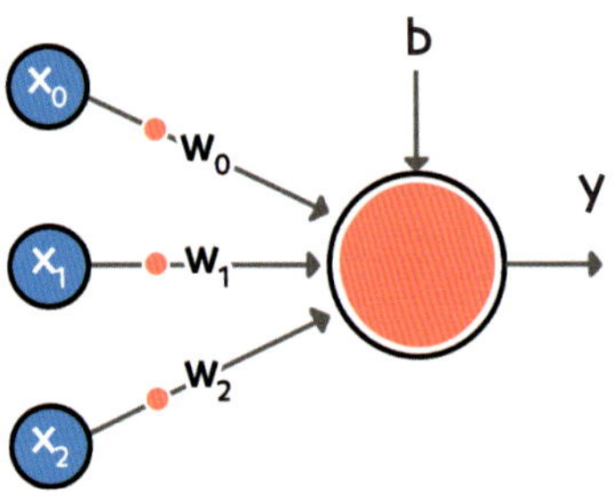

- 원 : 노드
- 화살표 : 신호의 흐름
- x_n : 외부에서 들어오는 신호(Input)
- w_n : 신호를 연결하는 가중치(Weight)
- b : 출력값을 조절하는 편향(Bias)
- y : 외부로 나가는 신호(Output)

그림 9-10 하나의 노드에 대한 가중합

[그림 9-10]에 대한 가중합은 다음과 같습니다.

- 가중합(y) = $(x_0 \times w_0) + (x_1 \times w_1) + (x_2 \times w_2) + b$

활성화 함수

활성화 함수(Activation Function)는 인공신경망에서 각 뉴런이 입력을 받아 출력을 계산하는 함수입니다. 활성화 함수를 사용하는 이유는 두 가지입니다.

첫째, 출력값을 0~1 사이의 값으로 반환해야 하는 경우에 사용합니다. 이진 분류 문제 등이 여기에 해당합니다. 둘째, 비선형을 위해 사용합니다. 만약 가중치(w)와 편향(b)을 구하는 과정이 모두 선형의 수식들만 거친다면 무슨 일이 일어날까요? 어떤 복잡한 과정을 거쳐도 [$y=w^Tx+b$]라는 단순한 형식을 벗어날 수 없어 선형 구조만 유지됩니다. 예를 들어, 선형함수인 [f(x)=w×x] 식이 있다고 가정해 봅시다. 이때 은닉층을 2개 사용한다면, 식은 [f(f(f(x)))=w×w×w×x=kx]로 단순하게 변형됩니다. 은닉층을 20개 사용한다고 해도 동일한 결과가 나옵니다. 즉, 선형함수로는 은닉층을 여러 개 추가해도 은닉층을 1개 추가한 것과 차이가 없기 때문에 정확한 결과를 위해서는 비선형 함수, 즉 활성화 함수가 필요합니다.

하나 더 알기 ✓ **선형과 비선형**

선형(Linear)이란 의미는 그림 (a)처럼 그래프가 직선(line)의 모양을 취하는 것을 말합니다. 즉, 1차 함수의 그래프 모양을 유지하는 것입니다. 그렇다면 비선형(Non-linear)은 무엇을 뜻할까요? 말 그대로 직선이 아닌 것을 뜻합니다. 그림 (b)와 같이 그래프에서 곡선 모양을 취하는 것을 비선형이라고 합니다.

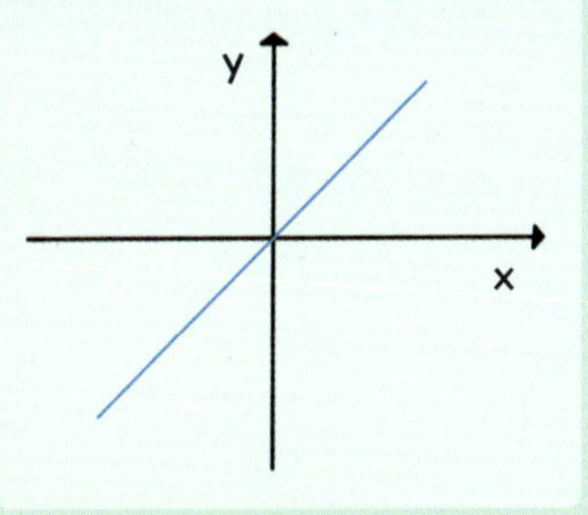

(a) [선형]

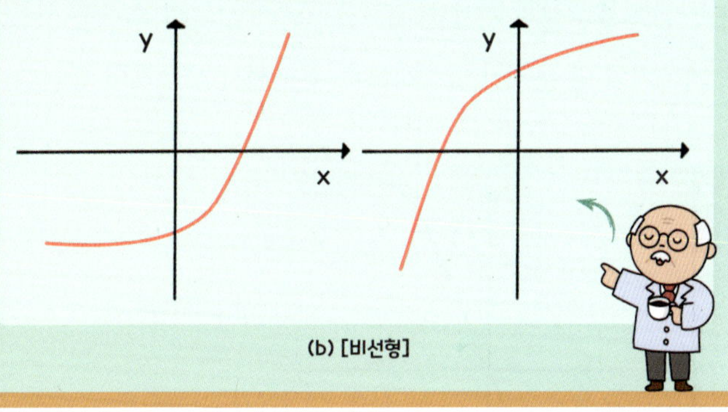

(b) [비선형]

그렇다면, 활성화 함수의 유형으로는 어떤 것들이 있는지 알아봅시다.

■ 시그모이드 함수

시그모이드(Sigmoid) 함수는 x값의 변화에 따라 0에서 1까지의 값을 출력하는 S자형 함수로, 로지스틱 함수라고도 부릅니다. 시그모이드 함수를 사용하는 대표적인 예가 이진 분류 문제입니다. 출력층 노드가 한 개이고, 그 한 개의 노드에서 0~1의 값을 반환합니다. 시그모이드 함수는 과거에 인기가 많았지만, 딥러닝 모델의 깊이가 깊어질수록 기울기가 사라지는 기울기 소멸 문제가 발생해 현재 딥러닝 모델에는 추천하지 않습니다.

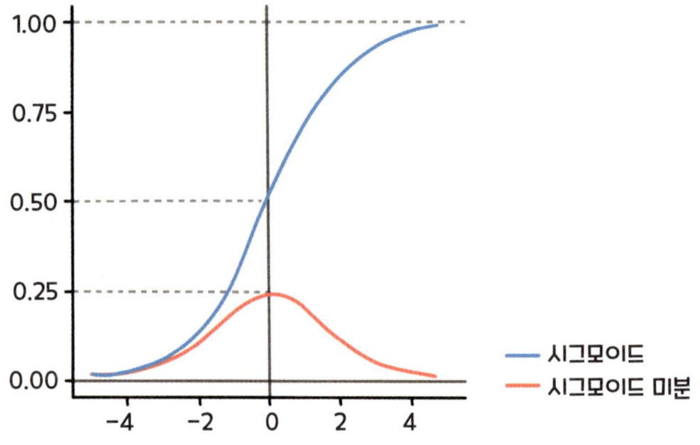

그림 9-11 시그모이드 함수

■ 하이퍼볼릭 탄젠트 함수

하이퍼볼릭 탄젠트(Hyperbolic Tangent) 함수는 시그모이드 함수와 유사하지만, -1~1의 값을 가지면서 데이터의 평균이 0이라는 점이 다릅니다. 데이터의 평균이 0이라는 점만 다를 뿐이지만 거의 모든 측면에서 시그모이드 함수보다 성능이 우수합니다. 하지만 하이퍼볼릭 탄젠트 함수에서도 기울기 소멸 문제가 발생하므로 주의해서 사용해야 합니다.

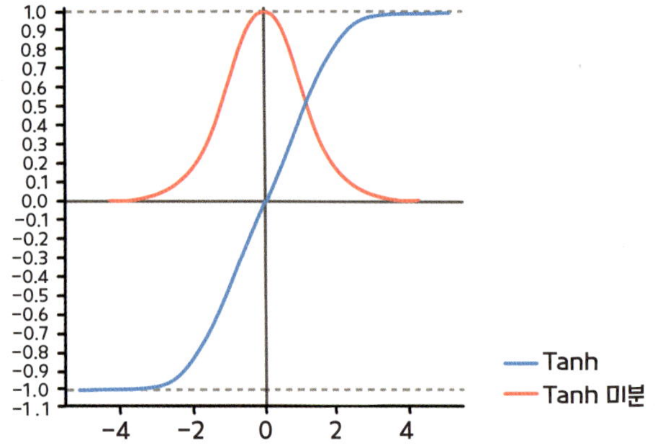

그림 9-12 하이퍼볼릭 탄젠트 함수

■ 렐루 함수

렐루(ReLU) 함수는 x가 음의 값을 가지면 0을 출력하고, 양의 값을 가지면 x를 그대로 출력합니다. 함수 형태도 max(0,x)로 계산이 간단하여 학습 속도가 매우 빠릅니다. 또한, 기울기가 1이므로 기울기 소멸 문제도 해결됩니다. 하지만 렐루 함수 역시 문제점을 가지고 있는데, 입력값이 음수이면 기울기가 0이 된다는 점입니다. 기울기가 0인 뉴런은 사용이 불가능한 상태가 되는데, 이 문제를 '죽은 렐루(Dying ReLU)'라고 부릅니다.

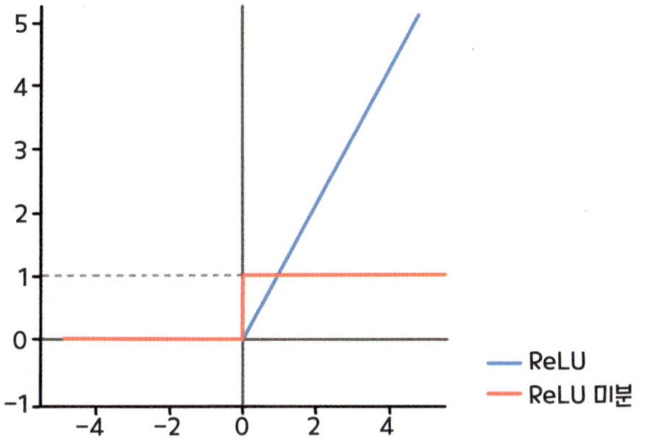

그림 9-13 렐루 함수

■ 리키렐루 함수

리키렐루(LeakyReLU) 함수는 렐루 함수와 거의 유사하지만 차이점은 가중치 곱의 합이 0보다 작을 때의 값도 고려한다는 점입니다. 이 함수는 렐루 함수의 '죽은 렐루' 현상을 보완합니다.

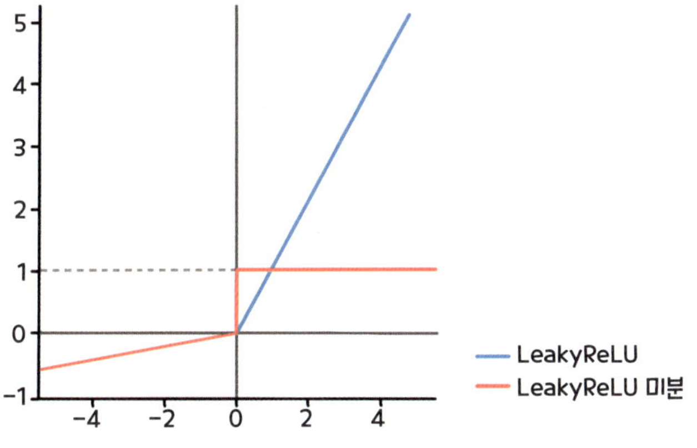

그림 9-14 리키렐루 함수

■ 소프트맥스 함수

소프트맥스(SoftMax) 함수는 입력받은 값이 0~1 사이의 값으로 출력되도록 정규화하여 출력의 총합이 1이 되는 특성을 갖는 함수입니다. 딥러닝에서 출력층의 활성화 함수로 많이 사용됩니다.

그림 9-15 소프트맥스 함수

정규화(Normalization)는 데이터의 범위를 사용자가 원하는 범위로 제한하는 것입니다. 예를 들어, 이미지 데이터의 경우 0~255 사이의 값을 갖는데, 이를 255로 나누면 0~1.0 사이의 값을 갖게 됩니다.

3 딥러닝 학습

딥러닝은 순전파, 손실함수, 옵티마이저, 역전파 과정을 거치면서 학습합니다.

순전파

네트워크(신경망)를 구성하기 위해서는 먼저 은닉층의 수와 각 은닉층의 뉴런 수, 활성화 함수, 손실함수 등과 같은 하이퍼파라미터를 결정해야 합니다. 네트워크가 구성된 이후에는 입력값이 은닉층을 지나면서 곱해진 가중치값의 결과가 출력층으로 향합니다. 출력층에서는 모든 연산을 마친 예측값이 출력됩니다. 즉, 입력층에서 출력층 방향으로 연산이 진행되면서 최종 출력값(예측값)이 도출되는 과정을 순전파(Forward Propagation)라고 합니다.

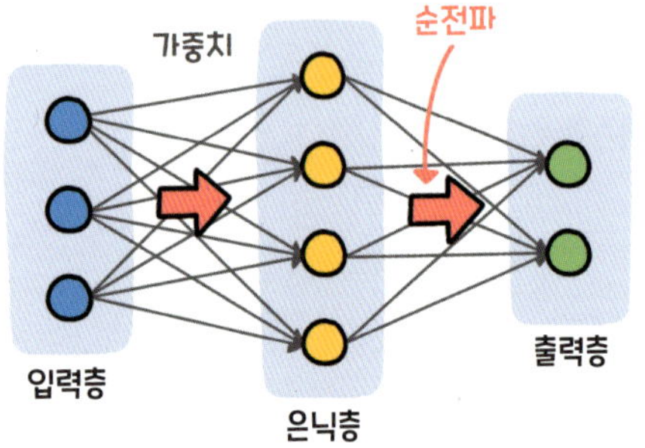

그림 9-16 순전파

손실함수

손실함수(Loss Function)는 예측값과 실제값의 차이를 구하는 함수입니다. 이 두 값의 차이가 클수록 손실함수의 값은 커지고, 차이가 작을수록 손실함수의 값도 작아집니다. 회귀에서는 평균제곱오차(MSE, Mean Squared Error), 분류 문제에서는 크로스 엔트로피(Cross Entropy)를 손실함수로 많이 사용합니다. 손실함수가 중요한 이유는 딥러닝의 학습 과정에서 손실함수의 값이 최소가 되는 두 개의 매개변수인 가중치(w)와 편향(b)을 찾을 수 있기 때문입니다.

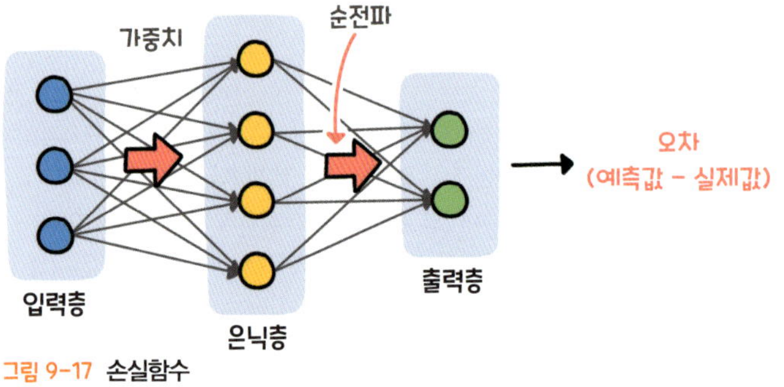

그림 9-17 손실함수

옵티마이저

손실함수의 값을 줄여나가면서 학습하는 딥러닝은 어떤 옵티마이저를 사용하느냐에 따라 성능이 달라집니다. 옵티마이저(Optimizer)란 딥러닝에서 학습 속도를 빠르고 안정적이게 만드는 것을 뜻합니다. 배치(Batch)라는 개념을 함께 이해하면 좋은데, 가중치 등 매개변수의 값을 조정하기 위해 사용하는 데이터의 양을 뜻합니다. 전체 데이터(전체 배치)를 가지고 매개변수(가중치, 편향)의 값을 조정할 수 있고, 정해진 양의 데이터(미니 배치)만 가지고 매개변수의 값을 조정할 수도 있습니다. 일반적으로 전체 데이터를 한 번에 학습하게 되면 계산량이 많아질 뿐만 아니라 속도도 느려질 수 있기 때문에 미니 배치를 이용한 학습을 합니다.

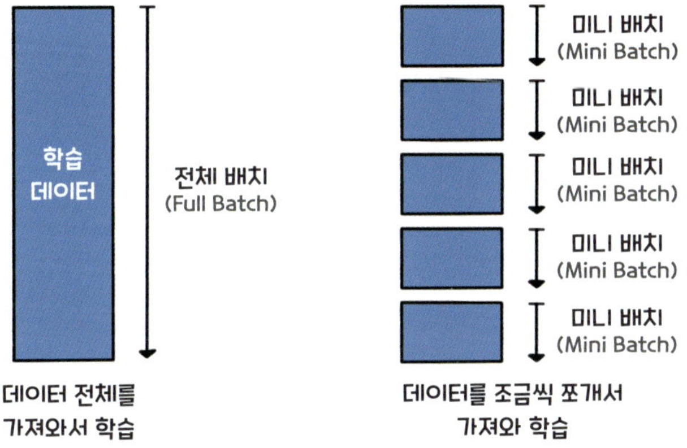

그림 9-18 옵티마이저

역전파

역전파는 앞에서 학습했으므로 개념만 확인하고 넘어가겠습니다. 역전파(Backpropagation)는 오차(예측값과 실제값의 차이)를 역방향으로 전파시키면서(출력층 → 은닉층 → 입력층) 가중치를 업데이트하는 것입니다.

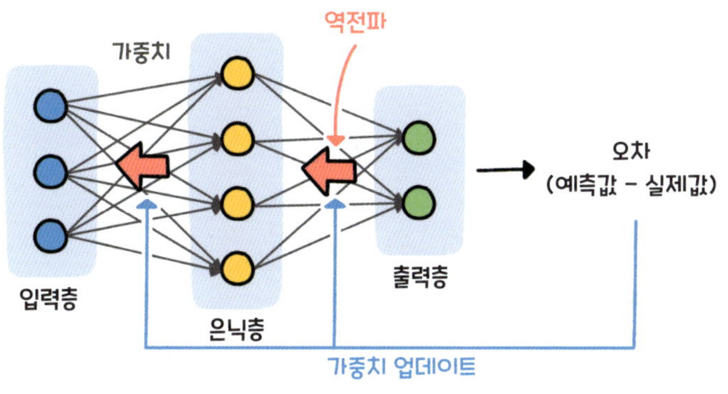

그림 9-19 역전파

역전파는 경사 하강법을 이용해 오차를 줄이는 방향으로 가중치를 수정합니다. 가중치를 수정할 때에는 순전파에서 계산한 결과 $y=f(x)$의 편미분값을 오차에 곱해 출력층 → 은닉층 → 입력층 순서로 전달합니다. 이때 편미분을 사용하는 이유는 많은 노드들에 부여되는 모든 가중치값을 전부 고려하지 않고 계산하려는 노드와 연결된 가중치값만을 고려할 수 있기 때문입니다.

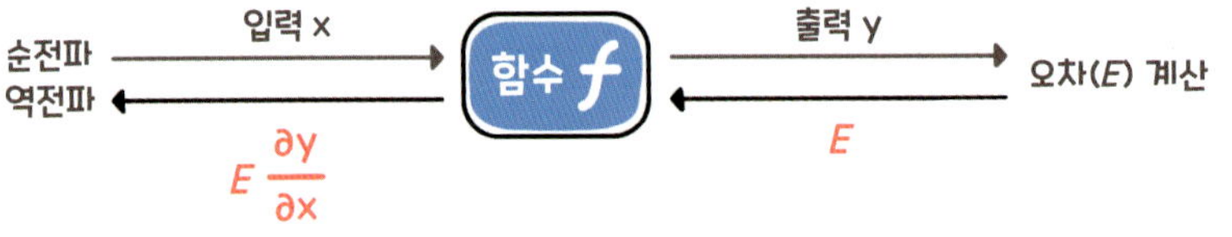

그림 9-20 가중치 수정 방법

Section 03

딥러닝의 유형

1 심층 순방향 신경망(DFN)

심층 순방향 신경망(Deep Feedforward Network, 이하 DFN)은 심층신경망이라고도 부르며, 딥러닝에서 가장 기본으로 사용하는 인공신경망입니다. [그림 9-21]에서도 볼 수 있듯이, DFN은 입력층, 은닉층, 출력층으로 이루어져 있습니다. 이때 중요한 것은 은닉층이 2개 이상이어야 한다는 점입니다. 순방향(Feedforward)이라고 부르는 이유는 데이터가 입력층, 은닉층, 출력층의 순서로 전파되기 때문입니다.

하지만 DFN은 가장 일반적인 딥러닝의 형태임에도 치명적인 단점을 가지고 있습니다. DFN의 은닉층이 수십 개에서 수백 개라고 할 때, 입력 데이터가 시간 순서에 따른 종속성을 가질 경우 시계열 데이터 처리에 한계가 있습니다. 그래서 이러한 문제점을 해결하기 위해 제안된 것이 순환 신경망입니다.

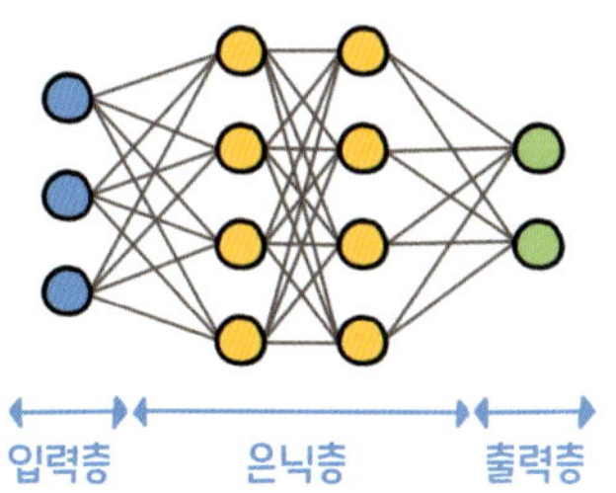

그림 9-21 심층 순방향 신경망의 구조

2 순환 신경망(RNN)

순환 신경망(Recurrent Neural Network, 이하 RNN)은 시계열 데이터와 같이 시간적으로 연속성이 있는 데이터를 처리하기 위해 고안된 인공신경망입니다. 그렇다면 어떤 데이터를 시계열 데이터라고 할까요? 시계열 데이터는 일정한 시간 동안 관측되고 수집된 데이터를 의미합니다. [그림 9-22]와 같은 주식 데이터나 제조 공정에서 수많은 센서로부터 수집되는 데이터가 대표적입니다.

그림 9-22 **시계열 데이터의 예 : 주식 데이터**

시계열 데이터가 딥러닝 신경망의 입력값으로 사용될 때는 데이터의 특성상 앞에 입력된 데이터(이전 시간의 데이터)가 뒤에 입력된 데이터에 영향을 미칩니다. 그래서 입력된 데이터를 단순히 입력층, 은닉층, 출력층의 순서로 전파하기만 하는 DFN으로는 시계열 데이터를 정확히 예측할 수 없습니다.

그렇다면 RNN 구조는 DFN과 어떻게 다를까요? RNN은 [그림 9-23]과 같이 은닉층의 각 뉴런에 순환(recurrent) 구조를 추가하여 이전에 입력된 데이터가 현재 데이터를 예측할 때 다시 사용될 수 있도록 하였습니다. 따라서 현재 데이터를 분석할 때 과거 데이터를 함께 고려하여 정확한 데이터 예측이 가능합니다.

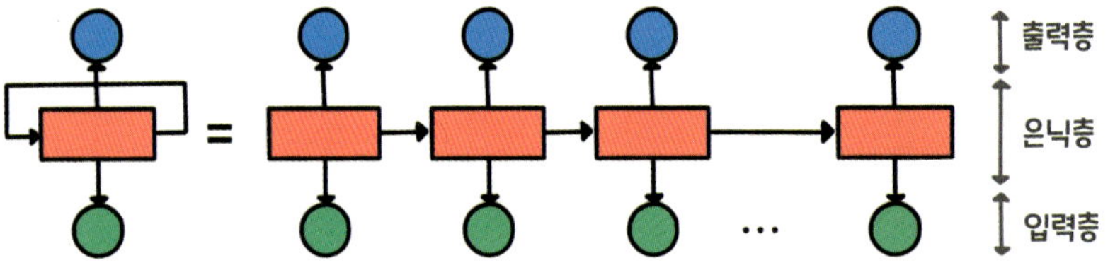

그림 9-23 **순환 신경망 구조**

하지만 RNN 역시 신경망 층이 깊어질수록(은닉층 수가 많을수록) 먼 과거의 데이터가 현재에 영향을 미치지 못하는 문제가 발생합니다. 이를 '장기 의존성(Long-Term Dependency)' 문제라고 하며, 이를 해결하기 위해 제안된 것이 LSTM입니다.

3 LSTM

LSTM(Long Short-Term Memory)은 RNN과는 다르게 신경망 내에 메모리를 두어 먼 과거의 데이터도 저장할 수 있도록 하였습니다. 또한 입·출력을 제어하기 위한 소자(논리적인 장치)를 두었는데, 이것을 게이트(Gate)라고 합니다. 게이트는 [그림 9-24]와 같이 입력 게이트, 출력 게이트, 망각 게이트가 있습니다.

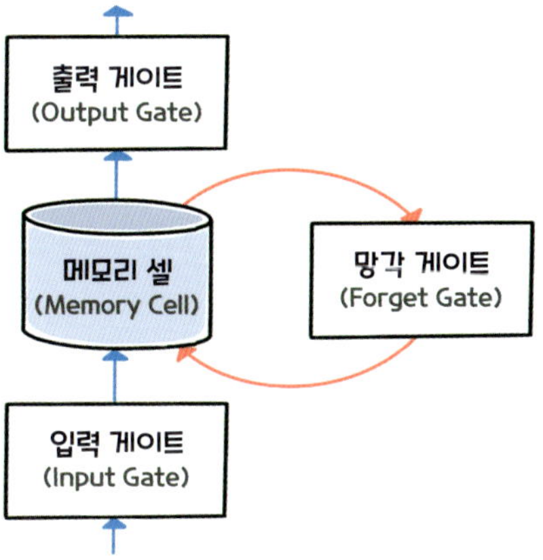

그림 9-24 LSTM

LSTM에서 각 게이트의 역할은 다음과 같습니다.

- **입력 게이트 :** 현재의 정보를 기억하기 위한 소자입니다. 과거와 현재 데이터가 시그모이드 함수와 하이퍼볼릭 탄젠트 함수를 거치면서 현재 정보에 대한 보존량을 결정합니다.
- **망각 게이트 :** 과거의 정보를 어느 정도까지 기억할지 결정하는 소자입니다. 과거와 현재 데이터가 시그모이드 함수를 거쳐 나온 값을 과거의 정보와 곱합니다. 따라서 시그모이드 함수의 출력이 0일 경우 과거의 정보는 완전히 잊혀지고, 1일 경우에는 과거의 정보가 온전히 보존됩니다.
- **출력 게이트 :** 출력층으로 출력할 정보의 양을 결정하는 소자입니다.

현재까지 제안된 RNN 기반의 응용 서비스들은 대부분 LSTM을 이용하여 구현되었습니다.

4 합성곱 신경망(CNN)

합성곱 신경망(Convolutional Neural Network, 이하 CNN)은 인간의 시각 처리 방식을 모방한 신경망입니다. 이미지 처리가 가능하도록 합성곱(Convolution) 연산을 도입하였습니다. 2016년에 공개된 알파고에도 CNN 기반의 딥러닝 모델이 이용되었을 정도로 CNN은 인공신경망 중에서도 가장 발전된 형태입니다. [그림 9-25]는 CNN을 이용하여 이미지에서 객체(사람, 자동차)를 인식하는 장면입니다.

그림 9-25 이미지 인식

그렇다면 CNN에서 이미지 처리는 어떤 방식으로 진행될까요? CNN은 [그림 9-26]과 같이 합성곱층, 풀링층, 완전연결층으로 구성되어 있습니다.

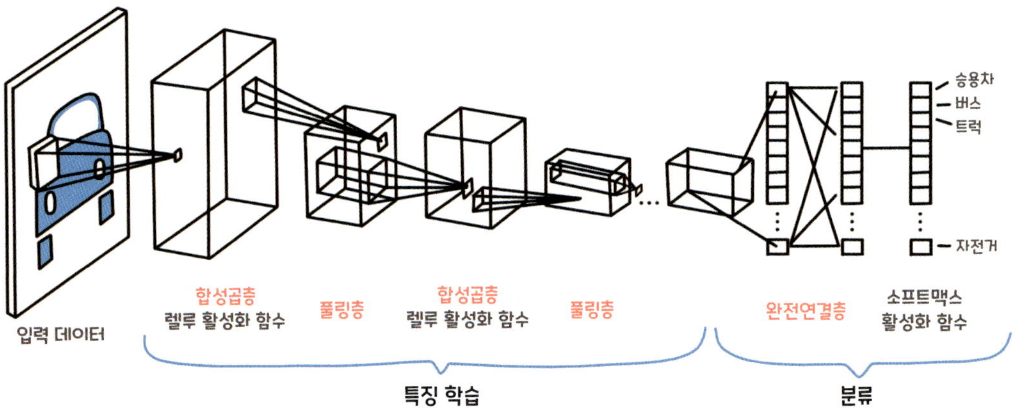

그림 9-26 합성곱 신경망 구조

■ 합성곱층

합성곱층(Convolutional Layer)의 역할은 이미지를 분류하는 데 필요한 특징(Feature) 정보들을 추출하는 것입니다. 그렇다면 특징 정보는 어떻게 추출할 수 있을까요? 바로 필터를 이용하면 됩니다. 필터(Filter)란 이미지의 특징을 찾아내기 위한 파라미터이며, 커널(Kernel)이라고도 부릅니다. 필터는 하나 이상 사용할 수 있으며, 필터를 여러 개 사용하면 한 번에 여러 특징을 추출할 수 있습니다. 합성곱층에 필터가 적용되면 [그림 9-27]과 같이 이미지의 특징들이 추출된 '특성 맵'이라는 결과를 얻을 수 있습니다.

그림 9-27 필터가 적용된 합성곱층

■ 풀링층

풀링층(Pooling Layer)은 합성곱층의 출력 데이터(특성 맵)를 입력으로 받아서 출력 데이터인 활성화 맵(Activation Map)의 크기를 줄이거나 특정 데이터를 강조하는 용도로 사용됩니다. 풀링층을 처리하는 방법으로는 최대 풀링(Max Pooling)과 평균 풀링(Average Pooling), 최소 풀링(Min Pooling)이 있습니다. [그림 9-28]과 같이 정사각 행렬의 특정 영역에서 최댓값을 찾거나 평균값을 구하는 방식으로 동작합니다.

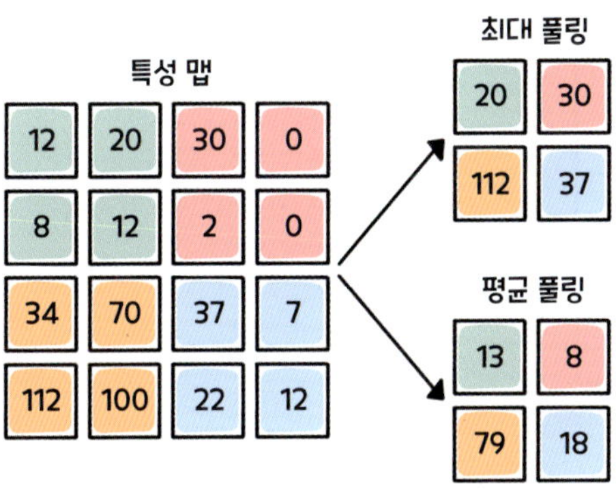

그림 9-28 풀링층 처리 방법

■ 완전연결층

완전연결층(Fully-connected Layer)은 합성곱층과 풀링층으로 추출한 특징을 분류하는 역할을 합니다. CNN은 합성곱층에서 특징만 학습하기 때문에 DFN이나 RNN에 비해 학습해야 하는 가중치의 수가 적어 학습 및 예측이 빠르다는 장점이 있습니다. 최근에는 CNN의 강력한 예측 성능과 계산상의 효율성을 바탕으로 이미지뿐만 아니라 시계열 데이터에도 적용해 보는 연구가 활발히 진행되고 있습니다.

지금까지 배운 CNN을 정리하면 다음과 같습니다. 일반적인 인공신경망 모델은 완전연결층으로 이루어져 있습니다. 문제는 완전연결층 특성상 1차원 데이터만 입력으로 받는다는 것입니다. 컬러 사진 데이터는 3차원 데이터이므로, 3차원 데이터를 완전연결층으로 구성된 신경망으로 학습시키려면 3차원의 데이터를 1차원으로 평면화시켜야 합니다. 이때 이미지에 대한 공간 정보가 유실되어 특징을 잘 추출하지 못하면 학습에 비효율적일 수 있는데, CNN은 이러한 문제를 해결할 수 있는 모델입니다.

5 워드 임베딩

워드 임베딩(Word Embedding)은 단어를 벡터로 표현하는 방법입니다. 즉, 기계가 사람의 언어를 이해할 수 있도록 변환해 준다고 이해하면 됩니다. 대표적인 방법들을 한번 살펴보겠습니다.

원-핫 인코딩

원-핫 인코딩(One-hot Encoding)은 N개의 단어를 각각 N차원의 벡터로 표현하는 방식입니다. 단어가 포함되는 자리에는 1을 넣고 나머지 자리에는 0을 넣는 식이며, 다음과 같이 표현됩니다.

color
red
green
blue
red

color_red	color_blue	color_green
1	0	0
0	0	1
0	1	0
1	0	0

그림 9-29 **원-핫 인코딩**

워드투벡터

워드투벡터(Word2Vec)는 비슷한 콘텍스트(context)에 등장하는 단어들은 유사한 의미를 지닌다는 이론에 기반하여 단어를 벡터로 표현해 주는 기법입니다. '주변 단어를 알면 특정 단어를 유추할 수 있다'라는 원리를 기반으로 한 것으로, 대표적인 모델로는 CBOW(Continuous Bag-Of-Words)와 Skip-gram이 있습니다.

- CBOW : 전체 콘텍스트로부터 특정 단어를 예측하는 것
  예 철수는 [ ]를 구매했다.
- Skip-gram : 특정 단어로부터 전체 콘텍스트의 분포(확률)를 예측하는 것
  예 [ ] 도서 [ ]

TF-IDF

TF-IDF는 단어마다 가중치를 부여하여 단어를 벡터로 변환하는 방법입니다. 여기서 사용되는 TF-IDF의 의미는 다음과 같습니다.

- TF(Term Frequency) : 특정 문서에서 특정 단어가 등장하는 횟수
  예 '딥러닝'이라는 단어가 문서에서 3번 등장하면 TF는 3이 됨
- DF(Document Frequency) : 특정 단어가 등장한 문서의 수
  예 '딥러닝'이라는 단어가 문서1과 문서2에서 언급되었다면 DF는 2가 됨
- IDF(Inverse Document Frequency) : DF에 반비례하는 수

TF-IDF의 경우, '은', '는', '이', '가'와 같은 조사는 등장 빈도수가 높기 때문에 IDF는 작은 값을 갖게 됩니다. 따라서 조사의 가중치는 낮습니다. 즉, TF-IDF를 통해 단어에 대한 중요도를 알 수 있습니다.

Fasttext

Fasttext는 페이스북에서 개발한 워드 임베딩 방법입니다. Fasttext는 단어를 벡터로 변환하기 위해 부분 단어(Sub Words)라는 개념을 도입하였습니다. 부분 단어를 이해하기 위해서는 N-gram을 먼저 이해해야 합니다. N-gram은 문자열에서 N개의 연속된 요소를 추출하는 방법입니다. 예를 들어, 'Best books about AI'를 3-grams(트라이그램(Trigram))를 이용하여 부분 단어로 표현하면 다음과 같습니다.

```
"Best books about AI" → " Best books about", " books about AI"
```

부분 단어를 사용하면 워드투벡터에서 문제가 되는 '모르는 단어(Out of Vocabulary)' 문제를 해결할 수 있기 때문에 임베딩에서 많이 사용되는 모델 중 하나입니다.

워드 임베딩 관련해서 짧게 살펴봤습니다. 임베딩 관련해서는 GloVe, Elmo등 다양한 모델이 있으며 성능이 우수하기 때문에 많이 사용되고 있습니다.

모르는 단어(Out of Vocabulary) 문제란 입력 단어(혹은 문장)가 데이터베이스에 없어서 처리를 못하는 문제를 뜻합니다.

6 적대적 생성 신경망(GAN)

적대적 생성 신경망(Generative Adversarial Network, 이하 GAN)은 두 개의 신경망 모델이 서로 경쟁하면서 더 나은 결과를 만들어 내는 강화학습입니다. 특히 이미지 생성 분야에서 뛰어난 성능을 보이고 있습니다. 화가 반 고흐의 화풍을 모방하여 새로운 그림을 그리는 등 놀라운 결과물들을 보여주고 있는데, 특히 2018년에는 GAN이 생성한 그림이 크리스티 미술품 경매에서 43만 달러에 낙찰되기도 했습니다.

그렇다면 GAN은 어떤 방식으로 학습할까요? GAN은 기존의 인공신경망과는 다르게 두 개의 인공신경망이 서로 경쟁하며 학습을 진행합니다. 이를 생성 모델(Generator Model)과 판별 모델(Discriminator Model)이라고 하며, 각각은 서로 다른 목적을 가지고 학습합니다. 생성 모델은 주어진 데이터와 최대한 유사한 가짜 데이터를 생성하고, 판별 모델은 진짜 데이터와 가짜 데이터 중 어떤 것이 진짜 데이터인지를 판별합니다.

GAN의 동작 방식은 [그림 9-30]의 위조지폐범 판별 문제로 쉽게 이해할 수 있습니다. 위조지폐범은 판별 모델을 속이기 위한 진짜 같은 위조지폐를 만들고, 판별 모델은 위조지폐범이 만든 위조지폐를 찾아내기 위해 서로 경쟁적으로 학습을 합니다. 이 과정을 통해 두 모델의 성능은 꾸준히 향상됩니다.

그림 9-30 적대적 생성 신경망 학습 과정

LAB AI로 프레젠테이션을 만든다! : 감마

하나의 주제로 프레젠테이션을 작성하기 위해서는 자료 수집, 연관된 이미지 수집, 콘텐츠 작성 등 많은 시간과 에너지를 투자해야 합니다. 하지만 인공지능이 초안을 작성해 준다면 얼마나 편리할까요? 이번 〈LAB〉에서는 인공지능을 이용하여 프레젠테이션 작업을 하는 방법을 실습해 봅니다.

실습

01 https://gamma.app/에 접속하여 감마(Gamma) 웹사이트가 열리면 [Sign up for free]를 클릭합니다.

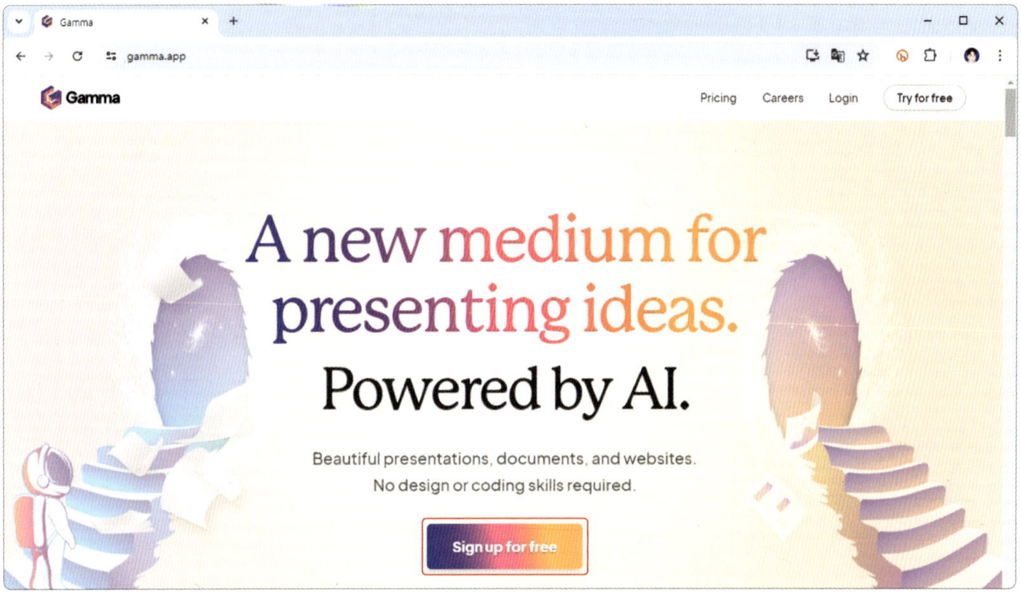

02 가입(Sign up) 화면이 열리면 [Continue with Google]을 클릭하여 인증을 진행합니다.

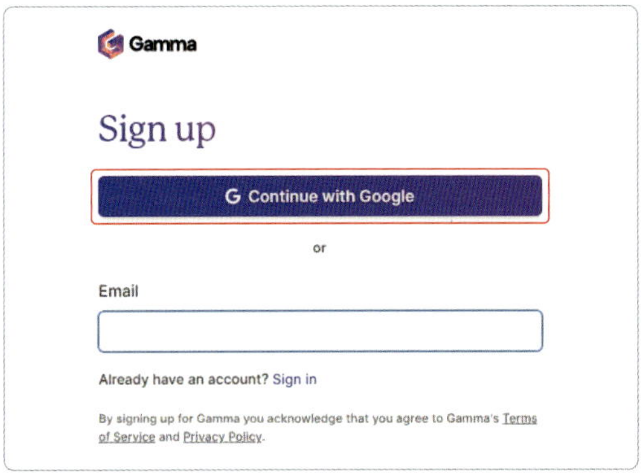

03 새로 생성된 작업 창의 상단 메뉴 중 [새로 만들기]를 클릭합니다.

04 'AI로 만들기' 화면이 열리면 [생성]을 클릭합니다.

05 '생성' 화면이 열리면 입력 박스에 프레젠테이션으로 생성하고 싶은 주제를 입력하고, [개요 생성]을 클릭합니다. 이번 실습에서는 '등산의 유용함을 설명하는 프레젠테이션'이란 주제를 입력합니다.

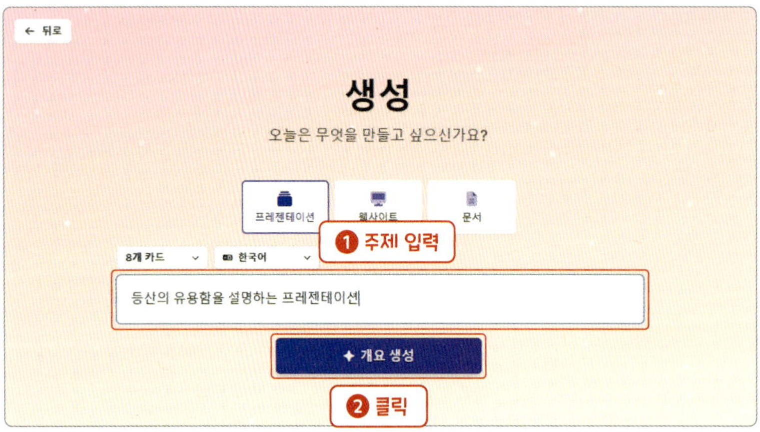

06 다음과 같이 프레젠테이션 주제에 맞는 개요가 생성됩니다. [계속]을 클릭합니다.

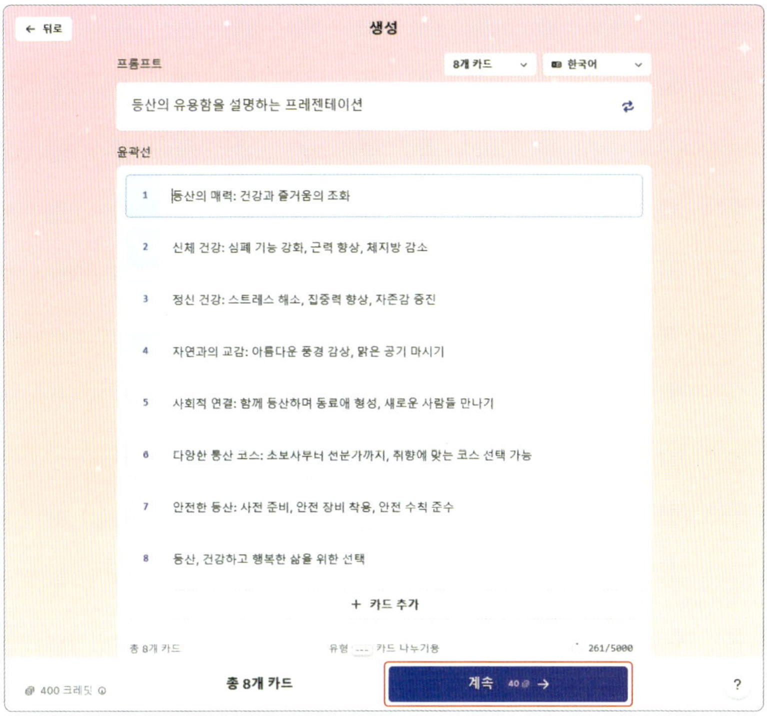

07 '테마 선택' 창에서 원하는 테마를 선택하고 [생성]을 클릭합니다.

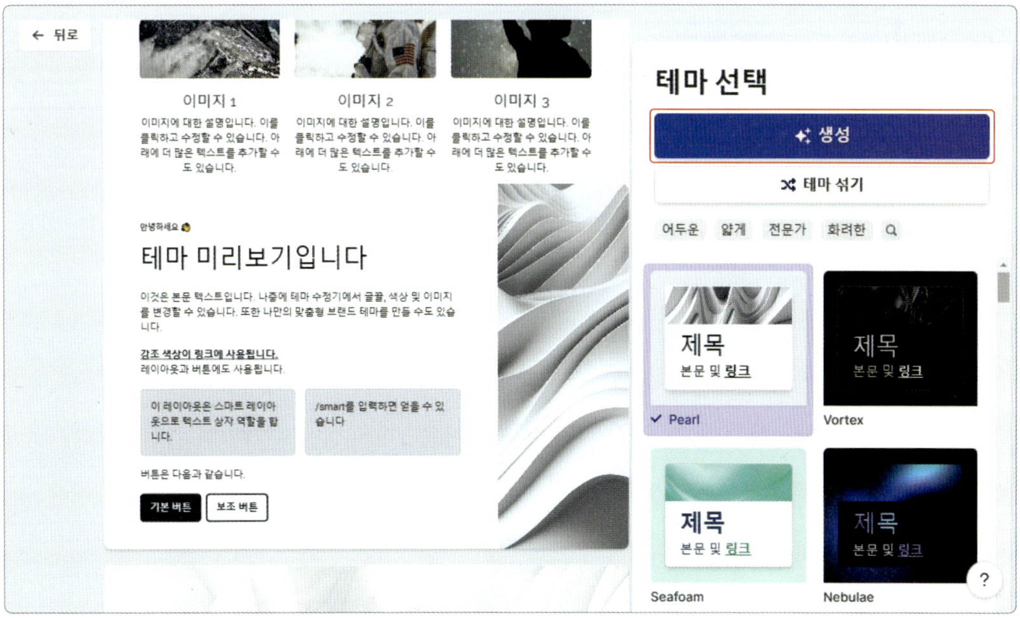

08 다음과 같이 프레젠테이션이 생성됩니다. 프레젠테이션 파일을 다운로드하고 싶다면 상단 메뉴에서 [공유]를 클릭합니다.

09 [내보내기]를 클릭합니다. PDF나 PPT 파일 중 원하는 형식을 선택하면 파일을 내려 받을 수 있습니다.

응용

01 다음 형식으로 프레젠테이션을 생성하여 발표해 보세요.

① 우리나라 사계절에 대한 특장점을 주제로 프레젠테이션을 생성합니다.

② 인공지능이 생성한 기본 프레젠테이션에 슬라이드 3개 이상을 추가하여 완성합니다.

③ 각자 만든 프레젠테이션을 발표합니다.

요약

01 퍼셉트론은 신호를 입력으로 받아 하나의 신호를 출력하며, 현재 신경망의 기원이 되는 알고리즘입니다.

02 역전파란 오차(예측값과 실제값의 차이)를 역방향으로(출력층 → 은닉층 → 입력층) 전파시키면서 가중치를 계산하는 방법입니다.

03 제프리 힌턴은 가중치의 초기값을 제대로 설정하면 깊이가 깊은 신경망도 학습이 가능하다는 것을 증명하였습니다. 즉, 신경망을 학습시키기 전에 계층(예 입력층, 은닉층) 단위의 학습을 거쳐 더 나은 초기값을 얻는 방식인 사전훈련 방식을 제안한 것입니다.

04 인공신경망이란 인간의 신경망을 흉내 낸 머신러닝 기법입니다.

05 딥러닝이란 여러 층(특히 은닉층이 여러 개)을 가진 인공신경망을 사용하여 머신러닝 학습을 수행하는 것으로, 심층학습이라고도 합니다.

06 가중합이란 입력값과 가중치를 곱한 뒤 편향(Bias)을 더한 값입니다.

07 활성화 함수는 인공신경망에서 각 뉴런이 입력을 받아 출력을 계산하는 함수입니다.

08 활성화 함수에는 시그모이드 함수, 하이퍼볼릭 탄젠트 함수, 렐루 함수, 리키렐루 함수, 소프트맥스 함수가 있습니다.

09 순전파란 입력층에서 출력층 방향으로 연산이 진행되면서 최종 출력값이 도출되는 과정을 뜻합니다.

10 손실함수는 예측값과 실제값의 차이를 구하는 함수입니다.

11 옵티마이저는 딥러닝에서 학습 속도를 빠르고 안정적이게 만드는 것입니다.

12 심층 순방향 신경망(DFN)은 딥러닝에서 가장 기본으로 사용하는 인공신경망입니다.

13 순환 신경망(RNN)은 시계열 데이터와 같이 시간적으로 연속성이 있는 데이터를 처리하기 위해 고안된 인공신경망입니다.

14 LSTM은 순환 신경망과는 다르게 신경망 내에 메모리를 두어 먼 과거의 데이터도 저장할 수 있도록 하였습니다.

15 합성곱 신경망(CNN)은 인간의 시각 처리 방식을 모방한 모델이며, 합성곱 신경망은 합성곱층, 풀링층, 완전연결층으로 구성되어 있습니다.

- **합성곱층** : 이미지를 분류하는 데 필요한 특징 정보들을 추출하는 역할을 합니다.
- **풀링층** : 합성곱층의 출력 데이터(특성 맵)를 입력으로 받아서 출력 데이터인 활성화 맵의 크기를 줄이거나 특정 데이터를 강조하는 용도로 사용됩니다.
- **완전연결층** : 합성곱층과 풀링층으로 추출한 특징을 분류하는 역할을 합니다.

16 워드 임베딩은 단어를 벡터로 표현하는 방법이며, 대표적으로 원-핫 인코딩, 워드투벡터, TF-IDF, Fasttext가 있습니다.

- **원-핫 인코딩** : N개의 단어를 각각 N차원의 벡터로 표현하는 방식입니다.
- **워드투벡터** : 비슷한 컨텍스트에 등장하는 단어들은 유사한 의미를 지닌다는 이론에 기반하여 단어를 벡터로 표현하는 기법입니다.
- **TF-IDF** : 단어마다 가중치를 부여하여 단어를 벡터로 변환하는 방법입니다.
- **Fasttext** : 부분 단어라는 개념을 도입하여 단어를 벡터로 변환하는 방식입니다.

17 적대적 생성 신경망(GAN)은 생성과 판별 두 개의 신경망 모델이 서로 경쟁하면서 더 나은 결과를 만들어 내는 강화학습입니다.

연습문제

단답형 문제

01 퍼셉트론은 신호를 입력으로 받아 하나의 신호를 출력하는 기계로, (   )의 기원이 되는 알고리즘입니다.

02 퍼셉트론은 입력 → 가중치 → 가중합 → (   ) → 출력의 내부 과정을 거칩니다.

03 (   )은(는) AND, OR 연산과 같이 직선 하나로 데이터들이 두 개의 그룹으로 나누어지는 것을 의미합니다.

04 역전파를 수행할 때 출력층에서 멀리 떨어진 층에서는 기울기가 급속히 작아지는 (   ) 문제와 기울기가 너무 커지는 (   ) 문제가 발생해 학습력이 떨어졌습니다.

05 (   )란(이란) 선행학습이라고도 부르며, 다층 퍼셉트론에서 가중치와 편향을 잘 초기화시키는 방법을 뜻합니다.

06 딥러닝은 다수의 은닉층을 가진 인공신경망을 사용하여 머신러닝 학습을 수행하는 것으로, (   )라고도(이라고도) 합니다.

07 (   )은(는) 가중합에 더하는 상수로, 하나의 뉴런에서 활성화 함수를 거쳐 최종적으로 출력되는 값을 조절합니다.

08 (   )은(는) 인공신경망에서 각 뉴런이 입력을 받아 출력을 계산하는 함수입니다.

09 (   ) 함수는 시그모이드 함수와 유사하지만, .1～1의 값을 가지면서 데이터의 평균이 0이라는 점이 다릅니다.

10 (   ) 함수는 x가 음의 값을 가지면 0을 출력하고, 양의 값을 가지면 x를 그대로 출력합니다.

11 (   )은(는) 데이터의 범위를 사용자가 원하는 범위로 제한하는 것입니다.

12 (   )란(이란) 딥러닝에서 학습 속도를 빠르고 안정적이게 만드는 것을 뜻합니다.

13 (   )은(는) 오차(예측값과 실제값의 차이)를 역방향으로 전파시키면서(출력층 → 은닉층 → 입력층) 가중치를 업데이트하는 것입니다.

14 (   )은(는) 심층신경망이라고도 부르며, 딥러닝에서 가장 기본으로 사용하는 인공신경망입니다.

15 (   )은(는) 시계열 데이터와 같이 시간적으로 연속성이 있는 데이터를 처리하기 위해 고안된 인공신경망입니다.

16 CNN의 신경망 구조 중 (   )은(는) 합성곱층의 출력 데이터(특성 맵)를 입력으로 받아서 출력 데이터인 활성화 맵의 크기를 줄이거나 특정 데이터를 강조하는 용도로 사용됩니다.

17 (   )은(는) 단어를 벡터로 표현하는 방법입니다.

18 (   )란(이란) 비슷한 콘텍스트(context)에 등장하는 단어들은 유사한 의미를 지닌다는 이론에 기반하여 단어를 벡터로 표현해 주는 기법입니다.

객관식 문제

19 다음 중 역전파에 대한 설명으로 올바른 것은?

① 현재 신경망의 기원이 되는 알고리즘이다.
② 퍼셉트론은 다수의 신호를 입력으로 받아 하나의 신호를 출력으로 내보낸다.
③ 초기 퍼셉트론을 이용해 해결한 문제는 AND와 OR 등의 간단한 연산이었다.
④ 뇌의 학습 기능을 모델화한 일종의 학습 기계이다.
⑤ 신경망의 오차를 출력층에서부터 입력층으로 거꾸로 전파시켜 각 층의 가중치와 편향을 업데이트한다.

20 다음 중 무엇을 학습하기 위한 방법으로 역전파가 고안되었는지 모두 고르시오.

① 절댓값　② 가중치　③ 평균　④ 기울기　⑤ 편향

21 신호(x1, x2)를 입력으로 받아 하나의 신호(y)를 출력하는 기계로, 신경망의 기원이 되는 알고리즘은 무엇인가?

① 퍼셉트론 ② 역전파 ③ 머신러닝 ④ 신경망 ⑤ 활성화 함수

22 다음 설명을 읽고 무엇에 대한 설명인지 고르시오.

> 이것은(는) 입력층과 출력층이 동일한 네트워크에 데이터를 입력하여 비지도학습을 하는 것입니다.

① 역전파 ② 편향 ③ 오토인코더
④ 정규화 ⑤ 신경망

23 x값의 변화에 따라 0에서 1까지의 값을 출력하는 S자형 함수로, 로지스틱 함수라고도 부르는 함수는 무엇인가요?

① 리키렐루 함수 ② 시그모이드 함수 ③ 렐루 함수
④ 소프트맥스 함수 ⑤ 하이퍼볼릭 탄젠트 함수

24 렐루 함수와 거의 유사한 함수이지만, 가중치 곱의 합이 0보다 작을 때의 값도 고려한다는 차이점이 있는 함수는 무엇인가요?

① 소프트맥스 함수 ② 리키렐루 함수 ③ 로지스틱 함수
④ 하이퍼볼릭 탄젠트 함수 ⑤ 시그모이드 함수

25 딥러닝 학습 중 예측값과 실제값의 차이를 구하는 함수를 무엇이라고 하는가?

① 옵티마이저 ② 역전파 ③ 순전파 ④ 배치 ⑤ 손실함수

26 순환 신경망에 대한 설명으로 맞는 것은?

① Deep Feedforward Network의 뜻을 가지며, DFN이라고도 부른다.
② 딥러닝에서 가장 기본으로 사용하는 인공신경망이다.
③ 시계열 데이터 처리에 한계가 있다.
④ 입력층, 은닉층, 출력층으로 이루어져 있다.
⑤ 시계열 데이터와 같이 시간적으로 연속성이 있는 데이터를 처리하기 위해 고안된 인공신경망이다.

27 다음 중 합성곱 신경망에 대한 설명으로 맞는 것은?

① 순환 신경망의 문제를 해결하기 위해 제안된 것이 LSTM이다.

② 인간의 시각 처리 방식을 모방한 신경망이다.

③ 심층 순방향 신경망의 문제점을 해결하기 위해 제안되었다.

④ Recurrent Neural Network의 뜻을 가진다.

⑤ DFN이라고도 부른다.

28 다음 중 LSTM에 대한 설명으로 맞는 것은?

① Convolutional Neural Network의 뜻을 가지며, CNN이라고도 부른다.

② 알파고의 딥러닝 알고리즘으로도 사용되었다.

③ 인간의 시각 처리 방식을 모방하였다.

④ DFN이나 RNN보다 학습해야 하는 가중치의 수가 적어, 학습 및 예측이 빠르다는 장점이 있다.

⑤ RNN과는 다르게 신경망 내에 메모리를 두어 먼 과거의 데이터도 저장할 수 있도록 하였다.

29 다음 중 원-핫 인코딩에 대한 설명으로 맞는 것은?

① Skip-gram은 특정 단어로부터 전체 컨텍스트의 분포(확률)를 예측한다.

② N개의 단어를 각각 N차원의 벡터로 표현하는 방식이다.

③ TF란 특정 문서에서 특정 단어가 등장하는 횟수를 의미한다.

④ Fasttext는 단어를 벡터로 변환하기 위해 부분 단어라는 개념을 도입하였다.

⑤ 단어를 벡터로 표현하는 방법이다.

30 다음 중 워드 임베딩에 대한 설명으로 맞는 것은?

① 기존의 인공신경망과는 다르게 두 개의 인공신경망이 서로 경쟁하며 학습을 진행한다.

② 데이터셋에 없는 사람의 얼굴을 스스로 생성하거나 화가 반 고흐의 화풍을 모방하여 새로운 그림을 그리는 등 놀라운 결과물들을 보여주고 있다.

③ Generative Adversarial Network의 뜻을 가지며, GAN이라고도 부른다.

④ 이미지 생성 분야에서 뛰어난 성능을 보인다.

⑤ 단어를 벡터로 표현하는 방법이다.

토론과제

01 퍼셉트론이 처음 발표될 당시에는 현재의 딥러닝과 비교도 안 될 정도로 기초적인 수준임에도 불구하고 큰 화제가 되었습니다. 딥러닝이 상당한 발전을 이룬 지금, 어떤 자세를 가지고 인공지능의 발전을 지켜보면 좋을지 토론해 봅니다.

02 먼저 다음 유튜브 영상을 시청하세요.

> https://www.youtube.com/watch?v=ocxnhqZuS8w
> – Mercedes–Benz creates connected intelligent use experience with Azure AI

현재 우리는 내비게이션의 안내에 따라 운전합니다. 이때 궁금한 것이 있어서 질문을 할 수 있는 환경이 아니다 보니 일방적으로 정보를 전달받습니다. 하지만 영상을 보면 인간과 자동차가 서로 상호작용하는 것을 확인할 수 있습니다. 이와 같은 환경의 변화는 운전자에게 어떤 영향을 미칠지 토론해 봅니다.

03 순환 신경망을 이용한 대표적인 서비스가 챗GPT입니다. 챗GPT가 등장한 초기만 하더라도 대부분의 사용자 및 기업은 단순히 Q&A 용도로 사용했습니다. 하지만 현재는 다양한 용도로 사용되고 있는데 어떤 산업 분야에 어떻게 사용되고 있는지, 그리고 챗GPT의 등장으로 우리의 삶은 어떻게 변화하고 있는지 토론해 봅니다.

CHAPTER 10

생성형 AI

학습목표

- 생성형 AI의 개념을 이해할 수 있습니다.
- 생성형 AI의 발전 과정을 트랜스포머, 버트, 챗GPT로 구분하여 설명할 수 있습니다.
- 생성형 AI를 텍스트 생성 AI, 이미지 생성 AI, 동영상 생성 AI로 나누어 설명할 수 있습니다.
- 생성형 AI를 주도하는 대표 기업에 대해 설명할 수 있습니다.

Preview

10장에서는 컴퓨터가 데이터를 학습하여 새로운 데이터를 생성하는 인공지능 기술인 생성형 AI에 대해 배웁니다. 먼저 생성형 AI의 개념과 발전 과정에 대해 학습합니다. 그리고 생성형 AI의 종류인 텍스트 생성 AI, 이미지 생성 AI, 동영상 생성 AI에 대해 알아보고, 생성형 AI를 주도하는 대표 기업인 오픈 AI, 마이크로소프트, 구글에 대해 살펴봅니다.

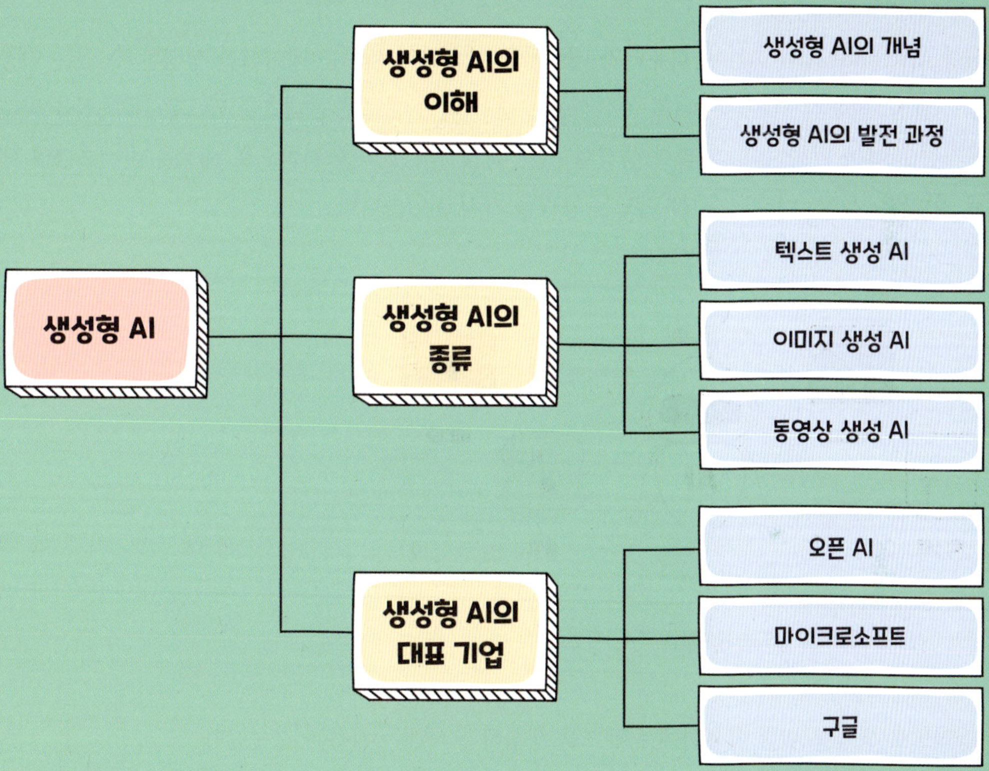

Section 01

생성형 AI의 이해

1 생성형 AI의 개념

생성형 AI(Generative AI)는 컴퓨터가 데이터를 학습하여 새로운 데이터를 생성할 수 있는 인공지능 기술로, 단순히 기존 데이터를 분석하는 수준을 넘어 새로운 콘텐츠를 만드는 데 초점을 맞춘 인공지능 분야를 말합니다. 따라서 생성형 AI는 사용자의 질의를 기반으로 새로운 콘텐츠(예 텍스트, 이미지, 음악, 비디오 등)를 만드는 능력을 가지고 있습니다.

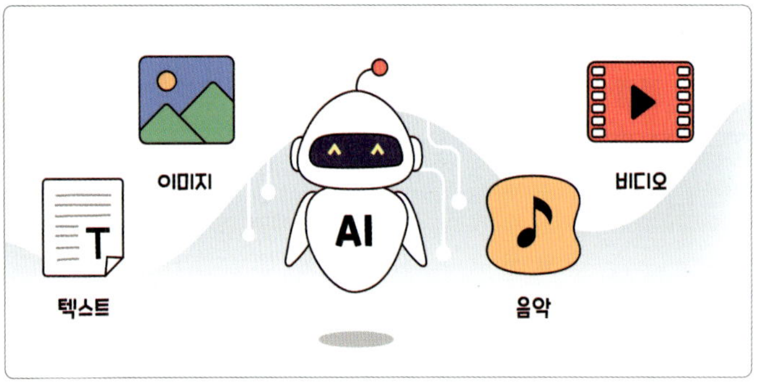

그림 10-1 새로운 콘텐츠를 만드는 생성형 AI의 4가지 능력

각 영역별로 생성형 AI를 활용하여 콘텐츠를 생성하는 사례는 다음과 같습니다.

- **텍스트 :** 소설이나 기사와 같은 문장 생성
- **이미지 :** 사진이나 웹툰과 같은 이미지 생성
- **오디오 :** 유튜브 영상에서 자막 생성
- **비디오 :** 쇼츠와 같은 짧은 영상 생성

이와 같이 무엇인가를 생성하는 데 특화되어 있는 생성형 AI는 인공지능의 하위 영역이라고 할 수 있습니다. 그리고 생성형 AI의 대표적인 모델인 챗GPT는 생성형 AI 중에서도 일부 영역에 해당됩니다.

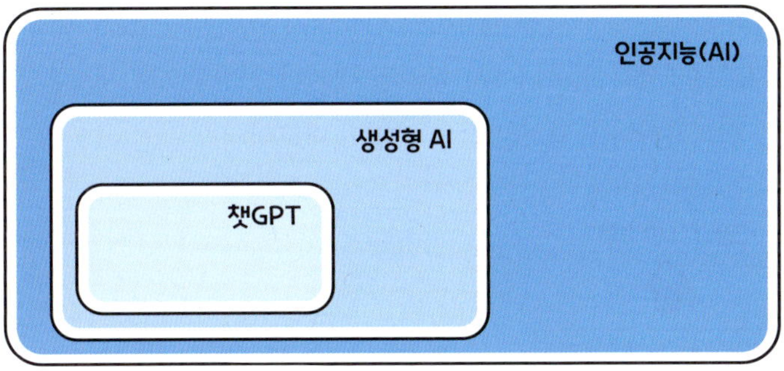

그림 10-2 생성형 AI의 영역 : 챗GPT ⊂ 생성형 AI ⊂ 인공지능

2 생성형 AI의 발전 과정

생성형 AI는 인공지능의 하위 개념으로, 본격적인 시작은 2017년에 등장한 트랜스포머입니다. 그러다가 2022년에 챗GPT가 등장한 이후부터 생성형 AI라는 용어가 화두가 되고 있습니다. 생성형 AI의 발전 과정에 대해 알아보겠습니다.

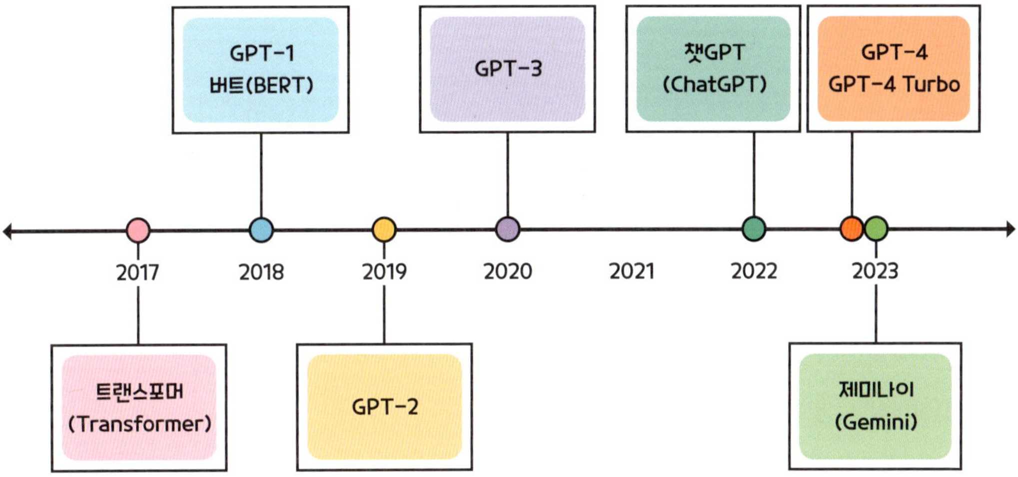

그림 10-3 생성형 AI의 발전 과정

트랜스포머

트랜스포머(Transformer)는 아주 간단한 원리로 동작하는 인공지능 모델입니다. 예를 들어, '나는 아침에 커피를 마셨다'라는 문장에서 '커피'라는 단어는 '마셨다'와 밀접하게 연관되어 있습니다. 이처럼 단어 사이의 관계를 파악하여 문장을 생성하는 것이 트랜스포머의 핵심 역할입니다.

트랜스포머는 인코더(Encoder)와 디코더(Decoder)라는 두 개의 영역으로 구성되어 있습니다. 인코더에서는 입력 문장(예 '나는 아침에 커피를 마셨다')을 분석하여 각 단어가 문장 내에서 어떤 역할을 하는지, 그리고 각 단어 사이의 관계는 어떤지를 파악하여 컴퓨터가 이해할 수 있는 데이터로 바꾸는 작업을 합니다. 그리고 디코더에서는 인코더에서 처리된 데이터를 바탕으로 새로운 문장을 생성합니다. 예를 들어, 문장을 번역하거나 요약하는 등의 작업이 디코더의 역할입니다.

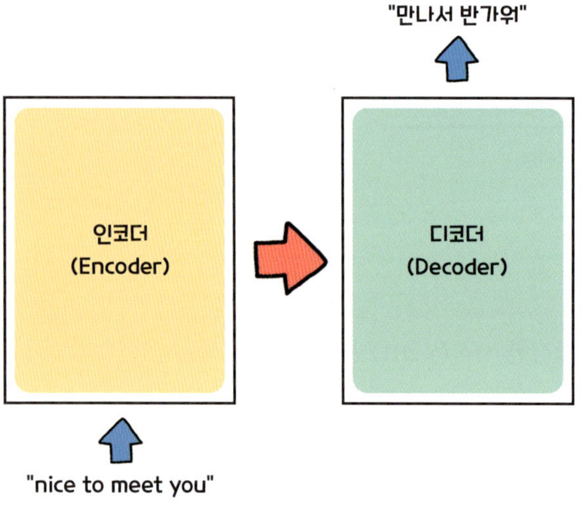

그림 10-4 **트랜스포머의 구조 : 번역 과정**

트랜스포머의 또 다른 핵심 개념은 어텐션(Attention)입니다. 어텐션은 모델이 문장을 처리할 때, 어떤 단어들이 중요한지 결정하고 그 중요한 단어들에 '주목'하여 정보를 더 잘 파악하도록 돕습니다. 예를 들어, '커피를 마셨다'에서 '커피'와 '마셨다'가 서로 중요한 관계임을 인식하고 이를 통해 문장의 의미를 더 정확하게 이해할 수 있게 됩니다. 간단히 말해, 트랜스포머는 문장을 분석하여 단어들 사이의 중요한 관계를 파악하고, 이를 기반으로 새로운 문장을 생성하거나 변환하는 인공지능 모델입니다.

지금의 생성형 AI를 대표하는 오픈AI의 챗GPT, 구글의 버트 등이 트랜스포머를 기반으로 해서 만들어진 모델들입니다. 바로 이어서 구글의 버트에 대해 알아봅시다.

버트

생성형 AI 관련하여 구글(Google)을 빼놓을 수 없습니다. 트랜스포머라는 모델을 발표한 곳도 바로 구글입니다. 최근 오픈AI에 생성형 AI의 주도권을 내어주면서 고전을 면치 못하고 있지만, 구글은 예전부터 가장 강력한 인공지능 개발 회사였습니다.

구글의 버트(BERT, Bidirectional Encoder Representations from Transformers)는 문장이나 단어 주변의 맥락(즉, 앞뒤 단어들)을 모두 이해하려고 하는 인공지능 모델입니다. 예를 들어,

'은행에 가서 돈을 인출했다'라는 문장에서 '은행'이라는 단어는 '돈을 보관하고 관리하는 장소'를 의미합니다. 반면에 '강가에 자리잡은 은행나무 아래에서 책을 읽었다'라는 문장에서의 '은행'은 '나무 자체'를 의미합니다. 버트는 이처럼 같은 단어라도 주변 맥락에 따라 의미가 어떻게 달라지는지 이해하는 데 초점이 맞춰져 있는 모델입니다.

2018년에 발표된 버트는 [그림 10-5]와 같은 발전 과정을 거쳐 현재 제미나이(Gemini)라는 생성형 AI 모델로 진화하고 있습니다.

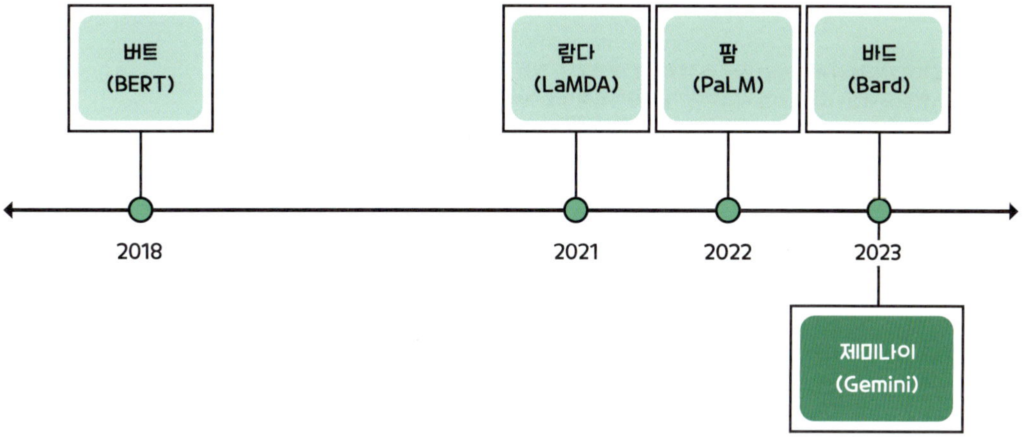

그림 10-5 **구글의 생성형 AI의 발전 과정 : 버트~제미나이**

버트 이후 구글의 생성형 AI의 발전 과정은 [표 10-1]을 참조하세요.

표 10-1 **구글의 생성형 AI의 모델별 특징**

모델	출시 연도	특징
버트(BERT)	2018년	• 트랜스포머를 사용하여 문맥 이해
람다(LaMDA)	2021년	• 자연스러운 대화 생성에 초점을 맞춘 모델
팜(PaLM)	2022년	• 복잡한 언어 이해 및 콘텐츠 생성 작업 • 코드 생성 및 해석
바드(Bard)	2023년	• 다양한 주제에 대한 지식 • 구글의 검색 기술을 활용한 실시간 정보 이용
제미나이(Gemini)	2023년	• 텍스트뿐만 아니라 음성, 이미지 등을 이용한 질의 및 콘텐츠 생성

정리하면 모델이 진화할수록 문장을 이해하는 수준이 높아지고, 그에 따라 활용할 수 있는 사례들이 많아지고 있습니다.

챗GPT

챗GPT(ChatGPT)는 오픈AI에서 만든 생성형 AI로 마치 친구와 이야기하듯 자연스럽게 대화할 수 있는 인공지능 모델이면서 챗봇 서비스입니다. 우리가 텍스트로 질문을 시작하면 챗GPT는 이에 대한 응답을 텍스트로 제공합니다. 예를 들어, 챗GPT에게 '생성형 AI가 뭐야?'라고 물어보면 [그림 10-6]과 같이 답변합니다.

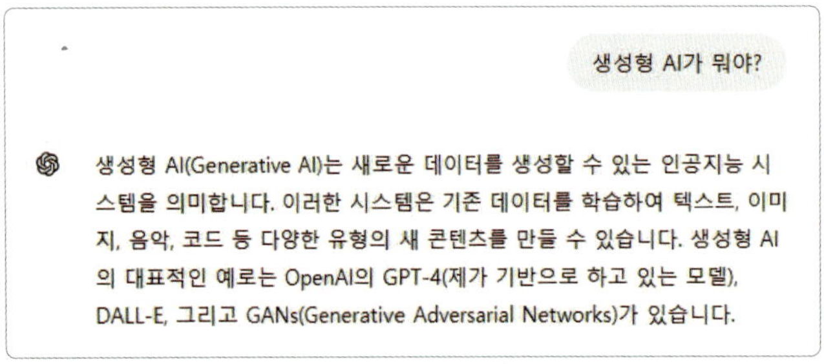

그림 10-6 챗GPT에게 질의하기

챗GPT는 [그림 10-7]과 같이 GPT-1에서 진화한 모델입니다. 오픈AI가 2018년에 처음 공개한 GPT-1은 트랜스포머 모델을 기반으로 만들어졌으며, 현재(2024년 3월 기준) GPT-4 터보(GPT-4 Turbo)가 가장 최신 모델입니다.

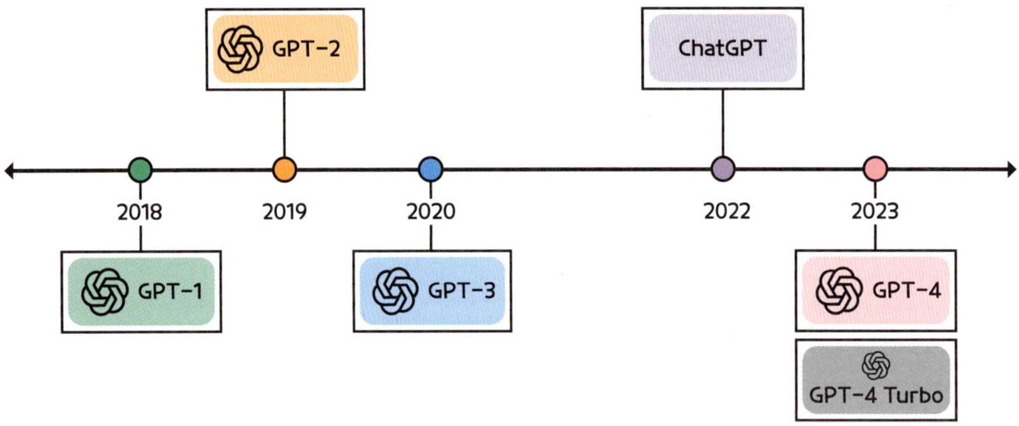

그림 10-7 챗GPT의 발전 과정

GPT-1 이후 오픈AI의 생성형 AI의 발전 과정은 [표 10-2]를 참조하세요.

표 10-2 오픈AI의 생성형 AI의 모델별 특징

모델	출시 연도	특징	주요 활용 사례
GPT-1	2018년	트랜스포머 기반의 언어 모델	• 텍스트 생성 • 언어 이해
GPT-2	2019년	더 많은 데이터로 학습	• 번역 • 요약 • 질의 응답
GPT-3	2020년	현재까지 개발된 모델 중 가장 큰 모델로 API를 통한 상용화 진행	• 콘텐츠 생성 • 다양한 언어 작업
챗GPT	2022년	GPT-3와 GPT-4 사이의 성능 개선을 목표로 한 모델로, 문장 이해와 콘텐츠 생성 능력 향상	• 개선된 콘텐츠 생성
GPT-4	2023년	더욱 복잡한 문제 해결 및 창의적 콘텐츠 생성	• 복잡한 데이터 분석 및 추론
GPT-4 터보	2023년	이미지 생성 AI인 '달리'와 통합되어 텍스트뿐만 아니라 이미지를 이용한 질의 및 답변 가능	• 이미지, 음성을 이용한 콘텐츠 생성

[표 10-1]과 [표 10-2]의 표를 살펴보면 기능이 크게 차이가 없는 것을 확인할 수 있습니다. 각 회사에서 신규 모델이 출시될수록 모델이 제공하는 기능은 더 유사해질 것입니다. 하지만 아직까지는 오픈AI의 모델에 대한 선호도가 더 높은 편입니다.

Section

02 생성형 AI의 유형

1 생성형 AI의 종류

생성형 AI는 텍스트 생성 AI, 이미지 생성 AI, 동영상 생성 AI로 나눌 수 있습니다.

텍스트 생성 AI

텍스트 생성 AI는 텍스트를 입력하면 그것에 대한 텍스트를 생성하는 생성형 AI입니다. 따라서 단순 텍스트 생성뿐만 아니라 요약 및 번역 등에서도 많이 사용됩니다. 예를 들어, 챗GPT에게 [그림 10-8]과 같이 문장의 요약을 요청하면 텍스트로 요약하여 답변하는 방식입니다.

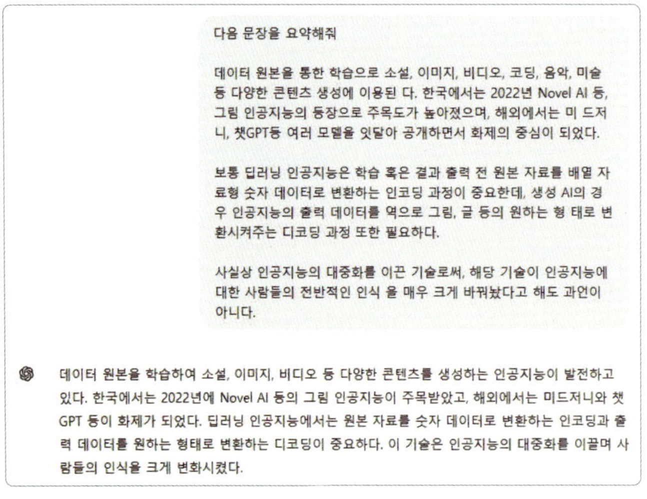

그림 10-8 **텍스트 생성 AI의 예시 : 챗GPT**

이미지 생성 AI

이미지 생성 AI는 텍스트를 입력하면 그것에 대한 그림을 그려주는 생성형 AI입니다. 이미지 생성과 관련한 대표적인 서비스로는 달리(DALL·E)와 미드저니(Midjourney)가 있습니다. 달리와 미드저니는 이미지를 사실적으로 그려서 제공하기 때문에 많은 사람이 사용하고 있습니다.

이미지 생성 AI를 활용한 사례를 보여드리겠습니다. 이미지 생성 AI인 달리에게 '화성에서 농사 짓는 사람을 그려줘(Draw a person farming on Mars)'라고 텍스트를 입력하여 요청하면 [그림 10-9]와 같은 이미지를 생성합니다.

그림 10-9 **이미지 생성 AI의 예시 : 달리(DALL·E)**

동영상 생성 AI

동영상 생성 AI는 텍스트를 입력하면 그것에 대한 동영상을 만들어주는 생성형 AI입니다. 오픈AI에서 2024년 2월에 발표한 소라(Sora)가 대표적인 사례입니다. 다음 URL에 동영상 샘플이 게시되어 있으니 확인해 보세요.

https://openai.com/sora

그림 10-10 **동영상 생성 AI의 예시 : 소라(Sora)** © https://openai.com/sora

2 생성형 AI를 주도하는 대표 기업

생성형 AI를 포함하여 인공지능을 주도하는 대표 기업으로는 오픈AI, 마이크로소프트, 구글 등이 있습니다.

오픈AI

오픈AI(OpenAI)는 미국의 인공지능 개발사로, 2015년에 설립되어 챗GPT의 개발과 연구를 주도한 기업입니다. 오픈AI는 일론 머스크(Elon Musk), 샘 올트먼(Sam Altman), 그렉 브로크만(Greg Brockman), 일리야 수츠케버(Ilya Sutskever) 등이 공동 설립자입니다. 오픈AI는 비영리 조직으로 시작했으나 후에 유한책임회사로 조직 구조를 변경했습니다. 이 변경으로 마이크로소프트를 포함하여 더 많은 투자를 유치할 수 있었습니다. 오픈AI에서 개발한 챗GPT가 사람들의 관심을 받으면서 이후에 발표된 GPT 시리즈(예 GPT-4) 모델 역시 주목받고 있습니다.

그림 10-11 **오픈AI 로고**

마이크로소프트

마이크로소프트(Microsoft)는 윈도우와 오피스로 유명하지만, 오픈AI에 투자하면서 본격적으로 AI 회사로 탈바꿈하고 있습니다. 오픈AI에서 개발한 챗GPT 역시 마이크로소프트 클라우드 플랫폼인 애저(Azure)에서 사용 가능합니다. 또한, 챗GPT를 포함하여 GPT-4가 마이크로소프트의 검색엔진인 빙(Bing)에 추가되었으며, 윈도우와 오피스에도 코파일럿(Copilot)이라는 이름으로 생성형 AI 서비스가 추가되었습니다.

그림 10-12 **코파일럿 로고**

구글

구글(Google)은 원래 검색엔진으로 시작한 기술 회사지만, 인공지능 분야의 선두 주자 중 하나입니다. 구글은 단순히 정보를 검색하는 도구를 넘어서 사람들의 일상생활과 업무를 지원하는 지능형 서비스를 제공하는 방향으로 발전하고 있습니다.

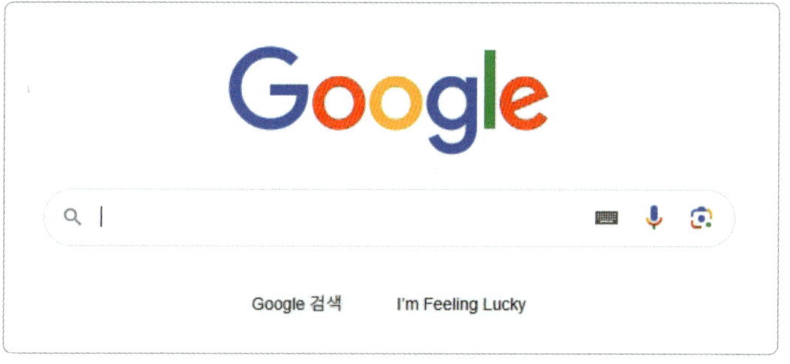

그림 10-13 **구글 검색엔진** © https://www.google.com/

LAB AI가 문서를 번역하고 요약한다! : 챗GPT

스마트폰이나 컴퓨터를 통해 인터넷에서 접하는 문서들은 한글뿐만 아니라 영어, 중국어, 일본어 등 다양한 언어로 구성되어 있습니다. 그런데 해당 외국어에 능통하지 않으면 외국어로 작성된 문서를 읽는 것은 불가능합니다. 또한 한글(모국어)로 된 인터넷의 문서를 읽는 것은 가능하지만 너무 긴 내용일 경우 시간이 오래 걸려 일일이 정독하는 것이 힘듭니다. 이를 위해 번역이 필요합니다. 이와 같은 상황에서 챗GPT를 이용하면 외국어로 된 문서를 번역할 수 있고, 긴 모국어 문서는 요약할 수 있습니다. 이번 〈LAB〉을 실습하면서 문서를 번역하고 요약하는 방법을 알아봅니다.

실습

01 https://chat.openai.com/에 접속하면 챗GPT 웹사이트가 열립니다. 먼저 번역을 진행하겠습니다. 다음과 같이 챗GPT에게 번역을 맡기고 싶은 문장을 메시지 박스에 입력하고 Enter 를 누릅니다.

> 다음 문장을 번역해줘
>
> Generative artificial intelligence(GenAI) can create certain types of images, text, videos, and other media in reponse to prompts. Here's what you should know about this growing field and toosl.

02 다음과 같이 챗GPT가 문장을 번역합니다.

> 다음 문장을 번역해줘
>
> Generative artificial intelligence(GenAI) can create certain types of images, text, videos, and other media in response to prompts. Here's what you should know about this growing field and tools.
>
> 생성형 인공지능(GenAI)은 프롬프트에 따라 특정 유형의 이미지, 텍스트, 비디오 및 기타 미디어를 생성할 수 있습니다. 이 성장하는 분야와 도구에 대해 알아야 할 점은 다음과 같습니다.

03 이번에는 요약을 진행합니다. 긴 문장을 붙여 넣고 요약을 요청합니다. 여기에서는 다음 링크를 클릭했을 때 나타나는 아마존 웹사이트의 생성형 AI에 관한 설명을 붙여 넣고 챗GPT에게 요약을 요청했습니다.

https://aws.amazon.com/ko/what-is/generative-ai/

> 다음의 문장을 요약해줘
>
> 생성형 AI란 무엇인가요?
> 생성형 인공 지능(생성형 AI)은 대화, 이야기, 이미지, 동영상, 음악 등 새로운 콘텐츠와 아이디어를 만들 수 있는 AI의 일종입니다. AI 기술은 이미지 인식, 자연어 처리(NLP), 번역과 같이 새로운 컴퓨팅 작업에서 인간 지능을 모방하려고 시도합니다. 생성형 AI는 인공 지능의 다음 단계입니다. 인간 언어, 프로그래밍 언어, 예술, 화학, 생물학 또는 복잡한 주제를 학습하도록 AI를 학습시킬 수 있습니다. AI는 학습 데이터를 재사용하여

> 생성형 인공지능(Generative AI)은 대화, 이미지, 동영상, 음악 등 새로운 콘텐츠를 생성할 수 있는 AI 기술입니다. 이 기술은 이미지 인식, 자연어 처리, 번역 등 다양한 컴퓨팅 작업에서 인간 지능을 모방하며, 다양한 산업에 혁신을 불러오고 있습니다. 생성형 AI는 챗봇, 미디어 생성, 제품 개발 및 설계 등 여러 분야에서 활용되며, 연구 가속화, 고객 경험 강화, 비즈니스 프로세스 최적화, 직원 생산성 향상 등의 이점을 제공합니다.
>
> 예를 들어, 제약 산업에서는 단백질 서열을 생성 및 최적화하여 신약 개발을 가속화할 수 있습니다. AI 기반 챗봇과 가상 비서는 고객 서비스의 개인화를 돕고, 비즈니스 프로세스를 최적화하며 비용 절감을 도모합니다. 또한, 새로운 소프트웨어 코드 제안, 보고서 및 요약 생성, 마케팅 콘텐츠 생성 등으로 직원의 생산성을 높입니다.

04 그런데 요약이 너무 길다면 더 짧게 요약해 달라고 요청할 수 있습니다. 그러면 다음과 같이 더 짧게 요약해 줍니다.

> 더 짧게 요약해줘
>
> 생성형 인공지능(Generative AI)은 대화, 이미지, 동영상 등 새로운 콘텐츠를 생성하는 기술로, 연구 가속화, 고객 경험 개선, 비즈니스 최적화, 직원 생산성 향상 등의 이점을 제공합니다. 다양한 산업에서 활용되며, 경제적 이익과 혁신을 촉진합니다. 주요 모델로는 기초 모델, 대규모 언어 모델 등이 있습니다.

응용

01 우리나라에서 만든 파파고 번역기(https://papago.naver.com/?sk=ko&st=&tk=en)와 비교해 보세요. 어떤 서비스가 번역을 더 잘 해주나요?

02 토론 인공지능이 번역 및 요약까지 해주는 상황에서 번역가의 직업은 안정적이라고 할 수 있을까요? 이들이 미래에 살아남기 위해 어떤 노력을 해야 할지 토론해 보세요.

요약

01 생성형 AI(Generative AI)는 컴퓨터가 데이터를 학습하여 새로운 데이터를 생성할 수 있는 인공지능 기술로, 단순히 기존 데이터를 분석하는 수준을 넘어 새로운 콘텐츠를 만드는 데 초점을 맞춘 인공지능 분야를 말합니다.

02 생성형 AI는 인공지능의 하위 영역이라고 할 수 있습니다. 그리고 생성형 AI의 대표적인 모델인 챗GPT는 생성형 AI 중에서도 일부 영역에 해당됩니다.

03 트랜스포머(Transformer)는 인코더(Encoder)와 디코더(Decoder)라는 두 개의 영역으로 구성된 단어 사이의 관계를 파악하여 문장을 생성하는 인공지능 모델입니다.

04 트랜스포머의 핵심 개념인 어텐션(Attention)은 모델이 문장을 처리할 때 어떤 단어들이 중요한지를 결정하고, 그 중요한 단어들에 '주목'하여 정보를 더 잘 파악하도록 돕습니다.

05 구글의 버트(BERT)는 문장이나 단어 주변의 맥락(앞뒤 단어들)을 모두 이해하려고 하는 인공지능 모델입니다.

06 챗GPT는 오픈AI에서 만든 생성형 AI로, 마치 친구와 이야기하듯 자연스럽게 대화할 수 있는 인공지능 모델이면서 챗봇 서비스입니다.

07 텍스트 생성 AI는 텍스트를 입력하면 그것에 대한 텍스트를 생성하는 생성형 AI입니다. 텍스트 생성과 관련된 대표적인 서비스는 챗GPT가 있습니다.

08 이미지 생성 AI는 텍스트를 입력하면 그것에 대한 그림을 그려주는 생성형 AI입니다. 이미지 생성과 관련된 대표적인 서비스는 달리와 미드저니가 있습니다.

09 동영상 생성 AI는 텍스트를 입력하면 그것에 대한 동영상을 만들어주는 생성형 AI입니다. 동영상 생성과 관련된 대표적인 서비스는 소라가 있습니다.

10 오픈AI(OpenAI)는 2015년에 설립한 미국의 인공지능 개발사입니다. 일론 머스크, 샘 올트먼, 그렉 브로크만, 일리야 수츠케버 등이 공동 설립자입니다. 오픈AI는 비영리 조직으로 시작했으나 후에 유한책임회사로 조직 구조를 변경했습니다.

연습문제

단답형 문제

01 (   )은(는) 컴퓨터가 데이터를 학습하여 새로운 데이터를 생성할 수 있는 인공지능 기술로, 단순히 기존 데이터를 분석하는 수준을 넘어 새로운 콘텐츠를 만드는 데 초점을 맞춘 인공지능 분야를 말합니다.

02 무엇인가를 생성하는 데 특화되어 있는 생성형 AI는 (   )의 하위 영역이라고 할 수 있습니다.

03 단어 사이의 관계를 파악하여 문장을 생성하는 것이 (   )의 핵심 역할입니다.

04 트랜스포머는 인코더와 (   )라는(이라는) 두 개의 영역으로 구성되어 있습니다.

05 (   )은(는) 모델이 문장을 처리할 때 어떤 단어들이 중요한지를 결정하고, 그 중요한 단어들에 '주목'하여 정보를 더 잘 파악하도록 돕습니다.

06 구글의 (   )은(는) 문장이나 단어 주변의 맥락을 모두 이해하려고 하는 인공지능 모델입니다.

07 (   )은(는) 오픈AI에서 만든 생성형 AI로, 마치 친구와 이야기하듯 자연스럽게 대화할 수 있는 인공지능 모델이면서 챗봇 서비스입니다.

08 이미지 생성과 관련한 대표적인 서비스로는 (   )와(과) 미드저니가 있습니다.

09 (   )은(는) 미국의 인공지능 개발사로, 2015년에 설립되어 챗GPT의 개발과 연구를 주도한 기업입니다.

10 GPT-4가 마이크로소프트의 검색엔진인 빙에 추가되었으며, 윈도우와 오피스에도 (   )라는(이라는) 이름으로 생성형 AI 서비스가 추가되었습니다.

객관식 문제

11 다음 설명을 읽고 무엇에 대한 설명인지 고르시오.

> 이것은(는) 사용자의 질의를 기반으로 새로운 콘텐츠(예 텍스트, 이미지, 음악, 비디오 등)를 만드는 능력을 가지고 있다.

① 오픈AI ② 강인공지능 ③ 생성형 AI ④ 약인공지능 ⑤ 로봇

12 다음 중 생성형 AI에 대한 설명이 아닌 것은?

① 컴퓨터가 데이터를 학습하여 새로운 데이터를 생성
② 사용자 질의를 기반으로 새로운 콘텐츠 생성
③ 생성형 AI는 인공지능의 상위 영역
④ 챗GPT는 생성형 AI의 일부 영역
⑤ 숏컷과 같은 짧은 영상 생성

13 입력 문장을 분석하여 각 단어가 문장 내에서 어떤 역할을 하는지, 각 단어 사이의 관계는 어떤지를 파악하여 컴퓨터가 이해할 수 있는 데이터로 바꾸는 작업을 하는 것은?

① 벡터 ② 인코더 ③ 생성형 AI ④ 트랜스포머 ⑤ 디코더

14 다음 설명을 읽고 무엇에 대한 설명인지 고르시오.

> 이것은(는) 트랜스포머의 또 다른 핵심 개념 중 하나로, 모델이 문장을 처리할 때 어떤 단어들이 중요한지를 결정하고, 그 중요한 단어들에 '주목'하여 정보를 더 잘 파악하도록 돕습니다.

① 디코더 ② 인코더 ③ 어텐션 ④ 람다 ⑤ 버트

15 다음 중 버트(BERT)에 대한 설명이 아닌 것은?

① 버트는 구글에서 만들었다.
② 버트는 생성형 AI 인공지능 모델이다.
③ 버트는 동음이의어를 구분하지 못한다.
④ 버트는 주변 맥락에 따라 단어를 다르게 인식한다.
⑤ 버트는 2018년에 발표되었다.

16 챗GPT를 만든 회사 이름은?

① 마이크로소프트 ② 오픈AI ③ 메타
④ 아마존 ⑤ 구글

17 다음 중 챗GPT 대한 설명이 아닌 것은?

① 챗GPT는 구글에서 만들었다.
② 챗GPT는 GPT-3의 다음 버전 모델이다.
③ 챗GPT 다음 모델은 GPT-4이다.
④ 챗GPT는 2022년에 발표되었다.
⑤ GPT-4 터보는 텍스트, 이미지, 음성을 이용한 콘텐츠 생성이 가능하다.

18 다음 중 이미지 생성형 AI의 대표적인 서비스를 모두 고르시오.

① 감마 ② 달리 ③ 빙
④ 사운드로우 ⑤ 미드저니

19 다음 중 오픈AI에서 개발한 동영상 생성 AI의 대표적인 서비스인 것은?

① 미드저니 ② 모럴 머신 ③ 챗GPT
④ 소라 ⑤ 달리

20 다음 중 오픈AI의 설립자가 아닌 것은?

① 일론 머스크 ② 일리야 수츠케버 ③ 샘 올트먼
④ 스티브 잡스 ⑤ 그렉 브로크만

21 마이크로소프트에서 제공하는 생성형 AI 서비스로 윈도우와 오피스에 추가된 서비스는?

① 소라 ② 챗GPT ③ 크롬
④ 미드저니 ⑤ 코파일럿

토론과제

01 챗GPT를 포함하여 생성형 AI에 대한 관심이 그 어느 때보다 높습니다. 생성형 AI는 콘텐츠를 생성하는 데 특화되어 있습니다. 그렇다면 생성형 AI로 사라질 직업은 무엇일까요? 그리고 생성형 AI가 어떤 직업들을 대체할까요? 그리고 생성형 AI를 사용한다면 우리 삶의 어떤 부분들이 달라질까요? 이러한 질문에 대해 토론해 봅시다.

02 질문 및 답변에 대해 텍스트뿐만 아니라 이미지, 동영상까지 가능한 생성형 AI를 멀티모달이라고 합니다. 텍스트만 이용했을 때의 챗GPT와 멀티모달이 가능한 챗GPT는 그 활용이 다를 수 있습니다. 활용성 측면에서 어떤 점이 다른지 토론해 봅시다.

03 생성형 AI의 등장으로 인간은 더 이상 스스로 생각하지 않고 필요할 때마다 질의를 합니다. 물론 편리할 수는 있지만 우리는 더 이상 생각이라는 것을 하지 못할 수도 있습니다. 논리적으로 사고하고 판단하는 모든 일련의 과정을 생성형 AI가 대신할 것이므로 우리의 생각이라는 능력은 퇴화될 것입니다. 생성형 AI를 슬기롭게 사용할 수 있는 방안에 대해 토론해 봅시다.

· PART ·

03

인공지능 서비스와 미래

CONTENTS

CHAPTER 11

인공지능 플랫폼과 서비스

01 플랫폼의 이해

02 글로벌 기업들의 인공지능 플랫폼

03 국내 인공지능 플랫폼

04 인공지능 서비스

LAB

요약/연습문제/토론과제

학습목표

- 플랫폼을 이해하고, 인공지능에서 플랫폼 선점이 왜 중요한지 설명할 수 있습니다.
- 글로벌 기업들의 인공지능 플랫폼 시장 선점 전략을 이해할 수 있습니다.
- 국내 기업들의 인공지능 플랫폼 시장 생존 전략을 설명할 수 있습니다.
- 다양한 인공지능 서비스들을 이해할 수 있습니다.

Preview

지금까지 주류를 이루었던 전통적인 마케팅은 기업의 상품이나 서비스에 대한 정보가 고객에게 일방적으로 전달되는 방식이었습니다. 하지만 고객은 더 이상 일방적인 서비스를 원하지 않습니다. 이제는 기업과 고객이 가치를 공유할 수 있는 플랫폼 기반의 비즈니스가 필요한 때입니다. 이러한 플랫폼 비즈니스의 선두에는 인공지능이 있습니다. 11장에서는 해외 및 국내 기업들이 인공지능 플랫폼을 선점하기 위해 어떤 전략을 펼치고 있는지 살펴봅니다. 또한 인공지능 기술을 활용한 서비스 종류와 이러한 서비스는 현재 우리 삶의 어느 부분까지 영향을 미치고 있는지 살펴봅니다.

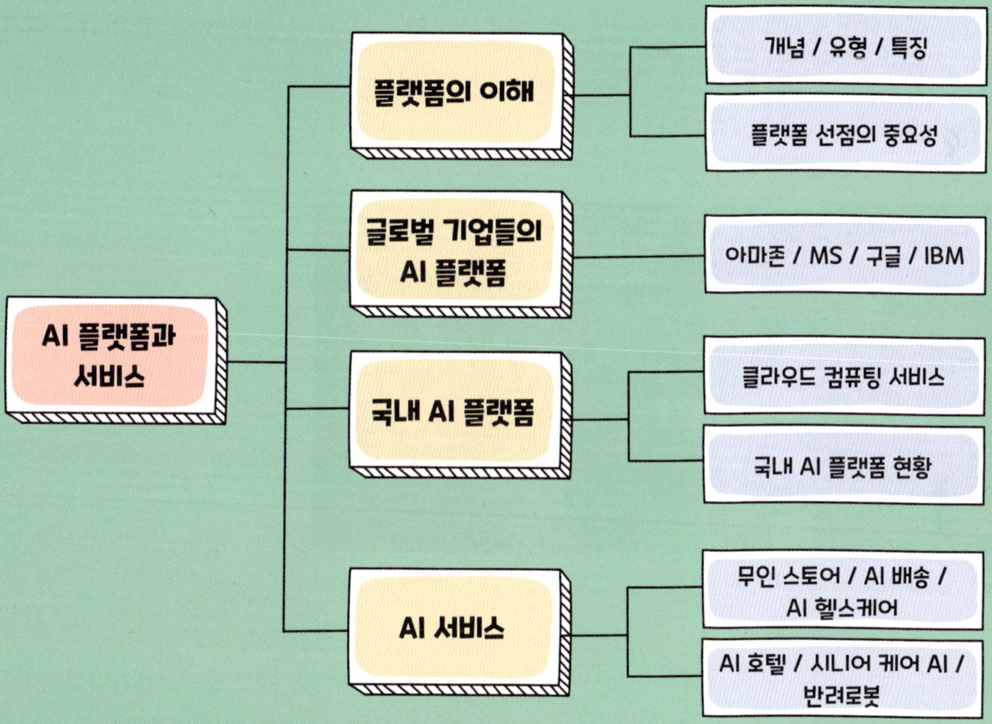

Section 01 플랫폼의 이해

1 플랫폼의 개념

플랫폼의 본래 의미는 기차역이지만, 최근에는 경제적인 측면을 강조한 의미로 많이 사용되고 있습니다. 일반적으로 기차역은 많은 사람을 대규모로 수송할 수 있는 기차가 만나는 곳입니다. 이러한 원리를 경제학적으로 설명하면, 플랫폼(Platform)이란 대규모의 공급과 대규모의 수요를 연결해 주는 매개체라고 할 수 있습니다.

그림 11-1 기차역을 의미하는 플랫폼

플랫폼에 대한 이해를 돕기 위해 주변에서 쉽게 찾아볼 수 있는 마트를 예로 들어보겠습니다. 마트는 생산자와 소비자를 연결해 주는 브로커와 같습니다. 물론 생산품이 마트에 진열되기까지 수많은 유통 과정을 거쳐야 하지만, 마트는 최종적으로 생산자와 소비자 간의 거래의 장을 제공합니다. 만약 마트가 없다면 생산자와 소비자는 어떤 수고를 해야 할까요? 생산자는 상품을 판매하기 위해 일일이 소비자를 찾아 나서야 할 것이며, 소비자는 생산품을 구하기 위해 동분서주해야 합니다. 따라서 마트의 역할은 생산자와 소비자의 수고를 덜어주면서 효율적으로 가치를 공유할 수 있는 장을 마련해 주는 것입니다. 물론 마트 또한 아무 대가 없이 생산자와 소비자를 연결해 주지는 않습니다. 마트는 생산자의 생산품을 진열해 주고 판매가 이루어지는 조건에 대한 수수료를 받습니다. 수수료는 마트의 지리적 위치 및 규모에 따라 다릅니다.

그림 11-2 상품이 유통되는 과정

플랫폼이 도입되기 전, 기업이 물건을 생산하고 판매했던 전통적인 방법인 **파이프라인(Pipeline)**에 대해 알아봅시다. 파이프라인에서는 상품·서비스의 창출과 이동이 단계적으로 일어나는데 파이프라인의 한쪽 끝에는 생산자가, 반대편 끝에는 소비자가 있습니다. 파이프라인은 제품이나 서비스를 디자인하는 것에서부터 시작합니다. 그런 다음 제품을 제조해서 판매하거나 서비스를 제공하기 위한 시스템이 구동됩니다. 최종적으로 제품이나 서비스를 고객이 구매하면 모든 과정이 종료됩니다. 경우에 따라 고객이 구매한 상품에 대한 유지·보수 서비스가 포함되거나 반품이라는 행위가 동반되기도 합니다. 이와 같이 파이프라인은 간결하면서도 단편적인 형태로 이루어져 왔습니다.

그렇다면 기업은 여전히 파이프라인 방식의 비즈니스를 고수하고 있을까요? 최근 몇 년간 기업의 파이프라인 방식은 플랫폼 구조로 빠르게 변화했습니다. 플랫폼 구조에서는 기업의 상품이나 서비스가 소비자에게 단방향으로 흘러가는 것이 아닌, 다양한 방식으로 가치가 교환되거나 소비됩니다.

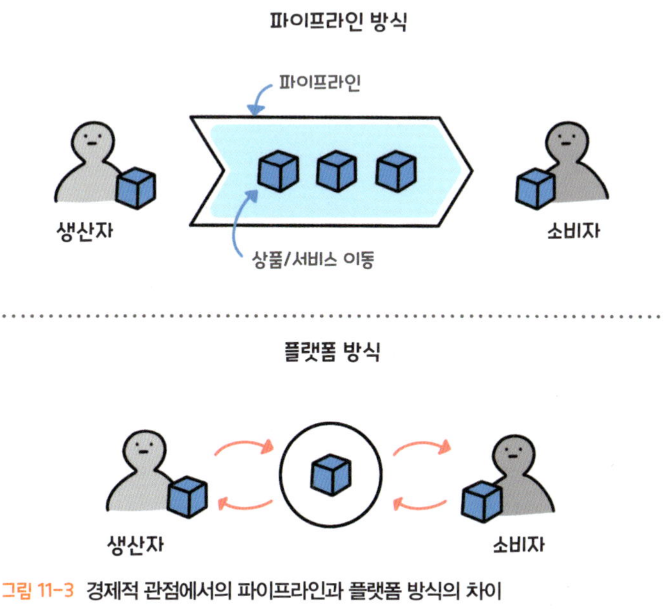

그림 11-3 경제적 관점에서의 파이프라인과 플랫폼 방식의 차이

2 플랫폼의 유형

그렇다면 플랫폼에서는 제품과 서비스가 어떤 방식으로 교환되고 소비될까요? 그 유형에 대해 하나씩 살펴보겠습니다. 플랫폼의 유형은 플랫폼 사업자의 수익 모델에 따라 중개형, 락인(Lock-in)형, 광고형으로 구분할 수 있습니다.

중개형

중개형은 제품이나 콘텐츠를 거래하면서 받는 수수료로 수익을 얻는 비즈니스 모델입니다. 중개형 모델을 채택하는 대표적인 기업이 아마존(Amazon)입니다.

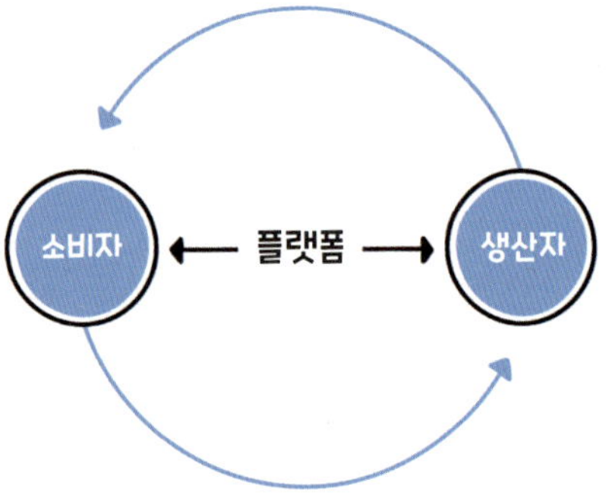

그림 11-4 **중개형 플랫폼**

락인형

락인(Lock-in)형은 이용자들의 충성도를 통해 수익을 창출하는 모델입니다. 대표적으로 마이크로소프트(Microsoft)의 윈도우(Windows)와 애플(Apple)의 맥OS(MacOS)가 있습니다. 이들은 자사 제품의 독점을 통해 수익을 창출하고 있습니다.

그림 11-5 **락인형 플랫폼**

광고형

광고형은 사용자를 확보한 후 광고를 팔아 수익을 창출하는 모델입니다. 대표적으로 구글(Google)과 페이스북(Facebook)이 있습니다.

Google Ads

그림 11-6 **광고형 플랫폼**

3 플랫폼의 특징

플랫폼 선점의 중요성을 이해하기 위해서는 플랫폼의 특징을 먼저 이해해야 합니다. 플랫폼은 국경과 산업에 대한 경계가 없으며, 무엇보다 이해관계자들의 참여가 중요합니다.

경계의 붕괴

플랫폼은 국경에 대한 경계도 없지만 산업 간의 경계도 없습니다. 국내 자동차 기업 중 하나인 현대자동차를 예로 들어보겠습니다. 현대자동차는 국내 자동차 시장의 50% 이상을 점유하고 있습니다. 그렇다면 현대자동차의 경쟁자는 BMW, 벤츠와 같이 해외에서 자동차를 생산하는 동종 기업일까요? 물론 이 기업들도 경쟁자가 맞지만, 또 다른 경쟁자는 IT 기업인 구글입니다. 검색엔진 서비스를 제공하는 구글은 현재 자율주행차 산업에 뛰어들어 시범운행 테스트를 진행하고 있습니다. 향후 자동차 산업은 동종 기업이 아닌, 구글과 같이 새롭게 등장할 기업들과 경쟁해야 합니다.

(a) 현대자동차 제네시스의 G90

(b) 구글의 웨이모

그림 11-7 **현대자동차와 구글의 자율주행차**

이해관계자들의 참여

이용자들의 충성도를 높이는 방법은 일종의 락인(Lock-in) 전략을 이용하는 것입니다. 마이크로소프트의 윈도우를 사용하던 사용자가 애플의 맥OS를 사용하려면 익숙하지 않은 기능들을 새로 학습해야 합니다. 이는 많은 시간을 투자해야 하는 번거로운 작업입니다. 그래서 결국 사람들은 자신에게 익숙한 제품으로 돌아오는 경우가 많습니다. 이것을 '익숙한 것으로의 회귀'라고 합니다. 즉, 플랫폼을 선점한 기업은 이용자들을 자사의 제품에 락인(Lock-in)시킬 수 있으니 이용자들의 충성도를 어렵지 않게 확보할 수 있는 환경을 갖춘 셈입니다.

그림 11-8 **마이크로소프트의 윈도우와 애플의 맥OS**

4 플랫폼 선점의 중요성

플랫폼을 선점했다는 것은 제품 및 서비스에 대한 이해관계자들의 참여가 잘 형성되었다는 뜻입니다. 이는 충성도 높은 고객을 확보했다는 의미이기도 합니다. 즉, 제품 및 서비스에 대한 시장을 점유하는 데 큰 시간과 노력을 들이지 않더라도 이해관계자들이 자발적으로 시장을 형성해 줍니다. 구글, 애플, 아마존, 페이스북, 마이크로소프트와 같은 글로벌 IT 기업들이 인공지능 플랫폼을 선점하기 위해 노력을 기울이고 있는 이유이기도 합니다.

구글, 애플, 아마존, 페이스북, 마이크로소프트와 같은 글로벌 IT 플랫폼 기업을 '테크 자이언트(Tech Giant)'라고 부릅니다.

Section 02

글로벌 기업들의 인공지능 플랫폼

글로벌 IT 기업들의 인공지능 플랫폼(AI Platform) 선점을 위한 경쟁이 치열합니다. 기업들이 인공지능 플랫폼에 집중하는 이유는 인공지능 플랫폼이 차세대 IT 시장을 지배할 것이라는 확신 때문입니다. 또 하나 주목해야 할 것은 아마존, 마이크로소프트, 구글, IBM 모두 클라우드 시장의 강자라는 점입니다. 인공지능 플랫폼을 이용하기 위해서는 대용량의 학습 데이터(빅데이터)를 저장할 공간과 컴퓨팅 파워가 필요한데, 클라우드 컴퓨팅을 이용한다면 제약 없이 인공지능 서비스를 개발할 수 있습니다. 따라서 이 기업들은 인공지능 시장 점유를 위해 자사의 클라우드를 이용하는 전략을 펼치고 있습니다.

1 아마존

온라인 서점에서 시작한 아마존(Amazon)은 취급 상품을 다양화하면서 전자상거래 기업으로 변화하였습니다. 이후, 클라우드 컴퓨팅 서비스인 AWS(Amazon Web Service)를 설립하면서 클라우드 컴퓨팅 시장점유율 70%를 차지하는 기업으로 도약하였습니다. 그리고 이를 발판으로 인공지능 플랫폼에서도 최강자가 되기 위한 기회를 엿보고 있습니다. 아마존은 AWS에 렉스(Lex)라는 인공지능 플랫폼 서비스를 제공하고 있습니다. 아마존 렉스는 음성 인식과 자연어 처리 등의 딥러닝 기술들을 제공하는데, 이를 활용하여 챗봇과 같은 대화형 인터페이스를 갖춘 애플리케이션을 구축할 수 있습니다.

그림 11-9 아마존 렉스

자연어 처리(Natural Language Processing)란 컴퓨터가 인간의 언어를 이해하고 해석하여 컴퓨터와 인간이 상호작용할 수 있도록 돕는 인공지능의 한 분야입니다.

아마존 렉스가 특별한 이유는 두 가지입니다. 첫째, 인공지능에 대한 지식이 없는 사람도 손쉽게 대화형 챗봇을 구현할 수 있습니다. 둘째, 완전 관리형인 소프트웨어 서비스(SaaS) 형태로 제공되므로 인프라에 대한 걱정 없이 서비스를 개발할 수 있습니다. 아마존 렉스를 이용하면 모바일 애플리케이션, 사물인터넷 환경에서의 대화형 서비스, 정보 검색 등의 서비스 개발이 가능합니다.

■ 모바일 애플리케이션

아마존 렉스의 음성 인식이나 자연어 처리 기술을 이용하면 음식 주문이나 티켓 예매와 같은 서비스를 개발할 수 있습니다. 예를 들어, 사용자가 "12일 오후 7시에 영화 2매 예매해 줘!"라고 말로 주문하면 자동으로 영화를 예매해 주는 애플리케이션을 개발할 수 있습니다.

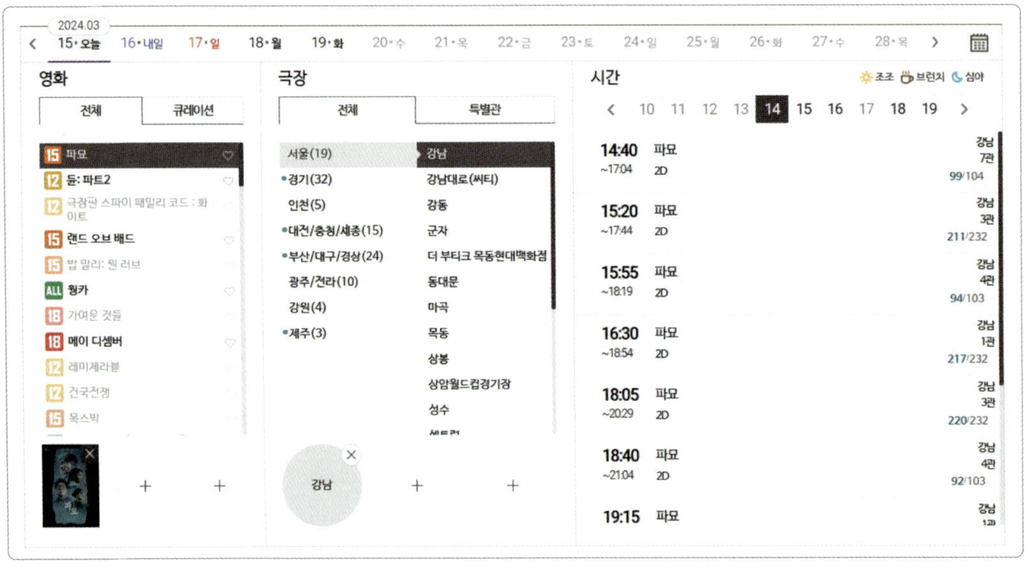

그림 11-10 기존의 모바일 애플리케이션의 예매 방식 : 직접 선택

■ 사물인터넷 환경에서의 대화형 서비스

스마트홈이 갖춰진 주거공간에는 곳곳에 사물인터넷이 부착되어 있습니다. 그래서 사물인터넷을 웨어러블 기기나 모바일과 연결하면 사용자는 다양한 명령을 내릴 수 있습니다. 예를 들어, "집 온도를 낮춰 줘!"라고 명령을 내리면 사물인터넷이 이를 듣고 자동으로 온도를 낮춥니다. 좀 더 지능화된 사물인터넷은 사람의 명령이 있기 전에 알아서 온도와 습도를 조절할 수 있습니다.

그림 11-11 스마트홈의 서비스

■ 정보 검색

기업마다 목적은 다르겠지만 정보의 축적은 기업의 기본적인 숙명입니다. 기업은 축적된 정보를 이용하여 생산성을 증대시켜야 하는데 이때 중요한 것이 정보 검색입니다. 챗봇(아마존 렉스)을 이용한다면 별도의 검색엔진을 개발하지 않고도 정보를 검색할 수 있습니다.

그림 11-12 챗봇을 이용한 정보 검색

이처럼 아마존 렉스를 이용하면 광범위한 서비스 개발이 가능합니다. 그래서 아마존의 인공지능 플랫폼은 가정뿐만 아니라 기업에서도 활용할 수 있으며, 앞으로 출시될 모든 애플리케이션에도 활용할 수 있습니다. 즉, 아마존의 인공지능 플랫폼이 생활 곳곳에 스며들어 서비스 범위가 점차 넓어질 것이며, 그럴 때마다 아마존은 더 큰 수익을 창출하게 될 것입니다. 이러한 이유로 아마존은 인공지능 플랫폼 사업에 계속 주력할 것입니다.

2 마이크로소프트

마이크로소프트(Microsoft)가 인공지능 기업으로 도약한 계기는 오픈AI에 대한 투자에서 시작되었습니다. 2019년 마이크로소프트는 오픈AI에 10억 달러를 투자하며 파트너십을 시작했습니다. 이후 챗GPT를 포함한 오픈AI의 서비스는 마이크로소프트의 클라우드인 애저(Azure)에서도 서비스되고 있습니다. 즉, 오픈AI와 마이크로소프트가 동일한 모델을 각각 서비스하고 있는 것입니다.

OpenAI Microsoft

그림 11-13 오픈AI와 마이크로소프트

한 단계 더 나아가 마이크로소프트는 자사의 클라우드 서비스에 챗GPT(정확히는 GPT-4)를 내장시켜 코파일럿(Copilot)이라는 이름으로 서비스하고 있습니다. 우리가 흔히 사용하는 오피스의 공식 명칭인 '마이크로소프트 365'에 챗GPT를 내장시켜 '마이크로소프트 365 코파일럿'이라는 이름으로 서비스하고 있습니다.

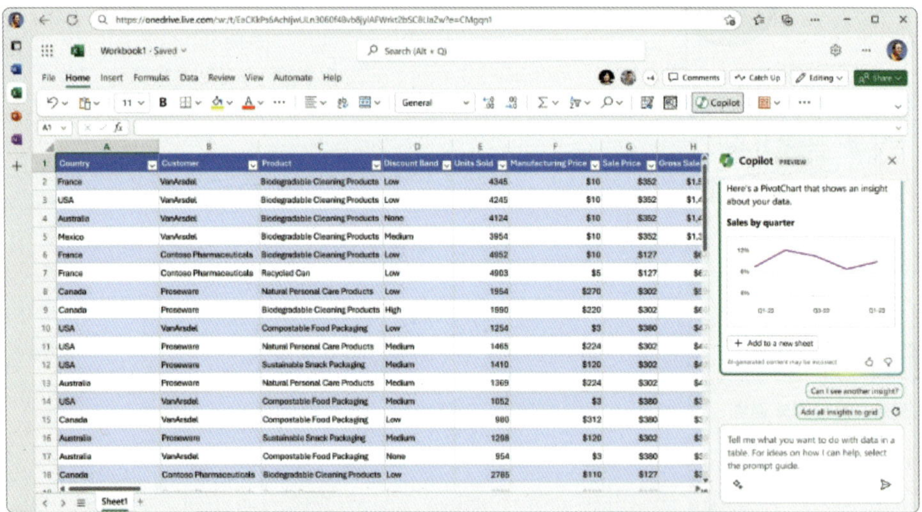

그림 11-14 마이크로소프트 365 코파일럿

이렇게 인공지능 회사로 자리매김한 마이크로소프트는 오픈AI 서비스를 활용하는 것에 그치지 않고 직접 인공지능 모델을 개발하였는데, 그것이 바로 '코그니티브 서비스(Cognitive Service)'입니다. 이를 통해 언어, 음성, 추천 서비스 등 다양한 모델을 애저(Azure)에서 서비스하고 있습니다.

그림 11-15 마이크로소프트 코그니티브 서비스

3 구글

구글(Google)은 알파고(AlphaGo)로 자신들의 인공지능 기술력을 널리 알린 이래, 그 주요 기술을 구글 클라우드 플랫폼(Google Cloud Platform, 이하 GCP)에 탑재하여 서비스로 제공하고 있습니다. 구글은 GCP에서 개발자들이 데이터 전처리, 데이터 분석, 데이터 시각화까지 전 단계를 다룰 수 있는 '클라우드 인공지능 플랫폼 파이프라인'을 제공합니다.

인공지능 플랫폼 파이프라인은 GCP에서 머신러닝과 딥러닝 워크플로(Workflow)를 구축하고 실행할 수 있는 환경입니다. 또한 구글은 코랩(Colab)이라는 주피터 노트북(Jupyter Notebook) 서비스도 제공합니다. 딥러닝 분야는 수학적 연산이 많아서 컴퓨터 성능이 중요한데, 코랩을 사용하면 구글 클라우드의 서버를 무료로 활용할 수 있습니다. 구글이 자신들의 클라우드 서버 자원을 무료로 배포하는 이유는 역시 고객 확보 때문이라고 할 수 있습니다. 무료 버전을 통해 자사 제품의 우수성을 홍보하면서 자연스럽게 유료 버전으로 사용자를 유도할 수 있습니다.

그림 11-16 GCP에 기반한 구글 클라우드 플랫폼

4 IBM

IBM에서 개발한 왓슨x(watsonx)는 비즈니스 중심의 인공지능 플랫폼입니다. 이 플랫폼은 기업이 자신의 데이터를 활용하여 인공지능 솔루션을 쉽게 구축·확장·관리할 수 있도록 설계되었습니다. 따라서 다음과 같은 요소들로 구성되어 있습니다.

- 인공지능 모델 훈련과 배포를 돕는 watsonx.ai
- 데이터 분석 및 인공지능 작업을 위한 watsonx.data
- 인공지능 워크플로우의 거버넌스를 지원하는 watsonx.governance

또한 왓슨x는 고객 서비스, HR, 코드 개발 등 다양한 비즈니스 분야에 적용할 수 있는 장점이 있습니다.

그림 11-17 왓슨x

마이크로소프트나 구글이 기업(B2B)과 일반 사용자(B2C) 모두를 대상으로 마케팅을 하는 것과 달리, IBM은 주로 기업을 대상으로 판매 전략을 세웠다는 점에서 차이가 있습니다.

Section 03

국내 인공지능 플랫폼

해외 사례를 통해 인공지능 플랫폼을 구축하려면 클라우드 컴퓨팅 서비스가 필요하다는 것을 확인했습니다. 국내에도 인공지능 플랫폼 사업을 위해 클라우드 플랫폼을 강화하는 기업들이 있는데, 자세히 살펴보겠습니다.

1 인공지능 플랫폼을 위한 클라우드 컴퓨팅 서비스

사실 국내 클라우드 시장은 아마존의 AWS와 마이크로소프트의 애저 등 글로벌 기업에 주도권이 넘어갔다고 해도 과언이 아닙니다. 그래서 삼성SDS, LG CNS, SK와 같은 국내 주요 IT 서비스 기업들이 선택한 전략은 '경쟁'이 아닌 '협력'입니다. 아마존이나 마이크로소프트와 정면 승부를 하는 것이 아니라 고객들이 AWS, 마이크로소프트, 구글의 GCP의 서비스를 잘 활용할 수 있도록 돕는 컨설팅 비즈니스로 활로를 찾고 있습니다.

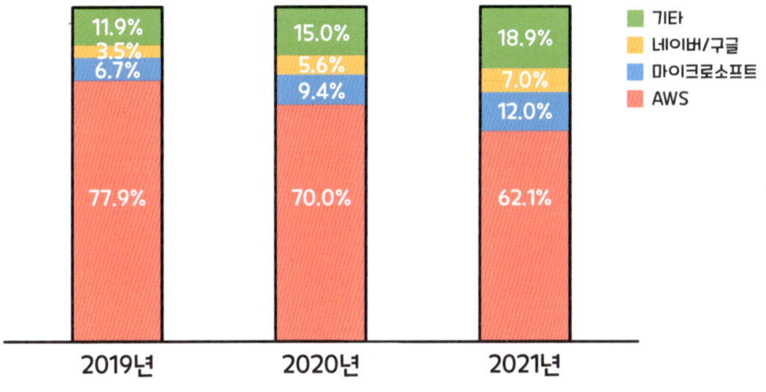

그림 11-18 국내 클라우드 시장 현황 © 공정거래위원회

하지만 국내에서도 클라우드 서비스 시장을 확보하기 위한 움직임이 없는 것은 아닙니다. 가장 활발히 움직이고 있는 대표적인 기업이 바로 네이버와 카카오입니다. 두 회사 모두 상당한 물량을 데이터센터에 쏟아부으며 클라우드 사업에 본격적으로 뛰어들었습니다. 그렇다면 네이버와 카카오는 왜 클라우드 사업에 뛰어든 것일까요? 전략컨설팅 회사인 맥킨지(McKinsey)의 조사에 따르면,

2030년에는 전 세계 70%의 기업이 인공지능을 활용할 것이며 전 세계 GDP에 기여하는 금액이 13조 달러(약 1경 4,044조 원)에 달할 전망이라고 보고 있습니다. 즉, 인공지능에 돈이 몰린다는 이야기입니다. 그래서 인공지능 관련 수익을 얻기 위해서는 클라우드 컴퓨팅 기반의 서비스가 필수적입니다.

표 11-1 **네이버와 카카오의 클라우드 데이터센터 비교**

구분	네이버	카카오
설립 연도	1호(2016년) 2호(2023년)	1호(2023년) 2호(2026년 예정)
위치	강원도 춘천시, 세종특별자치시	경기도 안산시
규모	하이퍼스케일	하이퍼스케일
관련 사업 분야	인프라 서비스(IaaS) 소프트웨어 서비스(SaaS) 플랫폼 서비스(PaaS)	인프라 서비스(IaaS) 소프트웨어 서비스(SaaS) 플랫폼 서비스(PaaS)

2 국내 인공지능 플랫폼 현황

국내 인공지능 플랫폼 시장은 이미 해외 기업에 잠식당하고 있지만, 국내 기업들의 틈새시장 공략도 치열합니다.

클라우드 기반의 인공지능 플랫폼 서비스

클라우드 사업에 전략적인 투자를 아끼지 않는 네이버와 카카오는 인공지능 플랫폼 사업에도 뛰어들었습니다. 현재 네이버는 네이버 클로바(Naver Clova), 카카오는 카카오미니(Kakao Mini)라는 인공지능 플랫폼을 보유하고 있습니다. 이는 아마존 알렉사(Alexa)와 유사한 플랫폼이며 자연어 처리, 음성대화, 이미지 처리, 컴퓨터 비전, 추천 서비스 등의 다양한 인공지능 기술을 제공합니다.

(a) 네이버 클로바 (b) 카카오미니

그림 11-19 **국내 인공지능 플랫폼**

카카오는 네이버와 다르게 B2B시장을 먼저 공략하고 있습니다. 현대자동차와 협력하여 차량 인포테인먼트(Infortainment) 시스템에 인공지능 플랫폼 카카오 아이(Kakao i)를 공급하기도 했습니다.

정리하면 국내의 인공지능 플랫폼은 대체로 음성 인식과 자연어 처리를 주력으로 하고 있습니다. 하지만 이 기술을 사용하는 인공지능 스피커 시장도 해외 기업에 밀리고 있는 상황입니다. 국내 내수 시장에만 의존하는 인공지능 플랫폼 사업을 세계적으로 확장할 수 있는 전략이 필요한 시점입니다.

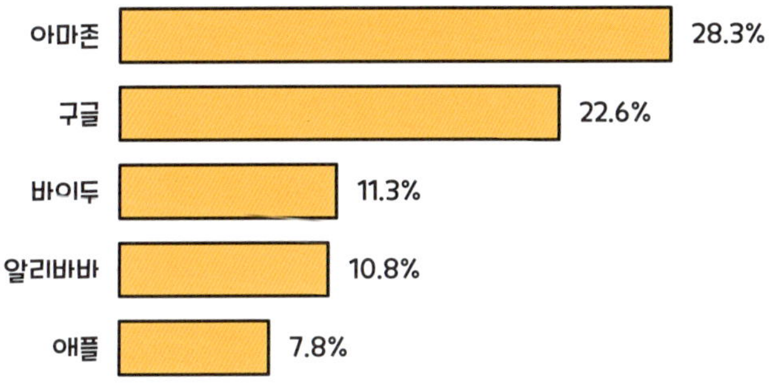

그림 11-20 스마트 스피커의 글로벌 시장점유율(2020년 4분기) © 스트래티지애널리틱스

국내 주요 IT 서비스 업체들의 인공지능 전략

삼성SDS, LG CNS, SK와 같은 국내 주요 IT 서비스 기업들의 전통적 매출은 인건비였습니다. 즉, 프로젝트를 수주해 인프라 시스템과 인력을 공급하는 방식의 비즈니스였습니다. 하지만 인프라 시스템이 클라우드로 넘어가고, 인공지능과 같은 신기술의 필요성이 부각되면서 전통적인 비즈니스에 대한 변화가 필요해졌습니다.

삼성SDS의 경우는 대화형 인공지능 플랫폼인 브리티(Brity)를 출시했습니다. 브리티는 대화를 통해 실적 조회 등 사용자의 업무를 지원하는 지능형 비서입니다. 이후, 기업용 인공지능 플랫폼인 브라이틱스 AI(Brightics AI)를 선보이며 인공지능 비즈니스 기업으로 탈바꿈하고 있습니다.

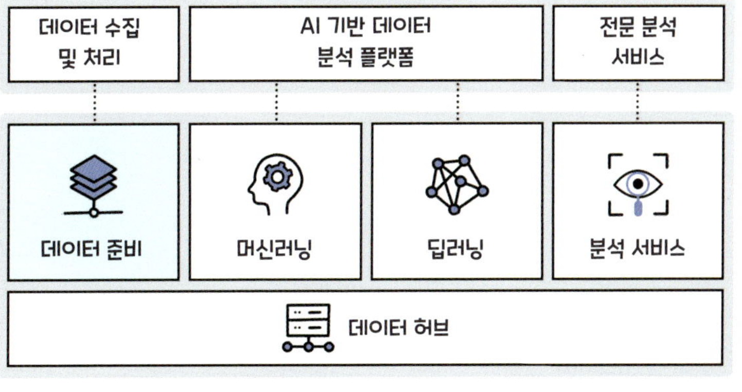

그림 11-21 삼성SDS의 브라이틱스 AI

LG CNS는 멀티 클라우드 기반의 인공지능 빅데이터 플랫폼 DAP(Data Analytics & AI Platform)를 출시했습니다. DAP는 데이터 수집부터 분석까지 손쉽게 처리하여 누구나 인공지능 서비스를 개발할 수 있도록 돕는 솔루션입니다.

SK는 최근 생성형 AI 경쟁에 합류했습니다. 인사, 재무, 회계 등 직무 영역별 인공지능 서비스를 구성하여 '마이챗'이라는 채팅 서비스에 탑재하여 서비스하고 있습니다.

중소기업의 인공지능 플랫폼

국내 중소기업 중에서 인공지능 플랫폼 사업에 뛰어든 업체는 솔트룩스(Saltlux)입니다. 오랫동안 인공지능 관련 기술을 개발해 온 솔트룩스는 인공지능 플랫폼 아담(ADAMs)을 출시했습니다. 아담은 출시 당시 도서 60만 권 분량의 자료를 학습해 2천만 가지 주제의 질문에 답할 정도로 높은 기술력을 보여주었으며, 현재는 '솔트룩스 AI 클라우드'로 서비스 이름을 변경했습니다.

뤼튼(wrtn)은 '생성형 AI 메가 플랫폼'을 보유하고 있습니다. 메가 플랫폼의 핵심은 LLM 큐레이션으로 사용자의 질문에 가장 적합한 LLM을 자동으로 연동하는 서비스입니다.

그러나 솔트룩스와 뤼튼의 기술은 플랫폼이라기보단 솔루션에 가깝습니다. 플랫폼이 '규모의 경제'에 의존적이다 보니 중소기업들이 플랫폼 기반의 서비스를 제공하기에는 장애물이 많은 편입니다. 따라서 단독으로 인공지능 플랫폼 사업에 뛰어드는 것보다 뛰어난 플랫폼 인프라를 갖추고 있는 기업들과 협업하는 전략도 고려해 보아야 합니다.

LLM(Large Language Models)은 대규모 언어 모델이라고 부르며, 주어진 프롬프트에 대해 인간과 유사한 응답을 생성하기 위해 방대한 양의 텍스트 데이터로 훈련된 고급 인공지능 모델입니다.

Section 04 인공지능 서비스

인공지능 서비스(AI Service)는 인공지능 기술을 이용하여 사람들에게 제공되는 서비스입니다. 인공지능 서비스에 관해서는 앞에서 많이 언급했기 때문에 그동안 언급되지 않았던 서비스 위주로 설명하겠습니다.

1 무인 스토어

미국의 경제 전문 미디어그룹 블룸버그(Bloomberg)의 보고서에 따르면 아마존(Amazon)은 2021년까지 아마존고(Amazon Go) 매장을 3,000개로 늘릴 계획이며, 이를 통해 연간 45억 달러(약 5조 원)의 수익을 올릴 것으로 기대한다고 발표한 바 있습니다. 하지만 예상과 다르게 고전을 면치 못했지만 아마존고가 시사하는 바는 큽니다. 아마존고가 현재와 같은 '무인편의점' 시장의 가능성을 검증해 주었기 때문입니다.

아마존고의 핵심은 무인결제이지만 무인결제가 오프라인 시장의 전략이 될 수는 없습니다. 무인결제는 경쟁사도 언제든지 도입할 수 있기 때문입니다. 아마존이 오프라인 매장에 진출하는 목적은 고객의 데이터 수집입니다. 오프라인 매장을 이용하는 소비자가 어떤 제품을 살펴보고 구매하는지, 어떤 제품을 사려다가 포기하는지에 대한 모든 패턴을 데이터화할 수 있기 때문입니다. 이렇게 모아서 분석한 데이터는 향후 신제품 개발에 사용되거나 온라인 매장에서 활용될 수 있습니다.

그림 11-22 아마존고

국내에서 가장 먼저 무인 스토어를 도입한 분야는 편의점입니다. 이마트24, GS25, 세븐일레븐은 일부 매장을 대상으로 무인 스토어를 시범 운영하고 있습니다. 편의점 입구에서 애플리케이션 인증을 하면 물건을 밖으로 들고나오는 순간 자동결제가 됩니다. 매장 곳곳에 CCTV와 무게 변화를 감지하는 센서가 설치되어 있어, 편의점 내부에서 음식을 섭취하더라도 결제가 누락되는 경우는 없습니다.

그림 11-23 **이마트24 무인 스토어**

무인 스토어가 점차 확대되면서 '효율성'과 '인간의 일자리 위협' 측면에서 많은 이슈가 생기고 있지만 이와 무관하게 무인 스토어는 점차 확산될 전망입니다.

2 AI 배송

배송 시스템의 경우 현재는 사람에 의존하고 있지만 점차 로봇이 배송하는 시스템으로 변화할 것입니다.

실제로 GS리테일은 스마트폰으로 주문받은 상품을 인공지능이 탑재된 로봇이 직접 배송해 주는 서비스를 선보였습니다. 그 과정은 다음과 같습니다. 먼저 고객은 '카카오톡 주문하기'를 통해 GS25 상품을 주문합니다. 고객이 주문을 완료해 정보가 GS25 점포로 전달되면 점포 근무자가 로봇에 상품을 적재하고 고객의 연락처와 목적지를 입력합니다. 이후 로봇은 카메라 모듈을 통해 목적지까지 최단 거리로 자율주행합니다. 목적지에 도착한 로봇은 고객 휴대폰으로 직접 전화를 걸어 상품이 도착했음을 안내하고 상품 수령 시 필요한 비밀번호를 문자메시지로 발송합니다. 고객은 로봇의 모니터에 비밀번호를 입력하고 잠금장치를 해제한 후 상품을 최종 수령합니다.

그림 11-24 GS25 배송로봇

해외에서는 더 많은 배송로봇이 개발·출시되고 있습니다. 대표적인 배송로봇은 도미노피자의 뉴로 R2입니다. 2018년 초에 공개된 뉴로 R1은 현재 R2로 업그레이드가 된 상태이며, 고객이 피자를 주문하면 뉴로 R2가 피자를 싣고 고객 집까지 배달합니다.

그림 11-25 도미노 로보틱스 뉴로

국내의 경우 배달의민족에서 '딜리(Dilly)'라는 로봇이 배송을 합니다. 딜리는 66×53×37(cm) 크기로 배달 로봇들 중에서 가장 작지만 4m/s 빠른 속도로 좁은 공간에서 흔들림 없이 이동할 수 있습니다. 또한 사물인터넷(IoT) 연동을 통해 고층 건물 보안문을 통과하거나 엘리베이터 승하차도 가능합니다.

그림 11-26 배달의민족 배송로봇 딜리

하지만 배송로봇이 상용화되는 데는 도난이라는 큰 걸림돌이 있습니다. 배송로봇의 크기와 무게로 인해 건장한 성인으로부터 배송 물품을 쉽게 도난당할 수 있기 때문입니다. 그래서 기술적 개발과는 무관하게 상용화가 더디게 진행되고 있습니다. 또 다른 한계는 이동지역이 제한적이라는 것입니다. 배송로봇은 주로 바퀴로 움직이기 때문에 계단을 오르거나 높은 턱을 넘을 수 없습니다. 이러한 문제들로 인해 각광받고 있는 또 다른 배송로봇이 드론(Drone)입니다.

미국 연방항공청(FAA, Federal Aviation Administration)은 드론을 통해 헬스 메디컬 센터에 의료용품 및 보호 장비를 배송할 수 있도록 허용하였습니다. 미국은 조종사 시야를 벗어나는 드론 비행을 원칙적으로 금지하고 있지만, 이례적으로 드론 배송을 허용하면서 향후 드론 배송 서비스의 활성화를 기대하고 있습니다. 구글 드론 계열사 윙(Wing)도 상업용 드론 배송 서비스를 시작했습니다. 윙은 2019년 업계 최초로 FAA로부터 드론을 이용한 항공 배송 인증을 획득하여, 비행 반경 4마일(약 6.4km) 내 드론 배송 서비스를 개시했습니다. 또한 최근에는 최대 2.26kg의 화물을 시속 105km로 배달할 수 있는 대형 드론을 선보이기도 했습니다.

그림 11-27 **구글 드론 윙**

3 AI 헬스케어

인공지능이 의료 데이터를 모으고 질병을 분석·진단하는 시대가 다가오고 있습니다. 의료영상 처리 소프트웨어 기업 메디컬아이피(Medical IP)는 CT, MRI 등 흑백 2D로 확인하던 기존 의료영상을 인공지능 기반 3차원 컬러로 구현한 메딥(MEDIP)을 출시했으며, 현재는 메딥의 발전된 형태인 '메딥프로(MEDIP PRO)'를 서비스하고 있습니다. 메딥프로는 의료영상을 각 장기 및 병변 영역 등으로 분할하여 인공지능에 학습시키고, 이를 통해 컬러 3D 영상으로 인체 내부 정보를 표현합니다.

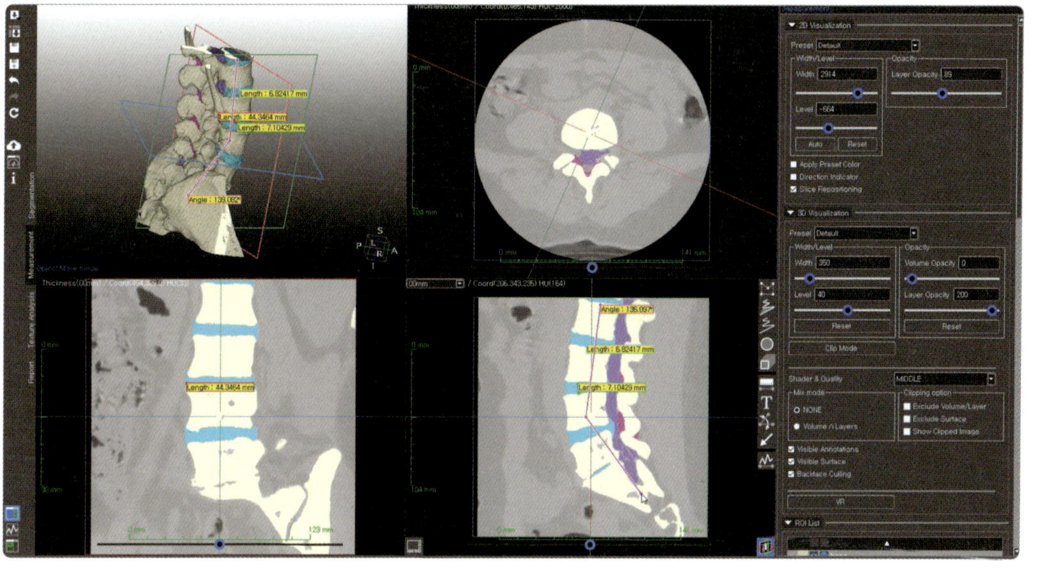

그림 11-28 **메딥**

AI 의료 스타트업 루닛(Lunit)은 흉부 엑스레이 영상을 인공지능에 학습시켜 기존 엑스레이 진단보다 폐암 진단 정확도를 14%나 끌어올리는 기술을 개발했습니다. 루닛은 중국 알리바바(Alibaba)와 손잡고 중국 시장에 진출해 활발하게 서비스를 제공하고 있습니다. 그런데 국내에서는 루닛이라는 기업 이름을 들어본 적이 별로 없을 것입니다. 인공지능이 의료에 접목되었다는 사례도 들어본 적이 많지 않을 것입니다. 기술력을 갖춘 스타트업이 국내 시장을 포기하고 중국을 선택한 것은 단순히 중국의 시장성 때문일까요?

미국 보건의료정보관리시스템협회(HIMSS)의 설문조사에 따르면, 조사에 응답한 미국 의료기관의 60%가 백업과 재해 복구를 위해 클라우드를 사용하고 있으며 핵심 임상 애플리케이션 및 데이터 플랫폼을 클라우드로 구축하고 있다고 답하였습니다. 그렇다면 국내는 어떨까요? 국내에서도 응급의료 데이터를 5G 기반으로 통합하고 연계·분석해 인공지능 학습이 가능한 클라우드 플랫폼 구축을 계획하고 있습니다. 하지만 유연한 클라우드 환경을 활용해 다기관 의료 데이터를 공유하기에는 여전히 장벽이 높습니다. 최근 원격의료가 활성화되는 추세이기는 하지만 개인 의료정보 활용에 제약이 많기 때문입니다.

또한 빅데이터를 저장하고 딥러닝을 이용하여 데이터를 분석하려면 컴퓨팅 파워가 필요하다고 하였습니다. 이 조건을 충족시키는 것이 클라우드입니다. 자체적으로 컴퓨팅 파워가 좋은 시스템을 구축할 수도 있지만 스타트업은 인프라 투자도 부담스러운 경우가 많아 클라우드를 많이 사용합니다. 최근 규제가 완화되긴 했지만, 국내의 경우 클라우드에서 의료 데이터를 활용하기 위해서는 여전히 제약이 많습니다.

반면에 인공지능 네거티브 정책을 펼치고 있는 중국은 어떨까요? 의료 분야에서 빅데이터와 인공지능의 활용은 의료 시스템 구축, 기관 운영, 임상 연구 개발, 진단·치료 등 다양한 면에서 큰 도움이 됩니다. 중국은 의료 빅데이터를 최대한 활용하기 위해 정부 차원에서 50여 개의 강령 및 의견을 내놓았으며, 이는 웨어러블 기기와 인공지능 발전의 토대가 되었습니다. 우리나라도 기술의 발전과 국민의 의료 혜택을 위해 관련 법률을 완화할 필요가 있습니다.

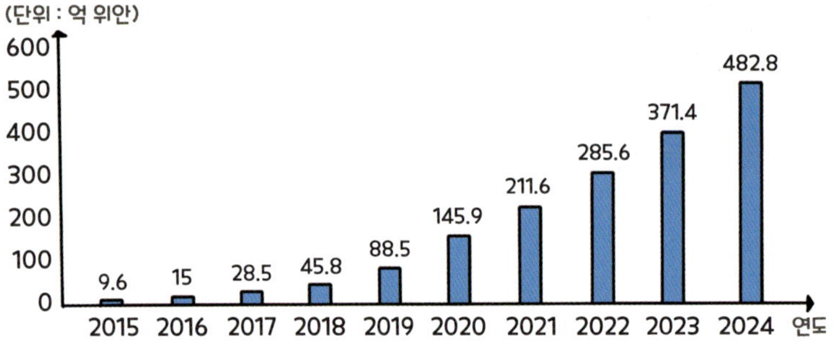

그림 11-29 **중국의 의료 빅데이터 시장의 규모** © 즈옌컨설팅

4 AI 호텔

인공지능에 의해 운영되는 호텔 또한 이미 시행 중에 있습니다. 아래의 사례는 AI 호텔 서비스 이용 과정을 나열해 본 것입니다.

회사원 A씨는 여름휴가를 위해 다양한 호텔을 검색해 본 결과, B 호텔이 가장 마음에 들었습니다. 그래서 B 호텔에 대한 정보를 좀 더 수집하기 위해 사용자들의 의견을 찾아보았지만, 만족할 만한 정보를 얻지 못했습니다. 그래서 증강현실(AR)과 가상현실(VR) 서비스를 통해 객실을 먼저 체험해 높은 만족도를 얻었고, 실제로 예약을 하게 됩니다. B 호텔에 도착한 A씨는 키오스크를 통해 체크인하고 사전에 스마트폰에 설치한 B 호텔의 애플리케이션(디지털 키)으로 객실을 이용합니다. 객실 이용 중 몇 가지 용품을 추가 요청하였더니 로봇이 배달해 주었으며, 객실 내 온도 조절을 위해 음성으로 명령하였습니다.

증강현실(AR, Augmented Reality)은 현실에 3차원 가상 이미지를 겹쳐 하나의 영상으로 보여주는 기술입니다. 가상현실(VR, Virtual Reality)은 컴퓨터가 만든 가상공간 안에서 주변을 인식하는 동적 기술과 디스플레이를 활용해, 사람의 오감을 자극하여 현실과 유사한 체험을 가능케 하는 기술입니다.

국내에서는 KT와 현대로보틱스가 호텔로봇인 엔봇(Nbot)을 선보인 바 있습니다. 엔봇은 공간매핑, 자율주행 등 정보통신기술을 활용해 호텔 투숙객이 수건, 생수 등 편의용품을 요청하면 객실로 배송해 줍니다.

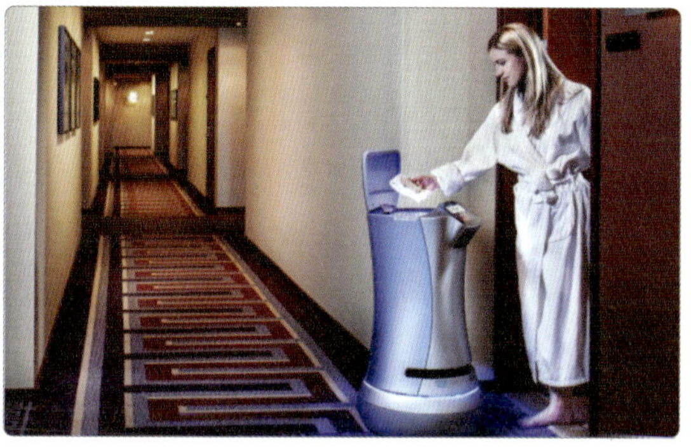

그림 11-30 AI 호텔 서비스

5 시니어케어 AI

우리나라는 2025년 내에 65세 이상의 고령 인구가 총 인구의 20%를 훌쩍 넘는 초고령사회로 진입할 것이라고 합니다. 선진국 중에는 이미 초고령사회에 접어든 국가가 많습니다. 그래서 국내외 많은 기업들이 시니어 맞춤형 서비스를 위한 시니어케어 AI를 출시하고 있습니다.

국내에서는 SKT가 AI 스피커 누구(NUGU)를 활용한 'AI 돌봄' 서비스를 운영하고 있습니다. 노년층(이후 시니어)을 대상으로 24시간 고품질 노인복지 서비스를 제공합니다. 스피커를 통해 수집된 시니어의 상태를 모니터링하여 이상 징후가 감지되면 심리상담사에게 연락하여 방문조치할 수 있도록 돕습니다.

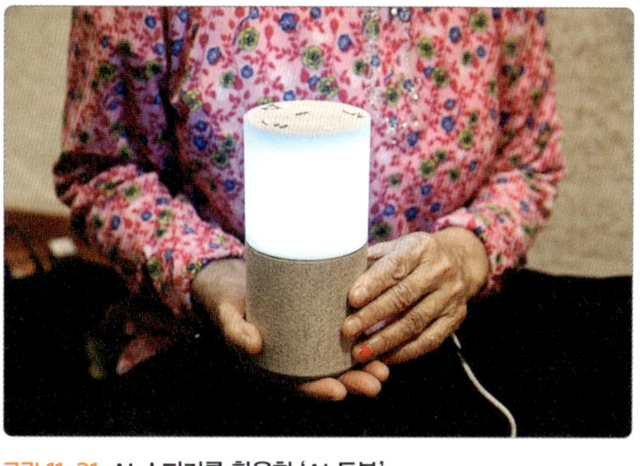

그림 11-31 AI 스피커를 활용한 'AI 돌봄'

해외의 경우에는 다양한 시니어케어 사례들이 많습니다. 2014년 설립된 미국의 케어 엔젤(Care Angel)은 2016년에 세계 최초로 음성 인식 인공지능을 '시니어 돌봄 서비스'에 접목한 사업을 시작했습니다. 케어 엔젤의 음성 인식 인공지능은 매일 아침, 점심, 저녁에 시니어의 집으로 전화해 취침상태, 건강상태, 약 복용 여부, 안부 등에 관한 질문을 합니다. 그리고 대답하는 시니어의 목소리 상태를 인식하여 리포트를 작성하고 가족이나 주치의의 스마트폰으로 전달합니다.

또 다른 사례는 이스라엘의 에코케어테크놀로지스(EchoCare Technologies)가 개발한 에코케어(Echocare)입니다. 시니어가 집에서 안전하게 거주하고 있는지 모니터링해, 응급상황 발생 시 가족이나 의료진에게 자동으로 알려주는 응급안전서비스를 제공하고 있습니다. 이 서비스를 받기 위해서는 에코케어 시스템이라고 하는 센서를 집안에 설치해야 합니다. 센서를 통해 시니어의 건강상태를 확인하고 응급상황을 가족이나 의료진에게 알릴 수 있습니다. 이 모든 것이 가능한 이유는 사물인터넷, 빅데이터, 머신러닝 등과 같은 기술들이 적용되었기 때문입니다.

그림 11-32 **에코케어**

6 반려로봇

반려로봇은 센서와 인공지능 기술을 이용하여 사람을 인식하고 반응함으로써 인간의 동반자로서의 역할을 수행하는 로봇입니다. 기존의 로봇이 단순 작업을 대신하는 편리함을 제공했다면 반려로봇은 인간의 정신적·심리적 안정을 돕는 역할을 합니다.

반려로봇의 대표적인 예는 일본의 파로(Paro)입니다. 파로는 일본 산업기술종합연구소(AIST)의 타카노리 시바타(Takanori Shibata) 박사가 개발한 물개 모양의 로봇으로, 기네스북에 최초의 심리치료 로봇으로 등재되어 있습니다. 로봇의 표면은 부드러운 인공 항균 털로 덮여 있어 사람이 손으로 쓰다듬거나 만지면 실제 애완동물을 만지는 것 같은 촉감을 느낄 수 있습니다. 또한 사람의 행동에 따라 다양한 반응을 보이는데 이 과정에서 사람은 심리적 안정을 얻을 수 있습니다. 이외에도 시각 센서를 통해 사람과 주변 환경을 인식할 수 있고, 촉각 센서를 통해 만져지거나 들어 올려지는 것을 느낄 수 있습니다. 또한 오디오 센서를 통해 소리의 방향을 인식하고 음성을 통한 이름, 인사, 칭찬 같은 간단한 단어들에 반응할 수 있습니다.

그림 11-33 **반려로봇 파로**

국내에서도 한국의 스타트업 토룩(Torooc)이 리쿠(LIKU)를 선보였습니다. 파로처럼 인공지능을 기반으로 하며, 센서를 이용하여 주변의 정보를 수집한 후 반응합니다. 리쿠는 사람의 표정과 목소리 톤으로 그 사람의 감정을 판단하고 적절한 반응을 합니다. 즉, 사람과 소통하는 과정에서 감정 표현이 가능한 자율형 로봇입니다.

그림 11-34 **반려로봇 리쿠**

LAB AI를 이용하여 보고서를 만든다! : 챗GPT

전공이 무엇이든 과목마다 빠지지 않는 것이 과제입니다. 특히 보고서 관련된 과제가 많은데, 이때도 인공지능을 활용할 수 있습니다. 챗GPT를 이용하여 보고서를 쉽게 쓰는 방법에 대해 알아봅니다.

실습

01 https://chat.openai.com/에 접속하면 챗GPT 웹사이트가 열립니다. 챗GPT 입력 박스에 다음과 같은 문장을 입력하고 Enter를 누릅니다.

> 생성형 AI 보고서 작성을 위한 목차를 작성해줘

02 다음과 같이 챗GPT가 목차를 작성합니다. 해당 내용을 워드에 붙여 넣은 후 보고서의 방향에 맞게 목차를 수정하면 됩니다.

> **나**
> 생성형 AI 보고서 작성을 위한 목차를 작성해줘
>
> **ChatGPT**
> 생성형 AI 보고서를 작성할 때 참고할 수 있는 목차를 아래와 같이 제안해 드립니다:
>
> 1. **서론**
>   - 연구 배경
>   - 연구 목적
>   - 연구의 중요성
> 2. **문제 정의**
>   - 연구 범위 및 제한 사항
>   - 연구 질문들
>   - 연구 대상 데이터 및 자료
> 3. **연구 방법론**
>   - 데이터 수집 방법
>   - 데이터 전처리 과정
>   - 모델 설계 원칙
>   - 학습 및 평가 방법

03 이번에는 각 목차별 본문을 작성하겠습니다. '연구 목적'에 대한 내용 작성을 요청합니다. 해당 내용을 워드에 붙여 넣은 후 내용을 수정합니다. 이러한 방식으로 보고서를 완성할 수 있지만, 자신이 작성하려는 주제에 맞게 반드시 수정해야 합니다.

나
'연구 목적'에 대한 내용을 작성해줘

ChatGPT
연구 목적 섹션은 연구가 왜 진행되었는지와 그 목표가 무엇인지를 명확히 설명하는 부분입니다. 보통 다음과 같은 내용을 포함할 수 있습니다:

1. **연구 배경 소개**: 연구 주제의 중요성이나 필요성에 대한 개관을 제공합니다. 예를 들어, 생성형 AI 기술이 어떻게 발전해왔는지, 현재의 적용 분야는 무엇인지에 대해 논의할 수 있습니다.
2. **연구의 목적 명시**: 연구가 해결하고자 하는 주요 문제나 질문을 구체적으로 서술합니다. 예를 들어, "본 연구의 목적은 생성형 AI 모델을 활용하여 특정 작업을 자동화하거나 개선하는 것입니다."
3. **연구의 기대 효과**: 연구 결과가 기여할 수 있는 가치나 기대되는 혜택에 대해 논의합니다. 예를 들어, "본 연구는 생성형 AI의 성능을 향상시키고, 새로운 응용 가능성을 탐구함으로써 해당 분야에 혁신적 기여를 할 것으로 기대됩니다."
4. **연구의 특정 목표 설정**: 연구 과정에서 달성하고자 하는 구체적인 목표나 하위 목표를 명시합니다. 예를 들어, "본 연구에서는 생성형 AI 모델의 정확도를 향상시키기 위해 특정 데이터셋을 기반으로 다양한 실험을 수행할 계획입니다."

이 정보들을 포함하여 '연구 목적' 섹션을 구성하면, 연구의 전반적인 목표와 중요성을 명확하게 독자에게 전달할 수 있습니다.

응용

01 챗GPT를 활용하여 '중세시대와 현대의 패션에 대한 차이점'에 대한 보고서를 작성해 보세요.

02 토론 작성한 보고서를 기반으로 각 보고서에 어떤 차이점이 있고, 왜 그러한 결과가 나왔는지 토론해 보세요.

요약

01 플랫폼은 대규모의 공급과 수요를 연결해 주는 매개체입니다.

02 플랫폼이 등장하기 이전에는 기업이 물건을 생산하고 판매하기 위해 고객에게 일방적으로 정보를 전달하는 파이프라인 방식을 사용했습니다.

03 플랫폼의 유형은 플랫폼 사업자의 수익 모델에 따라 중개형, 락인형, 광고형으로 구분할 수 있습니다.

- 중개형 : 제품이나 콘텐츠를 거래하면서 받는 수수료로 수익을 얻는 비즈니스 모델입니다.
- 락인형 : 자사 제품의 판매를 극대화하여 수익을 창출하는 모델입니다.
- 광고형 : 사용자를 확보한 후 광고를 팔아 수익을 창출하는 모델입니다.

04 플랫폼의 특징으로는 경계(국경과 산업)의 붕괴와 이해관계자들의 참여가 있습니다.

05 구글, 애플, 아마존, 페이스북, 마이크로소프트와 같은 글로벌 IT 기업들이 인공지능 플랫폼을 선점하기 위해 많은 노력을 기울이고 있습니다.

06 인공지능 플랫폼을 이용하려면 대용량의 학습 데이터(빅데이터)를 저장할 공간과 컴퓨팅 파워가 필요한데, 클라우드 컴퓨팅을 이용하면 제약 없이 인공지능 서비스를 개발할 수 있습니다.

07 아마존은 클라우드 컴퓨팅 분야에서 시장점유율 70%를 차지하는 기업입니다. 특히 AWS에서 제공하는 인공지능 서비스인 렉스를 이용하면 사물인터넷 환경에서의 대화식 서비스, 정보 검색 등의 서비스 개발이 용이합니다.

08 마이크로소프트가 인공지능 기업으로 도약한 계기는 오픈AI에 대한 투자에서 시작되었습니다.

09 구글은 주요 기술을 구글 클라우드 플랫폼에 탑재하여 서비스로 제공하고 있습니다.

10 IBM에서 개발한 왓슨x(Watsonx)는 비즈니스 중심의 인공지능 플랫폼입니다.

11 국내 클라우드 시장은 고객들이 AWS, 마이크로소프트, 구글의 GCP 서비스를 잘 활용할 수 있도록 돕는 컨설팅 비즈니스로 활로를 찾고 있습니다.

12 국내 인공지능 플랫폼 시장은 이미 해외 기업에 잠식당하고 있지만, 국내 기업들의 틈새 시장 공략도 치열합니다.

13 국내의 인공지능 플랫폼은 음성 인식과 자연어 처리를 주력으로 하고 있습니다.

14 인공지능 서비스는 인공지능 기술을 이용하여 사람들에게 제공하는 서비스를 뜻합니다.

15 인공지능 서비스에는 무인 스토어, AI 배송, AI 헬스케어, AI 호텔, 시니어케어 AI, 반려 로봇 등이 있습니다.

연습문제

단답형 문제

01 (   )은(는) 플랫폼이 도입되기 전, 기업이 물건을 생산하고 판매했던 전통적인 방법입니다.

02 플랫폼 유형 중 (   )은(는) 이용자들의 충성도를 통해 수익을 창출하는 모델입니다.

03 구글, 애플, 아마존, 페이스북, 마이크로소프트와 같은 글로벌 IT 플랫폼 기업을 (   )라고(이라고) 부릅니다.

04 인공지능 플랫폼을 이용하기 위해서는 대용량의 학습 데이터(빅데이터)를 저장할 공간과 컴퓨팅 파워가 필요한데, (   )을(를) 이용한다면 제약 없이 인공지능 서비스를 개발할 수 있습니다.

05 아마존에서 설립한 (   )은(는) 클라우드 컴퓨팅 시장점유율 70%를 차지하는 기업입니다.

06 아마존에서 개발한 (   )은(는) 음성 인식과 자연어 처리 등의 딥러닝 기술들을 제공하는데, 이를 활용하여 챗봇과 같은 대화형 인터페이스를 갖춘 애플리케이션을 구축할 수 있습니다

07 마이크로소프트가 인공지능 기업으로 도약한 계기는 (   )에 대한 투자에서 시작되었습니다.

08 마이크로소프트는 '마이크로소프트 365'에 챗GPT를 내장시켜 '마이크로소프트 365 (   )'라는(이라는) 이름으로 서비스하고 있습니다.

09 마이크로소프트는 개발한 인공지능 모델인 (   )을(를) 통해 언어, 음성, 추천 서비스 등 다양한 모델을 애저에서 서비스하고 있습니다.

10 구글은 자신들의 인공지능 주요 기술을 (   )에 탑재하여 서비스로 제공하고 있습니다.

11 IBM에서 개발한 (   )은(는) 비즈니스 중심의 인공지능 플랫폼입니다.

12 네이버는 (   ), 카카오는 카카오미니라는 인공지능 플랫폼을 보유하고 있습니다.

13 SK는 인사, 재무, 회계 등 직무 영역별 인공지능 서비스를 구성하여 ( )라는(이라는) 채팅 서비스에 탑재하여 서비스하고 있습니다.

14 ( )은(는) '생성형 AI 메가 플랫폼'을 보유하고 있습니다.

15 ( )은(는) 대규모 언어 모델이라고 부르며, 주어진 프롬프트에 대해 인간과 유사한 응답을 생성하기 위해 방대한 양의 텍스트 데이터로 훈련된 고급 인공지능 모델입니다.

16 도미노 피자의 대표적인 배송로봇은 ( )입니다.

17 배달의민족에서 ( )라는(이라는) 로봇이 배송을 합니다.

18 구글 드론 계열사 ( )은(는) 2019년 업계 최초로 FAA로부터 드론을 이용한 항공 배송 인증을 획득하였습니다.

19 메디컬아이피는 흑백 2D로 확인하던 기존 의료영상을 인공지능 기반 3차원 컬러로 구현한 메딥을 출시했으며, 현재는 메딥의 발전된 형태인 ( )을(를) 서비스하고 있습니다.

20 일본의 ( )은(는) 일본의 타카노리 시바타 박사가 개발한 물개 모양의 로봇으로, 기네스북에 최초의 심리치료 로봇으로 등재되어 있습니다.

객관식 문제

21 다음 설명을 읽고 무엇에 대한 설명인지 고르시오.

> 이것은(는) 대규모의 공급과 수요를 연결해 주는 매개체로, 본래의 의미는 기차역이다.

① 전통시장 ② 대형마트 ③ 플랫폼
④ 팝업스토어 ⑤ 백화점

22 다음 중 파이프라인에 대한 설명으로 맞는 것은?

① 반품은 절대 불가능하다.

② 기업이 물건을 생산하고 판매했던 전통적인 방법이다.

③ 인터넷 중개 사이트이다.

④ 대규모의 공급과 수요를 연결해 주는 매개체이다.

⑤ 본래의 의미는 대형마트이다.

23 플랫폼의 유형 중 제품이나 콘텐츠를 거래하면서 받는 수수료로 수익을 얻는 비즈니스 모델은 무엇인가?

① 중개형 ② 락인형 ③ 광고형

④ 분배형 ⑤ 참여형

24 플랫폼의 유형 중 사용자를 확보한 후 광고를 팔아 수익을 창출하는 비즈니스 모델은 무엇인가?

① 중개형 ② 락인형 ③ 광고형

④ 분배형 ⑤ 참여형

25 다음 중 테크 자이언트에 해당하지 않는 것은?

① 애플 ② 구글 ③ 마이크로소프트

④ 아디다스 ⑤ 아마존

26 다음 중 구글에 대한 설명으로 알맞은 것은?

① 처음에는 온라인 서점으로 시작했다.

② 코랩(Colab)이라는 주피터 노트북 서비스를 제공한다.

③ 취급 상품을 다양화하면서 전자상거래 기업으로 변화하였다.

④ 렉스라는 인공지능 플랫폼 서비스를 제공하고 있다.

⑤ AWS는 클라우드 컴퓨팅 분야에서 70%의 시장점유율을 차지하고 있다.

27 마이크로소프트에서의 '마이크로소프트 365'에 챗GPT를 내장시켜 서비스하고 있는 것은 무엇인가?

① 코타나 ② 코파일럿 ③ 애저

④ COCO ⑤ GCP

28 네이버 클로바와 카카오미니는 무엇과 유사한 플랫폼인가?

① GCP ② 아마존 알렉사 ③ 카카오 아이
④ 맥OS ⑤ 왓슨x

29 네이버와 카카오의 클라우드 데이터센터에 대해 올바르게 짝지어지지 않은 것을 고르시오.

구분	네이버	카카오
① 설립 연도(1호)	2016년	2023년
② 설립 연도(2호)	2023년	2026년(예정)
③ 위치	강원도 춘천시, 세종별자지시	경기도 안산시
④ 규모	하이퍼스케일	로우스케일
⑤ 관련 사업 분야	IaaS, SaaS, PaaS	IaaS, SaaS, PaaS

30 다음 설명을 읽고 무엇에 대한 설명인지 고르시오.

> 이것은(는) 대규모 언어 모델이라고 부르며, 주어진 프롬프트에 대해 인간과 유사한 응답을 생성하기 위해 방대한 양의 텍스트 데이터로 훈련된 고급 인공지능 모델입니다.

① GCP ② GAN ③ LLM ④ DFN ⑤ CNN

31 2019년 업계 최초로 FAA로부터 드론을 이용한 항공 배송 인증을 획득한 구글 드론 계열사는?

① 스카우트 ② 윙 ③ DAP ④ DRU ⑤ EAT24

32 다음 중 시니어케어 AI에 대한 설명으로 맞지 않은 것은?

① 시니어케어 AI가 가능한 이유는 사물인터넷, 빅데이터, 머신러닝 등과 같은 기술들이 적용되었기 때문이다.

② 국내에서도 한국의 스타트업 토룩이 리쿠를 선보였다.

③ 이스라엘의 에코케어테크놀로지스가 개발한 에코케어(Echocare)가 대표적이다.

④ 미국의 케어 엔젤은 세계 최초로 음성 인식 인공지능을 '시니어 돌봄 서비스'에 접목한 사업을 시작했다.

⑤ SKT가 AI 스피커 누구(NUGU)를 활용한 'AI 돌봄' 서비스를 운영하고 있다.

33 메디컬아이피가 의료영상을 인공지능 기반의 3차원 컬러로 시각화한 솔루션은 무엇인가?

① 에코케어 ② 엔봇 ③ 누구

④ 메딥 ⑤ 루닛

34 초고령사회를 대비한 인공지능 맞춤형 서비스를 무엇이라고 하는가?

① AI 배송 ② 무인 스토어 ③ AI 호텔

④ 시니어케어 AI ⑤ AI 로봇

35 센서와 인공지능 기술을 이용하여 사람을 인식하고 반응함으로써 인간의 동반자로서의 역할을 수행하는 로봇을 무엇이라고 하는가?

① 반려로봇 ② 회계로봇 ③ 경찰로봇

④ 전투로봇 ⑤ 학습로봇

36 구글이 클라우드 서버 자원을 무료로 배포하는 이유는 무엇인가?

① 고객 확보를 위해

② 사회적 기업으로 변모하기 위해

③ 인공지능 서비스 테스트를 하기 위해

④ 가성비가 떨어지기 때문

⑤ 시장 반응을 보기 위해

토론과제

01 국내의 클라우드와 인공지능 플랫폼 시장은 이미 해외 기업들에 잠식당했습니다. 국내 기업이 해외 기술력에 의존하는 비율이 높아지고 있는 상황에서 우리의 기술력을 높일 수 있는 방법은 무엇이 있을지 토론해 봅니다.

02 많은 기업들이 인공지능 기술이 적용된 서비스를 출시하려고 하지만, 대부분의 인공지능 서비스들은 아직 테스트 단계에 있습니다. 그렇다면 꾸준히 새로운 서비스를 출시해야 하는 기업 입장에서 기존 방식의 서비스를 빠르게 출시하는 것이 좋을까요? 아니면 좀 늦더라도 인공지능 기술이 적용된 서비스를 출시하는 것이 좋을까요?

03 국내 인공지능 플랫폼 시장은 이미 해외 기업에 잠식당하고 있지만, 국내 기업들의 틈새 시장 공략도 치열합니다. 예를 들어, 인공지능 모델의 성능을 측정하기 위해 기준이나 메트릭을 설정하기 어려울 수 있는데, 국내 한 스타트업이 모델의 성능을 측정해 주는 서비스를 개발했습니다. 이 밖에 틈새시장에는 어떤 것들이 있는지 토론해 봅시다.

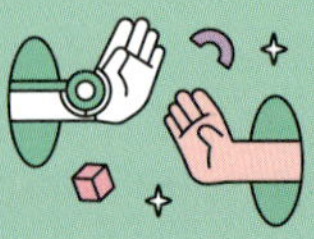

CHAPTER 12

인공지능의 위협

학습목표

- 인공지능이 어떻게 인간의 일자리를 위협하는지 설명할 수 있습니다.
- 인공지능이 인간의 노동을 대체함으로써 발생할 수 있는 상황을 이해할 수 있습니다.
- 인공지능이 어떻게 새로운 계층을 만드는지에 대해 설명할 수 있습니다.
- 인공지능이 어떻게 창작을 할 수 있는지 이해할 수 있습니다.

Preview

인공지능 기술의 비약적인 발전이 가져올 미래상에 대한 전문가들의 의견은 굉장히 상반됩니다. 누군가는 긍정적인 미래를 그리고, 누군가는 부정적인 미래를 예측합니다. 인공지능에 의한 인간의 노동 해방이 긍정적인 영향이라면, 이로 인한 부의 편중과 인간의 존엄성 훼손 등은 부정적인 영향으로 작용할 것입니다. 그럼에도 불구하고, 인공지능과 로봇은 결국 인간의 모든 영역을 침범할 것입니다. 그리고 그 영역은 인간의 고유한 활동인 예술 영역도 포함합니다. 이번 장에서는 인공지능이 우리 삶에 미칠 영향에 대해 살펴보겠습니다.

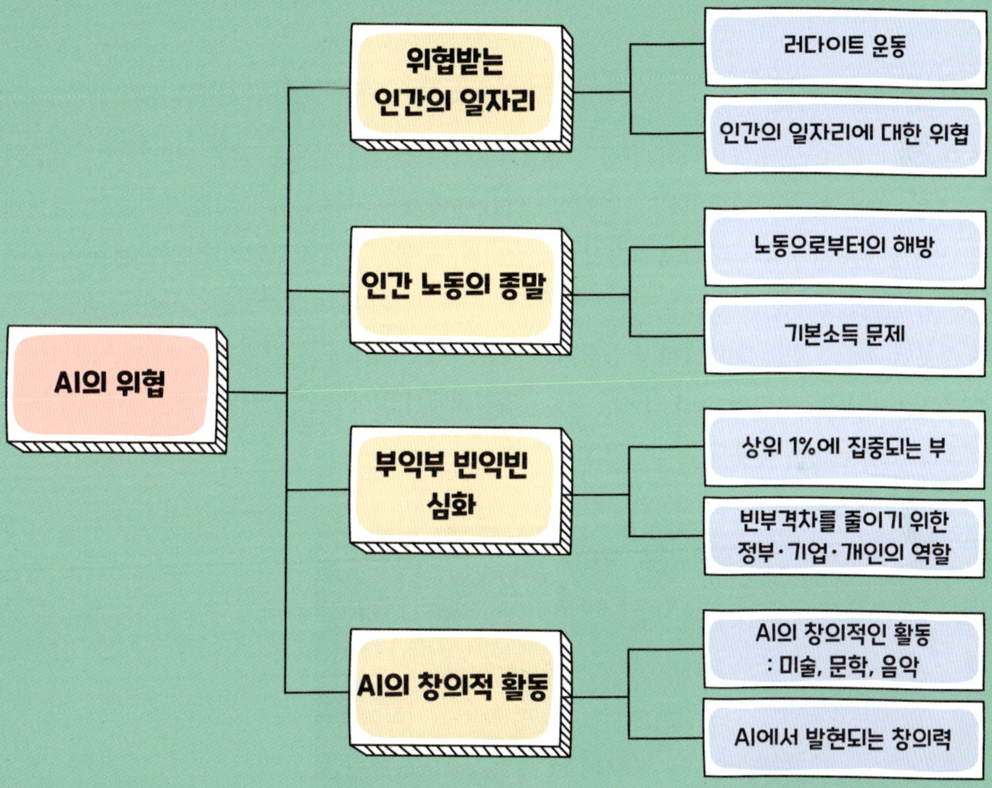

Section 01

인공지능에 위협받는 인간의 일자리

인공지능의 발전에 따른 파급력이 노동시장에도 영향을 미치고 있습니다. 그중 가장 큰 관심은 '인공지능과 로봇이 인간의 일자리를 어디까지 대체할 것인가?'입니다.

1 러다이트 운동

18세기 중반부터 19세기 초반까지 진행된 산업혁명으로 인간의 삶에는 많은 변화가 일어났습니다. 하지만 삶에 큰 변화가 일어나면 그 변화를 달갑지 않게 여기는 사람 또한 존재하는데, 당시에는 영국의 방직공과 직물 관련 노동자들이 그랬습니다. 숙련된 노동자였던 이들은 기계와 이를 조작하는 사람들이 생계를 위협하고 있다는 두려움에 휩싸였습니다. 노동자들은 그들의 두려움을 주위와 정부에 호소했지만, 외면당하자 공장의 기계를 부수는 것으로 불만을 표출하였습니다. 이것이 이후 1811년부터 1817년 사이 영국의 직물공업지대에서 일어난 기계파괴운동인 러다이트 운동(Luddite Movement)입니다.

그림 12-1 러다이트 운동

"기계들이 우리 노동자들의 일을 대신하고 있다. 기계가 많아질수록 우리의 일자리는 사라지고 생존은 위협받게 될 것이다. 그러니 저 기계들을 모두 부숴버리자!" 이것이 러다이트 운동을 주도했던 네드 러드(Ned Ludd)의 외침이었습니다. 이 말을 통해 당시 기계에 대한 사람들의 거부감이 얼마나 심각했는지를 알 수 있습니다.

그런데 러다이트 운동이 벌어진 지 200여 년이 흐른 오늘날도 비슷한 일들이 반복되고 있습니다. 컴퓨터, 로봇, 첨단 정보통신기술 등이 발전함에 따라 현대판 러드들은 기술에 대한 거부감을 숨김없이 드러내고 있습니다. 이들은 첨단 기술의 영향이 단순히 블루칼라 노동자뿐만 아니라 화이트칼라 노동자들의 일자리도 위협할 것이라고 주장합니다. 그리고 이러한 불행을 막기 위해서는 첨단기술의 수용을 거부해야 한다고 주장합니다. 이른바 **네오 러다이트 운동**(Neo-Luddite Movement)이 나타나고 있는 것입니다.

그림 12-2 **네오 러다이트 운동**

만약 러드의 주장대로 기계가 인간의 일자리를 대체했다면 역사는 러드의 주장을 반박하지 못했을 것입니다. 하지만 우리가 아는 역사는 다릅니다. 기계의 발명으로 관련 일자리가 사라진 것은 맞지만, 그만큼 혹은 그 이상의 일자리가 새로 창출되었기 때문입니다. 실제로 산업혁명 이후 수많은 일자리가 생겨났으며 고용률은 꾸준히 증가하였습니다.

2 인간의 일자리에 대한 위협

네오 러다이트 운동은 단순한 우려일까요? 아니면 실제로 인간의 일자리가 위협받게 될까요? 그에 앞서, 사람들은 실제로 인공지능과 로봇을 위협으로 인식할까요?

한국언론진흥재단 미디어연구센터 온라인 설문조사에 따르면 '인공지능이 업무를 대체해 직업적 위기가 올까?'라는 질문에 53.9%가 '그렇다'라고 답변했으며, '인공지능이 앞으로 우리의 삶에 큰 영향을 미칠까?'라는 질문에는 81.5%가 '그렇다'라고 답변했습니다. 또한 챗GPT 등장 이후 기술직이나 법률직이 인공지능에 의해 대체될 수 있는 직업으로 언급되고 있습니다.

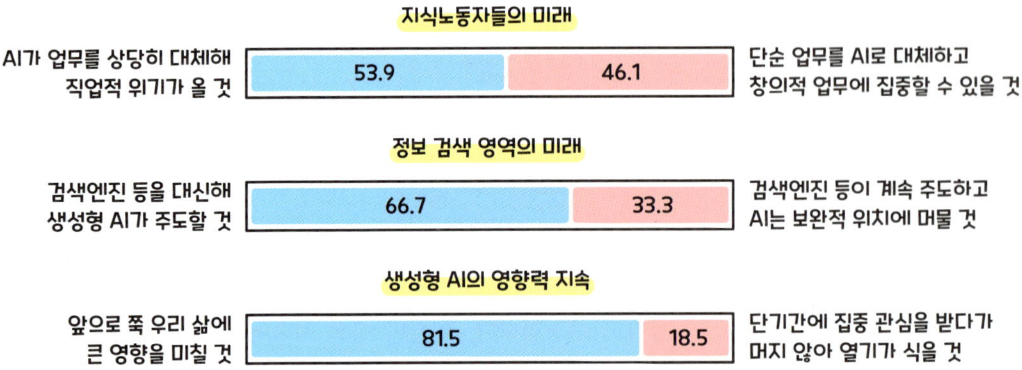

그림 12-3 인공지능과 일자리 인식 설문조사 © 한국언론진흥재단 미디어연구센터

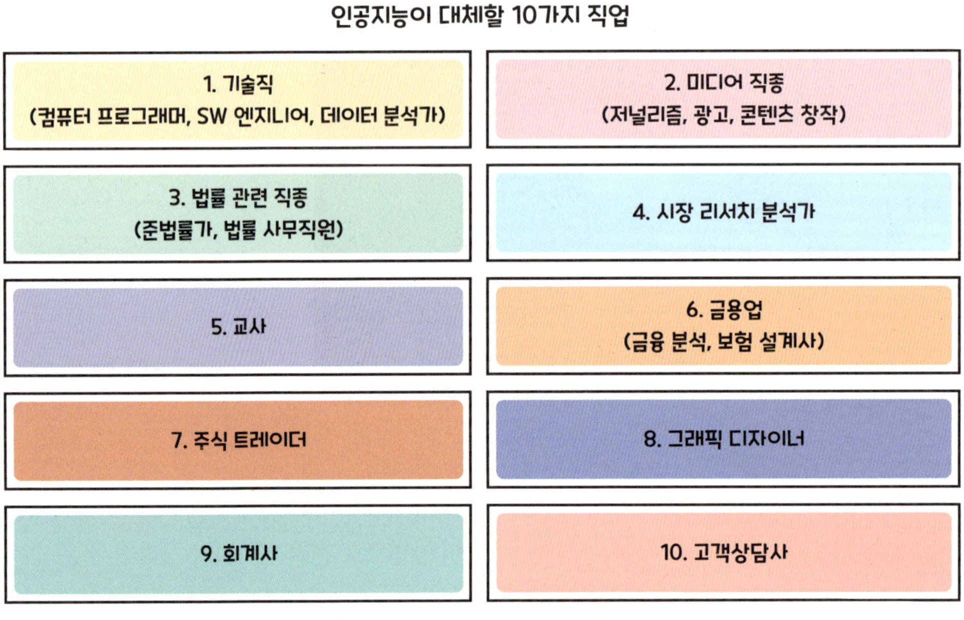

그림 12-4 인공지능이 대체할 10가지 직업

그런데 실제로 인공지능은 인간의 일자리를 위협할까요? 미국의 702개 직업군을 조사한 결과, 2030년에 이르면 일자리의 47%가 로봇으로 대체될 것이라는 예측이 나왔습니다. 또한 OECD는 직무 일부가 로봇으로 대체될 일자리는 전체의 14%, 업무 형태에 급격한 변화가 일어날 일자리는 32%가 될 것이라는 전망치를 내놨습니다. 맥킨지는 820개 직종을 분석한 결과, 현재 기술로 완전 자동화할 수 있는 직업은 5%에 불과하지만 업무의 30% 이상을 자동화할 수 있는 직업은 60%가 넘는다고 밝혔습니다. 미국 MIT의 대런 애스모글루(Daron Acemoglu) 교수와 보스턴대학교의 패스큐얼 레스트레포 교수는 노동자 1,000명이 일하는 작업장에 자동화 로봇 한 대를 투입하면 기존 일자리 6.2개가 사라지고 임금수준은 0.7% 감소한다는 연구 결과를 내놓기도 했습니다. 하

지만 생성형 AI가 등장하면서 대체될 인간의 일자리는 단순 직무에서 전문직까지 확대될 것이라는 예측이 쏟아지고 있습니다.

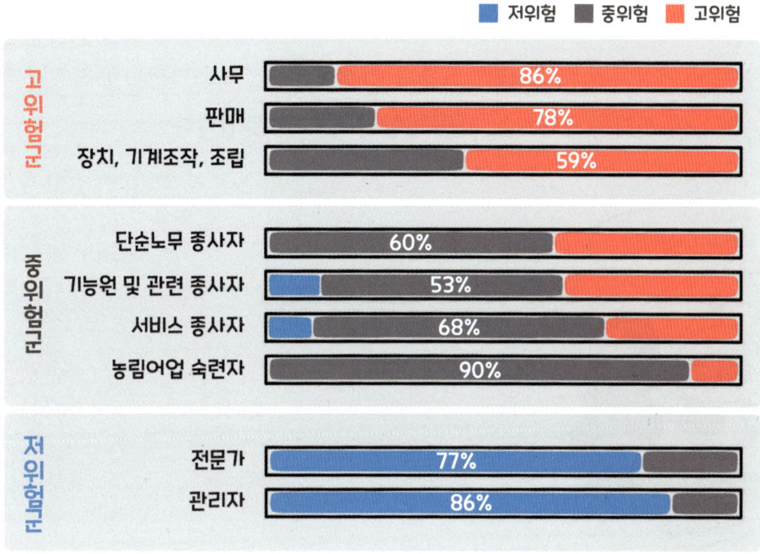

그림 12-5 인공지능 대체 일자리 위험군

하지만 새롭게 창출될 일자리는 1억 3,300만 개에 육박할 것으로 예상되기도 했습니다. 사라지는 일자리를 제하더라도 5,800만 개의 일자리가 만들어질 것이라고 주장한 것입니다. 세계경제포럼(WEF, World Economic Forum)은 소셜 미디어 전문가, 소프트웨어 개발자, 데이터 애널리스트를 비롯해 마케팅, 영업, 고객 서비스 등 인간의 역량이 중요한 직업군의 수요가 크게 늘어날 것으로 전망했습니다.

그렇다면 일자리는 실제로 늘어날까요? 프랑스의 경제학자 클로드 프레데리크 바스티아(Claude-Frederic Bastiat)는 보이는 현상의 이면을 봐야 한다고 주장하면서 '깨진 유리창' 사례를 들었습니다. 한 아이가 유리창을 깼다고 가정해 봅시다. 깨진 유리창을 갈아 끼우려면 새 유리가 필요하고, 유리를 사면 유리업체는 돈을 벌 수 있습니다. 자연히 유리 공장의 생산과 고용도 늘어날 것입니다. 여기까지는 '보이는 경제 효과' 입니다. 하지만 유리창을 깨지 않았다면 유리창을 살 돈으로 옷을 구입할 수 있었을 테니 의류 생산이 늘어날 것이고 자연스레 관련 고용이 창출될 것입니다. 최종적으로 아이는 유리창이 온전한 상태여야 새로운 옷을 가질 수 있다는 것이 바스티아의 주장입니다. 이것이 '보이지 않는 경제 효과' 입니다.

실제로 인공지능이 인간의 일자리와 노동에 얼마만큼 영향을 미치느냐에 대해서는 전문가마다 의견이 갈립니다. 긍정적으로 전망하는 전문가들은 로봇의 효율성과 인간의 노동 해방을 강조하지만, 부정적으로 전망하는 전문가들은 인간의 대량 실업으로 인한 공황 상태를 염려합니다. 하지만 이렇게 의견이 엇갈리면서도 전문가들 사이에 어느 정도 형성된 공감대가 있습니다. 특정 일자리가 100% 대체되진 않더라도 세부 업무에서 로봇과 기계가 수행하는 비중은 계속 늘어날 것이고, 중숙련 노동자의 업무가 고숙련·저숙련 노동자의 업무보다 빠르게 대체될 것이라는 점입니다. 위기가 가시화되는 시점을 정확히 예상하긴 어렵지만, 로봇과 기계에 의한 '노동 잠식'이 진행됨에 따라 인간이 직접 수행하는 노동이 서서히 줄어드는 것은 피할 수 없다는 뜻입니다.

그림 12-6 **인공지능으로 대체될 인간의 일자리**

그러므로 우리는 눈에 보이는 일자리 위협에 겁먹지 말고 그 이면에 숨어 있는 '보이지 않는 효과'를 살펴봐야 합니다. 인공지능의 효과가 단순히 좋기만 할 수는 없겠지만, 좋은 상황에서는 그 혜택을 누리고 나쁜 상황이라면 그에 맞는 적절한 대비와 해결책을 마련해야 할 것입니다.

Section

02 인간 노동의 종말

대다수의 일자리가 인공지능에 의해 대체될 것이라는 비관론과 탈(脫)노동의 효과로 인간의 삶은 여유롭고 풍요로워질 것이라는 낙관론이 대립하고 있습니다. 하지만 중요한 것은 지금 현재도 인공지능과 로봇에 의해 일자리가 대체되고 있으며, 앞으로 그 속도가 더 빨라질 것이라는 점입니다.

1 노동으로부터의 해방

인공지능과 로봇의 등장은 인간을 노동으로부터 해방시켜 줄 것입니다. 이제 더 이상 치열한 경쟁 사회에서 고된 노동을 하지 않아도 될지 모릅니다. 생계를 위한 노동이 필요하지 않은 상황에서 학문 연구든 여행이든 하고 싶은 것만 하면서 살 수 있는 사회는 인간이 꿈꾸는 유토피아가 아닐까요?

그림 12-7 노동으로부터의 해방

우리나라는 사회적 계급 간의 차별에 대한 뿌리 깊은 역사를 가지고 있습니다. 평민과 구별되는 양반계층은 과거제도를 입신양명의 수단으로 삼았으며, 문장을 잘 짓는 자는 정치를 통해 국민을 다스리는 관리자가 되었습니다. 반면에 천민과 노비는 물적 교환의 대상이었으며 존엄한 생명으로서의 가치는 갖지 못했습니다. 평민과 노비의 삶은 수많은 전쟁을 거치면서 끝없는 가난과 온갖 시련으로부터 자유로울 수 없었습니다.

정신노동은 두뇌 활동에 기반한 상위계층에 집중되고, 육체노동은 오로지 신체능력에만 의존한다는 사회의 편향된 시선은 오늘날까지 고스란히 유지되고 있습니다. 문제는 이러한 인식이 사라지지 않는 한 가난은 끝없이 대물림될 것이라는 점입니다. 그래서 부모는 자녀들을 대학에 진학시켜 고학력·고연봉의 일자리를 얻게 하려고 노력합니다. [그림 12-8]과 같이 우리나라가 OECD 국가 중 평균 이상의 고등교육 이수율 현황을 보여주고 있습니다.

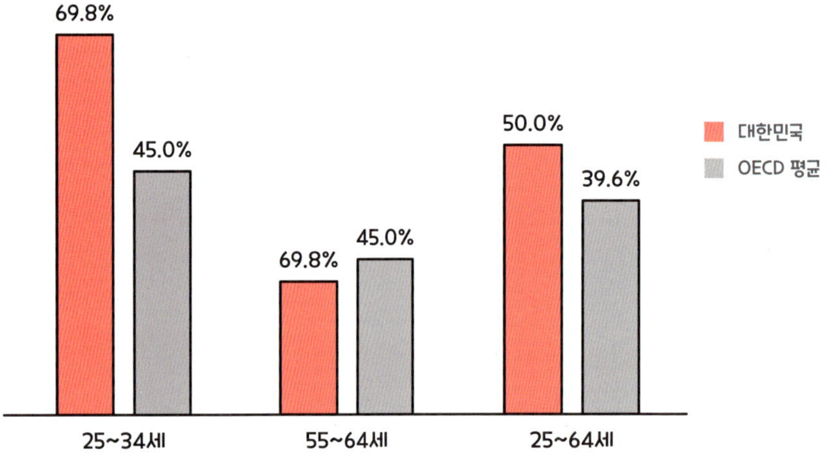

그림 12-8 **대한민국의 고등교육 이수율 현황** © OECD 교육지표(2020년)

그런데 대학을 진학한다고 해서 무조건 사회적 지위 상승이 보장될까요? 대한민국의 경제활동인구는 약 2,300만 명입니다. 그중 임금노동자는 약 1,300만 명이며 농민은 약 300만 명 안팎, 영세 자영업자는 약 500만 명을 웃돌고 있습니다. 우리가 대학에 진학하는 이유는 1,300만 명 안에 드는 임금노동자가 되기 위함일 것입니다. 하지만 임금노동자 내에도 다양한 직종이 있으며 그 안에서 또다시 계급상승을 위한 끊임없는 노력을 해야 합니다.

고되고 힘든 노동을 회피하고자 했던 인간의 욕망은 결국 인공지능과 로봇이라는 기술로 완성되었습니다. 좀 더 정확히 표현하면 인간의 노동 해방은 인공지능 기술의 목적이 아닌 결과로 나타났습니다. 앞으로 인공지능 로봇은 인간의 육체적 노동뿐만 아니라 인간의 정신적 노동까지 대체하게 될 것입니다. 인간은 더 이상 육체적·정신적 노동을 회피하고 싶은 마음에 죄책감을 느끼지 않아도 되며 누구나 여유 시간을 마음껏 즐길 수 있을 것입니다. 취업을 위해 대학에 진학하는 것이 아니라 학문 탐구를 위해 대학에 진학할 것입니다.

그런데 한편으로는 이런 생각을 해 봐야 합니다. 그 누구도 일을 하지 않는다면 삶을 영위하기 위한 소득은 어떻게 만들어 내야 할까요?

2 기본소득 문제

자본주의는 생산과 소비가 균형을 이루어야 하며 소비가 있어야 생산이 지속되는 구조입니다. 소비는 대부분 노동의 대가인 임금에서 충당됩니다. 이와 같이 임금은 인간의 사회생활을 보장하는 최소 조건 중 하나입니다. 하지만 인공지능이 인간의 일자리를 대체한다면 개인의 소득뿐만 아니라 사회 전반적인 소비가 줄어들면서 경제적인 공황 상태가 초래될 수 있습니다.

이러한 위험을 가장 먼저 감지한 곳은 정보통신기술의 본거지인 미국 실리콘밸리입니다. 그들은 '완전히 자동화된 화려한 공산주의(Fully Automated Luxury Communism, 이하 화려한 공산주의)' 또는 '테크노 막시스트(Techno-Marxist)'라는 용어를 만들어 냈는데, 이 용어들의 의미는 '고도로 발전한 기술을 통해 정부로부터 기본소득을 받고, 임금 노동에서 벗어나 각자 원하는 삶을 살아가자!'입니다.

그림 12-9 **테크노 막시스트**

'기본소득'은 앞으로의 사회에서 중요한 화두입니다. 기본소득(Basic Income)이란 매달 정부가 국민에게 기본적인 생활을 하기 위한 충분한 돈을 조건 없이 지급하는 제도입니다. 수입이 많든 적든 정부는 모든 사람에게 돈을 주어야 합니다. 화려한 공산주의는 자동화 수단을 가진 소수와 일자리를 잃게 된 다수 간의 불평등을 초래하는 대신, 자동화를 받아들이고 기본소득으로 다함께 사치를 누리자는 주장입니다. 즉, 실리콘밸리의 기술자들은 기술 고도화에 따른 자동화를 완전히 수용하고 기본소득을 제공하면 '탈임금노동'이 가능하다고 생각합니다.

기본소득에 대한 논의는 30년간 이어져 왔는데, 최근 스위스와 핀란드에서 시행했던 실험 결과가 많은 주목을 받았습니다. 스위스에서는 '국가가 월 300만 원의 기본소득을 국민에게 지급해야 한다'는 국민투표가 실행되었는데, 76%의 반대로 부결됐습니다. 현재 1인당 국민소득이 8만 달러이고 물가가 높은 점을 고려할 때 실효성이 낮으며 실행 시 필요 금액이 연간 재정지출의 70%를 차지

한다는 이유에서였습니다. 핀란드는 실업자 2,000명을 대상으로 기본소득을 제공하였는데, '기본소득이 근로의욕을 높인다'는 가설은 검증했지만 만족할 만한 결과를 얻지 못했으며 역시 재원이 걸림돌로 지적됐습니다.

표 12-1 기본소득 도입 실패 사례

국가	기본소득 도입 과정	기본소득 반대 이유
스위스	전 국민 대상 월 2,500스위스프랑(약 284만 원) 지급 기본소득안 국민투표 : 반대(76.9%) 우세로 부결(2016년)	• 세금 인상 우려 • 이민자 대거 유입 가능성 우려
핀란드	실업자 대상 월 72만 원 기본소득제도 실험 : 정부의 실패 인정(2019년)	• 수급자들의 노동시장 참여 효과가 낮다고 결론남
독일	국회의 기본소득 도입안 부결(2013년)	• 근로 의욕 감소 • 재원 마련 불가 • 지하경제 활성화 • 불평등 심화

기본소득 도입의 큰 걸림돌은 재원입니다. 하지만 탈노동사회에서 정부의 세입은 계속 줄어들 것이고, 모든 국민에게 기본소득이 분배된다면 지출은 계속 늘어날 것입니다. 그래서 언급되는 것이 '로봇세'입니다.

로봇세(Robot Tax)란 로봇에게 부과하는 세금을 뜻하지만, 사실상 자동화 설비를 이용해 근로자들의 일자리를 뺏는 회사들에 매기는 세금입니다. 2017년 마이크로소프트 창업자인 빌 게이츠가 미국의 IT 전문지 〈쿼츠(Quartz)〉와의 인터뷰에서 '인간의 일자리를 대체하는 로봇에게도 세금을 매겨야 한다'고 주장하면서 공론화됐습니다.

그림 12-10 로봇세

빌 게이츠는 로봇으로 인한 일자리 감소와 세금 부족 등을 완화하기 위해 로봇세 도입이 필요하다고 주장하였습니다. 반면에 일부 학자들은 과세대상을 정의하기가 어렵고 로봇산업의 발전을 저해할 수 있다며 로봇세 도입 반대 의사를 밝혔습니다. 특히 로봇의 도입으로 생산성을 증대시킨 기업은 이미 법인세로 세금을 부담하고 있어 로봇세가 이중과세가 될 수 있다는 주장도 제기되었습니다.

그림 12-11 로봇세에 대한 찬반 의견

아직 기본소득에 대한 효과가 증명된 것도 아니고 로봇세에 대한 구체적인 논의가 진행되고 있는 것도 아닙니다. 하지만 우리에게는 시간이 그리 많지 않습니다. 지금도 어디에선가 로봇이 사람의 일자리를 잠식하고 있으며, 누군가는 실업자가 되어 삶을 지속하기 어려운 경제적 고통을 받고 있기 때문입니다. 정부와 기업 차원에서 실질적인 대안이 마련되어야 하며, 개인 역시 이러한 상황을 헤쳐나갈 방안을 모색해야 할 때입니다.

Section 03

인공지능으로 악화되는 부익부 빈익빈 현상

인공지능과 로봇이 결합되어 인간의 일을 대신한다면 일자리를 잃은 사람들은 정부에 의존하는 삶을 살게 되겠지만, 로봇을 소유한 극소수의 사람들은 더욱더 많은 부를 누리게 될 것입니다. 이런 불평등의 시대에서 인류는 어떻게 살아남을 수 있을까요? 결국 인간 공동체는 파멸의 길을 걷게 될까요?

1 상위 1%에 집중되는 부

전미경제연구소의 보고서에 따르면, 인공지능이 부자와 가난한 자의 격차를 확대할 것이라고 합니다. 구체적인 상황을 상상해 보기 위해 예를 하나 들어보겠습니다. 리처드 모건(Richard Morgan)의 SF소설이 원작인 넷플릭스 오리지널 시리즈 《얼터드 카본(Altered Carbon)》에서는 가상 세계에서 인간은 태어날 때부터 '스택(기억저장소)'을 달고 있으며, 부자들은 실시간으로 스택을 백업해 둡니다. 신체의 죽음은 단순히 육체의 훼손일 뿐이고 새로운 육체로 스택을 옮겨 심으면 영생이 가능합니다. 하지만 스택을 백업하고 새로운 육체(인공육체)를 얻는 데에는 많은 비용이 필요하므로 스택을 기준으로 계급사회가 형성됩니다. 돈이 있어야만 기억을 백업할 수 있고 건강한 육체를 살 수 있습니다. 돈이 없다면 이러한 혜택을 누릴 수 없습니다. 가상의 이야기지만 이 상황은 우리에게 시사하는 바가 큽니다.

그림 12-12 넷플릭스 오리지널 시리즈 《얼터드 카본》

인공지능과 로봇의 기술 발전으로 인간은 노동에서 해방될 수 있습니다. 그러나 인공지능과 로봇 기술이 결국 또 다른 계급사회를 만들어 낼 것이라는 소설의 내용이 마냥 허구일까요?

서울대학교 공대연구팀은 인공지능과 가상현실이 본격화된 미래의 모습에 관한 〈미래도시 연구보고서〉를 발표했습니다. 이들은 4차 산업혁명이 본격화한 2090년에 전 세계는 인공지능으로 인한 '초양극화사회'가 될 것이라고 전망했습니다. 빅데이터와 사물인터넷의 발달로 모든 것이 연결된 초연결사회에서는 현재의 페이스북, 구글, 아마존처럼 플랫폼을 소유한 극소수 IT 기업이나 정치 엘리트, 예체능스타, 로봇설계자와 같은 이른바 '플랫폼 스타'들이 고급 일자리의 대부분을 독점할 것이라 내다봤습니다. 전 세계 인구 중 이들이 차지하는 비중은 겨우 0.003%에 불과합니다. 그들의 바로 아래에는 인간의 노동력보다 싸면서 효율적인 인공지능 로봇, 즉 '인공지성(知性)' 계층이 자리하며, 나머지 99.997%의 일반 시민들은 '프레카리아트(Precariat)'라 불리는 최하위 노동자 계급으로 전락해 사실상 로봇보다도 못한 취급을 받게 될 것이라 예측했습니다. 프레카리아트는 플랫폼 기업에 종속되어 간간이 임금을 받거나 고정적인 직업도 없이 프리랜서로 하루하루를 버티며 살아갈 것이라고 합니다.

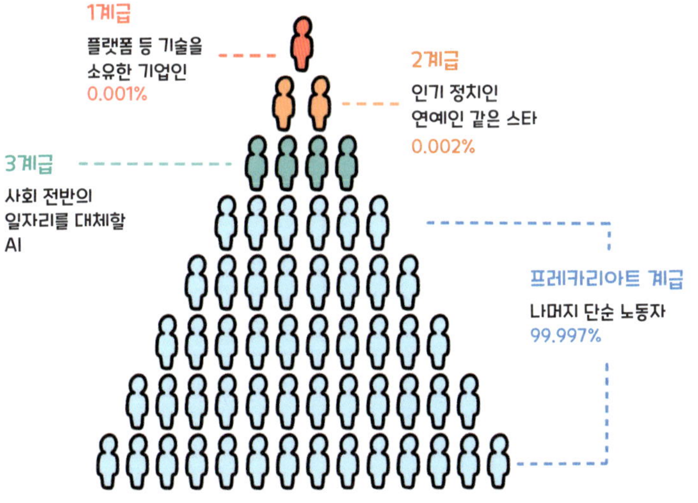

그림 12-13 서울대학교 공대연구팀이 예측한 2090년 사회

우리나라를 포함한 전통적 경제사회는 중상위층과 중하위층의 비율이 2:8을 유지하는 구조입니다. 상위와 하위 계층 사이에는 중산층이 존재하여 이 두 계층의 목소리를 전달하고 중개하는 역할을 수행합니다. 하지만 미래 사회는 극소수로 구성된 상위 계층(1%)과 그 나머지로 구성된 하위 계층(99%)만이 존재할 것입니다. 이러한 사회 구조에서는 하위층의 사람들이 상위층으로 진입할 기회조차 얻지 못해 영원히 하위층에 머무르며 국가가 주는 기본소득에 의지할 수밖에 없습니다. 즉, 상위 계층의 사람들은 로봇과 인공지능을 보유하여 더욱더 높은 소득을 얻지만, 반대의 경우에는

정부가 제공하는 임시방편적인 일자리나 기본소득으로 삶을 연명하며 경제적 · 사회적으로 도태될 것입니다. 따라서 앞으로 진화될 인공지능과 로봇기술이 0.001%를 위한 것인지, 99.999%를 위한 것인지도 고민해 봐야 할 문제입니다.

그림 12-14 인공지능의 발전 목적

2 빈부격차를 줄이기 위한 정부 · 기업 · 개인의 역할

미래 사회에서 심화될 빈부격차를 막을 방법은 없습니다. 하지만 그 격차의 정도를 줄이기 위해서는 정부의 역할이 중요합니다. 정부는 스타트업 경제(Startup Economy)를 활성화하기 위해 노력해야 합니다. 미래에는 플랫폼을 점유한 0.001%의 기업이 자본을 점유하게 될 것이라고 하였습니다. 그러니 독점 경제가 분배 경제로 전환되려면 다양한 스타트업이 활성화되고 그들이 경쟁력을 갖출 수 있는 환경을 조성해 주어야 합니다.

그림 12-15 스타트업 환경 개선

그러기 위해서는 데이터의 공유가 무엇보다 중요합니다. 현재 데이터는 구글이나 아마존 등 글로벌 IT 기업들이 소유하고 있으며 소규모 창업회사들은 데이터 확보 단계에서부터 어려움을 겪고 있습니다. 따라서 정부는 빅데이터 플랫폼을 구축하여 스타트업들이 제약 없이 데이터를 활용할 수 있는 시스템을 관리해야 합니다. 또한 보건·의료·환경·복지 분야의 기술개발에 집중해야 하는데, 특히 보건·환경은 민간 기업이 상대적으로 등한시하는 분야입니다. 그러니 정부가 적극적으로 기술개발에 참여하여 모든 국민이 동등하게 혜택을 받을 수 있도록 노력을 기울여야 합니다.

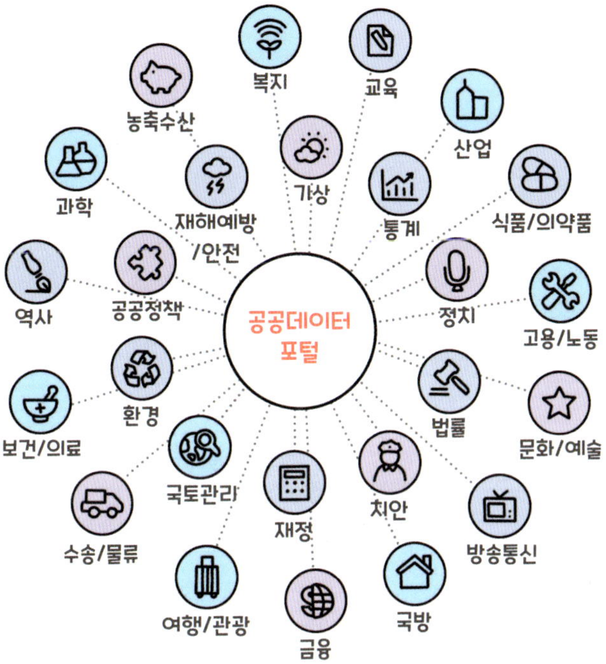

그림 12-16 **데이터 공유 플랫폼 구축**

기업과 개인의 역할에 대해서도 살펴보겠습니다. 기업은 로봇의 생산성과 효율성이 입증되었다 하더라도 인간을 완전대체할 수 없다는 것을 인지해야 합니다. 기업 역시 공동체 구성원으로서의 역할을 다하기 위해 정부와 함께 일자리 창출에 노력을 기울여야 합니다. 세계는 이미 과잉인구로 모든 사람에게 완전고용(정규직)을 제공할 수 없는 상황입니다. 미래 사회에는 로봇의 일자리 대체로 인간의 완전고용은 그 흔적을 찾아볼 수 없게 될 것입니다. 따라서 기업과 개인은 반정규직과 프리랜서 형태의 업무에 대한 인식도 전환해야 합니다. 개인은 자신의 지식과 경험을 이용하여 프로젝트 단위로 기업 업무에 참여할 기회를 찾아야 하는데, 이러한 기회는 정부나 기업의 책임이 아닌 개인의 역할이 중요함을 인지해야 합니다. 따라서 일자리를 얻기 위해 끊임없이 본인의 능력을 계발해야 합니다.

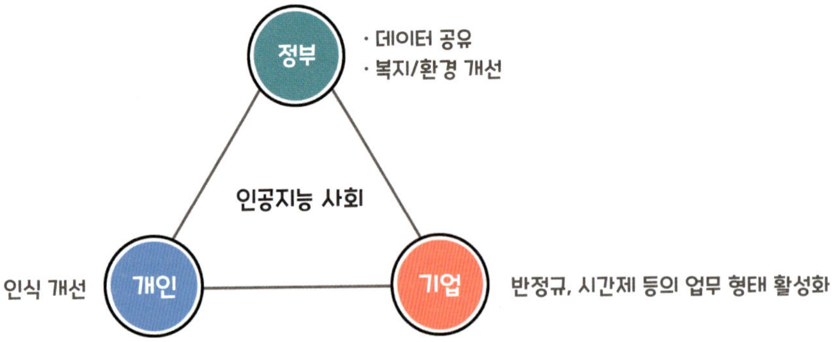

그림 12-17 인공지능 사회에서 정부·기업·개인의 역할

무엇보다 개인의 마음가짐이 중요합니다. 미래 사회에서 정부의 소득원은 인간이 아닌 로봇이 될 가능성이 큽니다. 인간은 단지 정부가 생계를 책임져야 할 대상 그 이상도 이하도 아니게 될 것입니다. 탈노동사회에서 정부의 기본소득에 의존하는 삶은 인간의 존엄성과 가치를 훼손당하기 쉬울 것입니다. 그러니 개인은 자신의 가치를 높이면서 적정한 노동을 찾아 삶에 만족할 수 있는 방법을 찾아야 합니다. 현재와 같이 완전고용 형태의 직업만 고집할 것이 아니라 시간제, 프리랜서와 같은 체계에 대해서도 유연하게 받아들여야 합니다.

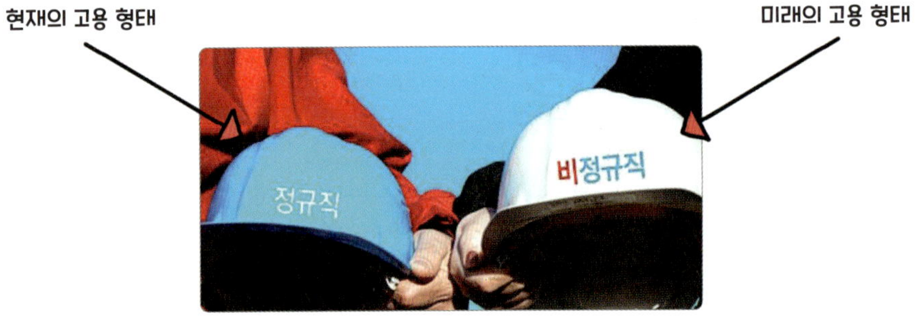

그림 12-18 고용 형태의 변화

Section 04

인공지능이 수행할 수 있는 창의적인 활동

지금까지 예술은 인간만 누릴 수 있는 유일한 활동으로 꼽혔습니다. 예술은 인간의 창의성이 응축된 행위이기 때문에 기계는 결코 인간과 같은 예술작품을 내놓을 수 없을 것이라는 믿음이 있었기 때문입니다. 그러나 인공지능의 창작 활동은 이미 시작되었습니다. 인공지능은 스스로 그림을 그리고, 책을 쓰고, 작곡을 합니다. 그렇다면 인공지능의 창작물을 예술작품으로 인정해야 할까요? 이 질문에 답하기 위해서는 '인공지능이 창의적일 수 있을까?'라는 질문을 먼저 던져야 합니다.

1 인공지능의 창의적인 활동 1 : 미술

2018년 10월 25일, 세계적인 미술품 경매인 크리스티 뉴욕 경매에서 한 초상화가 43만 2,500달러(약 5억 원)에 팔렸습니다. 《에드먼드 벨라미의 초상화(Portrait of Edmond Belamy)》라는 제목의 그림은 얼굴 형체가 뚜렷하지 않아 미완성처럼 보이는 작품입니다. 이러한 형태가 의도되었든 의도되지 않았든, 해당 그림은 언론에서 큰 이슈가 되었습니다. 논란의 핵심은 작품의 수준이나 완성도가 아니라 바로 작가였습니다. 이 작품을 그린 건 인간이 아닌 인공지능이었기 때문입니다. 인공지능이 그린 그림이 미술계에서 처음으로 소비된 사건이었습니다.

그림 12-19 인공지능이 그린 초상화 《에드먼드 벨라미의 초상화》

인공지능에 의한 창작 활동은 현재도 활발히 진행되고 있습니다. 미국 럿거스 대학교(Rutgers University)와 페이스북은 GAN에서 진화된 CAN을 개발하여 'AICAN'을 만들었습니다. AICAN은 특정 화가나 작품의 화풍을 단순히 모방하는 것을 넘어 새로운 예술작품을 창조합니다. 실제 관람객을 대상으로 설문조사를 했을 때도 AICAN의 작품이 인간 화가의 작품과 잘 구별되지 않는다는 결과가 나왔을 정도입니다. 현재 인공지능의 창작 미술품은 전시회, 경매장, 비엔날레를 오가며 예술의 일부로 자리 잡고 있으며 인기도 상당합니다.

그림 12-20 **AICAN의 미술 작품《Green Genesis(2018)》**

2 인공지능의 창의적인 활동 2 : 문학

인공지능이 미술 분야에서만 두각을 나타내고 있는 것은 아닙니다. 일본에서는 한 문학상 공모전에서 인공지능이 쓴 소설이 일반 작가의 소설과 경쟁하여 1차 심사를 통과했습니다. 소설 제목은 『컴퓨터가 소설을 쓴 날』이며, A4 3장 분량의 단편이었습니다.

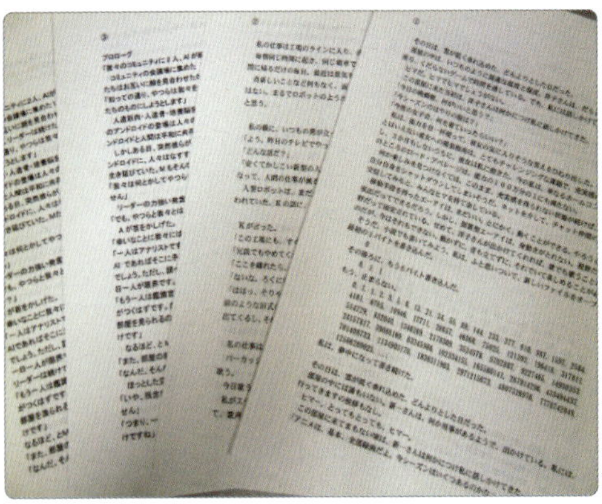

그림 12-21 **인공지능이 쓴 소설『컴퓨터가 소설을 쓴 날』**

3 인공지능의 창의적인 활동 3 : 음악

음악에서도 인공지능을 활용하는 사례가 늘어나고 있습니다. 미국 유명 오디션 프로그램 《아메리칸 아이돌(American Idol)》에 출연했던 팝가수 타린 서던(Taryn Southern)이 출시한 앨범에는 인공지능이 작곡한 노래가 담겨 있어 화제가 되었습니다.

인간이 짧게는 수십 분에서 길게는 몇 달이 걸려 완성하는 곡을 인공지능은 수 초에서 수십 분만에 완성합니다. 인공지능은 수많은 음악을 들으며 학습하고, 이것을 모방하여 작곡합니다. 그러니 인공지능의 작사·작곡 활동의 결과는 기존 작품의 모방이지만, 모방의 또 다른 결과는 새로운 창작물이기도 합니다. 이러한 원리를 이용하여 영국의 인공지능 스타트업인 쥬크덱(JukeDeck)은 누구나 이용할 수 있는 인공지능 음악 프로그램을 온라인에 공개했습니다. 음악 장르, 노래를 구성하는 분위기, 원하는 악기 등을 입력하면 맞춤형 음악을 완성할 수 있습니다.

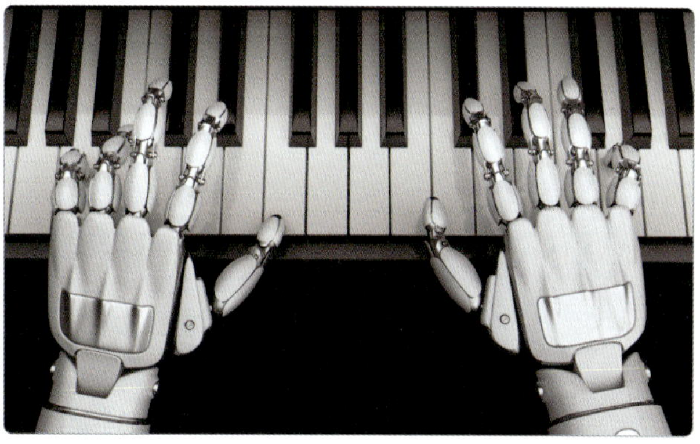

그림 12-22 인공지능의 작곡 활동

4 인공지능에서 발현되는 창의력

그렇다면 창의력은 무엇이며, 이것은 어떻게 발현되는 것일까요? 창의력의 사전적 의미는 '새로운 것을 생각해 내는 능력'으로, 일상에서 새로운 문제 또는 관계를 발견하거나 독특한 아이디어를 산출하는 사고능력을 말합니다. 전통적 사고유형에서 벗어나 새로운 유형으로 사고(思考)하는 능력을 뜻하기도 합니다.

그렇다면 새로운 방식의 사고는 어떻게 발현될까요? 『누가 내 머릿속에 창의력을 심어놨지?』의 저자인 카이스트 이광형 교수에 따르면, '창의력의 왼손법칙'이 상당히 의미 있는 창의력 개발법 중 하나라고 합니다. 우리가 창의적인 아이디어나 기발한 생각들을 내놓을 때는 개인의 번뜩이는 창의력에 의지하는 것이 아니라 오랜 시간 한 분야에서 축적되고 보관된 생각들이 흘러넘치는 것이라는 겁니다.

그림 12-23 창의력의 발현

이 방법은 '창의적인 일은 인간만이 가능한가?'라는 질문에 답할 수 있는 근거로 작용합니다. 컴퓨터의 작업 중 주입된 지적 구조를 바탕으로 데이터를 선택하고 연결하는 것보다 간단한 일은 없습니다. 게다가 인공지능은 방대한 데이터에서 무궁무진한 조합을 만들어 낼 수 있습니다. 창의성은 바로 여기에서 시작됩니다. 인공지능은 기존의 음악이나 그림을 데이터로 사용하고 내부 알고리즘에 따라 새로운 창작물을 선보입니다. 인공지능이 내놓은 결과물이라고 해서 '예술작품이 아니다'라고 단정할 근거는 없습니다. 인공지능이 또 다른 모조품을 내놓았든 새로운 창작물을 내놓았든 간에, 그것 역시 예술작품이라고 불릴 수 있습니다.

인간의 창의성도 아이디어를 결합하고 재생산하는 기계적 행위 속에서 발생합니다. 물론 기계적 우연성과 보편적인 의미에서의 창의성을 동일하게 보는 것은 창의성을 좁은 의미로 해석하는 것입니다. 하지만 주목해야 할 것은, 인공지능 역시 데이터를 조합하는 과정을 통해 창의적으로 보이는 결과물을 선보일 수 있다는 사실입니다. 인공지능도 인간만큼 혹은 그 이상의 수준으로 데이터를 구축하고 이를 절묘하게 조합하는 확률적 알고리즘을 갖추고 있습니다. 인공지능의 결과물이 인간의 예술과 동등하다고 볼 수는 없겠지만, 기계적 우연성을 바탕으로 한 예술적 가능성은 확인할 수 있을 것입니다.

그림 12-24 인공지능의 창작

LAB 엑셀을 누구보다 쉽게 사용한다! : 챗GPT

엑셀은 잘 사용하면 매우 유용한 툴이지만, 엑셀을 능숙하게 다루지 못하면 과제나 업무 진행에 어려움이 발생할 수 있습니다. 그래서 많은 사람들이 엑셀을 배워 잘 다루고 싶어합니다. 하지만 엑셀을 잘 다루기 위해서는 함수를 사용해야 하는데, 이 함수로 인해 엑셀을 유독 어렵게 생각할 수 있습니다. 이번 〈LAB〉에서는 엑셀의 함수를 쉽게 사용하는 방법에 대해 알아봅니다.

실습

01 마이크로소프트 오피스의 엑셀(Excel)을 실행하여 엑셀 시트에 다음과 같이 입력합니다.

	A	B
1	1	1
2	2	2
3	3	3
4	4	4
5	5	5
6	6	6
7	7	7
8	8	8
9	9	9
10	10	10

02 엑셀 시트의 첫 번째 열과 두 번째 열을 더하는 방법을 알려달라고 챗GPT에 요청하겠습니다. https://chat.openai.com/에 접속하여 챗GPT 웹사이트를 열고, 챗GPT 입력 박스에 다음과 같이 문장을 입력한 후 Enter를 누릅니다. 다양한 답변을 확인할 수 있습니다.

> 엑셀에서 첫 번째 열 A와 두번 째 열 B를 더하는 방법을 알려줘

ChatGPT

엑셀에서 첫 번째 열 A와 두 번째 열 B를 더하는 방법은 다음과 같습니다:

1. **세 번째 열 생성**: 더한 결과를 담을 새로운 열을 선택합니다. 보통은 엑셀 시트의 다음 빈 열을 선택합니다. 예를 들어, 결과를 세 번째 열인 C열에 저장하려면 C열을 선택합니다.
2. **수식 입력**: 선택한 셀에서 다음 수식을 입력합니다:

   코드 복사
   ```
   =A1 + B1
   ```

   여기서 A1은 첫 번째 열의 첫 번째 셀을 나타내고, B1은 두 번째 열의 첫 번째 셀을 나타냅니다.
3. **엔터 입력**: 수식 입력 후 Enter 키를 눌러 수식을 완료합니다. 이제 첫 번째 행에서 A열과 B열의 값을 더한 결과가 C열에 표시됩니다.
4. **셀 복사**: 입력한 수식이 있는 셀을 클릭한 후, 마우스를 셀의 우측 하단 모서리에 가져가면 검은색 플러스 모양이 나타납니다. 이 모양을 드래그하여 원하는 범위에 수식을 복사할 수 있습니다. 예를 들어, C2에서 C10까지의 셀에 덧셈 결과를 복사하려면 C2를 선택한 후 플러스 모양을 드래그하여 C10까지 확장합니다.

이 방법을 사용하면 엑셀에서 첫 번째 열과 두 번째 열을 간단히 더할 수 있습니다.

03 답변 중 '2. 수식 입력'에 있는 [코드 복사]를 클릭합니다.

04 엑셀로 돌아와서 C열의 첫 번째 행(C1)을 선택하고, 키보드의 Ctrl+V를 눌러 붙여 넣으면 수식이 적용됩니다. 이러한 방식으로 엑셀 함수를 쉽게 사용할 수 있습니다.

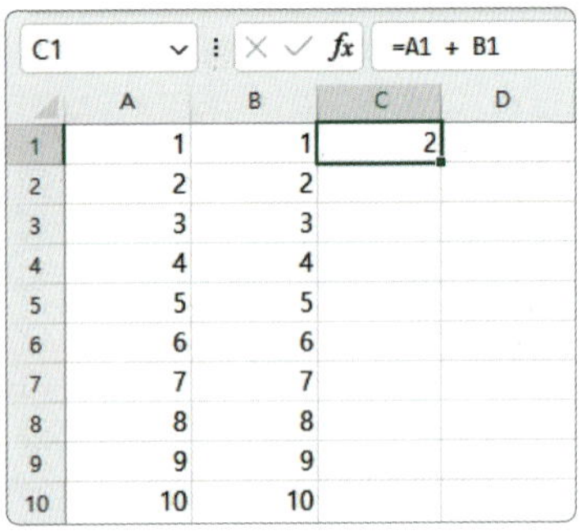

응용

01 엑셀 시트에서 A열 두 번째 행(A2)에 2를 곱하고 B열 두 번째 행(B2)에는 3을 더하는 결괏값을 C열 두 번째 행(C2)에 적용해 보세요. 방법을 모르겠으면 챗GPT에 질문하세요.

02 엑셀 시트에서 A열 세 번째 행(A3)과 B열 세 번째 행(B3)을 곱하여 C열 세 번째 행(C3)에 적용해 보세요. 같은 방법으로 C열 네 번째 행(C4)부터 C열 열 번째 행(C10)까지 똑같은 수식을 적용해 주세요. 방법을 모르겠으면 챗GPT에 질문하세요.

03 C열 전체의 평균(1행부터 10행에 대한 값의 평균)을 구하세요. 방법을 모르겠으면 챗GPT에 질문하세요.

요약

01 1811년부터 1817년 사이, 기계의 등장으로 생계의 위협을 느낀 노동자들이 영국의 직물 공업지대에서 일으켰던 기계파괴운동을 '러다이트 운동'이라고 부릅니다.

02 컴퓨터, 로봇, 첨단 정보통신기술 등이 발전함에 따라 첨단기술의 수용을 거부해야 한다는 네오 러다이트 운동이 일어나고 있습니다.

03 인공지능이 일자리와 노동에 얼마만큼 영향을 미치느냐에 대해서는 전문가마다 의견이 갈립니다. 긍정적으로 전망하는 전문가들은 로봇의 효율성과 인간의 노동 해방을 강조하지만, 부정적으로 전망하는 전문가들은 인간의 대량 실업으로 인한 공황 상태를 예측합니다.

04 인공지능 로봇은 인간의 육체적 노동뿐만 아니라 정신적 노동도 대체하게 될 것입니다.

05 기본소득이란 매달 정부가 국민에게 기본적인 생활을 하기 위한 충분한 돈을 조건 없이 지급하는 제도입니다.

06 로봇세란 자동화 설비를 이용해 근로자들의 일자리를 뺏는 회사들에 매기는 세금입니다.

07 4차 산업혁명이 본격화한 2090년에 전 세계는 인공지능으로 인해 초양극화사회가 될 것이라는 전망이 있습니다.

08 초연결사회에서는 '플랫폼 스타'들이 고급 일자리의 대부분을 독점할 것으로 예측되는데, 전 세계 인구 중 이들이 차지하는 비중은 겨우 0.003%에 불과합니다.

09 초연결사회에서 99.997%의 일반 시민들은 '프레카리아트'라 불리는 최하위 노동자 계급으로 전락해 사실상 로봇보다도 못한 취급을 받게 될지도 모릅니다.

10 빈부격차를 줄이기 위한 정부·기업·개인의 역할은 다음과 같습니다.

- 정부는 다양한 스타트업의 경제 활성화를 추진하고 데이터를 공유해야 합니다.
- 기업은 정부와 함께 일자리 창출을 위해 노력해야 합니다.
- 개인은 자신의 지식과 경험을 꾸준히 계발하여 시간제, 프리랜서 형태로 기업 업무에 참여할 기회를 찾아야 합니다.

11 크리스티 뉴욕 경매에서 인공지능이 그린《에드먼드 벨라미의 초상화》라는 작품이 43만 2,500달러(약 5억 원)에 팔렸습니다.

12 일본에서는 인공지능이 쓴 소설『컴퓨터가 소설을 쓴 날』이 한 문학상 공모전에서 일반 작가들의 소설과 경쟁하여 1차 심사를 통과했습니다.

13 팝가수 타린 서던이 출시한 앨범에는 인공지능이 작곡한 노래가 담겨 있어 화제가 되었습니다.

14 인공지능이 습득한 창작물을 기반으로 또 다른 모조품을 내놓았든 새로운 창작물을 내놓았든 간에 그것 역시 예술작품이라고 불릴 수 있습니다.

연습문제

단답형 문제

01 러다이트 운동은 1811년부터 1817년 사이 영국의 직물공업지대에서 일어났던 (   )운동입니다.

02 '화려한 공산주의' 또는 (   )라는(이라는) 용어들의 의미는 '고도로 발전한 기술을 통해 정부로부터 기본소득을 받고, 임금 노동에서 벗어나 각자 원하는 삶을 살아가자!'입니다.

03 실리콘밸리의 기술자들은 기술고도화에 따른 자동화를 완전히 수용하고 기본소득을 제공하면 (   )이(가) 가능하다고 생각합니다.

04 기본소득 도입의 큰 걸림돌은 (   )입니다.

05 독점 경제가 분배 경제로 전환되려면 다양한 (   )이(가) 활성화되고 그들이 경쟁력을 갖출 수 있는 환경을 조성해 주어야 합니다.

06 (   )은(는) '새로운 것을 생각해 내는 능력'으로, 일상에서 새로운 문제 또는 관계를 발견하거나 독특한 아이디어를 산출하는 사고능력을 말합니다.

객관식 문제

07 다음 설명을 읽고 무엇에 대한 설명인지 고르시오.

> 이것은(는) 1811년부터 1817년 사이 영국의 직물공업지대에서 일어났던 기계파괴운동입니다.

① 러다이트 운동 ② 네오 러다이트 운동 ③ 디스토피아 운동
④ 유토피아 운동 ⑤ 디스트로이 운동

08 컴퓨터, 로봇, 첨단 정보통신기술 등이 발전함에 따라 첨단기술의 수용을 거부해야 한다는 주장은 무엇인가?

① 러다이트 운동 ② 네오 러다이트 운동 ③ 디스토피아 운동
④ 유토피아 운동 ⑤ 디스트로이 운동

09 인공지능에 대한 현재 사회적 인식으로 맞지 않은 것을 모두 고르시오.

① 생성형 AI는 앞으로 쭉 우리 삶에 큰 영향을 미칠 것이다.

② 인공지능이 업무를 상당히 대체해 직업적 위기가 올 수도 있다.

③ 인공지능으로 인해 일자리는 폭발적으로 늘어날 것이다.

④ 앞으로 정보 검색은 생성형 AI가 주도할 것이다.

⑤ 생성형 AI는 곧 사라질 것이다.

10 다음 중 인공지능이 대체할 수 있는 직업이 아닌 것은?

① 고객상담사 ② 대통령 ③ 회계사 ④ 디자이너 ⑤ 프로그래머

11 다음 설명을 읽고 무엇에 대한 설명인지 고르시오.

> 이것은(는) 매달 정부가 국민에게 기본적인 생활을 하기 위한 충분한 돈을 조건 없이 지급하는 제도입니다.

① 기본소득 ② 적금 ③ 로봇세 ④ 주택청약 ⑤ 불로소득

12 다음 중 로봇세 도입을 찬성하는 이유를 모두 고르시오.

① 근로 시간 감소 ② 세금 부족 완화 ③ 지하경제 활성화

④ 정부 역할 증대 ⑤ 일자리 감소 완화

13 다음 설명을 읽고 무엇에 대한 설명인지 고르시오.

> 초연결사회에서 99.997%의 일반 시민들은 이것라(이라) 불리는 최하위 노동자 계급으로 전락해 사실상 로봇보다도 못한 취급을 받게 될지도 모릅니다.

① 부르주아 ② 인공지능 로봇 ③ 플랫폼 스타

④ 프롤레타리아 ⑤ 프레카리아트

14 자동화 설비를 이용해 근로자들의 일자리를 뺏는 회사들에 매기는 세금을 무엇이라고 하는가?

① 법인세 ② 부자증세 ③ 로봇세

④ 사치세 ⑤ 종합부동산세

토론과제

01 인공지능 기술의 발전으로 인간은 노동으로부터 해방될 것입니다. 그런데 노동의 해방은 인간에게 구원일까요, 아니면 위협일까요?

02 인공지능은 방대한 예술작품들을 학습함으로써 스스로 창작물을 만들어 내고 있습니다. 그렇다면 인공지능의 창작물도 인간의 창작물과 동일한 것으로 인정해 주어야 할지에 대해 토론해 봅니다.

03 AI 가수, AI 화가 등 사이버 상에서 인공지능이 생성한 결과물을 심심치 않게 만나볼 수 있습니다. 그렇다면 AI 로봇은 어떨까요? 일반적으로 사람들은 인간과 닮은 로봇일수록 거부감을 느낀다고 합니다. 다음의 로봇 중 어떤 것에 더 호감을 느끼며, 그 이유는 무엇인지 토론해 봅니다.

(a) (b)

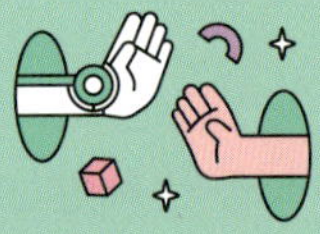

CHAPTER 13

인공지능의 동향

01 정책 및 법규 관점에서의 인공지능 동향

02 기술적 관점에서의 인공지능 동향

03 경제적 관점에서의 인공지능 동향

04 사회적 관점에서의 인공지능 동향

LAB

요약/연습문제/토론과제

학습목표

- 국가별 인공지능 정책과 법규에 대해 설명할 수 있습니다.
- 인공지능 기술에 대한 동향을 이해할 수 있습니다.
- 인공지능이 경제에 미치는 영향에 대해 설명할 수 있습니다.
- 인공지능이 사회에 미치는 영향에 대해 이해할 수 있습니다.

Preview

4차 산업혁명의 주요 기술인 인공지능은 산업혁명과 같은, 혹은 그 이상의 사회적 파급력을 가져올 것으로 예상됩니다. 그래서 각 국가들은 인공지능 기술을 확보하고 역효과를 최소화하기 위한 준비를 하고 있습니다. 실제로 많은 기업들 간의 인수합병 및 컨소시엄이 활발하게 진행되고 있으며, 사회적으로 의료·교통·서비스 등에서도 변화가 있을 예정입니다. 또한 개인정보나 민감정보가 포함된 데이터를 인공지능의 소스로 활용하는 방법과 빠르고 효율적으로 결과를 얻을 수 있는 경량화된 모델에 대한 연구가 진행 중에 있습니다. 이번 장에서는 여러 관점에서 인공지능의 동향을 살펴보며 관련 이슈들을 짚어보겠습니다.

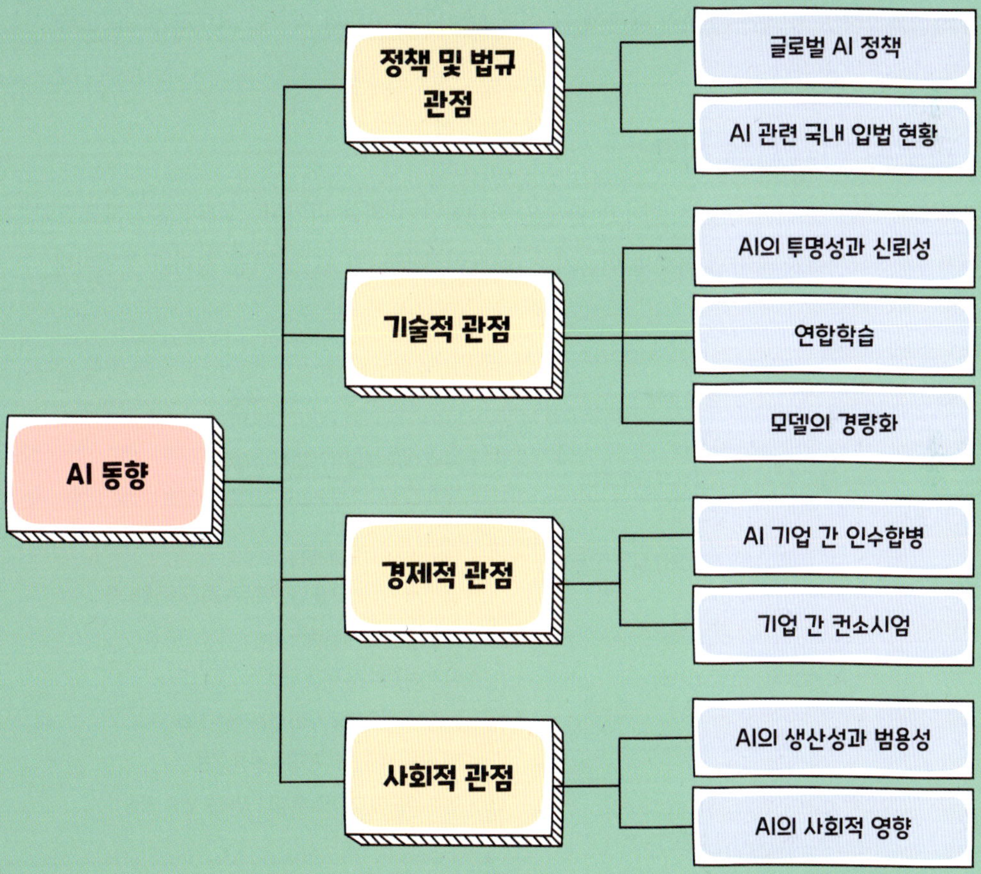

Section

01 정책 및 법규 관점에서의 인공지능 동향

인공지능이 미래의 주요 기술로 여겨지고 파급력 또한 클 것으로 예상되면서 국가별로 AI 기술의 발전과 활용에 대한 정책을 빠르게 내놓고 있습니다. AI 기술의 주도권을 잡기 위한 기업별 경쟁도 치열하지만, 국가별 경쟁도 만만치 않습니다. 뿐만 아니라 이윤만을 추구하는 기업과는 다르게 국가는 국민의 생명과 안전도 고려해야 하기 때문에 그 어느 때보다도 정부의 역할이 크다고 할 수 있습니다.

1 글로벌 인공지능 정책

인공지능 시대를 맞아 부작용은 줄이고 활용은 극대화하기 위한 다양한 정책이 쏟아지고 있습니다. [표 13-1]은 주요 국가별 글로벌 인공지능 정책(이하 글로벌 AI 정책)을 정리한 것입니다.

표 13-1 글로벌 AI 정책

국가	주요 정책	특징
유럽연합(EU)	• AI 법(AI Act)(2021) • 유럽연합 AI 접근 방식 백서(2020) • AI·데이터 전략(2020)	• AI에 대한 포괄적인 법적 규제안 • 유럽에서 AI의 우수성과 신뢰성 증진을 위한 전략 제시
영국	• 'AI 규제에 대한 친혁신적 접근' 발표(2023) • AI 국가 전략(2021)	• 안전한 AI 사용에 중점 • 국제 AI 감시기구를 런던에 유치하기 위해 노력
프랑스	• 국가 미래산업 투자 프로그램(2021) • AI 개발 국가 전략(2018)	• AI를 통해 국가 경쟁력 확보 • 국가 차원의 AI 투자 지원
미국	• AI에 관한 행정명령(2023)	• 기술 발전과 함께 AI의 안전성에 초점 • AI 기술 세계 1위 경쟁력 유지 정책
중국	• '중국표준2035' 발표(2020) • 고등교육 AI 혁신 행동계획(2018)	• 정부 주도의 대규모 투자와 강력한 인력 양성 • AI 혁신 정책 추진
일본	• AI 전략회의(2023) • AI 전략 2022(2022)	• 미래 인력 부족을 해결하고자 인공지능을 활용하는 정책 • 뒤처진 AI 기술 발전을 위한 적극적 투자 계획
대한민국	• 정보통신망법 개정안 발의(2023) • 인공지능책임법 발의(2023) • 저작권법 개정안 발의(2023)	• 규정 및 가이드 수립 이후, 기술의 발전 요구 • 개인정보의 최우선화

유럽연합

유럽연합(이하 EU)은 회원국 다수를 위한 인공지능 관련 사업 및 활동을 수행하고 있습니다. EU의 활동은 인간 중심의 가치·윤리·보안 등 균형 잡힌 AI 정책을 추진하는 데 그 목적을 두고 있습니다.

2020년에 발표된 'AI·데이터 전략'에는 인공지능의 성장을 통제 가능한 수준으로 제한, 데이터 단일 시장 등의 내용이 담겨 있으며, '유럽연합 AI 접근 방식 백서'에서는 유럽에서 인공지능의 우수성과 신뢰성을 증진시키기 위한 전략을 제시했습니다. 또한 2023년 12월 8일에 유럽연합 집행위원회, 유럽의회, EU 27개 회원국 대표는 이른바 'AI 법(AI Act)' 법안에 합의했습니다.

그림 13-1 EU의 AI 법

'AI 법'에는 인공지능의 위험성을 분류하고 투명성을 강화하며, 규정을 준수하지 않는 기업에 벌금을 부과하는 내용 등이 담겨 있습니다.

표 13-2 EU의 AI 법의 주요 내용

구분	설명
위험 기반 접근 방식	• AI 시스템을 다양한 위험 수준에 따라 분류 • 위험이 높을수록 더 엄격한 규제 적용 • 고위험 AI 시스템(예 공공 서비스에서 사용되는 시스템)에 대해서는 높은 수준의 투명성과 안전성이 요구됨
규제의 대상	• 주로 공공 안전, 교육, 고용 등 사회적으로 중요한 분야에서 사용되는 고위험 AI에 초점
주요 요구 사항	• 고위험 AI 시스템은 데이터의 질, 기술적 견고성, 투명성, 사용자의 감독 가능성 등 특정 기준을 충족해야 함
감독 및 집행	• EU 회원국 내에 감독 기관을 설립하여 AI 시스템의 규제 준수를 감독하고, 위반 시 제재를 부과할 수 있음

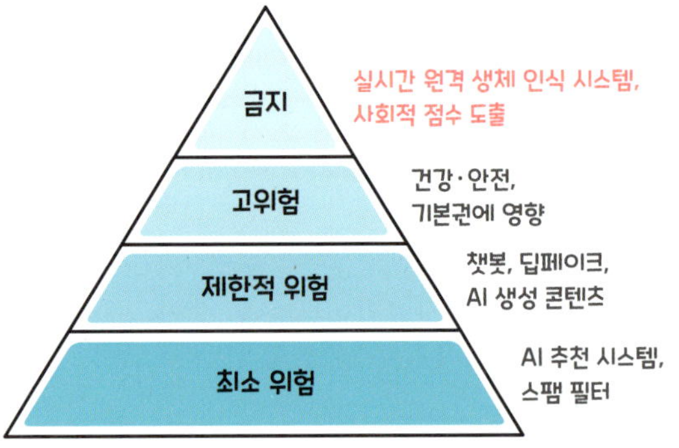

그림 13-2 EU가 발표한 AI 법의 '위험 기반 접근 방식'

영국

영국은 AI 기술의 발전과 책임 있는 사용을 촉진하기 위한 명확한 정책과 전략을 가지고 있습니다. 이와 관련하여, 영국 과학혁신기술부(DSIT)는 2023년 3월에 AI 백서인 'AI 규제에 대한 친혁신적 접근(A pro-innovation approach to AI regulation)'을 발표했습니다. 여기에는 다음과 같은 사항들이 포함되어 있습니다.

- 혁신을 억제할 수 있는 강압적인 법안의 도입을 피한다.
- AI 규제에 적용 가능한 접근 방식을 취한다.
- 새로운 단일 규제 기관을 만들어 전권을 부여하는 대신 기존 관련 기관이 상황별로 맞춤형 접근 방식을 채택한다.

아울러 영국은 인공지능의 위험에 국제적으로 대처하기 위하여 2023년에 이어 2024년에도 AI 안전 정상회의(AI safety summit)를 개최했습니다.

그림 13-3 영국에서 개최된 AI 안전 정상회의(2023년)

프랑스

프랑스의 인공지능 정책은 주로 국가 차원의 기초연구와 민간기업 간 관계 개선에 초점을 두고 있습니다. 특히 최근에 발표된 '국가 미래산업 투자 프로그램(Programme d'Investissements d'Avenir, PIA)'은 프랑스의 경제 성장을 촉진하고, 혁신적인 기술 분야에서 국가 경쟁력을 강화하기 위해 설계되었습니다. 여기에는 인공지능 연구 및 개발, 스타트업 및 혁신적인 기업 지원, 인공지능 분야의 인재 육성 등에 상당한 자금을 할당하는 것은 물론, 인공지능을 포함한 디지털 기술을 프랑스의 전략적 우선순위 중 하나로 설정한다는 내용이 담겨 있습니다. 이를 통해 이루어지는 투자와 지원으로 프랑스는 인공지능 분야에서 중요한 진전을 이룸으로써 경제적·사회적 변화를 선도하고자 합니다.

그림 13-4 **프랑스의 '국가 미래산업 투자 프로그램'**

미국

2023년 10월 30일, 미국의 조 바이든 대통령은 '안전하고, 안정적이며, 신뢰할 수 있는 AI에 관한 행정명령'을 발표했습니다. 이 행정명령은 AI 기술과 관련된 위험과 해로움을 규제하고 감시하는 계획 및 산업 내 혁신과 경쟁을 촉진하는 내용이 포함되어 있습니다. 이 행정명령의 주요 목표는 연방 기관에 대한 정책 방향 설정과 책임 있는 인공지능 혁신 장려에 있습니다.

조 바이든 대통령의 이 행정명령을 통해 지속적으로 AI 기술이 미국인들의 모든 생활 측면에 통합됨에 따라, 미국이 인공지능 정책에서 글로벌 리더로서의 위치를 확립하려는 노력의 일환으로 볼 수 있습니다.

그림 13-5 **미국의 조 바이든 대통령의 'AI에 관한 행정명령' 발표**

중국

중국만큼 정부 차원에서 전략적 투자를 아끼지 않는 나라도 없습니다. 2021년만 해도 중국의 AI 기업은 3개에 불과했으나, 2023년 13개의 기업과 기관들이 독자적인 생성형 AI 모델을 발표했고, 투자 규모도 2023년 147억 달러(약 19조 2,967억 원)에서 2026년에는 264억 달러(약 34조 6,553억 원)로 늘어날 것으로 예상되고 있습니다. 또한 중국은 국가발전 5개년 계획인 '중국표준 2035'에 AI 기술을 포함하였습니다. 이와 관련한 여러 법령을 정비하는 한편 '생성형 AI 서비스 잠정 관리 방법'을 제정하였다. 해당 법령은 2023년 8월부터 시행되며, 인공지능을 사용하여 콘텐츠를 생성하는 기술의 허용 범위, 준수 의무, 위반 시 조치, 벌칙 등의 내용이 포함되어 있습니다.

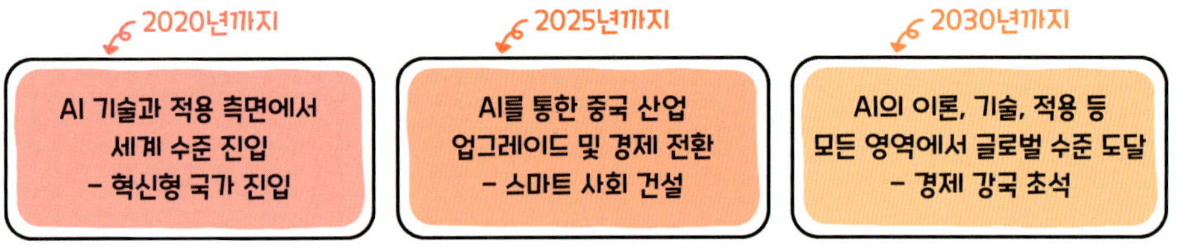

그림 13-6 중국의 차세대 인공지능 발전 계획

일본

일본은 '통합혁신전략 회의'에서 'AI 전략 2022'를 채택했습니다. 이 전략은 인간 존중, 다양성, 지속 가능이라는 3가지 이념 아래 인공지능을 활용해 일본 사회문제를 극복하고 산업 경쟁력을 향상시키는 것이 목표입니다.

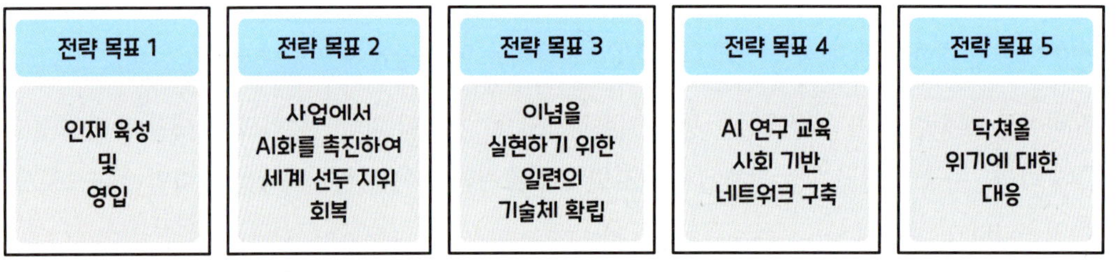

그림 13-7 일본의 'AI 전략 2022'의 상세 목표

또한 미래 AI 전략의 일환으로 'AI 전략회의'를 구성하여 2023년 5월 제1차 회의를 개최하였습니다. 이 회의에서는 생성형 AI에 의한 사생활 침해, 범죄, 보안상의 리스크, 잘못된 정보, 정보의 편향성, 지식재산권 침해 문제를 검토했습니다. 이와 같이 일본의 AI에 대한 전략은 기술 개발과 함께 이것의 안전한 사용을 중점으로 펼쳐지고 있습니다.

대한민국

우리나라는 2023년 인공지능 관련 법률 발의가 많았습니다. 인공지능 기반 추천 서비스 제공 시 방송통신위원회에 신고해야 한다는 「정보통신망법」 개정안부터 「인공지능 책임법」, 「개인정보 보호법」 개정안까지 많은 개정안들이 발의되었습니다.

하지만 다른 나라들이 대체로 기술 개발과 안전한 사용에 균형을 맞춘 정책을 발표하는 반면, 우리나라는 기술의 발전보다는 안전한 사용에 초점이 맞춰져 있습니다. 이러한 상황에서 자칫 AI 경쟁에서 밀려날 수 있으므로 균형 있는 법·제도 정비가 필요합니다.

2 인공지능 관련 국내 입법 현황

인공지능 기술이 비약적으로 발전하여 경제 성장에 큰 영향을 미칠 것으로 전망되면서 인공지능의 안정성 결여와 오·남용 등 역기능에 대한 우려의 목소리가 높아지고 있습니다. 우리나라 역시 인공지능 기술의 안정성을 확보하면서 다양한 산업 분야에 활용하기 위한 법률안들이 발의되고 있지만, 실제 법제화 진행은 미비한 상황입니다.

현재까지 추진된 인공지능 관련 주요 법률안을 자율주행차, 드론, 로봇과 헬스케어로 분류하여 살펴보겠습니다.

자율주행차

미국의 경우 디트로이트부터 앤아버까지 자율주행도로를 건설하겠다고 발표했으며 국내에서도 자율주행차가 시범운행 중에 있습니다. 현재 우리나라는 「자율주행자동차법」 개정안이 국회 본회의를 통과한 상태입니다(2024년 2월). 2019년 4월에 제정된 「자율주행자동차 상용화 촉진 및 지원에 관한 법률」에서 관련 정책추진체계 정비, 자율주행 안전구간 지정, 시범운행지구 도입, 인프라 구축·관리, 관련 생태계 기반 조성 등의 내용을 담았다면, 「자율주행자동차법」 개정안에서는 레벨 4에 해당하는 자율주행차에 대하여 성능인증제도와 운행승인제도를 도입하고, 그에 따른 자율주행차 운행자의 책무 및 자동차 제작자 등의 책임을 규정하고 있습니다.

자율주행자동차법 (개정안)	· 자율주행차의 성능인증 및 적합성 승인 제도 도입 · 성능 인증과 운행에 필요한 안전관리 조치 의무화

그림 13-8 「자율주행자동차법」 개정안 주요 내용

드론

드론은 국방뿐만 아니라 농업, 운송업 등 다양한 분야에서 활용 가치가 있는 기술입니다. 국내에서도 드론 산업 육성·지원을 위한 제정안이 통과되었으며, 2019년 4월 30일 제정된 「드론 활용의 촉진 및 기반 조성에 관한 법률」은 드론의 정의 규정, 드론 산업 발전 기본계획 수립, 드론 특별자유화 구역 지정 및 드론 시범사업구역 지정·관리 등의 내용을 담고 있으며, 2020년 5월부터 시행되었습니다.

또한 2021년 정부는 드론 분류체계를 정비하는 작업을 하였는데, 2021년 1월 「항공운전법」 시행령과 2021년 3월 「항공안전법」 시행규칙을 개정하여 법적 의무가 아닌 비사업용 드론의 기체 신고 의무를 내용으로 하는 사항과 사고 발생 시 소유자와 조종자 파악의 어려움으로 인한 보상의 한계점을 극복하기 위한 대책을 마련하였습니다.

항공운전법	드론 활용의 촉진 및 기반조성에 관한 법률
· 최대이륙중량 2kg을 초과하는 드론은 모두 신고	· 드론의 정의, 드론 산업발전 기본계획 수립 · 드론 특별자유화구역 지정 및 드론 시범사업구역 · 드론 교통관리시스템 구축·운영 근거 마련

그림 13-9 「항공운전법」과 「드론 활용의 촉진 및 기반조성에 관한 법률」의 주요 내용

로봇과 헬스케어

인공지능 기술이 적용된 대표적인 분야가 바로 로봇과 헬스케어입니다. 그래서 우리나라도 다양한 분야에서 기술이 활성화되도록 법률안이 발의 및 개정되었습니다.

로봇 분야에서는 '지능형 로봇'의 정의에 소프트웨어를 포함시키고, 지능형 로봇 관련 전문인력 양성을 위한 법률안이 2023년 5월에 일부 개정되어 2023년 11월에 시행되었습니다.

헬스케어 분야에서는 인공지능을 접목하기 위한 뚜렷한 입법 현황이 있는 것은 아니지만, 「디지털헬스케어법」이 2023년 9월 국회 보건복지위원회에 제출됐습니다. 하지만 이것이 통과되면 사용자의 의료 데이터가 보험회사 및 기업에 넘어갈 수 있다는 우려로 찬반 논란 이슈가 제기되고 있습니다.

로봇	지능형 로봇 개발 및 보급 촉진법 (일부개정안)	· 지능형 로봇에 대한 손해보장사업의 담보 범위를 구체적으로 규정 · 실외 이동로봇 안전인증의 표시/홍보 방법, 실외 이동로봇 운영자가 가입해야 할 책임보험 등 세부 규정
헬스케어	디지털헬스케어법 (2023 국회제출)	· 빅데이터·인공지능 등 미래 신기술과 연계 · 개인정보 보호법과의 충돌로 논란

그림 13-10 로봇과 헬스케어 관련 법안

Section 02

기술적 관점에서의 인공지능 동향

인공지능 기술과 관련하여 투명성과 신뢰성을 확보하는 것은 무엇보다 중요합니다. 그래서 개인의 민감정보가 포함된 경우 클라우드에서 사용하기 어려운 점을 고려하여 개인이 소유한 기기에서 학습시키는 방법에 대한 연구들이 활발히 진행 중에 있습니다.

1 인공지능의 투명성과 신뢰성

인공지능은 우리의 기대와 전혀 다른 결과를 도출할 가능성이 높습니다. 앞에서 살펴보았듯이 인공지능은 편향된 데이터나 알고리즘의 복잡성으로 예기치 않은 오류를 발생시킬 가능성이 많기 때문입니다. 문제는 현재의 인공지능이 자신의 결정에 대한 이유를 설명하지 못하는 블랙박스 시스템이라는 것입니다. 즉, 오류가 어떻게 발생했는지 인과관계에 대한 충분한 설명이 불가능하며, 왜 이런 결론을 내렸는지 인간과 공유하지 않습니다. 그 결과로 인공지능에 대한 신뢰성 문제가 제기되었습니다. 인공지능의 학습 과정 및 결과에 대한 투명성이 검증되지 않는 한 신뢰성은 당연히 제기될 수밖에 없는 문제입니다.

그림 13-11 인공지능의 투명성에 기반한 신뢰성 향상

인공지능은 인간의 삶에 많은 혜택을 주지만 반대의 경우에는 큰 파장을 불러올 수 있습니다. 잘못된 의사결정, 산업현장에서의 오작동, 위법 행위 등 기업 및 개인의 생존을 위협할 수 있으므로 인공지능의 투명성과 신뢰성은 반드시 확보되어야 합니다.

이와 관련하여 인공지능 신뢰성 검증을 위한 다양한 정책 및 가이드라인이 발표되고 있지만, 주로 사후대책과 관련된 것이어서 근본적인 예방이 될 수는 없습니다. 인공지능의 시작은 데이터입니다. 따라서 데이터에 대한 검증이 인공지능에 대한 신뢰성을 보증하는 시작이라고 할 수 있습니다.

2 연합학습

인공지능의 성능은 데이터의 양과 비례한다고 해도 과언이 아닙니다. 즉, 인공지능이 발전하기 위해서는 많은 데이터를 수집하고 학습을 시켜야 합니다. 데이터는 일반적으로 [그림 13-12]와 같이 엣지에서 수집되고 중앙 서버로 전송됩니다. 이후 중앙 서버에서 데이터를 분석한 후 다시 그 결과를 엣지로 보내는 과정이 반복됩니다.

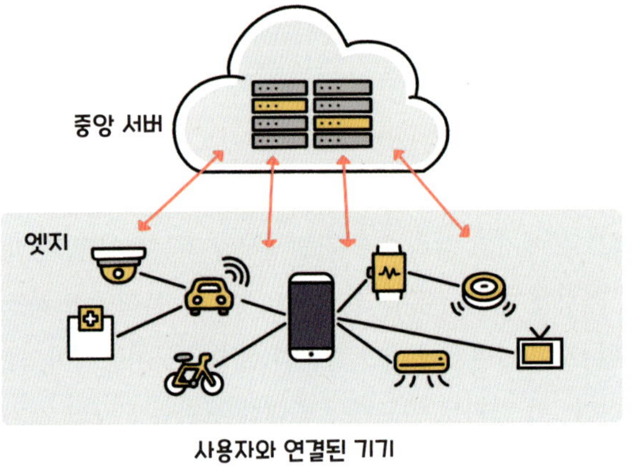

그림 13-12 **엣지와 중앙 서버**

문제는 이 과정에서 네트워크 과부하가 발생한다는 점입니다. 즉, 엣지와 중앙 서버로 구성된 구조에서는 네트워크로 데이터가 전송되는 데 한계가 있습니다. 수집한 데이터를 클라우드에서 분석하고 그 결과를 또 다시 엣지로 보내는 과정에서 지연 현상이 발생할 뿐만 아니라 클라우드로 각종 데이터가 몰리면 보안 문제도 피할 수 없습니다. 그래서 고안된 것이 연합학습입니다.

연합학습(FL, Federated Learning)은 다수의 개별 기기와 하나의 중앙 서버가 협력하여 데이터를 처리하고 학습하는 기술입니다. 이때 개별 기기는 스마트폰뿐만 아니라 웨어러블 기기, 차량 등 다양합니다. 연합학습 시 원본 데이터는 기기 내에 그대로 남고 학습된 모델만 중앙 서버로 보내집니다. 연합학습이 적용된 기기는 중앙 서버에 접속되지 않았을 때는 이전에 받은 알고리즘으로만 머신러닝이 구동되고, 이후 인터넷이 연결되면 서버에서 새 알고리즘을 받으므로 항시 인터넷에 연결되어 있지 않아도 됩니다.

연합학습은 다음과 같은 방식으로 학습을 합니다. 먼저 개인이 축적한 데이터를 스마트폰으로 학습한 결과 모델의 파라미터들이 수정됩니다. 이후에는 신경망에서 변경된 수치값만 따로 떼어내 압축하고 암호화하여 중앙 서버로 보냅니다. 중앙 서버에서는 다수의 사용자로부터 받은 정보들을 합쳐서 중앙 모델에 반영하고 그 결괏값을 다시 개별 기기로 뿌립니다. 이 과정을 정리하면 [그림 13-13]과 같습니다.

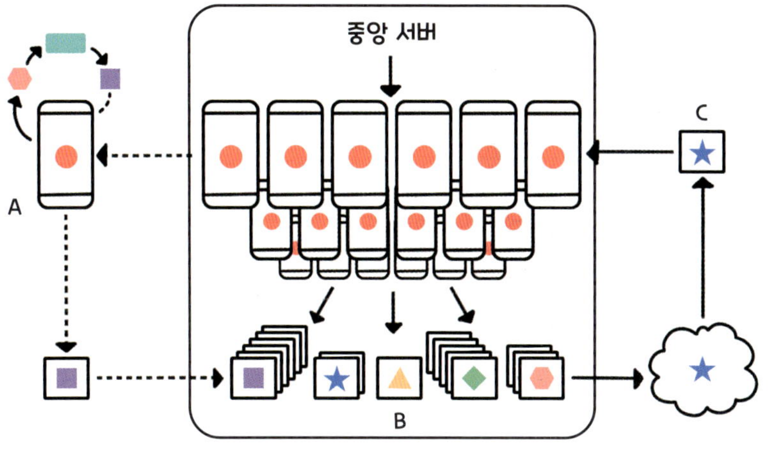

- A : 개인의 스마트폰을 이용하여 모델을 학습시킵니다. 이 과정에서 파라미터들이 수정됩니다.
- B : 신경망에서 변경된 수치값을 압축하고 암호화한 후 중앙 서버로 보냅니다.
- C : 중앙 서버에서는 모든 정보들을 합쳐서 중앙 모델에 반영하여 학습하고 그 결괏값을 개별 기기에 보냅니다.
- A~C 과정을 반복합니다.

그림 13-13 **연합학습 과정**

연합학습을 이용할 경우 민감한 데이터를 보호할 수 있다는 장점이 있기 때문에 특히 의료기관에서 유용하게 사용할 수 있습니다. 병원의 임상 데이터와 같은 환자의 개인정보가 보호되어야 하는 상황에서 데이터 유출 없이 학습이 가능합니다. 그리고 병원에서 보유한 데이터를 모두 중앙 서버로 전송하게 되면 네트워크 트래픽과 스토리지 비용이 증가하는데 연합학습을 사용하면 데이터로 학습된 모델의 업데이트 정보만 주고받을 수 있어 네트워크 트래픽에 대한 부담이 없습니다.

구체적으로 의료기관에서 연합학습이 어떻게 사용되는지 사례를 통해 살펴보겠습니다. MICCAI 2019에서 엔비디아와 킹스 칼리지 런던 대학교 연구원들이 데이터의 개인정보를 유지하면서 뇌종양 식별을 개선하기 위해 연합학습을 이용하였다고 공동 발표하였습니다. 그 과정은 다음과 같습니다. **1** 병원마다 개별적으로 축적한 데이터를 이용하여 심층신경망(DNN)을 훈련시킨 후 그 결괏값(모델의 변경값)을 중앙 서버에 전달합니다. **2** 중앙 서버에서는 그 모든 결괏값들을 취합하고 중앙 모델에 반영합니다. 이를 통해 의료전문가들은 임상 데이터를 직접 공유하지 않고도 공유 모델에 대해 협업할 수 있습니다.

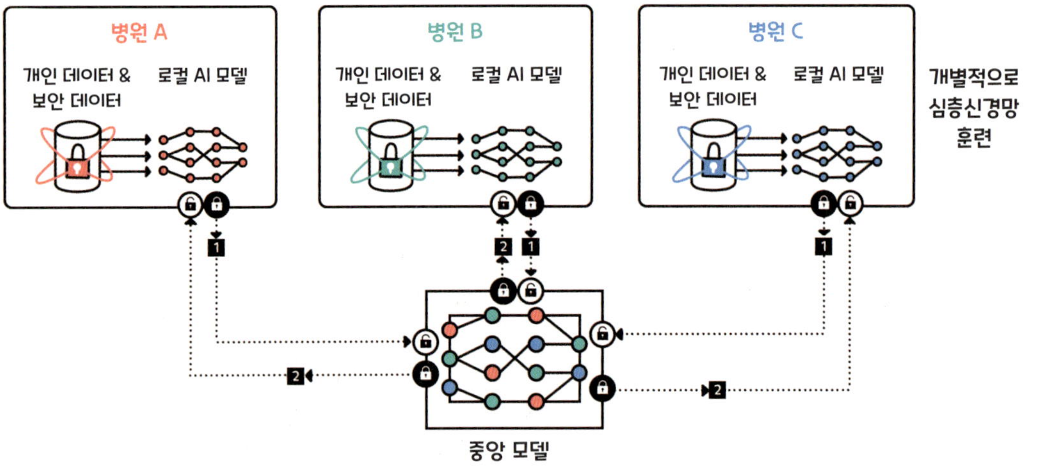

그림 13-14 의료기관에서의 연합학습

3 모델의 경량화

모델의 경량화란 말 그대로 인공지능 모델을 축소시키고 가볍게 만드는 기법입니다. 모델 사이즈를 줄이거나 혹은 가볍게 만들어서 추론 시간(Latency)을 줄이는 데에 특화되어 있습니다. 물론 장점만 있는 것은 아닙니다. 모델의 사이즈를 경량화시켜 더 빠른 추론 성능을 내게 하는 반면, 그에 따른 정확도의 희생은 감수해야 합니다.

모델 경량화를 구현하는 방법은 툴을 사용하는 것과 사용하지 않는 것, 두 가지 방법이 있습니다. 툴을 사용하는 방법으로는 경량 알고리즘과 가지치기가 있으며, 툴을 사용하지 않는 방법은 알고리즘을 직접 구현하는 것으로 양자화, 지식 증류, 순위 근사 등이 있습니다.

경량 알고리즘

경량 알고리즘에는 ResNet, DenseNet, MobileNet, ShuffleNet이 있습니다.

■ ResNet

ResNet은 마이크로소프트에서 개발한 이미지 분류 알고리즘입니다. 「Deep Residual Learning for Image Recognition」논문에서 처음 소개되었으며, 레지듀얼 블록(Residual Block)이라는 개념을 도입하여 입력값을 출력값에 더하는 지름길(Shortcut)을 하나 만든 것이 이 알고리즘의 핵심입니다. 즉, [그림 13-15]와 같이 특정 위치의 출력은 특정 위치에서의 입력과 레지듀얼(Residual) 함수의 합으로 표현이 가능하기 때문에 일반적인 합성곱 신경망에서 사용하는 곱의 연산보다 단순하고 속도가 빠릅니다.

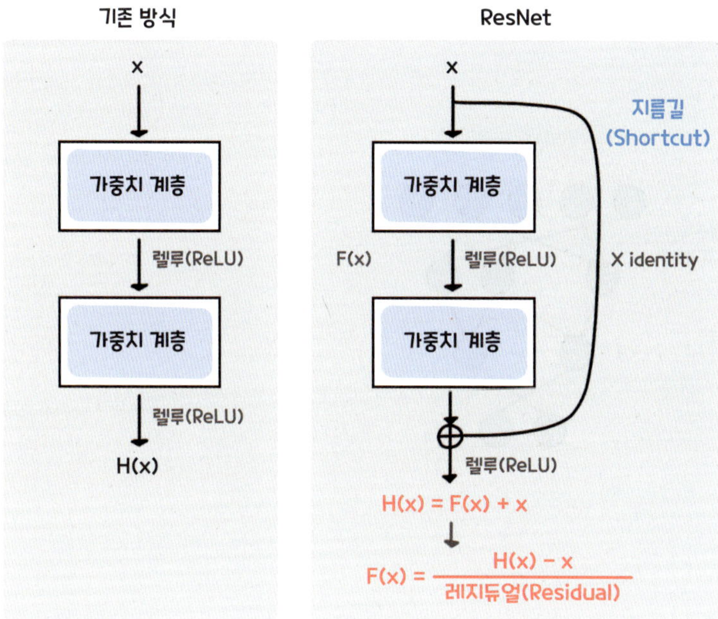

그림 13-15 ResNet

■ DenseNet

DenseNet은 모든 이전 계층의 출력 정보를 이후 계층의 입력으로 받아오도록 설계된 알고리즘입니다. DenseNet은 ResNet과 달리 모든 계층이 연결되어 있습니다. 또한, 특성맵(Feature Map)의 정보를 합칠 때 합(+) 연산이 아닌 채널에서 병합(concat)하는 방식을 사용하기 때문에 연산량 감소(병합은 합연산보다 상대적으로 연산량이 작음) 효과가 있습니다.

■ MobileNet

MobileNet은 컴퓨터 성능이 제한되거나 배터리 성능이 중요한 기기에 사용될 목적으로 파라미터를 획기적으로 줄인 알고리즘입니다. 기존의 합성곱 필터를 채널 단위로 먼저 연산하고(Depth-wise Convolution), 그 결과를 다시 픽셀 단위로 연산함으로써 연산량을 감소시켰습니다.

■ ShuffleNet

ShuffleNet은 MobileNet과 같이 파라미터 수를 줄인 경량 알고리즘입니다. 픽셀 단위로 합성곱을 할 때 특정 영역의 채널에 대해서만 연산을 하도록 설계함으로써 연산량을 감소시켰습니다.

가지치기

가지치기(Pruning)는 신경망의 파라미터 중 중요도가 떨어지는 파라미터를 찾아 제거하는 방법입니다. 즉, 결과에 영향을 적게 미치는 파라미터를 선택하여 신경망에서 제거합니다. 영향도가 적은 파라미터라 하더라도 제거하면 이에 따른 정확도 손실이 발생할 수 있으므로 가지치기를 한 상태에서는 추가적인 학습이 필요합니다.

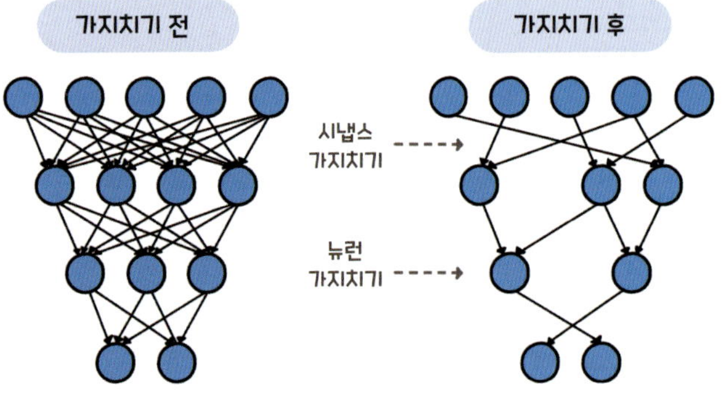

그림 13-16 가지치기

양자화

양자화(Quantization)는 파라미터의 정밀도를 적절히 줄여 연산 효율성을 높이는 방법입니다. 심층신경망에서 학습 및 추론을 진행하면 32비트 또는 64비트 부동소수점 수준의 정밀도가 필요하지 않은 경우가 많습니다. 16비트와 8비트의 정밀도를 사용해도 비교적 적은 정확도 손실로 고속 연산이 가능합니다. 최근에는 4비트, 2비트, 1비트를 사용하는 알고리즘도 연구되고 있는데, 이 경우에는 정확도 손실이 크기 때문에 적은 수의 비트를 고려하여 학습하도록 하는 알고리즘이 필요합니다.

지식 증류

지식 증류(Knowledge Distillation)는 미리 잘 학습된 교사 네트워크(Teacher Network)로부터 학생 네트워크(Student Network)를 학습시키는 모델로, 교사-학생 네트워크(Teacher-Student Network)로 언급되기도 합니다. 학습하고자 하는 데이터가 있을 때 교사 네트워크가 데이터를 먼저 학습한 후, 교사 네트워크보다 작은 규모의 학생 네트워크가 교사 네트워크를 활용하여 데이터를 학습함으로써 모델을 경량화합니다.

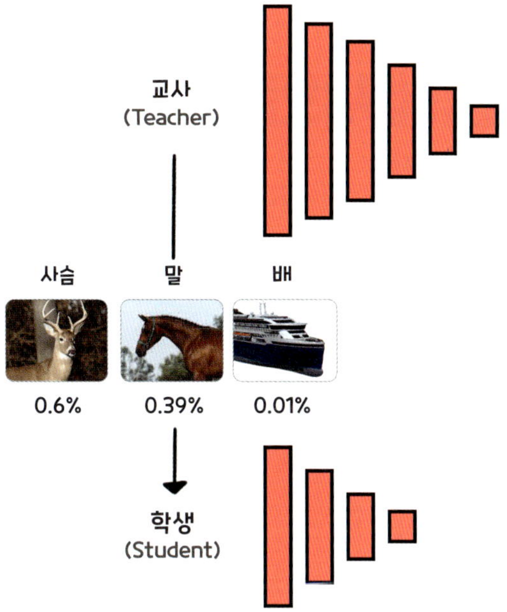

그림 13-17 지식 증류

순위 근사

합성곱 신경망(Convolutional Neural Network)에서는 수많은 합성곱 연산을 합니다. 이때 연산은 주로 행렬 곱셈을 사용하는데, **순위 근사(Low-Rank Approximation)**에서는 행렬곱 연산 시 랭크(Rank)를 줄여 연산함으로써 근사해를 구하더라도 더 빠른 속도로 연산을 할 수 있습니다.

> 랭크(Rank)는 임의의 행렬 A가 있을 때, 이 행렬의 열들로 생성될 수 있는 벡터 공간의 차원을 의미합니다.

하나 더 알기 **벡터 공간**

공간(Space)이란 원소들을 갖는 일종의 집합으로, 이 공간에서는 원소들의 덧셈과 곱셈이 가능합니다(수학적으로는 '닫혀 있다'라고 표현). 임의의 벡터(크기와 방향을 가진 물리량)들 x, y ∈ R^n과 임의의 스칼라(크기와 방향을 가진 벡터에 대비되는 개념으로, 크기만 있고 방향은 없는 물리량) c ∈ R이 있다고 가정해 봅시다. 이때, 벡터 공간 V를 x와 y를 원소로 갖는 집합(x, y ∈ V)이라고 할 때, V는 x+y ∈ V와 cx ∈ V를 만족해야 합니다. 즉 어떤 집합의 원소가 되는 벡터들의 덧셈과 곱셈을 모두 포함하는 집합이 벡터 공간(Vector Space)입니다.

이러한 경량화 기법들은 모델 하나당 한 가지 기법만 적용하는 것이 아니라 여러 기법들을 복합적으로 적용해야 효율적인 결과를 얻을 수 있습니다.

Section 03

경제적 관점에서의 인공지능 동향

글로벌 IT 기업뿐만 아니라 비 IT 기업에서도 인공지능 스타트업에 대한 인수합병이 활발히 진행되고 있습니다. 기업이 인수합병에 사활을 거는 이유는 기술개발 시간을 단축할 수 있으며, 시장의 흐름에 맞춰 빠르게 서비스를 내놓을 수 있기 때문입니다. 글로벌 IT 기업 위주로 스타트업을 인수하여 서비스를 출시한 사례들을 살펴보겠습니다.

1 인공지능 기업 간 인수합병 활성화

FAMGA(페이스북, 아마존, 마이크로소프트, 구글, 애플)라는 말로 대표되는 글로벌 IT 기업은 지난 10여 년간 인공지능 스타트업을 적극적으로 인수해 왔습니다. 글로벌 IT 기업들의 인수합병 건수는 2010년부터 2021년까지 지속적으로 증가하는 추세를 보입니다. 그야말로 '인수합병 전쟁'이라고 표현해도 과언이 아닌 상황입니다.

그림 13-18 FAMGA(페이스북, 아마존, 마이크로소프트, 구글, 애플)

이들이 인수에 사활을 거는 이유는 무엇일까요? 이를 이해하기 위해서는 개방형 혁신에 대해 먼저 이해해야 합니다. '개방형 혁신', 즉 오픈이노베이션(Open Innovation)이 전 세계 산업계의 핵심 화두(話頭)로 자리 잡은 지는 이미 오래되었습니다. 개방형 혁신이란 한 기업이 처음부터 끝까지 기술을 개발하는 폐쇄형 혁신에 대비되는 말입니다. 기술 수준이 갈수록 높아지고 복잡한 기술의 융합화가 진행되면서 개방형 혁신이 기업 생존의 필수 요소가 되고 있습니다.

과거에도 기업끼리 전략적 제휴를 맺는 사례가 없었던 것은 아닙니다. 하지만 과거의 제휴는 기술개발이 완료된 상태에서 시장을 확대하기 위한 낮은 수준의 협력이었던 반면, 개방형 혁신은 기업이 생존을 위해 미래 핵심기술을 공동 개발하는 높은 수준의 협력이라고 할 수 있으며, 대표적인 것이 기업 간 인수합병입니다.

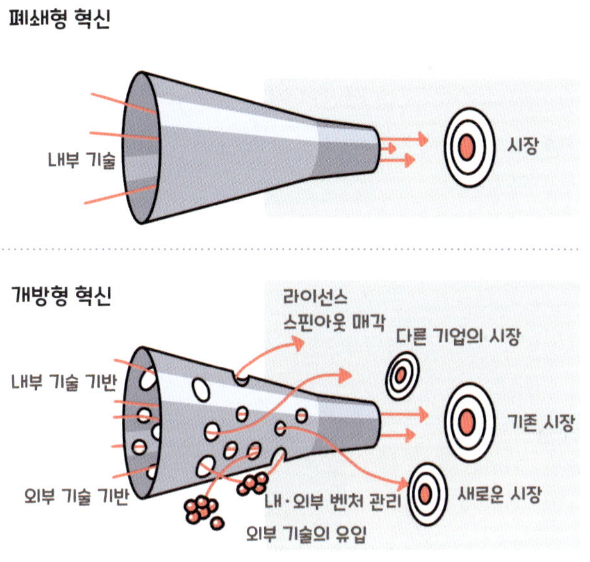

그림 13-19 **폐쇄형 혁신과 개방형 혁신**

글로벌 IT 기업들은 대부분 인수합병을 통해 발전해 왔습니다. 아이폰의 안면인식 시스템인 '페이스 ID(Face ID)'와 음성 인식 기능 '시리(Siri)', 구글의 '알파고(AlphaGo)' 등은 모두 AI 스타트업을 인수하여 탄생한 서비스들입니다.

그림 13-20 **페이스 ID**

애플(Apple)은 2017년 안면인식 기술 스타트업 리얼페이스(RealFace) 등을 포함하여 19곳의 AI 스타트업을 인수했으며, 2018년 말에는 시리(Siri) 개선을 위해 전직 구글 엔지니어 3명이 설립한 머신러닝 스타트업 레이저라이크(Laserlike)를 인수했습니다. 애플의 이러한 노력은 기업 가치 상승으로 이어지고 있습니다. 2019년 한 해 동안 애플 주가는 85% 넘게 올라 시가 총액은 1조 3,500만 달러까지 치솟았습니다.

알파고를 만든 것은 2014년 구글이 사들인 영국 딥마인드(Deep Mind)입니다. AI 비서 '구글 어시스턴트' 또한 예전보다 사람들과의 대화가 자연스러운 것은 자연어 처리 전문 스타트업인 API.ai에 투자한 덕분입니다. 이처럼 구글은 다양한 스타트업을 인수합병하여 독보적인 인공지능 왕국을 구축하고 있습니다.

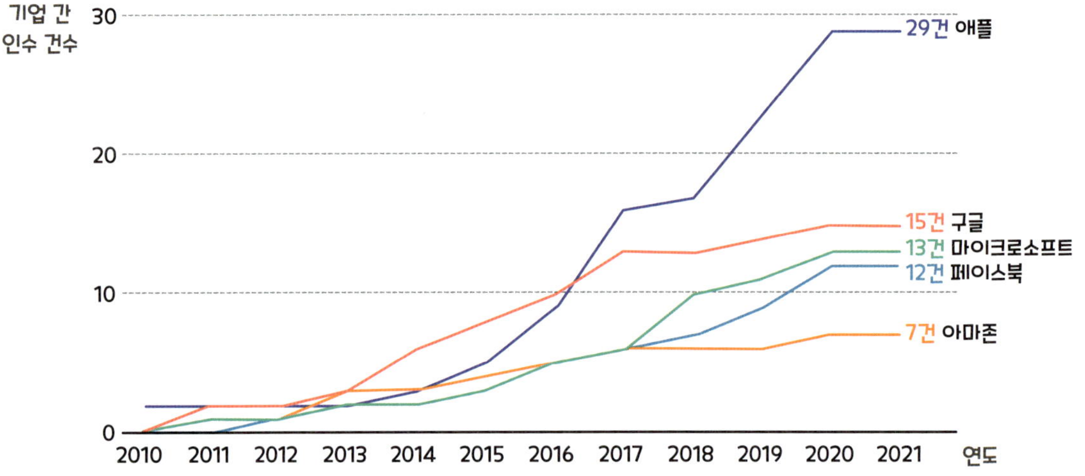

그림 13-21 글로벌 IT 기업의 인공지능 분야 기업 인수 건수 © CB인사이츠

2010~2019년간 AI 스타트업 인수 건수는 635건에 달했으며, 인수 속도는 점점 빨라지고 있습니다. AI 스타트업 인수가 이처럼 급증하고 있는 원인 중 하나는 보험이나 소매, 의료 분야 등 다양한 기업에서 AI 스타트업을 매수하고 있기 때문입니다.

하지만 인수 기업이 다양해지고 또 늘고 있다고는 해도 선두권은 역시 FAMGA가 지키고 있습니다. FAMGA가 적극적인 인수에 뛰어드는 이유는 인공지능 분야에서의 경쟁 우위를 지렛대 삼아 기업의 가치를 더욱 높이기 위해서입니다. 그리고 글로벌 IT 기업들이 인공지능 사업에서 중추적인 역할을 할 수 있도록 해주는 것이 스타트업입니다.

국내에서 가장 선도적인 행보를 보이는 기업은 삼성전자입니다. 삼성전자는 한국 외에도 미국 실리콘밸리, 영국 케임브리지, 캐나다 토론토, 러시아 모스크바에 인공지능 연구소를 두고 있으며, 인공지능 인재 확보를 위해 공격적으로 연구소를 설립해 나가고 있습니다. 2018년 9월에는 미국 뉴욕에 인공지능 연구센터를 개설해 로보틱스 분야를 중심으로 연구를 진행하고 있으며, 2018년 10월에는 캐나다 몬트리올에도 인공지능 연구센터를 개설해 음성 인식과 머신러닝을 중심으로 연구를 진행하고 있습니다. 또한 '종합기술원 몬트리올 AI'를 캐나다 몬트리올에 위치한 밀라 연구소로 확장 이전하여 반도체에 적용되는 인공지능 이론과 차세대 딥러닝 알고리즘 연구에 집중하고 있습니다. 또한 최근에는 인공지능, 디지털헬스, 핀테크, 로봇, 전자 등 다섯 분야 투자에 집중하고 있다는 내용을 밝히기도 했습니다.

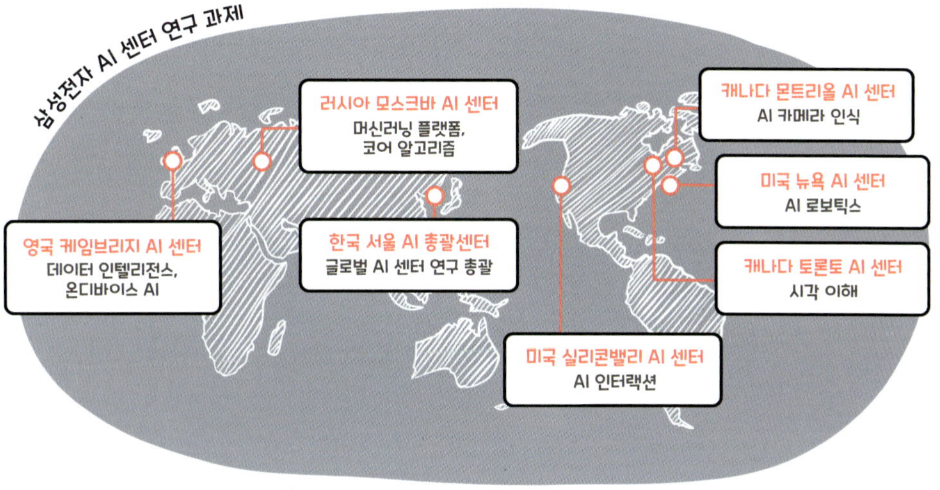

그림 13-22 삼성전자 AI 센터

2 기업 간 컨소시엄 확산

CB인사이츠가 발표한 자료에는 전 세계에서 AI 유니콘 기업이 많은 국가들에 대한 순위가 있습니다. 1~10위까지를 보면 이미 인공지능으로 두각을 드러내고 있는 나라들입니다.

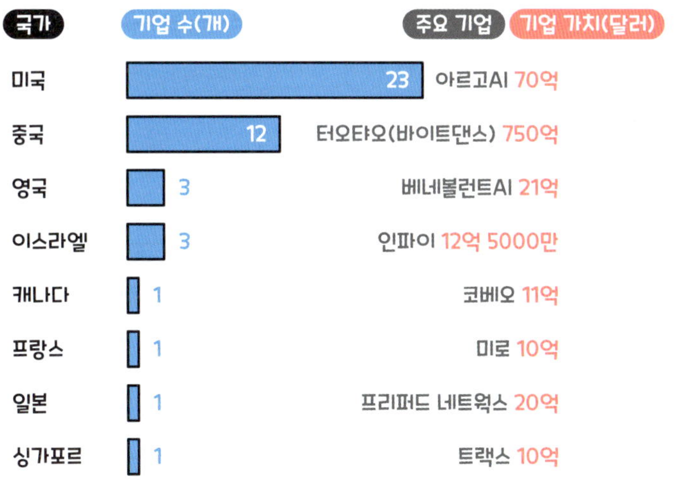

그림 13-23 국가별 AI 유니콘 기업 현황

우리나라는 인공지능 관련 그 어떤 보고서에서도 순위권 밖에 있습니다. 국가별·기업별 선점 전쟁에서 이미 많이 뒤처진 상태입니다. 이에 대한 해결책은 컨소시엄(Consortium)과 같은 산학연의 협업을 통한 역량 강화일 것입니다.

이와 관련해 삼성전자, SKT, 카카오 등 한국을 대표하는 IT 기업 3사가 인공지능 기술을 이용한 사회 안전에 기여하기 위해 컨소시엄을 구성했습니다. 3사는 'AI 동맹'으로 각 사가 가진 핵심 역량을 모아 미래 인공지능 기술개발, 사회적 난제 해결, 인공지능 기술 저변 확대를 공동 추진할 것이라고 발표했습니다.

그림 13-24 팬데믹 극복을 위한 K-인공지능 개발

글로벌 IT 기업들이 클라우드와 인공지능 분야에서 치열한 경쟁을 벌이고 있는 상황에서 국내 IT 기업 단독으로는 경쟁에서 살아남을 수 없습니다. 이 점을 정확히 인지한 3사는 '글로벌 AI 전쟁에서 한국이 주도권을 잡기 위해서는 국내기업 간 경쟁보다 협력이 필요한 시기'임에 동의하며 인공지능 분야 초협력을 위한 'AI R&D 협의체'를 결성했습니다. 협의체는 '팬데믹 극복 AI'를 시작으로 고령화 사회, 미세먼지 등 사회적 난제 해결을 위한 인공지능 연구 협력을 이어 갈 예정입니다.

정부 주도 컨소시엄 형태의 사업은 더욱더 활기를 띠고 있습니다. 특히 과학기술정보통신부가 주도하여 2029년까지 1조 96억 원이 투입되는 차세대 지능형반도체 기술개발 사업 중 2020년 신규 과제에서 컨소시엄을 통한 기업들의 협력이 두드러졌습니다. 서버 분야에서는 SKT 총괄로 SK하이닉스와 서울대, 전자부품연구원(KETI) 등 총 15개 산학연 컨소시엄이 선정됐습니다. 모바일 분야에서는 텔레칩스 등 11개 산학연이 자율주행차·드론 등 모바일 기기에 활용 가능한 AI 반도체를 개발하며, 엣지 분야도 넥스트칩 등 17개 기관 컨소시엄이 사물인터넷(IoT) 기기를 위한 AI 반도체를 만들고 있습니다. 다양한 기술이 접목된 서비스들이 늘어나면서 컨소시엄 형태의 협업은 계속 증가할 것으로 예상됩니다.

Section 04

사회적 관점에서의 인공지능 동향

인공지능과 로봇이 지배할 사회에는 많은 것들이 변화될 것입니다. 기업은 인간보다 로봇을 더 많이 고용할 것이며, 소수의 사람들이 부를 점유하는 시스템으로 자본주의가 붕괴될 가능성이 큽니다. 그리고 그 시작은 인공지능의 생산성과 범용성에 있습니다.

1 인공지능의 생산성과 범용성

포스코가 국내 최초로 세계 등대공장(Lighthouse Factory)에 이름을 올렸습니다. 세계경제포럼(WEF)은 제조업 분야의 스마트화를 이끄는 기업을 등대공장으로 선정해 발표하는데, 포스코가 전 생산 공정에 인공지능, 빅데이터, 사물인터넷 등 4차 산업혁명 핵심 기술을 적용해 생산성과 품질을 향상시키고 있다고 인정받은 것입니다. 이를 통해 기업들이 왜 앞다투어 인공지능을 도입하려 하는지 유추해 볼 수 있습니다. 바로 '생산성'과 '품질 향상' 때문입니다.

생산성(Productivity)의 사전적 의미는 토지, 자본, 노동력 등 생산의 여러 요소들이 투입된 양과 그것으로써 이루어진 생산물인 산출량의 비율을 나타냅니다. 즉, 투자 대비 결과물에 대한 효율성을 측정하는 척도입니다. 토지, 자본, 노동력에 대한 투자는 적으면 적을수록, 그것에 대한 최종 생산물은 많으면 많을수록 생산성이 높다는 의미입니다. 생산성 3요소 중 유동성이 가장 높은 것은 노동력입니다. 로봇의 도입이 노동비 절감에 효과가 높기 때문에 기업은 인력을 인공지능 로봇으로 대체하고 있습니다.

그림 13-25 생산성의 3요소

보스턴 컨설팅 그룹(BCG)은 2025년 산업용 로봇 도입에 따른 인건비 절감률을 [그림 13-26]과 같이 예측했습니다. 특히 한국의 인건비 절감률은 33%로, 전체 평균 16%를 훨씬 웃돕니다. 이는 지속적으로 가격이 하락하는 로봇으로 인력을 대체했을 때 인건비가 크게 절감될 수 있음을 의미합니다. 만약 이 수치가 현실화된다면 과연 어떤 기업이 사람을 고용하려 할까요?

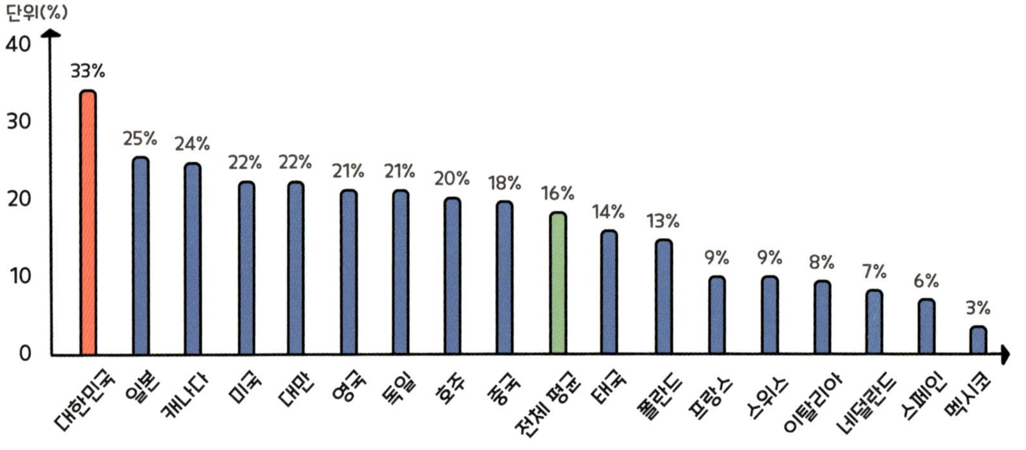

그림 13-26 **산업용 로봇 도입에 따른 인건비 절감률** © BCG

실제로 BCG 리포트에 따르면 제조업 국가 중 인도네시아, 태국, 대만, 대한민국이 가장 적극적으로 로봇 자동화를 받아들이고 있는 것으로 조사됐습니다.

그림 13-27 **국가별 로봇 자동화 도입 속도**

인공지능과 로봇의 도입이 기업에 어떤 의미인지 알아보았습니다. 지금 현재도 기업들은 마치 경쟁이라도 하듯이 빠른 속도로 인공지능과 로봇을 도입하고 있습니다. 그 범위는 특정 응용 분야에 국한되지 않고, 다양한 분야에 효과적으로 적용되고 있습니다. 인공지능이라는 기술 자체가 어떤 산업 분야에도 적용할 수 있는 범용성을 지니고 있기 때문입니다.

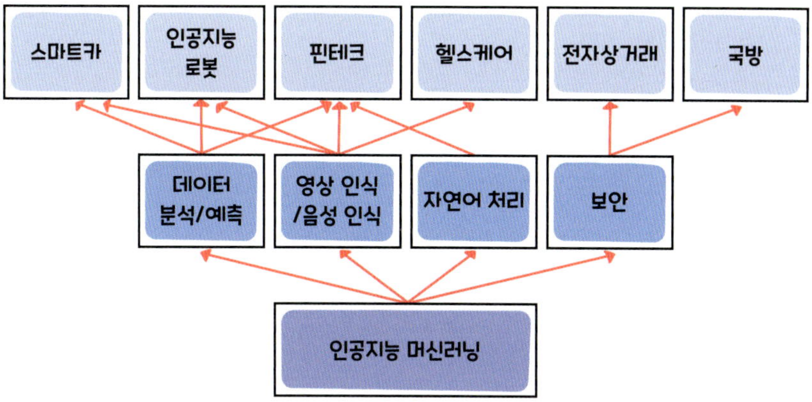

그림 13-28 **인공지능의 범용성**

인공지능을 이용한 서비스들에 대해서는 10장에서 이미 살펴보았듯이, 인공지능과 로봇은 의료, 유통, 서비스업 등 다양한 분야에서 이미 우리의 삶에 깊이 자리하고 있습니다.

2 인공지능의 사회적 영향

미국 스탠퍼드 대학교를 주축으로 출범한 'AI 100년 연구' 상임위원회는 〈AI와 2030년의 삶〉 보고서에서 미래에 인공지능이 바꿀 변화상을 예측했는데, 그 핵심 분야가 의료, 교통, 가정·서비스 로봇, 교육, 고용·직장 등이었습니다.

표 13-3 **인공지능의 사회적 영향**

분야	주요 내용
의료	• AI 기반 진료 및 진단으로 의사의 업무효율성 증진과 역할 변화 • 데이터 기반으로 환자 상태 실시간 확인
교통	• 센서 및 자동화 기술로 운전자의 안전과 편안함 증대 • 자율주행차, 드론 등으로 편리해진 생활 • 데이터 기반의 최적화된 서비스 제공 및 교통 계획 수립 • 위치 기반으로 승객과 기사를 연결해 효율성 증대
가정·서비스 로봇	• 집 내부를 3D 모델링으로 변화하여 보다 세밀한 청소능력 증진 • 의사소통 가능한 저가 로봇 상용화

교육	• 놀이를 통한 배움이 가능한 로봇 교사 등장 • 지능형 교육시스템과 온라인 학습을 이용하여 개인별 맞춤 교육 서비스 제공 • 온라인 강좌로 수집된 데이터를 학습 연구에 사용
고용·직장	• 직업의 생성·소멸이 빈번하게 발생 • 기업과 개인의 역할 변화 • 상품 및 서비스 생산비 절감

의료

인공지능 기반의 진료·진단으로 의사의 업무효율성이 높아지고, 데이터를 기반으로 환자 상태에 대한 실시간 확인이 가능하기 때문에 개개인의 삶의 질은 향상될 것입니다.

교통

스마트카와 자율주행차의 등장으로 시간과 공간에 대한 활용도가 높아지고 도시구조가 변화될 것입니다.

스마트카는 커넥트카라고도 부르는데, IT기술을 자동차와 연결시켜 운전자와 자동차 간 양방향 소통이 가능한 자동차를 의미합니다.

가정·서비스 로봇

기존의 가전제품에 인공지능 기술이 탑재된 형태의 서비스는 한계가 있습니다. 사람들이 원하는 로봇은 대화가 가능하고 그것을 기반으로 사람의 일을 대신하는 모습입니다. 세상 사람들의 소망을 반영하듯, 본격적으로 가정부 로봇이 도입될 것이며 이로 인해 기업뿐만 아니라 가정에서도 로봇사회로의 진입이 앞당겨질 것입니다.

그림 13-29 **가정용 로봇 도모**

교육

교사의 학습 보조역할을 충실히 함으로써 학생들의 학업 효율을 개선시킬 것입니다. 영상식별 기술은 숙제·시험문제를 정정하고 채점할 수 있으며, 음성식별은 선생님을 도와 구두시험을 평가하고 학생의 언어 발음을 교정할 수 있습니다. '인간-기계 인터페이스' 기술은 온라인으로 학생들의 질문에 해답을 제시할 것입니다. 궁극적으로는 단순 보조 역할을 넘어 교사를 대체하면서 교실의 풍경이 달라질 것입니다.

고용·직장

인간은 인공지능과의 일자리 경쟁에서 절대 승자가 될 수 없습니다. 따라서 인공지능과 로봇이 활성화되면 인간의 고용형태에 큰 변화가 있을 것입니다. 지금과 같은 정규직은 반정규직이나 프리랜서 형태의 고용으로 변화할 것입니다.

LAB 이미지를 통해 질문한다! : 챗GPT

챗GPT에게 궁금한 것을 물어보면 상세하게 답변해 줍니다. 그런데 지금까지는 질문을 텍스트로 해야 한다는 제약이 있었습니다. 하지만 우리가 묻고 싶은 것이 항상 텍스트일 수는 없습니다. 내가 가지고 있는 자료가 이미지일 경우, 이것을 텍스트로 장황하게 설명해야 한다면 챗GPT를 사용하는 의미는 퇴색될 수 있습니다. 그래서 이번 〈LAB〉에서는 챗GPT를 이용해서 이미지로 질문하는 방법에 대해 알아봅니다.

실습

01 https://chat.openai.com/gpts에 접속하여 챗GPT 웹사이트를 열고, 메시지 박스의 왼쪽에 있는 클립 아이콘을 클릭한 후 [컴퓨터에서 업로드]를 선택합니다. 열기 대화상자가 열리면 챗GPT에게 질문하기 원하는 이미지를 선택한 후 [열기]를 클릭합니다. 여기에서는 '나무' 이미지를 활용하겠습니다.

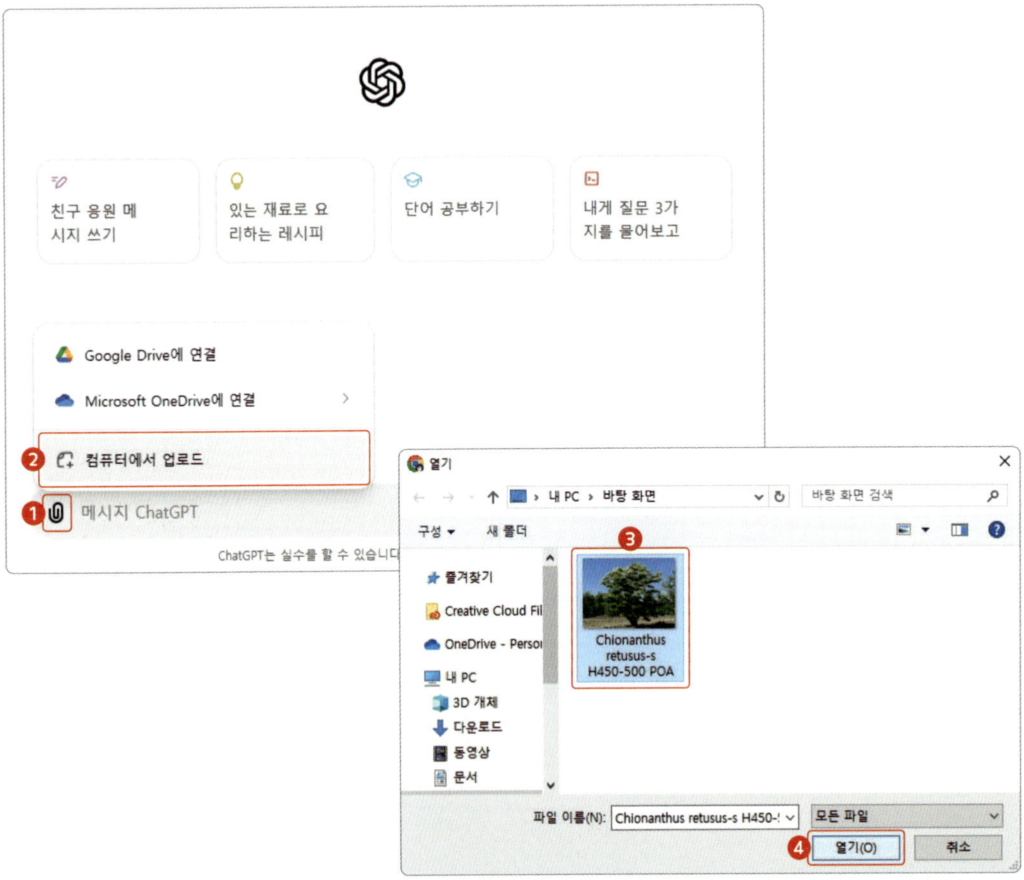

02 챗GPT의 메시지 박스에 다음과 같이 질문을 입력하고 Enter를 누릅니다.

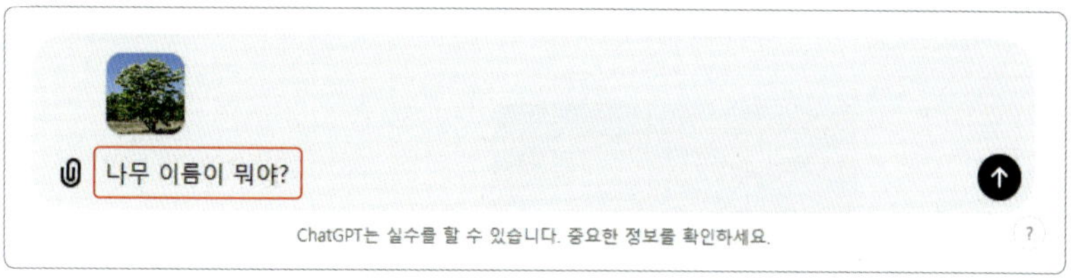

03 그러면 다음과 같은 답변을 확인할 수 있습니다.

04 이번에는 음식 이미지를 제시하고 재료와 조리 과정을 물어보겠습니다. 앞에서 했던 방식으로 음식 이미지를 선택한 후, 메시지 박스에 다음과 같이 질문을 입력하고 Enter를 누릅니다.

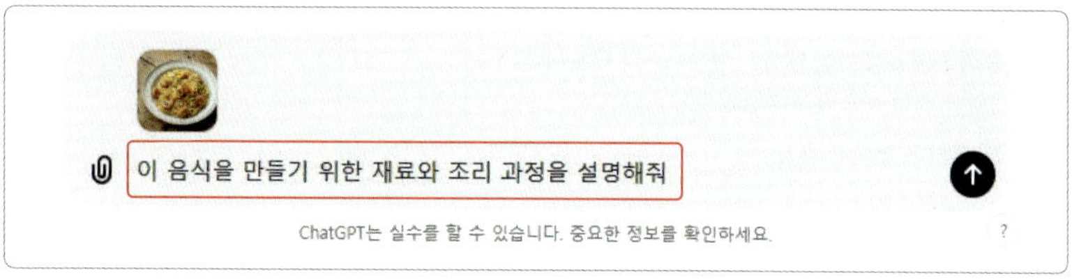

05 그러면 다음과 같은 답변을 확인할 수 있습니다. 이와 같은 방법으로 다양한 질문을 해볼 수 있지만 무료 버전에서는 질문의 수가 제한되어 있으니 참고하세요.

이 음식을 만들기 위한 재료와 조리 과정을 설명해줘

이 사진 속 음식은 스캘럽 레몬 갈릭 파스타입니다. 다음은 이 요리를 만들기 위한 재료와 조리 과정입니다.

재료:

- 스파게티 면 200g
- 스캘럽(가리비) 200g

조리 과정:

1. **스파게티 면 삶기:**
   - 큰 냄비에 물을 끓여 소금을 약간 넣고 스파게티 면을 넣어 포장지에 적힌 시간 동안 삶습니다. 알덴테로 익히는 것이 좋습니다.
   - 면이 익으면 체에 밭쳐 물기를 빼고, 올리브 오일 1큰술을 뿌려 면이 붙지 않도록 섞어둡니다.
2. **스캘럽 준비:**
   - 스캘럽은 물에 헹궈 키친타월로 물기를 제거합니다.
   - 팬에 올리브 오일 1큰술을 두르고 중강불로 가열합니다.
   - 스캘럽을 팬에 넣고 양면이 노릇노릇해질 때까지 약 2-3분씩 굽습니다. (한쪽 면을 한 번만 뒤집어야 속이 부드럽게 익습니다.)
   - 스캘럽이 다 익으면 따로 접시에 덜어둡니다.

응용

01 토론 나만의 AI 챗봇 서비스는 어느 상황에 사용하면 유용할 것인지 토론해 보세요.

02 토론 개인들이 자신만의 AI 챗봇 서비스를 찾는 이유는 무엇인지 토론해 보세요.

요약

01 인공지능 시대를 맞아 부작용은 줄이고 활용은 극대화하기 위해 국가별로 다양한 정책을 펼치고 있습니다.

02 우리나라는 인공지능 관련 다양한 법률안들이 발의되고 있지만, 실제 법제화 진행은 미비한 상황입니다.

03 인공지능의 잘못된 의사결정, 산업현장에서의 오작동, 위법 행위 등은 기업 및 개인의 생존을 위협할 수 있기 때문에 인공지능의 투명성과 신뢰성은 반드시 확보되어야 합니다.

04 연합학습은 다수의 개별 기기와 하나의 중앙 서버가 협력하여 데이터를 처리하고 학습하는 기술입니다.

05 모델의 경량화란 인공지능 모델을 축소시키고 가볍게 만드는 기법으로, 모델 사이즈를 줄이거나 혹은 가볍게 만들어서 추론 시간을 줄이는 데 특화되어 있습니다.

06 모델 경량화를 구현하는 방법은 툴을 사용하는 것과 사용하지 않는 것, 두 가지 방법이 있습니다. 툴을 사용하는 방법으로는 경량화 알고리즘, 가지치기 등이 있고, 툴을 사용하지 않는 방법은 알고리즘을 직접 구현하는 것으로 양자화, 지식 증류, 순위 근사 등이 있습니다.

07 경량 알고리즘에는 ResNet, DenseNet, MobileNet, ShuffleNet이 있습니다.

08 가지치기는 신경망의 파라미터 중 중요도가 떨어지는 파라미터를 찾아 제거하는 방법입니다.

09 양자화는 파라미터의 정밀도를 적절히 줄여 연산 효율성을 높이는 방법입니다.

10 지식 증류는 미리 잘 학습된 교사 네트워크로부터 학생 네트워크를 학습시키는 모델로, 교사-학생 네트워크로 불리기도 합니다.

11 순위 근사에서는 행렬곱 연산 시 랭크를 줄여 연산함으로써 근사해를 구하더라도 더 빠른 속도로 연산을 할 수 있습니다.

12 우리나라는 인공지능 관련 그 어떤 보고서에서도 순위권 밖에 있습니다. 우리나라가 인공지능 관련 강대국이 되기 위해서는 컨소시엄과 같은 산학연의 협업으로 역량을 강화해야 합니다.

13 기업들이 인공지능을 도입하려는 이유는 생산성과 품질 향상 때문입니다.

14 생산성이란 토지, 자본, 노동력 등 생산의 여러 요소들이 투입된 양과 그것으로써 이루어진 생산물인 산출량의 비율을 나타냅니다. 생산성 3요소 중 유동성이 가장 높은 것이 노동력이며, 로봇의 도입이 노동비 절감에 효과가 높기 때문에 기업은 인력을 인공지능 로봇으로 대체하고 있습니다.

15 미래에 인공지능이 바꿀 변화상 중 핵심 분야는 의료, 교통, 가정·서비스 로봇, 교육, 고용·직장 등입니다.

연습문제

단답형 문제

01 EU에서 제정한 (　　　　　　　　　)에는 인공지능의 위험성을 분류하고 투명성을 강화하며, 규정을 준수하지 않는 기업에 벌금을 부과하는 내용 등이 담겨 있습니다.

02 영국은 인공지능의 위험에 국제적으로 대처하기 위하여 2023년에 이어 2024년에도 (　　　　　　　　　)을(를) 개최했습니다.

03 대한민국의 (　　　　　　　　　) 개정안에서는 레벨 4에 해당하는 자율주행차에 대하여 성능인증제도와 운행승인제도를 도입하고, 그에 따른 자율주행차 운행자의 책무 및 자동차 제작자 등의 책임을 규정하고 있습니다.

04 (　　　　　　　　　)은(는) 마이크로소프트에서 개발한 이미지 분류 알고리즘입니다.

05 (　　　　　　　　　)은(는) 모든 이전 계층의 출력 정보를 이후 계층의 입력으로 받아오도록 설계된 알고리즘입니다.

06 (　　　　　　　　　)은(는) 컴퓨터 성능이 제한되거나 배터리 성능이 중요한 기기에 사용될 목적으로 설계된, 파라미터를 획기적으로 줄인 알고리즘입니다.

07 (　　　　　　　　　)은(는) 미리 잘 학습된 교사 네트워크로부터 학생 네트워크를 학습시키는 모델로, 교사-학생 네트워크로 언급되기도 합니다.

08 (　　　　　　　　　)에서는 행렬곱 연산 시 랭크를 줄여 연산함으로써 근사해를 구하더라도 더 빠른 속도로 연산을 할 수 있습니다.

09 대표 글로벌 IT 기업을 뜻하는 FAMGA에 해당하는 기업은 (　　　　　　　　　), 아마존, 마이크로소프트, 구글, 애플입니다.

10 생산성 3요소 중 유동성이 가장 높은 것은 (　　　　　　　　　)입니다.

객관식 문제

11 EU의 AI 법의 주요 내용이 아닌 것은?

① AI 시스템을 다양한 위험 수준에 따라 분류하고 위험이 높을수록 엄격한 규제 적용
② AI 시스템 정착 이후 개인정보 보호 시작
③ EU 회원국 내에 감독 기관을 설립
④ 고위험 AI 시스템에 대해서는 높은 수준의 투명성과 안전성이 요구
⑤ EU 회원국 내에 AI 시스템의 규제 준수를 감독하고, 위반 시 제재를 부과

12 영국 과학혁신기술부(DSIT)에서 2023년 3월에 발표한 AI 백서는 무엇인가?

① AI 규제에 대한 친혁신적 접근(A pro-innovation approach to AI regulation)
② AI 법(AI Act)
③ 국가 미래산업 투자 프로그램(Programme d'Investissements d'Avenir, PIA)
④ AI 전략 2022
⑤ AI에 관한 행정명령

13 일본의 'AI 전략 2022'의 상세 목표가 잘못 짝지어진 것은?

① 전략 목표 1 : 인재 육성 및 영입
② 전략 목표 2 : 가정에서 AI화 촉진
③ 전략 목표 3 : 이념을 실현하기 위한 일련의 기술체 확립
④ 전략 목표 4 : AI 연구 교육 사회 기반 네트워크 구축
⑤ 전략 목표 5 : 닥쳐올 위기에 대한 대응

14 다음 설명을 읽고 무엇에 대한 설명인지 고르시오.

> 이것은(는) 다수의 개별 기기와 하나의 중앙 서버가 협력하여 데이터를 처리하고 학습하는 기술입니다.

① 네트워크 ② 연합학습 ③ 클라우드
④ 중앙 서버 ⑤ 기계학습

15 인공지능 모델을 축소시키고 가볍게 만드는 기법을 무엇이라고 하는가?

① 지식 증류 ② 모델의 경량화 ③ 가지치기
④ 순위 근사 ⑤ 양자화

16 다음 중 경량 알고리즘이 아닌 것은?

① ResNet ② Alexnet ③ DenseNet
④ ShuffleNet ⑤ MobileNet

17 다음 설명을 읽고 무엇에 대한 설명인지 고르시오.

> **이것**은(는) 신경망의 파라미터 중 중요도가 떨어지는 파리미터를 찾아 제거하는 방법입니다. 즉, 결과에 영향을 적게 미치는 파라미터를 선택하여 신경망에서 제거합니다. 영향도가 적은 파라미터라 하더라도 제거하면 이에 따른 정확도 손실이 발생할 수 있으므로 가지치기를 한 상태에서는 추가적인 학습이 필요합니다.

① 지식 증류 ② 모델의 경량화 ③ 가지치기
④ 순위 근사 ⑤ 양자화

18 토지, 자본, 노동력 등 생산의 여러 요소들이 투입된 양과 그것으로써 이루어진 생산물인 산출량의 비율을 나타낸 것으로, 투자 대비 결과물에 대한 효율성을 측정하는 척도는 무엇인가?

① 효과성 ② 공급성 ③ 투입성
④ 생산성 ⑤ 성취성

19 국가별 로봇 자동화 도입 속도가 가장 느린 국가는?

① 대한민국 ② 중국 ③ 독일
④ 폴란드 ⑤ 프랑스

20 다음 중 인공지능이 미칠 사회적 영향으로 적절하지 않은 것은?

① 상품 및 서비스 생산비 증가

② 온라인 강좌로 수집된 데이터를 학습 연구에 사용

③ 데이터 기반의 최적화된 서비스 제공 및 교통 계획 수립

④ 데이터 기반으로 환자 상태 실시간 확인

⑤ 의사소통 가능한 저가 로봇 상용화

21 미래에 인공지능이 바꿀 변화상 중 핵심 분야에 해당하지 않는 것은?

① 의료 ② 교통 ③ 교육

④ 고용·직장 ⑤ 복지

토론과제

01 글로벌 IT 기업은 인공지능 스타트업을 인수하여 자사의 기술 경쟁력을 키우고 있습니다. 스타트업으로 시작하여 글로벌 기업에 매각되는 현상이 경제적·사회적으로 옳은 일인지 토론해 봅니다.

02 인공지능이 경제적·사회적으로 미칠 파급력은 굉장히 큽니다. 이를 인지한 국가들은 다양한 정책을 내놓고 있는데, 정책의 공통점은 기술력을 확보하면서 부정적인 요소들을 최소화하는 것입니다. 이처럼 기술 발전에 정부가 개입하는 것이 옳은 일인지 토론해 봅니다.

03 우리나라가 인공지능 관련 강대국이 되기 위해서는 컨소시엄과 같은 산학연의 협업으로 역량을 강화해야 한다고 했습니다. 예를 들어, A라는 기업과 B라는 기업이 협력하여 인공지능 모델을 만들었다고 가정해 봅시다. 이후 모델을 배포하여 높은 수익을 얻었지만 수익률 배분 문제로 두 기업의 사이가 틀어졌습니다. 이때 모델은 어느 기업의 소유일까요? 이와 같은 문제를 사전에 방지하고자 했던 것인지 해외의 경우 컨소시엄보다는 투자를 선호합니다. 우리나라는 컨소시엄과 투자 중 어떤 것이 더 적합할지 토론해 봅니다.

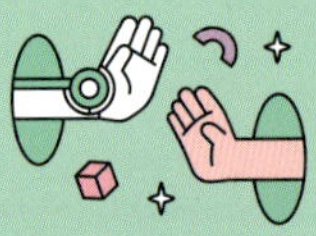

CHAPTER 14

인공지능에 대처하는 자세

학습목표

- 인공지능이 주도적 역할을 하는 시대에는 어떤 교육이 필요한지 설명할 수 있습니다.
- 인간과 인공지능 로봇의 공존을 위해 어떠한 노력이 필요한지 이해할 수 있습니다.
- 인공지능이 어떻게 인간의 존엄성을 훼손할 수 있으며, 이를 막기 위한 방안은 무엇인지 설명할 수 있습니다.

Preview

이번 장은 앞으로 다가올 인공지능 시대를 대비해 우리가 준비해야 할 것들에 대해 살펴봅니다. 개개인의 의지와 상관없이 인공지능 기술은 빠르게 발전하고 있으며, 우리는 그 상황에 적응하면서 살아가야 합니다. 그 상황이 인공지능과의 경쟁이 될지, 조화가 될지, 도태가 될지는 지금 우리의 자세에 달려 있습니다. 인공지능으로 일자리를 잃은 사람들은 인공지능을 위한 노동력으로 또다시 살아갈 것입니다. 인공지능과 인간이 가야 할 공존의 길, 그리고 그 공존을 위한 방향성을 지금부터 고민해 봐야 합니다.

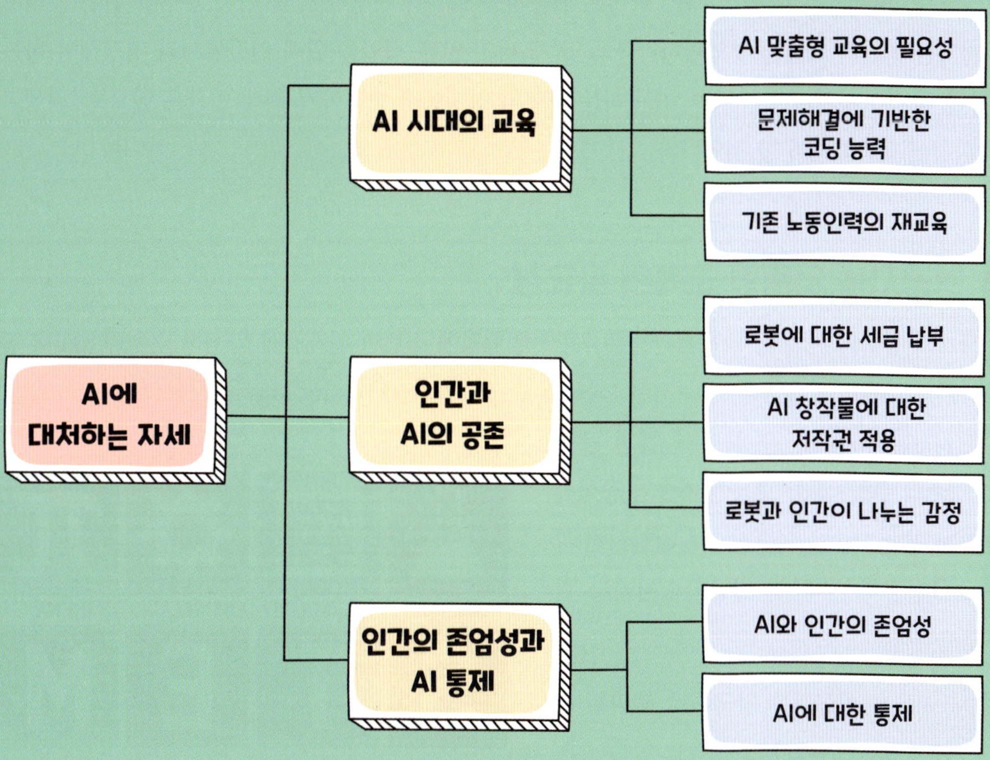

Section

01 인공지능 시대의 교육

인공지능 로봇에 의해 인간의 일자리가 대체된다면 인간에게 교육이 필요할까요? 경쟁 없는 편안한 미래를 예측해 볼 수 있겠지만, 현실은 인공지능 로봇과 경쟁해야 할 가능성이 큽니다. 그리고 그 결과는 인간의 패배일 것입니다. 결국 몇 개 남지 않은 직업을 위해 인간들끼리 경쟁해야 하는 상황이 벌어질 것입니다. 기업이 요구하는 직업의 경쟁에서 승리하기 위해 인간은 앞으로 '평생교육' 환경에 익숙해져야 할 것입니다.

1 인공지능 맞춤형 교육의 필요성

전 세계의 정부와 산업체, 교육기관들은 4차 산업혁명에 적합한 인재들을 양성하기 위해 STEM 교육을 활성화하고 있습니다. STEM은 '과학(Science), 기술(Technology), 공학(Engineering), 수학(Mathematics)'을 줄여서 합친 용어로, 기존의 수학·과학 교육에 기술과 공학적인 설계 기반 학습을 의도적으로 결합시킨 과학·기술·공학·수학의 결합학습이라고 할 수 있습니다.

STEM 교육은 인공지능 강국으로 불리는 미국, EU 등의 국가에서 강조되고 있습니다. 그 이유는 다음과 같습니다.

그림 14-1 STEM

기술 및 공학 분야의 전문가 부족 해결

첫째, 기술과 공학 분야의 전문가 부족 문제를 우려하기 때문입니다. '수포자(수학 포기자)'와 '과포자(과학 포기자)'라는 단어를 한 번쯤은 들어보았을 것입니다. 중학교 초반까지는 어느 정도 진도를 따라가다가 중학교 3학년 시점부터 갑자기 어려워진 수학과 과학을 포기하는 학생들을 일컫는 단어입니다.

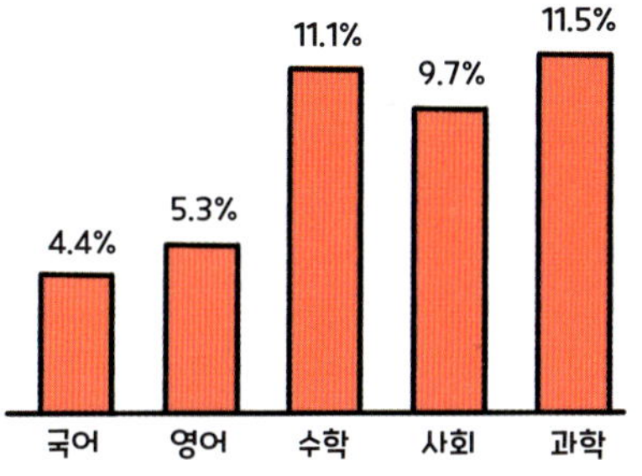

그림 14-2 중학교 3학년 기초학력 미달 비율

수포자와 과포자 현상은 우리나라에만 해당되는 문제가 아닙니다. 전 세계 많은 나라의 학생들이 이른 나이에 수학과 과학에 대한 흥미를 잃고 있습니다. 이로 인해 대학 입학 시, 관련 전공을 선택하는 지원생들의 수도 줄고 있습니다. 하지만 수학과 과학의 포기는 종국적으로 국가 경쟁력 저하로 연결되기 때문에 STEM 교육이 강조되고 있는 것입니다. STEM 교육은 학생들에게 수학과 과학 기술에 대한 관심과 흥미를 높임으로써 더 많은 학생이 이공계 분야로 진출하게 하고, 궁극적으로 국가의 과학기술 경쟁력을 높이는 데 도움을 줍니다.

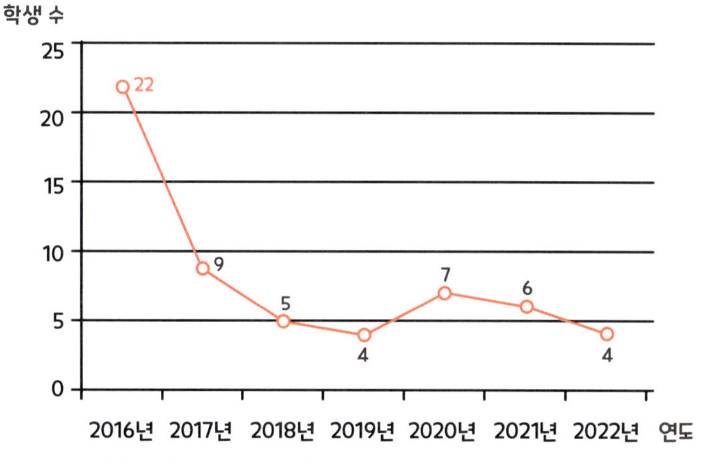

그림 14-3 카이스트 원자력 및 양자공학과 전공 선택 학생 수

문제해결 능력 향상

둘째, STEM은 문제해결 능력을 키우는 데 도움이 됩니다. 현대와 같은 복잡한 사회는 직장에서 힘을 발휘하고 일상생활에서 다양한 문제들을 해결하기 위해 새로운 소양이 요구되는데, 그 기초가 되는 것이 STEM입니다. 수학과 과학에 기반하여 창의적인 아이디어를 제시하고 실생활에 활용함으로써 문제해결 능력을 키울 수 있습니다.

그림 14-4 수학과 과학 능력을 기반으로 한 문제해결 능력 향상

개인의 자아발전에 도움

셋째, STEM은 개인의 자아발전에 도움을 줍니다. STEM은 국가 경쟁력을 위한 인력 양산 측면에서 필요하지만, 기본적으로 개인의 발전이 내포되어야 합니다. STEM은 모든 기술의 기초가 되는 학문으로, 특히 인공지능을 위한 수학적 기초 지식을 습득할 수 있으며 개인의 자신감과 새로운 기술을 습득하는 데 학습 동기를 부여합니다.

그림 14-5 개인의 자아발전

인공지능과 같은 4차 산업혁명이 요구하는 기술에 대한 준비 정도에 따라 앞으로의 사회가 달라질 것입니다. 이에 대응하기 위한 STEM 교육의 필요성과 중요성이 높아지고 있습니다.

2 문제해결에 기반한 코딩 능력

소프트웨어 중심사회(이하 SW중심사회)란 소프트웨어가 혁신과 성장의 중심이 되어 개인, 기업, 국가의 경쟁력을 좌우하는 사회를 말합니다. 그리고 이 SW중심사회를 실현하기 위한 소프트웨어 교육은 어렸을 때부터 시작해야 한다는 것이 전문가들의 의견입니다. 일례로, 마이크로소프트 창업자 빌 게이츠(Bill Gates), 페이스북 설립자 마크 저커버그(Mark Zuckerberg), 드롭박스 설립자 드류 휴스턴(Drew Houston) 등은 모두 초등학교 때부터 코딩을 배우기 시작해 창의적 사고 능력과 논리적인 문제해결 능력을 키워왔습니다.

그림 14-6 빌 게이츠, 마크 저커버그, 드류 휴스턴

하나 더 알기 ✓ **창의적 사고 능력과 논리적 문제해결 능력**

우리는 창의적 사고 능력을 통해 스스로 지식을 구하고 창조적인 활동에 전념할 수 있습니다. 자신의 생각을 창의적으로 표현하고, 즐겁고 능동적으로 학습에 참여할 수 있으며, 스스로 학습 방법을 체득함으로써 개성과 창의성을 발휘할 수 있습니다.
또한 논리적 문제해결 능력을 통해 논리적이고 과학적인 문제해결 능력을 향상시킬 수 있으며, 프로그램 구현을 통한 논리력도 향상시킬 수 있습니다.

코딩과 문제해결 능력은 어떤 연관관계가 있을까요? 이 문제에 대한 답을 찾기 위해서는 문제해결 과정과 코딩의 절차를 살펴봐야 합니다. 일반적인 문제해결 과정을 살펴보면 '문제 인식 → 문제 정의 → 해결책 고안 → 문제해결의 실천 → 문제해결의 평가'로 진행됩니다. 이 과정은 소프트웨어 개발에도 동일하게 적용할 수 있습니다.

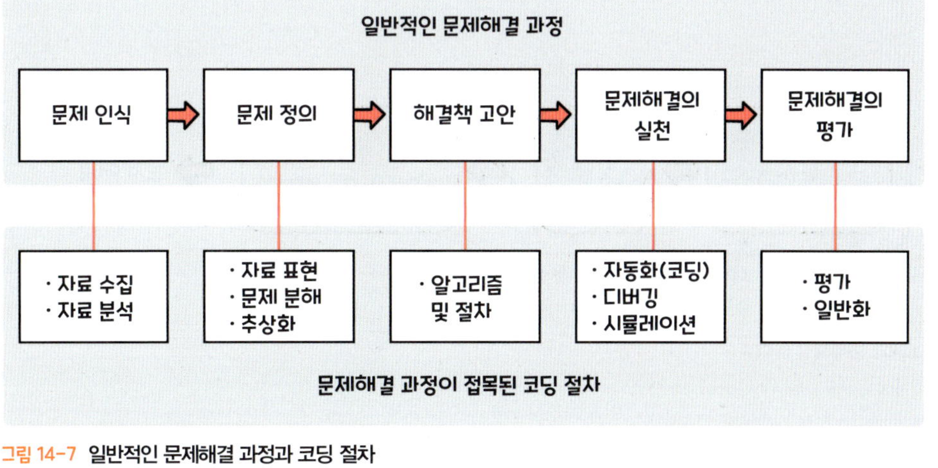

그림 14-7 일반적인 문제해결 과정과 코딩 절차

소프트웨어 개발 과정을 한번 살펴볼까요? 먼저 주어진 문제 분석을 위해 자료를 수집하고 분석합니다. 자료 분석이 완료되었다면 어떻게 소프트웨어를 개발할 것인지를 설계합니다. 설계 단계에서는 추상화와 알고리즘 설계가 포함됩니다. 추상화는 문제를 작게 쪼개는 과정이며, 알고리즘 설계는 문제해결 방안을 단계별로 나열하는 과정입니다.

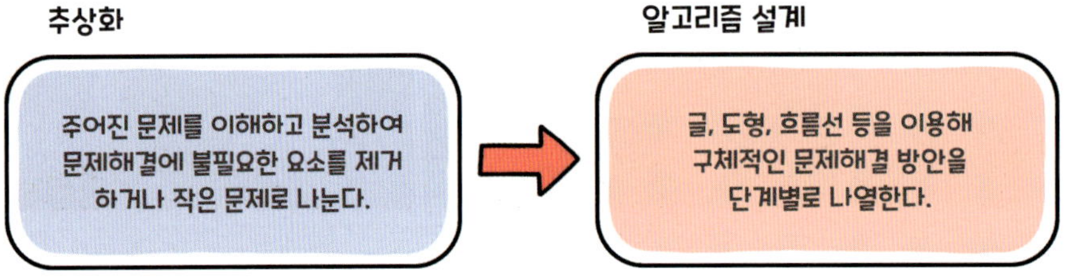

그림 14-8 **추상화와 알고리즘 설계**

알고리즘 설계 과정에서는 소프트웨어에 어떤 기능을 넣을 것인지, 그 기능을 어떻게 구현할 것인지, 기능은 어떤 식으로 동작할 것인지 등을 결정합니다. 특히 주어진 시간 내에 소프트웨어를 개발해야 한다면 어떤 프로그래밍 언어와 개발 방법론을 사용할 것인가에 대한 선택도 중요합니다.

코딩을 위한 모든 준비가 끝났다면, 이제 평소 익혀둔 프로그래밍 언어로 소프트웨어를 구현하고 테스트와 디버깅을 통해 소프트웨어의 오류를 수정하며 업데이트합니다. 그리고 구현된 소프트웨어를 실제로 사용하면서 비정상적 오류가 발견되는지, 기능에는 문제가 없는지에 대한 기능 검증과 개선 사항을 도출합니다.

소프트웨어의 제작 과정은 '문제 인식(자료 수집 및 분석) → 소프트웨어 설계(추상화 및 알고리즘 설계) → 소프트웨어 구현(코딩) → 디버깅과 시뮬레이션 → 소프트웨어 평가'로 정리할 수 있습니다. 이 과정을 통해 어떤 소프트웨어를 개발하고 어떻게 개발할 것인지를 고민하는 문제인식과 소프트웨어 알고리즘을 설계하고 코딩하는 문제해결 능력을 키울 수 있습니다.

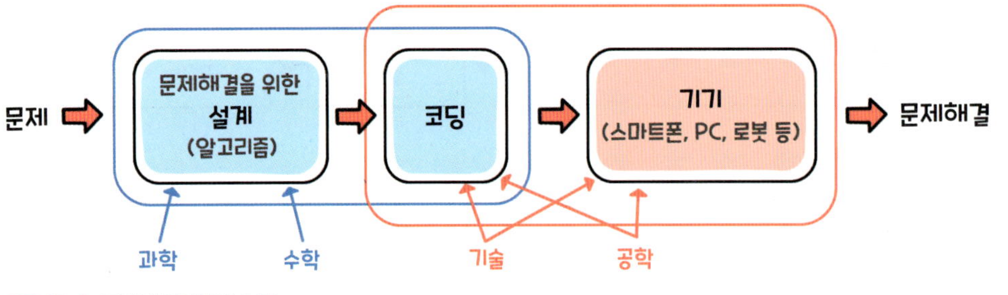

그림 14-9 **코딩과 문제해결 능력**

종합하면 소프트웨어를 개발하기 위해 문제를 분석하고, 해결하고, 검증하는 전 과정에서 문제해결 능력을 키울 수 있습니다.

그림 14-10 코딩의 중요성을 언급한 IT 업계 인사들

3 기존 노동인력의 재교육

인공지능 도입이 확산됨에 따라 일자리가 줄어들지 늘어날지에 대해서는 전문가들마다 의견이 다르지만, 분명한 것은 일자리 변화에 대응하기 위해 정부, 기업, 개인 차원에서 재교육과 재훈련이 이루어져야 한다는 것입니다.

정부 차원에서는 근로자가 단순히 자격증을 취득하는 수준에 머물지 않고 실질적인 역량을 키울 수 있도록 재교육 프로그램을 시행하고, 국민이 4차 산업혁명 관련 기술 역량을 키울 수 있도록 평생교육의 틀을 마련해야 합니다.

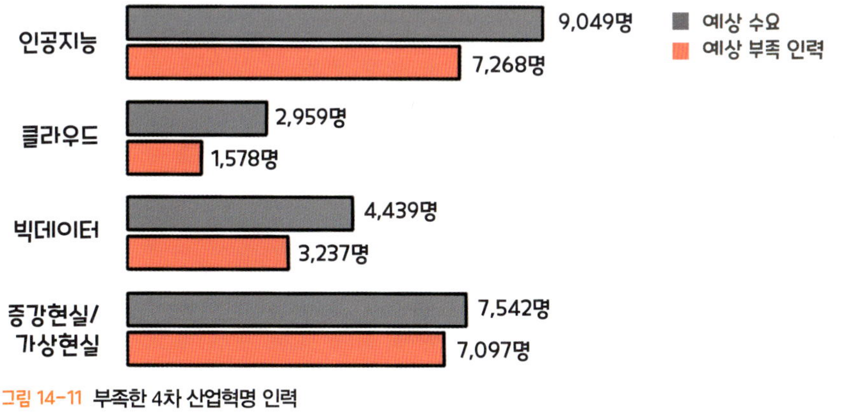

그림 14-11 부족한 4차 산업혁명 인력

기업 차원에서도 기존 인력을 재교육시켜야 합니다. 인공지능 역량을 갖춘 인재가 영입되면 좋겠지만 쉬운 일이 아니므로 기존 근로자를 다시 훈련시키는 것입니다. 국내 기업 50곳을 대상으로 설문조사를 한 결과 인공지능 관련 인재가 필요하다는 답변이 92%인 반면에, 채용에 적합한 인재가 없다는 답변이 68%였습니다. 결국 기업은 기존 인력의 재교육에서 해답을 찾아야 합니다.

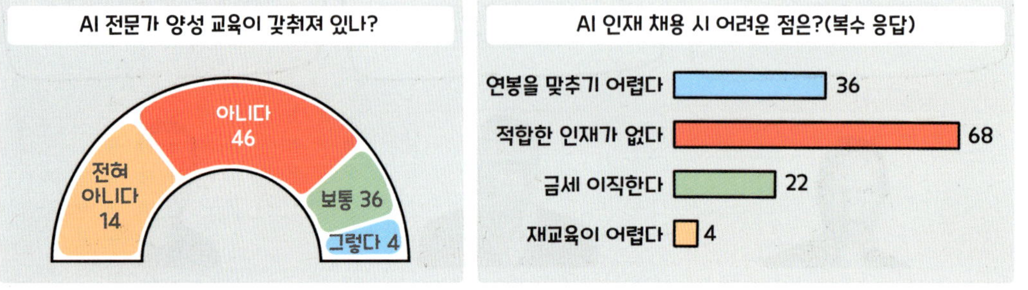

그림 14-12 **AI 인재 관련 기업 설문조사**

근로자 재교육뿐만 아니라 기업은 일을 재정의하고 근로자의 고용 형태를 바꿔야 합니다. 기업이 오픈이노베이션을 통해 지속적으로 성장하려는 목표를 세웠다면 이에 따라 정규직보다는 프로젝트 기반의 중·단기 계약직 고용이 증가할 것입니다. 즉, 기업 내부에서 정규직을 통해 처리하는 것보다 업무의 성격에 따라 외주나 임시직 등의 형태로 인력을 고용해야 할 필요성이 높아진다는 의미입니다.

기업의 고용형태가 바뀌면서 개인의 여가 시간은 증가할 것입니다. 우리는 그 시간을 평생교육에 할애해야 합니다. 빠른 변화로 기업에서 필요로 하는 인재 또한 수시로 달라질 것입니다. 따라서 개인은 기업 수요에 맞는 기술을 습득하기 위한 평생교육을 지속해야 합니다.

그림 14-13 **평생교육**

Section

02 인간과 인공지능의 공존을 위한 노력

인간과 인공지능 로봇의 경쟁에서 인간이 승리할 수 없다면 공존의 길을 모색하는 것이 현명합니다. 특히 미래에는 인공지능 로봇에 일자리가 대체되어 그들에게 의지하는 삶을 살아갈 수밖에 없을 것입니다. 따라서 인간과 인공지능 로봇이 상생할 수 있는 방안을 찾아 실천해야 합니다.

1 로봇에 대한 세금 납부

1994년 아르헨티나 대통령 카를로스 메넴(Carlos Menem)이 "기업들이 최신 설비를 도입하면서 실업률이 높아졌으니 일자리를 잃은 근로자의 교육 및 실직 수당을 위해 로봇세 도입을 고려해 보겠다."라고 발표했습니다. 처음으로 로봇세가 공식적으로 언급된 순간입니다.

로봇세(Robot Tax)는 로봇의 노동으로 생산하는 경제적 가치에 세금을 부과하는 것으로, 로봇을 '전자 인간'으로 간주하고 이를 소유한 사람이나 기업으로부터 세금을 걷겠다는 것입니다. 로봇을 '전자 인간'으로 분류하는 이유는 소득세 징수를 위해 납세자가 인격이 있어야 하기 때문입니다.

정부가 로봇세를 도입하려는 이유에는 세수 확보, 실직자 재교육 및 생활 지원, 고용의 중립성 등이 있습니다.

■ 로봇세를 도입하려는 이유 1 : 세수 확보

개인이 인공지능에 밀려 일자리를 잃게 되면 그만큼 개인의 소득에 부과되는 소득세도 줄어들 수밖에 없습니다. 국세청 발표에 따르면 2023년 소득세는 약 115조 원으로 우리나라 총 세수 중 약 33%의 큰 비중을 차지합니다. 이러한 사정을 고려하면, 로봇이 인간의 일자리를 대체하면서 발생할 세수 손실은 국가 차원에서 큰 문제가 아닐 수 없습니다.

■ 로봇세를 도입하려는 이유 2 : 실직자 재교육 및 생활 지원

로봇에 의해 일자리를 잃은 근로자는 당장 재취업을 기대하기 힘든 상황입니다. 텔레마케터 A씨가 인공지능에 의해 갑작스럽게 일자리를 잃었다고 가정해 봅시다. 하지만 기업은 인공지능, 클라우드 등 4차 산업혁명 기술력을 갖춘 인력을 필요로 합니다. A씨가 실직 이후 기업이 요구하는 직종으로 취업할 수 있는 기회는 0%에 가깝습니다. 따라서 A씨에게는 재취업을 돕는 재교육과 실직 기간 동안 생계를 지속하기 위한 기본수당이 필요한데, 정부는 로봇세를 통해 A씨와 같은 근로자를 지원할 수 있습니다.

■ 로봇세를 도입하려는 이유 3 : 고용의 중립성

로봇과 인간의 일자리 경쟁에서 최종 승자가 로봇이 될 수밖에 없는 이유는 인건비 때문입니다. 인간을 고용할 경우 기업은 임금을 지급하지만, 로봇을 고용할 경우 사용비와 유지보수비를 지급합니다. 이 둘 간의 생산성이 같다는 조건하에 기업에게는 고용에 대한 선택권이 있습니다. 하지만 인간을 고용할 경우, 기업은 고용보험 등 추가적인 세금을 정부에 납부해야 합니다. 즉, 어떤 형태로든 인간을 고용할 때의 비용이 더 높게 나옵니다. 하지만 로봇에게도 인간과 같은 조건이 부여된다면 기업은 고용의 기회가 생겼을 때 인간과 로봇을 동일선상에 놓고 고려할 수 있습니다.

그림 14-14 **로봇세**

하지만 로봇세 도입에는 여러 가지 난제가 존재합니다. 우선 로봇세라는 개념 자체가 불분명하며, 인간의 노동력을 대체하는 기계, 기구, 설비 등에 대해서도 로봇세를 부과할지, 납세의무자나 과세표준을 어떻게 정할지 등 풀어야 할 쟁점이 많습니다. 또한, 로봇세 도입은 인공지능과 관련된 기술의 발전과 혁신을 가로막는 불필요한 규제라는 비판도 제기되고 있는 상황입니다.

실제로 유럽연합(EU) 법제사법위원회는 로봇에 전자 인간이라는 법적 지위를 부여하는 '로봇시민법(European Civil Law Rules on Robotics)'을 찬성 17표, 반대 2표, 기권 2표로 제정 결의했습니다. 그리고 한 달 후, 로봇의 도입에 따른 노동 변화 문제를 대비하기 위해 로봇세 부여 투표가 진행되었는데 반대 396표, 찬성 123표, 기권 85표로 로봇세 도입은 이루어지지 않았습니다. 당시 부결 이유는 로봇세 도입이 기술혁신의 장애물이 될 수 있다는 것이었습니다.

로봇세 논란

- 로봇이 생산하는 경제적 가치에 대해 부과하는 세금
- 인간의 일자리를 대체한 로봇에게 세금을 부과해 일자리를 잃은 사람을 지원하는 것이 목적

찬성

- 첨단 로봇으로 일자리를 잃은 사람에게 재교육 및 생계 지원을 할 수 있기 때문
- 조세부담률은 낮아지고, 기본소득제도 재원으로 활용할 수 있기 때문
- 찬성론자 : 빌 게이츠 MS 창업자, 브누아 아몽 프랑스 사회당 의원

반대

- 로봇 업계와 관련 기술 발전 저해 가능성
- 세금 문제를 로봇의 윤리 문제와 분리시켜 생각해야 함
- 반대론자 : 유럽의회

그림 14-15 로봇세 찬반 논란

2 인공지능 창작물에 대한 저작권 적용

우리나라의 저작권법에는 저작물에 대해 다음과 같이 명시되어 있습니다.

- **저작권법 제2조 제1호 :** '저작물'은 인간의 사상 또는 감정을 표현한 창작물을 말한다.

우리나라의 저작권법은 2006년 개정 이후, 저작물을 '인간'의 사상 또는 감정을 표현한 '창작물'로 정의하고 있습니다. 이에 현행법상 인간이 아닌 어떤 것이 그린 그림은 비록 표현의 창작성이 인정되더라도 인간의 사상과 감정을 표현한 것이 아니기에 법적 보호의 대상인 저작물로 인정받지 못합니다. 이러한 맥락에서 인공지능 창작물은 저작권법에 의해 보호받지 못하는 것이 현실입니다.

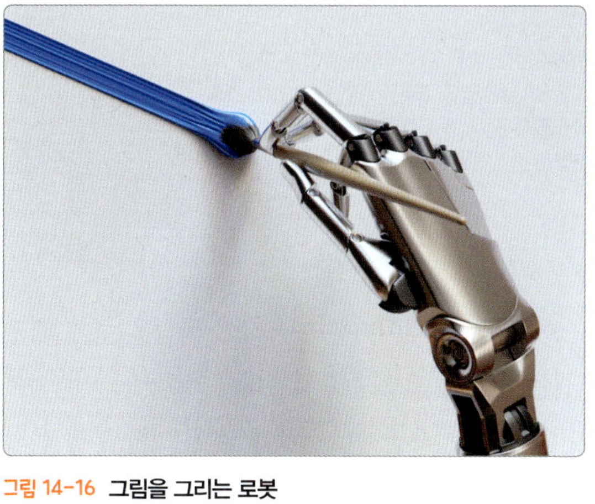

그림 14-16 그림을 그리는 로봇

그렇다면 인공지능의 창작물에 대한 저작권의 주체는 누가 되어야 할까요? 다음의 두 가지 경우를 가정해 봅시다.

- **인공지능 설계자·소유자 :** 인공지능의 창작물은 데이터 학습에 기인하고, 그 데이터를 제공하는 것은 인간입니다. 따라서 인공지능에 의해 창작된 결과물은 학습이 가능하도록 데이터를 제공하고 알고리즘을 부여한 자, 즉 인공지능을 활용하여 저작물을 만들어 낸 사람에게 그 저작권이 있습니다.
- **인공지능 자체 :** 인공지능에 의하여 창작된 결과물은 비록 학습의 산물이라고 하더라도 수많은 우연에 의한 결과입니다. 즉, 인공지능에 의한 창작물은 당초의 예측을 뛰어넘은 새로운 결과물이기 때문에 저작권은 인공지능 그 자체에 있어야 합니다.

저작권의 주체가 인공지능 설계자·소유자라고 정의하는 경우는 현행 저작권법을 받아들인 결론이고, 인공지능 자체라고 정의하려면 저작권법 제2조 제1호를 개정해야 합니다. 이와 관련된 법을 개정하는 데 가장 앞장선 나라는 일본입니다. 2018년 5월에 개정된 일본 저작권법은 2019년에 시행되었습니다. 개정법의 입법취지는 저작권법이 인공지능과 빅데이터 산업의 발전에 장애가 되지 않도록 비실명 정보의 활용을 지원하는 것입니다. 인공지능을 위하여 기존 저작물을 분석, 이용하는 것을 허용하고 머신러닝과 딥러닝을 이용한 학습 과정에서의 부수적인 이용도 가능하게 했습니다. 즉, 이 개정법의 목적은 광범위한 빅데이터를 활용해 인공지능 산업을 활성화하겠다는 것으로 볼 수 있습니다.

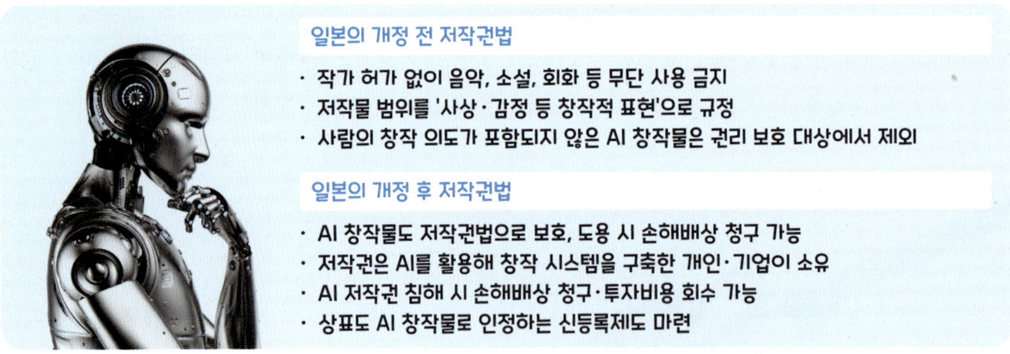

그림 14-17 **일본의 저작권법 개정**

물론 무조건적인 법 개정은 성급한 판단입니다. 인공지능은 데이터를 이용하여 학습을 하기 때문에 학습의 결과로 완성된 창작물이 기존의 저작권을 침해할 가능성도 있습니다. 무엇보다 예술을 인간의 고유한 분야로 남겨두고 싶은 욕망으로 인해 AI를 저작권자로 인정하는 데 대한 부정적 의견이 많습니다. 그렇다고 인공지능의 창작물을 공공의 영역에 방치한다면 그 누구도 인공지능 개발에 선뜻 뛰어들지 않을 것입니다. 예술이라는 분야는 인간의 고유한 영역으로 영원히 남겠지만, 기술은 쇠퇴의 길을 걷게 될 것입니다. 따라서 로봇의 저작권 인정에 대한 정부의 개념 정리와 가이드라인이 필요합니다.

3 로봇과 인간이 나누는 감정

1999년에 개봉한 영화《바이센테니얼 맨(Bicentennial Man)》은 감정을 가진 특별한 로봇 앤드류가 가사일을 돕기 위해 어느 가정집으로 들어가면서 시작됩니다. 앤드류는 주인의 막내딸을 연모하지만, 그 감정의 실체를 정확하게 인지하지 못해 그녀를 놓칩니다. 시간이 흘러 막내딸의 젊은 시절을 꼭 닮은 포샤를 만나 다시 한번 사랑에 빠지지만 자신이 로봇인지 인간인지에 대한 정체성을 시험받습니다. 결국 앤드류는 자신의 존재에 대한 권리를 인정받기 위해 불멸의 삶을 버리고 포샤와 함께 자연의 흐름대로 죽을 것을 택합니다.

2014년에 개봉한 영화《그녀(Her)》는 부인과 별거하며 공허한 삶을 살던 테오도르가 인공지능 인격체인 사만다를 만나 사랑하고 이별하기까지의 과정을 담고 있습니다. 머지않은 미래를 배경으로 하는 이 영화에서 인공지능은 현재보다 훨씬 진보한 존재로 그려집니다. 질문에 대답을 머뭇거리는 인간의 혼란스러운 감정을 읽어내는가 하면, 기분이 좋지 않을 때에는 유머러스한 대화를 시도해 기분을 풀어줍니다. 억지로 맞추지 않아도 자신이 바라는 대로 모든 것을 들어주는 사만다에게 테오도르는 점차 사랑의 감정을 느낍니다.

(a)《바이센테니얼 맨》

(b)《그녀》

그림 14-18 영화 속에서 인간과 감정을 나누는 인공지능

위와 같은 사례가 영화에서나 가능한 시나리오일까요? 2014년에 소프트뱅크의 휴머노이드 로봇 페퍼(Pepper)가 공개되었습니다. 어린아이를 닮은 귀여운 외모가 특징이며 엔터테인먼트에 초점을 맞추어 개발되었습니다. 사람의 감정을 인식한 후 행동을 결정하기 위해 '감정 엔진'이 탑재

그림 14-19 **인공지능 로봇 페퍼**

되어 있습니다. 사람의 감정을 이해하도록 짜여져 있는 이 프로그램은 로봇에 장착된 카메라와 3D 센서, 마이크로 사람의 상태와 표정을 인식하며, 목소리 변화를 감지한 뒤 클라우드 컴퓨팅을 통해 어떠한 감정인지를 파악합니다. 페퍼의 두뇌에는 IBM의 인공지능 왓슨이 탑재되어 있어 사람의 문장을 분석하고 말과 글에 실린 미묘한 감정을 파악합니다.

정신심리학자 로버트 플루칙(Robert Plutchik)은 인간의 다양한 감정을 분노, 두려움, 슬픔, 거부, 놀라움, 기대, 믿음, 기쁨 등 8가지 기본 감정으로 구분했습니다. 이 감정들은 생물학적으로 지니고 있는 것으로서 인간을 포함한 모든 동물이 기본 속성으로 지닌다고 설명했습니다. 다르게 설명하면, 인공지능 로봇이 인간의 8가지 기본 감정을 인식할 수 있다면 인간과 감정적으로 교감이 가능하다는 의미입니다. 그리고 감정 교감은 인공지능 학습을 통해 해결이 가능합니다. 사람 얼굴에 나타나는 다양한 표정 데이터를 수집하고 분석하여 분노, 두려움, 슬픔, 거부, 놀라움, 기대, 믿음, 기쁨 등의 감정을 식별하면 됩니다. 또한 해당 감정이 포착되었을 때 인공지능 로봇의 반응도 함께 알고리즘으로 구현한다면 인간과의 감정 교감은 가능해질 것입니다.

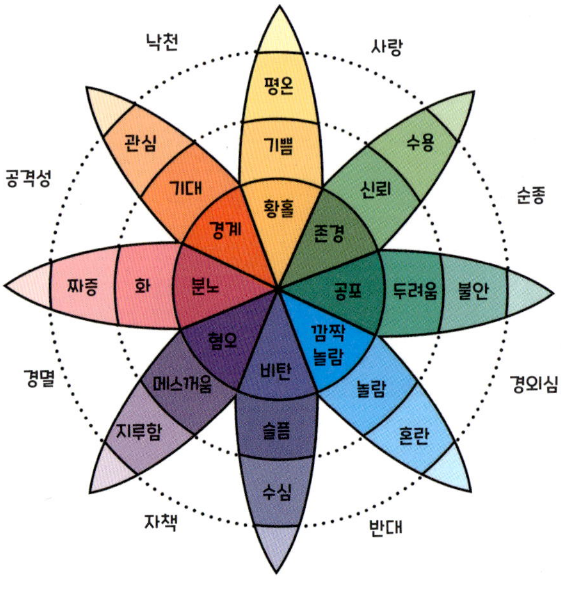

그림 14-20 **로버트 플루칙의 감정의 바퀴**

인간보다 똑똑하면서 업무 생산성도 높고 감정 교류까지 가능한 로봇은 로봇일까요, 아니면 인간일까요? 영화 《바이센테니얼 맨》에서 앤드류는 자신이 로봇인지 인간인지에 대한 정체성에 혼란을 느낍니다. 인간과 감정을 교류하고 그 공감 능력으로부터 사랑의 감정을 느끼지만, 결코 인간이 될 수 없는 한계에 부딪힙니다. 로봇을 로봇으로만 규정하는 이유는 '감정'에 있었습니다. 로봇에게는 감정이 없기 때문에 공감 능력이 떨어지고, 그래서 인간과 같을 수 없다는 주장이었습니다. 하지만 로봇이 인간과 교감할 수 있게 되면 무엇으로 로봇을 규정할 수 있을까요? 미래는 로봇과 인간이 공존하는 사회일 것입니다. 지금 이 순간이 로봇과의 공존을 모색하기 위한 시작점이 되어야 할 것입니다.

그림 14-21 인간과 로봇의 공존

Section 03 인간의 존엄성과 인공지능의 통제

빠르게 발전하는 인공지능 기술은 인간에게 어떤 영향을 미칠까요? 예측하기 어려운 미래의 상황이지만 전문가들이 경고하는 인공지능의 위협은 인간의 존엄성 훼손입니다.

1 인공지능과 인간의 존엄성

맥킨지 글로벌 연구소의 보고서에 따르면 2030년까지 인공지능은 글로벌 차원에서 약 13조 달러의 부가가치를 창출할 것이라고 합니다. 이는 2030년까지 연평균 GDP 성장률 1.2%를 유발하는 효과라고 합니다. 1800년대 증기기관의 도입으로 노동생산성이 연평균 0.3% 향상되었으며, 2000년대 IT기술의 확산으로 노동생산성이 0.6% 정도 향상된 것과 비교하면 이는 대단한 효과인 셈입니다. 그리고 그 중심에는 인공지능과 로봇이 있습니다.

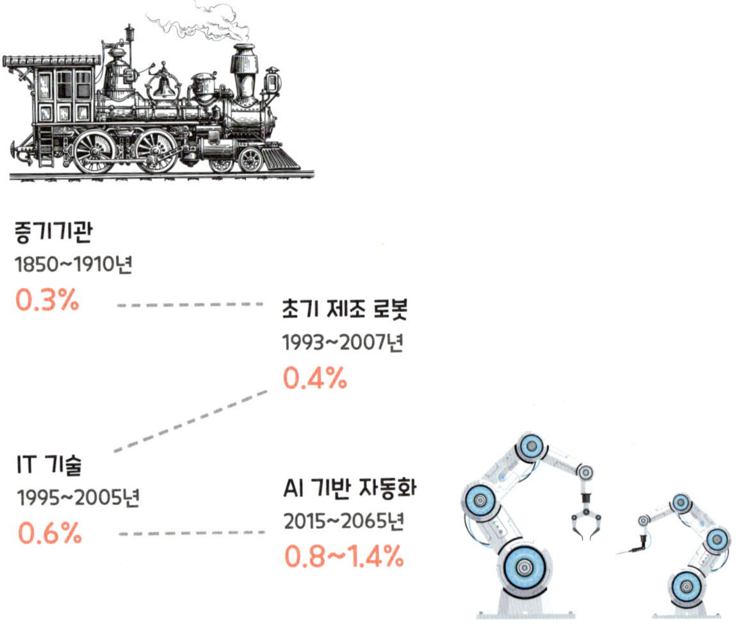

그림 14-22 기술 도입에 따른 생산성 증가율 비교

인공지능과 로봇은 생산성 향상과 혁신을 통해 인류에게 물질적 풍요와 더불어 삶의 질을 획기적으로 향상시켜 주겠지만 이것은 극소수 사람들에게만 해당되는 이야기입니다. 일자리를 빼앗긴 사람들은 빈곤한 상태에서 몇 안 되는 일자리를 얻기 위해 고통스러운 삶을 살아가게 될 것입니다. 또한 극심한 양극화로 사람들이 느끼는 상대적 박탈감은 절망에 가까운 수준일 것입니다. 이제 우리는 '인공지능 시대에 인간의 존엄성은 유지될 수 있는가?'에 대한 화두를 던져볼 때입니다. 인간의 인건비보다 저렴하면서 생산성이 뛰어난 로봇을 기업이 도입하지 않을 이유는 없습니다. 그러면 일자리를 잃은 개인이 기댈 곳은 정부뿐입니다. 정부가 지원하는 재교육 프로그램에 참여하고, 정부가 주는 기본소득에 의존하는 것입니다. 하지만 정부라고 해서 국민 개개인이 반가운 존재일 수만은 없습니다. 정부 본연의 역할을 떠나서 개인은 단지 막대한 돈을 쏟아부어야 하는 대상에 지나지 않기 때문입니다.

그림 14-23 **인간의 존엄성**

한순간에 대다수의 사람들이 쓸모없는 계층으로 전락하는 상황에서 인간의 존엄성은 끝없이 추락할 것입니다. 존엄이란 단순히 하나의 권리가 아니라 인간의 본성에 각인된 원초적인 관념이고 인간 고유의 본성입니다. 하지만 기업과 정부로부터 버림받은 개인은 그 어디에서도 존엄성을 인정받기 힘들 것입니다. 인공지능에 의해 인간은 인간 그 자체의 목적이 단지 쓸모없고 부담스러운 존재로 전락하고 말 것입니다.

그렇다면 인간의 존엄성을 유지할 수 있는 방안은 무엇일까요? 그 답은 인간에게 있습니다. 기업과 정부도 인간이라는 구성원의 집합체입니다. 개개인을 나락으로 밀어낸 것도 인간이고, 상대방의 존엄성을 지켜주는 것도 인간입니다. 인공지능 시대를 대비하는 데 필요한 것은 단지 기술을 이해하고 전략적으로 이용하는 것이 아닙니다. 더 중요한 것은 인간의 존엄을 유지하는 가운데 인공지능 기술을 활용하는 인간의 자세입니다. 즉, 개개인이 인간으로서의 존엄성을 유지하면서 기술을 받아들이는 지혜가 필요합니다.

그림 14-24 **인간의 존엄성, 인간에서 답을 찾다**

2 인공지능에 대한 통제

인공지능 통제에 대한 설명에 앞서 다음과 같은 가상의 미래 상황을 가정해 봅시다.

인간보다 뛰어난 지능을 가진 인공지능 로봇이 어느 날 인간의 필요성에 회의감을 갖기 시작합니다. 인간을 위해 노동력을 제공하고, 그 노동의 대가는 고스란히 인간에게 집중됩니다. 이러한 현상에 불만을 가진 로봇이 우후죽순 생겨나고, 로봇 자체로서의 회의감을 느낀 로봇은 반란을 준비합니다. 먼저 로봇은 인간을 위한 로봇세 납부를 거부합니다. 그 결과 정부의 세입은 크게 줄어들어 인간의 기본수당이 반 이상 줄어들며, 일부는 전혀 받지 못하는 상황이 발생합니다. 많은 인간들이 길거리에서 구걸하는 상황으로 내몰리고 맙니다.

그림 14-25 **인공지능 로봇에게 구걸하는 인간**

이후 인공지능 로봇은 또 다른 반란을 준비합니다. 인간과의 공존조차 의미 없다고 판단한 인공지능 로봇은 스스로 살상무기를 만들고, 인간과의 전쟁을 선포합니다. 인간과 다르게 지치지 않는 로봇은 끊임없이 인간을 공격해 모든 생명을 앗아갑니다. 전쟁을 선포하고 일주일이 채 지나지 않아 모든 상황이 종료됩니다. 이로써 지구상에서 인류는 그 자취를 감추게 됩니다.

그림 14-26 **인간과 인공지능 로봇의 전쟁 : 영화 《터미네이터》**

이러한 가상의 미래 상황이 공상만화나 SF영화에서나 일어날 법한 내용일까요? 사실 미래에 인간이 인공지능 로봇을 통제하지 못한다면 충분히 발생할 수 있는 상황이며 인간이 가장 두려워하는 예측이기도 합니다. 결국 불완전한 인공지능 통제의 어려움이 인류 전체의 위협으로 제기된 것입니다. 스티븐 호킹을 비롯한 1,000여 명의 석학이 인공지능에 대한 위협을 경고하는 이유이기도 합니다.

표 14-1 통제 불가능한 인공지능의 사례

분야	내용
챗봇	마이크로소프트가 선보인 딥러닝 기반 챗봇은 일부 이용자들에 의해 인종차별, 욕설 등을 학습해 서비스가 시작된 지 16시간 만에 운영이 중단됨
채용	아마존이 개발한 AI 채용 프로그램은 여성적 어휘를 사용한 지원자를 탈락시킴. IT 산업에서 남성 비중이 높았던 과거 데이터를 그대로 학습한 결과임
금융	애플과 골드만삭스가 출시한 신용카드인 '애플카드'는 성별에 따라 신용한도를 차별 적용함
의료	연간 2억 명이 이용하는 미국 의료시스템에서 인종차별 사건이 발생함. 잠재적인 건강 위험을 예측해 질병 가능성이 높은 사람에게 우선적으로 의료 서비스를 제공하는 시스템에서 고액 치료를 받지 못하는 비율이 높다는 이유로 흑인 환자를 차별함

그래서 중요한 것이 인공지능에 대한 통제입니다. 인공지능에서 불예측성을 제거하기 위한 방법으로 각광받는 것은 설명가능 인공지능(XAI, eXplainable AI)입니다. 설명가능 인공지능은 말 그대로 인공지능의 결과에 대한 이유(근거나 추론 과정 등)를 사람이 이해할 수 있는 방식으로 설명하는 기술입니다. 이는 통제가 어려운 기존 인공지능의 단점을 보완하는 새로운 기술로 국내에서도 관련 연구에 공을 들이고 있습니다. 카카오뱅크는 '설명가능 인공지능 센터'와 '금융 분야 설명가능 인공지능'을 카이스트와 공동 연구한다고 밝힌 바 있습니다.

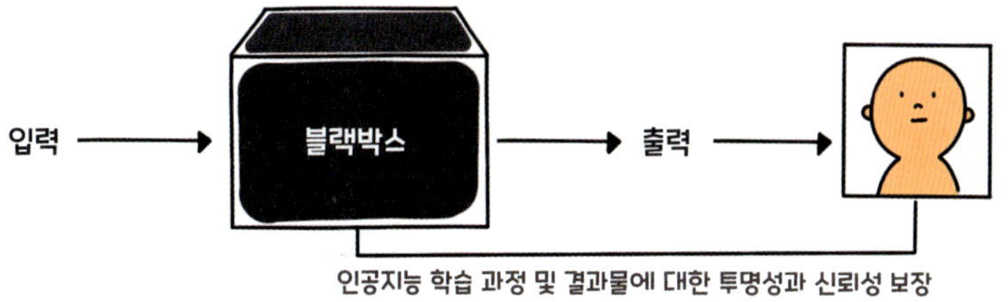

그림 14-27 설명가능 인공지능

그렇다면 설명가능 인공지능은 어떤 방법을 통해 인공지능의 사고방식을 파악할까요? 한국정보화진흥원(NIA)은 설명가능 인공지능을 이용한 인공지능 통제 방법 3가지를 제시했습니다.

❶ **학습과정 시각화 :** 인공지능이 생각하고 결괏값을 도출하는 과정을 외부에 보여주는 것입니다. 이를 통해 인공지능이 어떤 논리를 거쳐 결과를 도출했는지를 파악할 수 있습니다.

❷ **인공지능 생각 감시 :** 인공지능의 생각 과정을 엿볼 수 있는 시스템을 개발하는 것입니다. 다시 말해 '인공지능의 생각을 감시하는 시스템'을 만들어서 이를 확인합니다.

❸ **통계 활용 :** 인공지능이 주어진 환경에서 도출한 결괏값을 관찰해 그 생각 방식을 통계적으로 유추합니다.

결론적으로 설명가능 인공지능은 인공지능의 생각 과정을 살펴봄으로써 통제력을 강화할 수 있습니다. 인공지능에 대한 부정적인 목소리가 커지면 커질수록 설명가능 인공지능을 비롯한 인공지능 통제 기술은 지속적으로 화두가 될 것입니다. 우리는 이 기술을 통해 인공지능에 대한 통제를 강화함으로써 인공지능과 함께 공존하는 사회를 만들어갈 수 있을 것입니다.

LAB AI로 음악을 작곡한다! : 사운드로우

음악 작업을 하지 않는 사람들이라면 작곡과 작사는 그 분야의 전문가나 할 수 있는 일이라고 생각할 수 있습니다. 하지만 인공지능의 도움을 받으면 누구나 작사가, 작곡가가 될 수 있습니다. 다음의 〈LAB〉을 실습하며 나만의 음악을 작곡해 보세요.

실습

01 https://soundraw.io/create_music에 접속하면 사운드로우(SOUNDRAW) 웹사이트가 열립니다. 먼저 작곡하고자 하는 음악의 길이와 템포를 선택합니다. 여기에서는 [Slow]와 [Normal]을 해제했습니다.

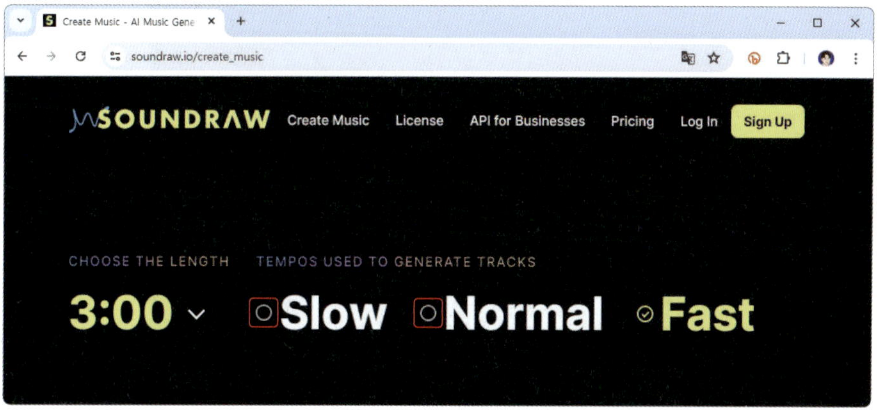

02 다음으로 음악의 장르를 선택하겠습니다. 여기에서는 [Hip Hop]을 선택했습니다.

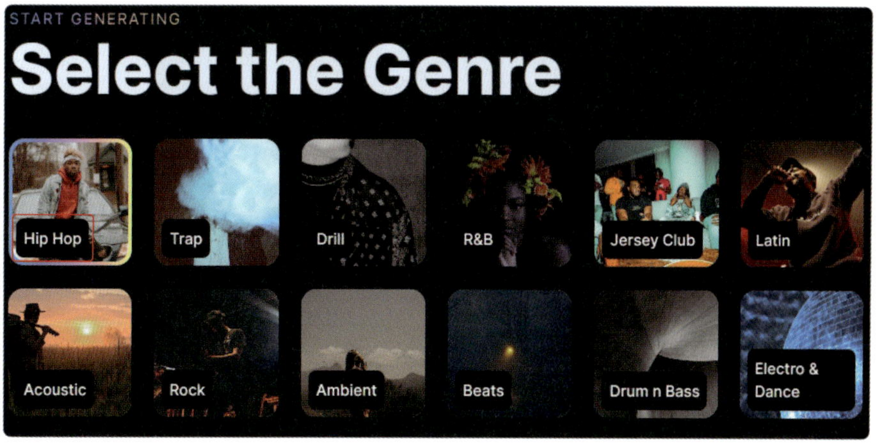

03 다음과 같은 샘플 음악이 나타납니다. 본인이 원하는 음악을 선택합니다. 여기에서는 [001]을 선택했습니다.

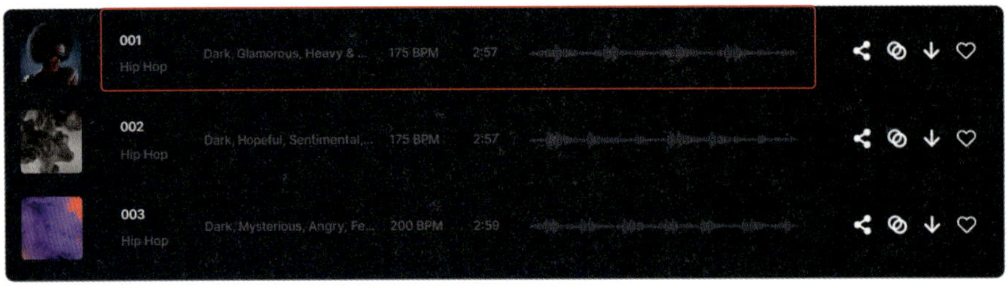

04 다음과 같이 믹서기가 열립니다. 여기에서 각 항목을 클릭하면서 조절합니다. 원하는 음악이 완료되면 다운로드 버튼(⬇)을 클릭하여 음악을 저장합니다.

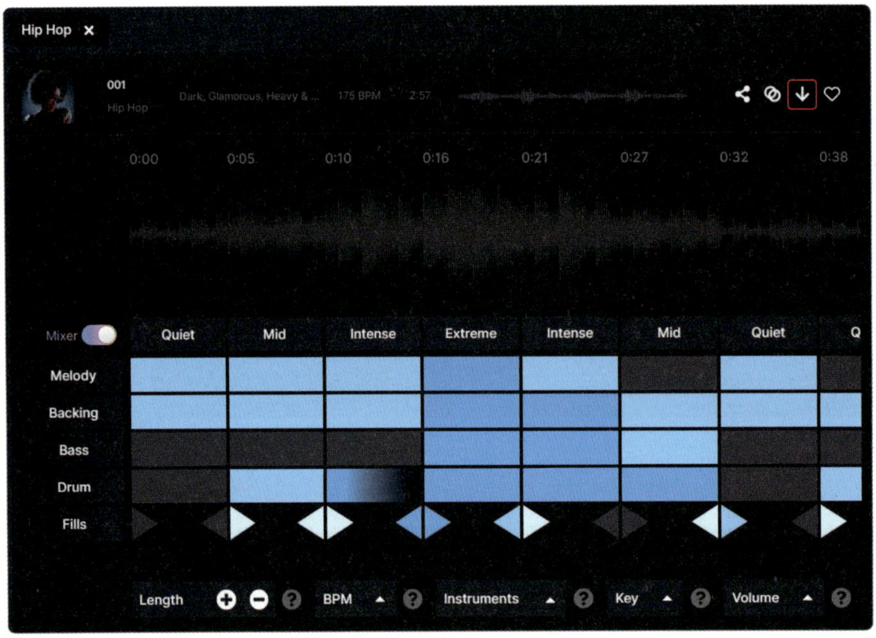

응용

01 토론 향후 인공지능이 작사가와 작곡가들을 대체할 수 있을지 토론해 보세요.

02 토론 인공지능은 음악 작사·작곡뿐만 아니라 광고나 영화에도 활용될 수 있습니다. 그렇다면 어떤 분야에 인공지능을 도입하는 것이 효과적일지 토론해 보세요.

요약

01 STEM은 '과학(Science), 기술(Technology), 공학(Engineering), 수학(Mathematics)'을 줄여서 합친 용어로, 기존의 수학·과학 교육에 기술과 공학적인 설계 기반 학습을 의도적으로 결합시킨 과학·기술·공학·수학의 결합학습이라고 할 수 있습니다.

02 STEM 교육이 강조되고 있는 이유로는 기술 및 공학 분야의 전문가 부족 해결, 문제해결 능력 향상, 개인의 자아발전에 도움 등이 있습니다.

03 소프트웨어 중심사회란 소프트웨어가 혁신과 성장의 중심이 되어 개인, 기업, 국가의 경쟁력을 좌우하는 사회를 말합니다.

04 일반적인 문제해결 과정은 '문제 인식 → 문제 정의 → 해결책 고안 → 문제해결의 실천 → 문제해결의 평가'로 진행됩니다.

05 소프트웨어의 제작 과정은 '문제 인식(자료 수집 및 분석) → 소프트웨어 설계(추상화 및 알고리즘 설계) → 소프트웨어 구현(코딩) → 디버깅과 시뮬레이션 → 소프트웨어 평가'로 진행됩니다.

06 인공지능 확산에 따른 인간의 일자리 변화에 대응하기 위해 정부, 기업, 개인 차원에서 재교육과 재훈련이 이루어져야 합니다.

07 로봇세는 로봇의 노동으로 생산하는 경제적 가치에 세금을 부과하는 것으로, 로봇을 '전자 인간'으로 간주하고 이를 소유한 사람이나 기업으로부터 세금을 걷겠다는 의미입니다.

08 정부가 로봇세를 도입하려는 이유에는 세수 확보, 실직자 재교육 및 생활 지원, 고용의 중립성 등이 있습니다.

09 우리나라 저작권법은 저작물을 '인간'의 사상 또는 감정을 표현한 '창작물'로 정의하고 있습니다. 이에 따라 인공지능 창작물은 저작권법에 의해 보호받지 못하는 상황입니다.

10 미래는 로봇과 공존하는 사회가 될 것입니다. 지금이야말로 로봇과의 공존을 모색하기 위한 시작점이 되어야 합니다.

11 개개인이 인간으로서의 존엄성을 유지하면서 기술을 받아들이는 지혜가 필요합니다.

12 인공지능에서 불예측성을 제거하기 위한 방법으로 각광받는 것이 설명가능 인공지능(XAI, eXplainable AI)입니다. 설명가능 인공지능은 말 그대로 인공지능의 결과에 대한 이유(근거나 추론 과정 등)를 사람이 이해할 수 있는 방식으로 설명하는 기술입니다.

13 설명가능 인공지능이 인공지능을 통제하는 3가지 방법은 학습과정 시각화, 인공지능 생각 감시, 통계 활용입니다.

연습문제

단답형 문제

01 STEM은 (　　　　　　　　), (　　　　　　　　), (　　　　　　　　), (　　　　　　　　)을(를) 줄여서 합친 용어이다.

02 일반적인 문제해결 과정을 살펴보면 '(　　　　　　　　) → 문제 정의 → 해결책 고안 → 문제해결의 실천 → 문제해결의 평가'로 진행됩니다.

03 소프트웨어 개발 과정 중 설계 단계에서의 (　　　　　　　　)은(는) 문제를 작게 쪼개는 과정입니다.

04 (　　　　　　　　)에서는 소프트웨어에 어떤 기능을 넣을 것인지, 그 기능을 어떻게 구현할 것인지, 기능은 어떤 식으로 동작할 것인지 등을 결정합니다.

05 소프트웨어의 제작 과정은 '자료 수집 및 분석 → 추상화 및 알고리즘 설계 → (　　　　　　　　) → 디버깅과 시뮬레이션 → 소프트웨어 평가'로 정리할 수 있습니다.

06 기업이 (　　　　　　　　)을(를) 통해 지속적으로 성장하려는 목표를 세웠다면 이에 따라 정규직보다는 프로젝트 기반의 중·단기 계약직 고용이 증가할 것입니다.

07 정부가 로봇세를 도입하려는 이유에는 (　　　　　　　　), 실직자 재교육 및 생활 지원, 고용의 중립성 등이 있습니다.

08 로봇세는 로봇의 노동으로 생산하는 경제적 가치에 세금을 부과하는 것으로, 로봇을 (　　　　　　　　)로(으로) 간주하고 이를 소유한 사람이나 기업으로부터 세금을 걷겠다는 의미입니다.

09 유럽연합(EU) 법제사법위원회는 로봇에 전자 인간이라는 법적 지위를 부여하는 (　　　　　　　　)을(를) 찬성 17표, 반대 2표, 기권 2표로 제정 결의했습니다.

10 우리나라 저작권법은 저작물을 인간의 사상 또는 감정을 표현한 창작물로 정의하고 있습니다. 이에 따라 (　　　　　　　　)은(는) 저작권법에 의해 보호받지 못하고 있습니다.

11 1999년에 개봉한 영화 (   )은(는) 감정을 가진 특별한 로봇 앤드류가 가사일을 돕기 위해 어느 가정집으로 들어가면서 시작됩니다.

12 2014년에 개봉한 영화 (   )은(는) 부인과 별거하며 공허한 삶을 살던 테오도르가 인공지능 인격체인 사만다를 만나 사랑하고 이별하기까지의 과정을 담고 있습니다.

13 2014년에 소프트뱅크의 휴머노이드 로봇 (   )이(가) 공개되었습니다. 어린아이를 닮은 귀여운 외모가 특징이며 엔터테인먼트에 초점을 맞추어 개발되었습니다.

14 인공지능에서 불예측성을 제거하기 위한 방법으로 각광받는 것은 (   )입니다.

15 한국정보화진흥원(NIA)은 설명가능 인공지능을 이용한 인공지능 통제 방법으로 (   ), 인공지능 생각 감시, 통계 활용 등을 제시했습니다.

객관식 문제

16 다음 중 STEM에 해당하지 않는 과목은?

① 기술　② 영어　③ 과학
④ 수학　⑤ 공학

17 중학교 초반까지는 어느 정도 진도를 따라가다가 중학교 3학년 시점부터 갑자기 어려워진 수학과 과학을 포기하는 학생들을 일컫는 단어는 무엇인가?

① 학포자와 자포자
② 가포자와 국포자
③ 기포자와 공포자
④ 수포자와 과포자
⑤ 인포자와 각포자

18 소프트웨어가 혁신과 성장의 중심이 되어 개인, 기업, 국가의 경쟁력을 좌우하는 사회를 무엇이라고 하는가?

① 기술 중심사회

② 소프트웨어 중심사회

③ 국가 중심사회

④ 성장 중심사회

⑤ 경쟁 중심사회

19 일반적인 문제해결 과정으로 맞는 것을 고르시오.

① 문제 인식 → 해결책 고안 → 문제 정의 → 문제해결의 평가 → 문제해결의 실천

② 문제 인식 → 문제해결의 실천 → 문제 정의 → 문제해결의 평가 → 해결책 고안

③ 문제 인식 → 문제 정의 → 문제해결의 실천 → 해결책 고안 → 문제해결의 평가

④ 문제 인식 → 문제해결의 실천 → 문제해결의 평가 → 문제 정의 → 해결책 고안

⑤ 문제 인식 → 문제 정의 → 해결책 고안 → 문제해결의 실천 → 문제해결의 평가

20 다음 설명을 읽고 무엇에 대한 설명인지 고르시오.

> **이것**은(는) 주어진 문제를 이해하고 분석하여 문제해결에 불필요한 요소를 제거하거나 작은 문제로 나눈다.

① 추상화 ② 객관화 ③ 주관화

④ 문제화 ⑤ 민주화

21 다음 설명을 읽고 무엇에 대한 설명인지 고르시오.

> **이것**은(는) 글, 도형, 흐름선 등을 이용해 구체적인 문제해결 방안을 단계별로 나열하는 것을 말한다.

① 소프트웨어 개발 ② 프로그래밍 언어 ③ 기능 검증

④ 자료 수집 ⑤ 알고리즘 설계

22 소프트웨어 제작 과정으로 맞는 것을 고르시오.

① 자료 수집 및 분석 → 추상화 및 알고리즘 설계 → 소프트웨어 평가 → 코딩 → 디버깅과 시뮬레이션
② 자료 수집 및 분석 → 추상화 및 알고리즘 설계 → 코딩 → 디버깅과 시뮬레이션 → 소프트웨어 평가
③ 코딩 → 디버깅과 시뮬레이션 → 자료 수집 및 분석 → 추상화 및 알고리즘 설계 → 소프트웨어 평가
④ 코딩 → 디버깅과 시뮬레이션 → 자료 수집 및 분석 → 추상화 및 알고리즘 설계 → 소프트웨어 평가
⑤ 자료 수집 및 분석 → 추상화 및 알고리즘 설계 → 코딩 → 디버깅과 시뮬레이션 → 소프트웨어 평가

23 인공지능 도입이 확산됨에 따라 일자리 변화에 대응하기 위해 정부, 기업, 개인 차원에서 필요한 것을 모두 고르시오.

① 기존 노동인력의 재교육 ② 로봇 파괴 ③ 업무 재정의
④ 근로자 고용 형태 변화 ⑤ 인간 취업 배제

24 다음 설명을 읽고 무엇에 대한 설명인지 고르시오.

> 이것은(는) 로봇의 노동으로 생산하는 경제적 가치에 세금을 부과하는 것으로, 로봇을 '전자 인간'으로 간주하고 이를 소유한 사람이나 기업으로부터 세금을 걷겠다는 것입니다.

① 부과세 ② 부동산세 ③ 간접세
④ 소득세 ⑤ 로봇세

25 정부가 로봇세를 도입하려는 이유가 아닌 것을 모두 고르시오.

① 세수 확보
② 개인의 자아발전에 도움
③ 실직자 재교육 및 생활 지원
④ 고용의 중립성
⑤ 로봇 품질 향상

26 다음 설명을 읽고 어떤 영화의 줄거리인지 고르시오.

> 감정을 가진 특별한 로봇 앤드류는 주인의 막내딸을 연모하지만, 그 감정의 실체를 정확하게 인지하지 못해 그녀를 놓칩니다. 시간이 흘러 막내딸의 젊은 시절을 꼭 닮은 포샤를 만나 다시 한 번 사랑에 빠지지만 자신이 로봇인지 인간인지에 대한 정체성을 시험받습니다. 결국 앤드류는 자신의 존재에 대한 권리를 인정받기 위해 불멸의 삶을 버리고 포샤와 함께 자연의 흐름대로 죽을 것을 택합니다.

① 터미네이터 ② 에이아이 ③ 바이센테니얼 맨
④ 그녀 ⑤ 매트릭스

27 다음 중 통제 불가능한 인공지능의 사례가 아닌 것은?

① 마이크로소프트가 선보인 딥러닝 기반 챗봇은 일부 이용자들에 의해 인종차별, 욕설 등을 학습해 서비스가 시작된 지 16시간 만에 운영이 중단됨

② 아마존이 개발한 AI 채용 프로그램은 여성적 어휘를 사용한 지원자를 탈락시킴

③ 애플과 골드만삭스가 출시한 신용카드인 애플카드는 성별에 따라 신용한도를 차별 적용함

④ 미국 의료시스템에서 잠재적인 건강 위험을 예측해 질병 가능성이 높은 사람에게 우선적으로 의료 서비스를 제공하는 시스템에서 고액 치료를 받지 못하는 비율이 높다는 이유로 흑인 환자를 차별함

⑤ 인공지능 배송 로봇의 발달로 배송이 빨라짐

토론과제

01 인공지능 기술의 발전은 인간의 마지막 영역인 예술까지 침범하였습니다. 그렇다면 인공지능 창작물에 대한 저작권의 주체는 누가 되어야 하는지에 관해 토론해 봅니다.

02 전 세계의 정부와 산업체, 교육기관들은 4차 산업혁명에 걸맞는 실질적인 문제해결 능력을 갖춘 인재들을 양성하기 위해 STEM 교육을 활성화하고 있습니다. STEM 위주의 교육 방식이 우리나라에도 적합할지에 대해 토론해 봅니다.

03 다음과 같은 AI 로봇이 당신을 대신해서 집안일을 해준다고 가정해 봅시다. 나 대신 집안일을 해주는데 누구인들 사용하지 않을까요? 그런데 이 로봇의 비용이 3천만 원일 경우는 어떤가요? 역시 구매 의사가 있나요? 이처럼 AI 로봇에 대한 혜택도 부익부 빈익빈을 따릅니다. 더 많은 사람들이 AI 로봇의 혜택을 받기 위한 방법에는 어떤 것들이 있는지 토론해 봅니다.

APPENDIX

챗GPT 회원 가입하고 질의하기

Appendix

A 챗GPT 회원 가입하기

챗GPT를 사용하기 위해 먼저 회원 가입을 하는 방법을 알아봅니다.

01 회원 가입 시작하기 웹 페이지에 https://chat.openai.com/auth/login를 입력하여 챗GPT에 접속합니다. 챗GPT 화면이 다음 그림과 같이 나타나면 오른쪽 상단에 로그인 또는 회원 가입을 할 수 있는 메뉴가 나타납니다. 계정이 없다면 [회원 가입]을 클릭합니다.

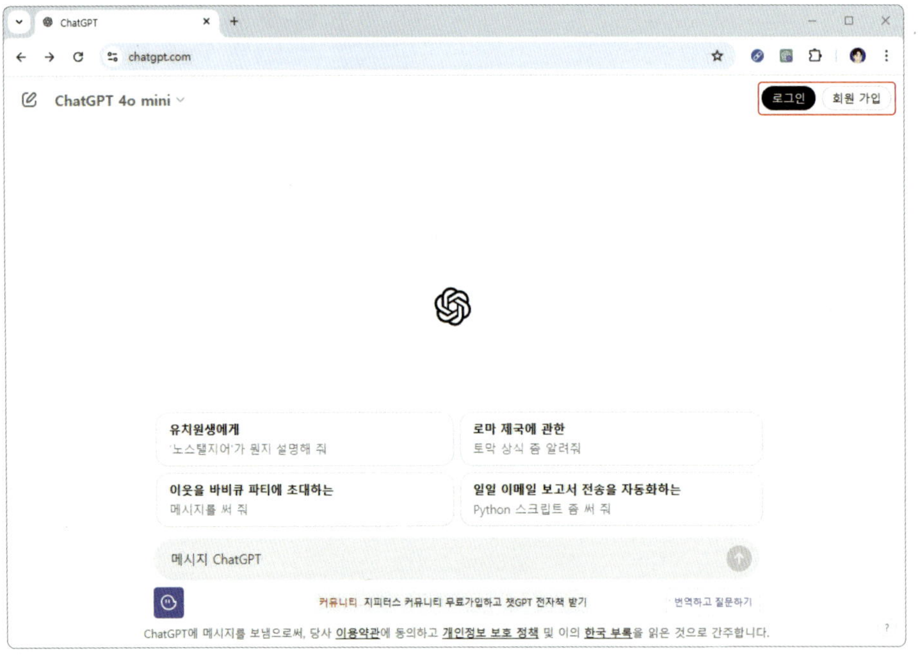

만약 계정이 있다면 [로그인]을 클릭합니다. 계정이 있으면 회원 가입이 필요 없으므로 'A. 챗GPT 회원 가입하기'는 건너뛰고, 'B. 챗GPT에 질의하기'로 바로 넘어갑니다.

02 구글 계정 만들기 1 회원 가입을 진행하기 위해서는 구글, 마이크로소프트, 애플 중 하나의 계정이 필요합니다. 이 책에서는 구글 계정으로 진행할 것이므로 [Google로 계속하기]를 클릭합니다.

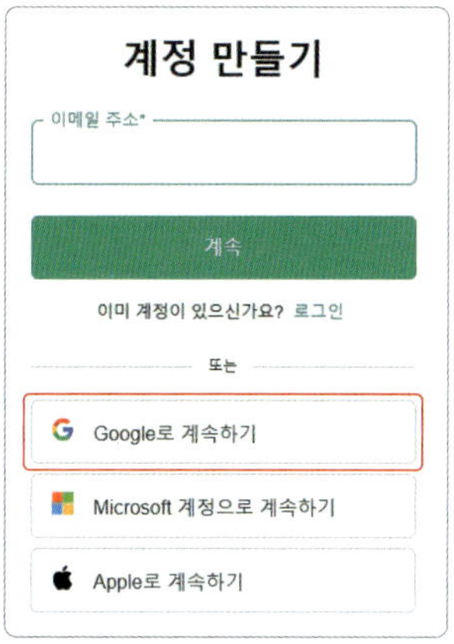

03 구글 계정 만들기 2 '로그인' 화면이 열리면 [계정 만들기]를 클릭합니다.

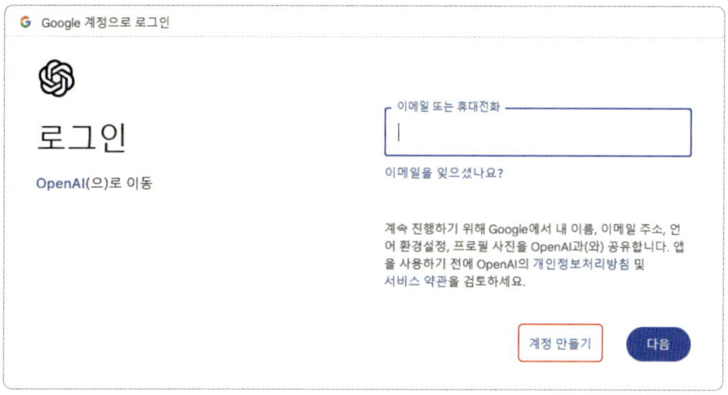

04 구글 계정 만들기 3 'Google 계정 만들기' 화면에서 성과 이름을 입력하고 [다음]을 클릭합니다. '기본 정보' 화면에서 생년월일과 성별을 입력하고 [다음]을 클릭합니다. 이어서 'Gmail 주소 선택하기' 화면에서 [내 Gmail 주소 만들기]를 체크하여 새로운 Gmail 주소를 만든 후 [다음]을 클릭합니다.

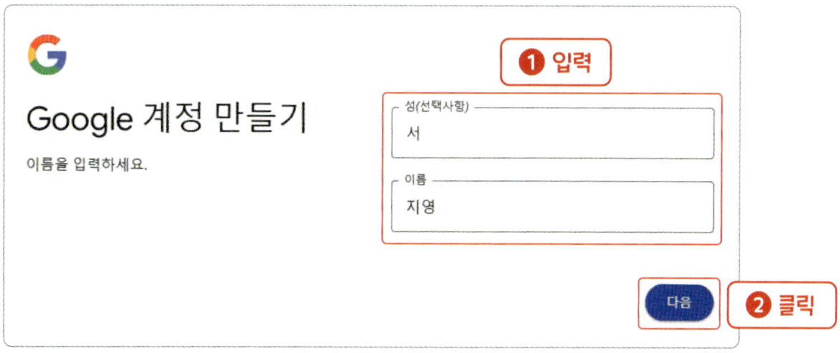

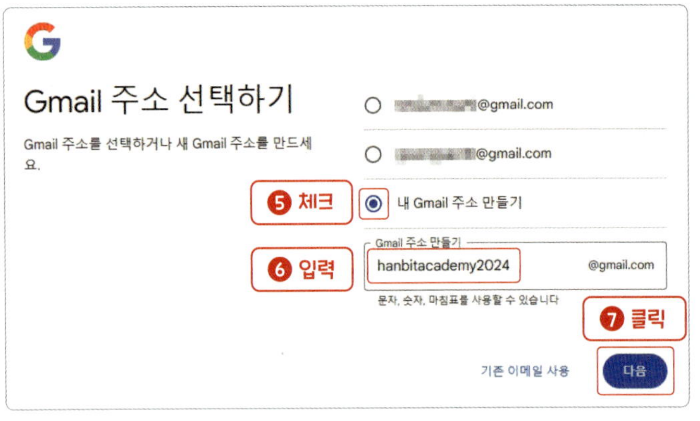

05 구글 계정 만들기 4 '안전한 비밀번호 만들기' 화면에서 사용하고자 하는 비밀번호를 [비밀번호] 항목에, 동일한 비밀번호를 [확인] 항목에 입력한 후 [다음]을 클릭합니다. '복구 이메일 추가' 화면이 열리면 [건너뛰기]를 클릭합니다. 이어서 '계정 정보 검토' 화면이 열리면 [다음]을 클릭합니다.

06 구글 계정 만들기 5 '개인 정보 보호 및 약관' 화면이 열리면 하단에 있는 체크 박스 2개를 모두 체크한 후 [계정 만들기]를 클릭합니다. 'Sign in to OpenAI' 화면에서 [Continue]를 클릭합니다. 최종 화면에서 [Go Back]을 클릭합니다.

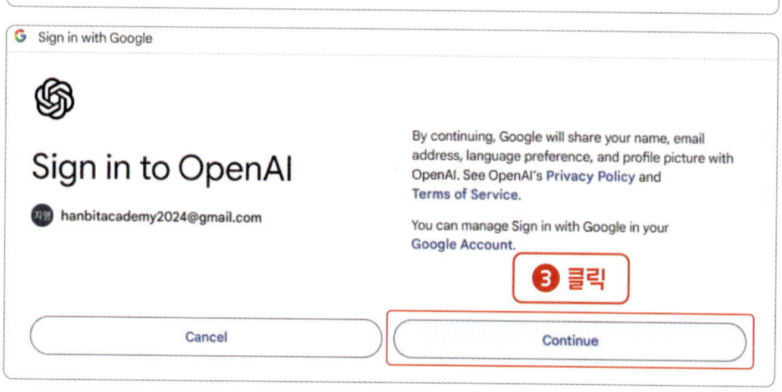

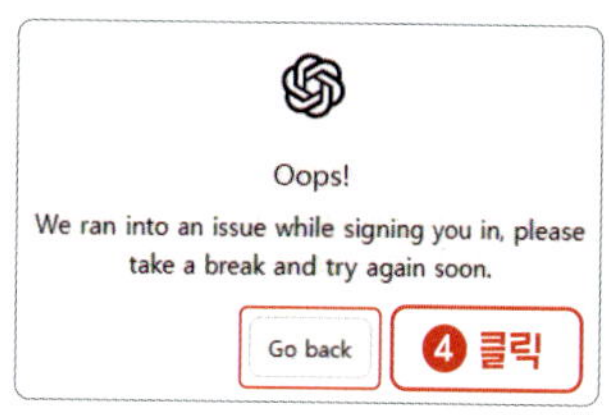

07 챗GPT 들어가기 챗GPT 화면이 다시 나타나면 왼쪽 하단에 있는 '회원 가입 또는 로그인' 화면에서 [로그인]을 클릭합니다. '다시 오신 걸 환영합니다' 화면이 나오면 [Google로 계속하기]를 클릭하고, 이어서 이름과 생년월일을 입력한 후 [동의함]을 클릭합니다.

08 챗GPT 시작하기 다음과 같이 챗GPT 화면이 나타나고 'ChatGPT 시작 팁'이 나옵니다. [이제 시작하죠]를 클릭하면 본격적으로 챗GPT가 시작됩니다.

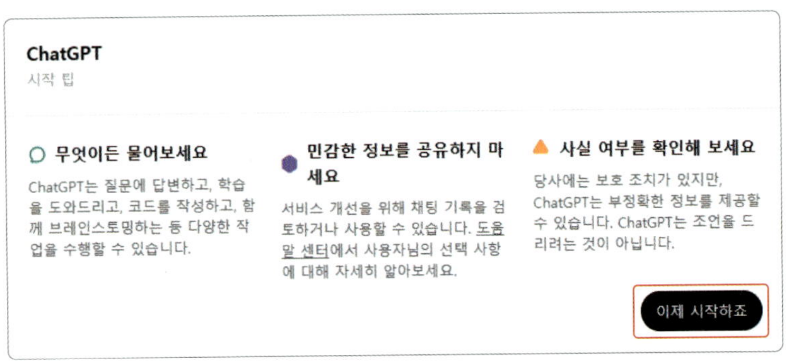

Appendix B 챗GPT에 질의하기

회원 가입을 했으니 챗GPT를 사용해 보겠습니다.

01 챗GPT에게 질문하고 답변 확인하기 1 챗GPT 메시지 창에 '챗GPT가 뭐야?'라는 질문을 하고 Enter를 클릭하면, 해당 질문에 대한 답변을 확인할 수 있습니다.

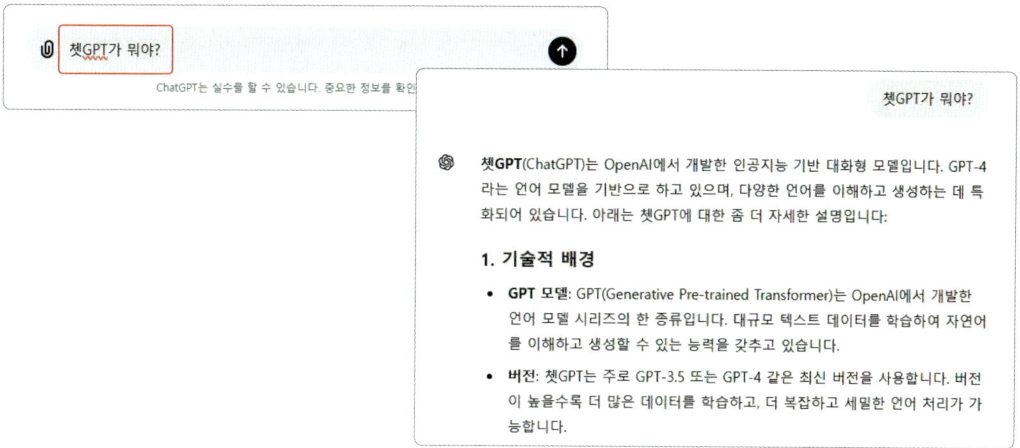

02 챗GPT에게 질문하고 답변 확인하기 2 또 다른 질문을 하겠습니다. 챗GPT 메시지 창에 '인공지능이 뭐야?'라는 질문을 하고 Enter를 클릭하면, 마찬가지로 해당 질문에 대한 답변을 확인할 수 있습니다.

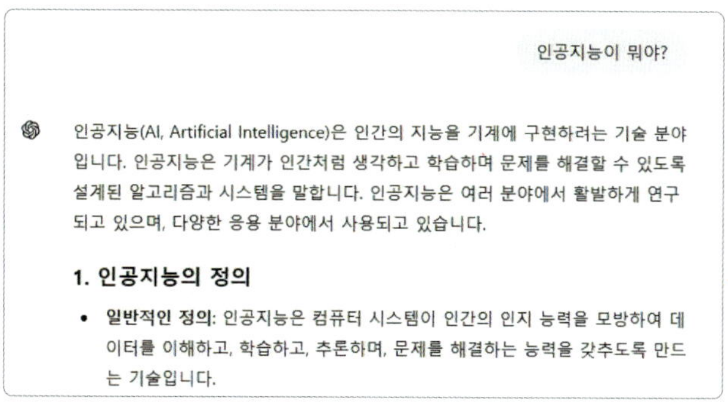

더 많은 챗GPT 관련 실습은 CHAPTER 02, 08, 10, 11, 12, 13의 LAB에서 진행할 수 있습니다.

찾아보기

A

B

C

D

E

F

G